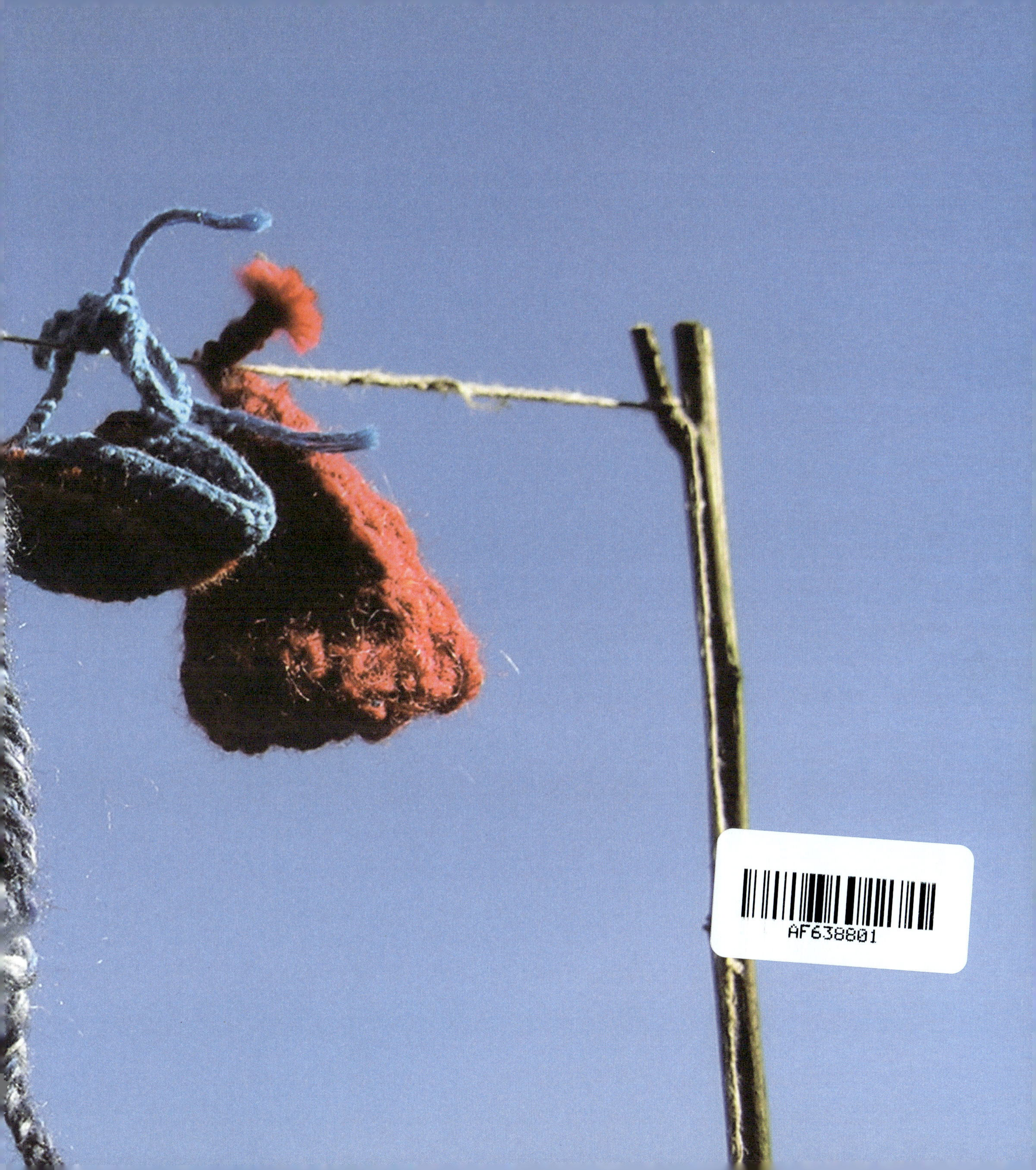

Cristina Cevales-Labonde

Biegepüppchen selbst gemacht

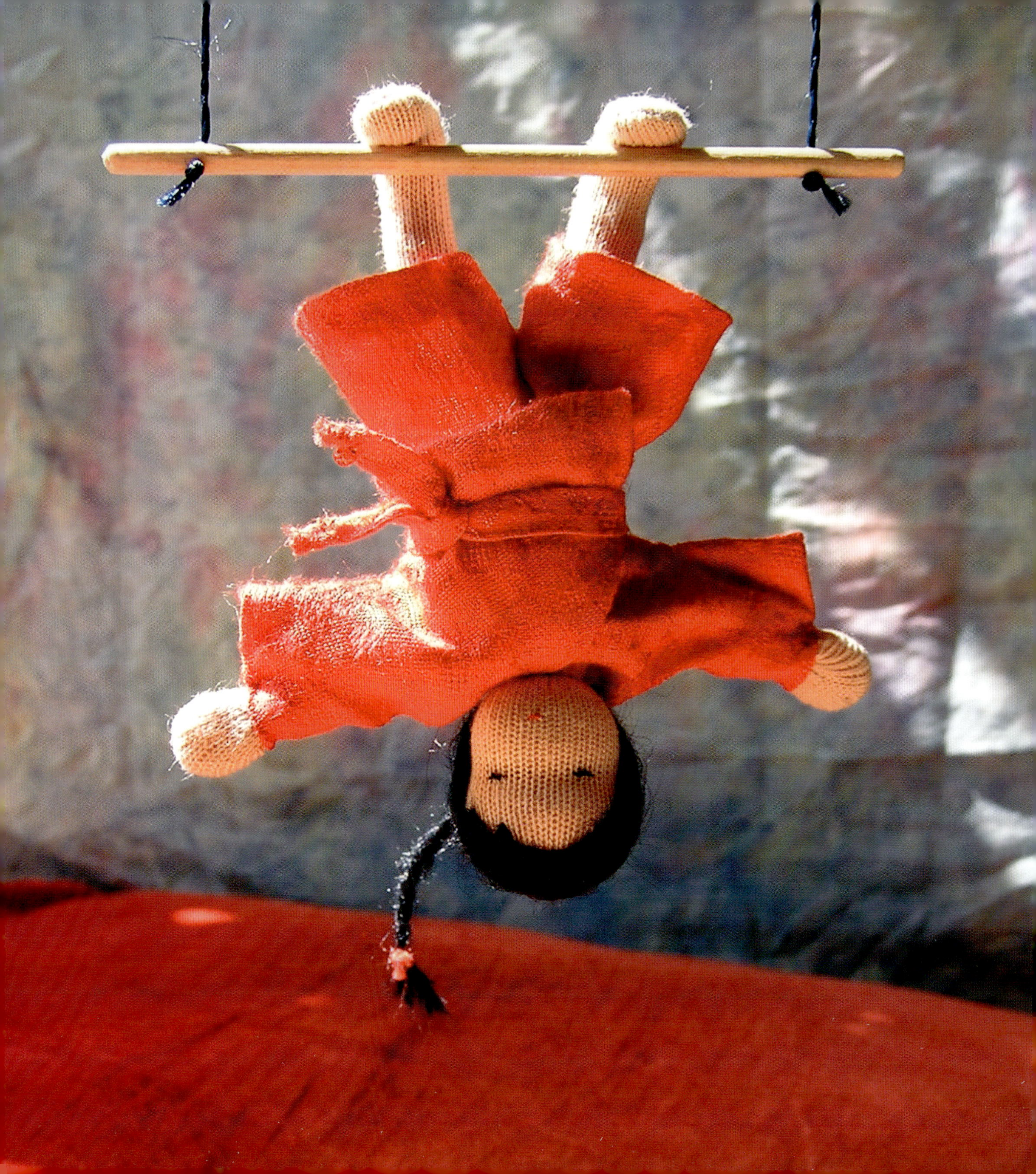

Cristina Cevales-Labonde

Biegepüppchen selbst gemacht

Verlag Freies Geistesleben

Inhalt

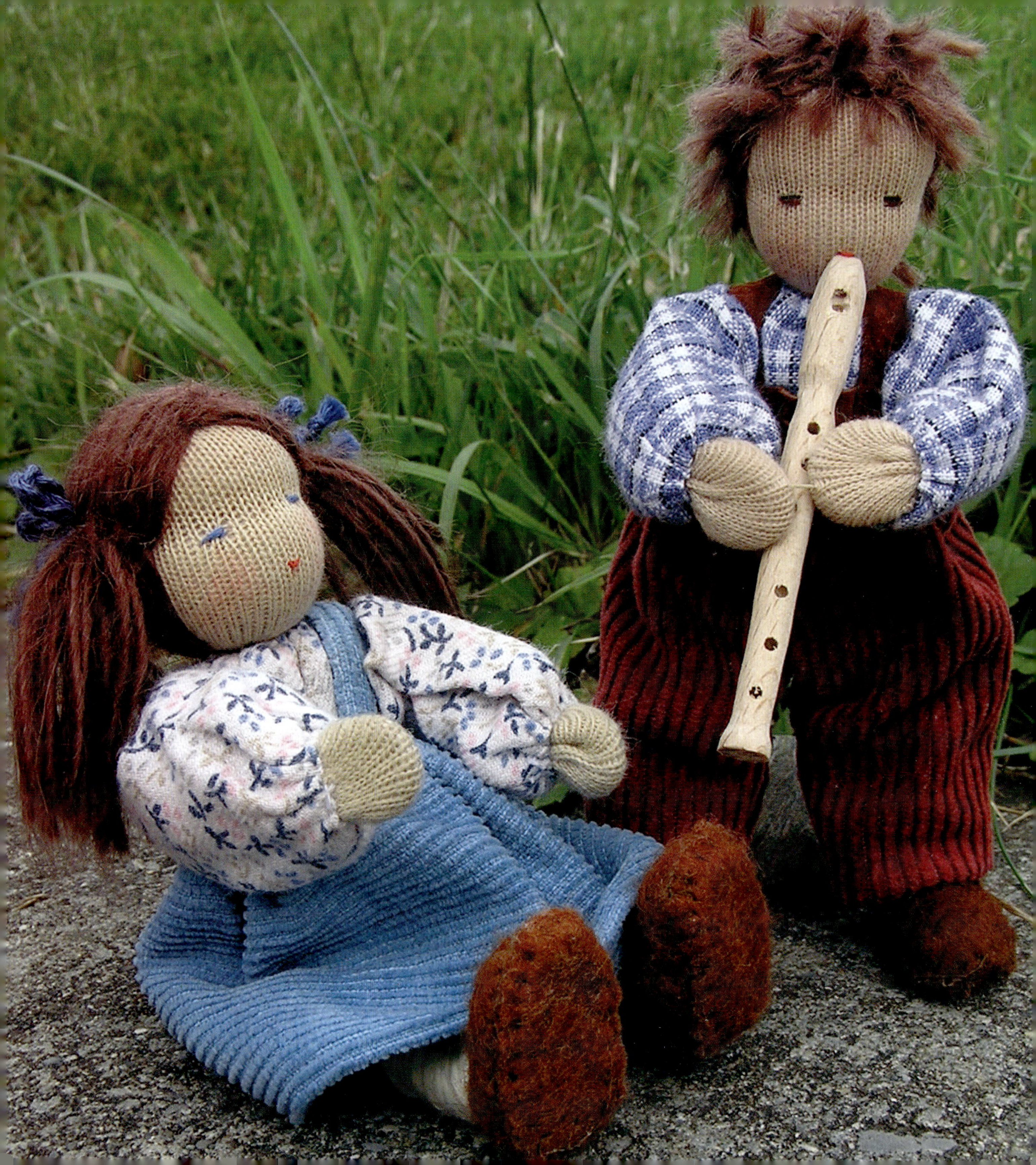

Vorwort

Unsere Familie hatte das große Glück, in Venedig aufzuwachsen. Es war eine reiche Kindheit in einer bunten Stadt voller Leben und Treiben auf den Plätzen: Damals saßen die älteren Menschen vor ihren Haustüren, die Mütter strickten und plauderten, während die Kinder herumsprangen.

Wir beobachteten Handwerker bei den unterschiedlichsten Arbeiten. Wenn es etwas zu reparieren gab, gingen wir in die Werkstatt, in der wir die Dinge gekauft hatten. Dort bewunderten wir die feinen Goldfolien, die die Bilderrahmenschnitzer vorsichtig auftrugen, das glühende, bunte Glas im Feuer der Glasbläser, die Stille in den Buchbinderläden, oder wir freuten uns, wenn wir beim Geigenbauer zusehen durften. Und ich vergesse nie den Duft von frisch gebackenem Brot, der am Morgen in manchen Gassen wehte … Auch bestaunten wir die vielen kleinen Rädchen in den Uhrmacherläden und die flinken Finger der Spitzenklöpplerinnen, die vor der eigenen Haustür in der Sonne saßen, oder die Matratzennäher mit ihren riesigen Nadeln in der ausgebreiteten Wolle. Ich erinnere mich an die Brokatweber mit den bunten Garnen und die große Freude beim Wiederabholen der liebsten Puppe beim Puppendoktor. Da manche der Arbeiten meistens aus Lichtgründen vor den hellen Schaufenstern oder gleich draußen vor der Werkstatttür stattfanden, konnten wir Kinder zusehen und dadurch unendlich reiche Erfahrungen machen.

Die Achtung vor der handwerklichen Arbeit und dazu die Freude an den schönen Formen, die uns in dieser einmaligen Stadt umgaben, prägten unser ganzes Leben. Diese Einstellung wurde uns auch von unseren Eltern vorgelebt. Dinge, die beschädigt waren, wurden liebevoll und mit viel Improvisationsgabe und Fantasie ersetzt. Damals wurde überhaupt noch vieles repariert, anstatt es einfach wegzuwerfen. Ich glaube, dass dies wirklich nicht an der Sparsamkeit allein lag, sondern an der Wertschätzung der Handarbeit.

Heute, in einer Zeit der Schnelllebigkeit, mögen solche Gedanken vielleicht fremd sein. Aber gerade deswegen ist es mir wichtig, wieder eine Anregung zur Achtung der Handwerkskunst zu geben, indem gutes Material benutzt wird und Gründlichkeit in der Ausführung wahre Sinneseindrücke vermittelt.

Ein Erlebnis beeindruckte mich ganz besonders, als wir einmal ein Spielzeugmuseum besuchten. Dort war eine Stube mit winzigen Möbeln und winzigem Zubehör, die mir besonders gefiel. Wie gerne wäre ich so klein gewesen, um dort in diese schöne Stube hineingehen zu können! Nach einer Weile entdeckte ich im Hintergrund die Bewohner des Hauses. Es war eine Puppenfamilie – Puppen mit festlichen Kleidern, die mich anstarrten und auf mich einen strengen und müden Eindruck machten. Die Atmosphäre, die ich damals empfunden hatte, hallte lange in mir nach.

Das Leben mit den Puppen erfüllte uns: Wir spielten mit ihnen, als wären sie unsere Geschwister, und mit ihnen erlebten wir, was uns draußen in der großen Welt am meistens Eindruck gemacht hatte. Unsere Puppenstubenfamilie hatte nichts Steifes. Doch obwohl die Puppen aus Holz geschnitzt und ihre Gesichter nur angedeutet waren, vermisste ich etwas, was ich nur in meiner Fantasie ergänzen konnte.

Mein Wunsch war immer, dass die Puppen beweglich und freundlicher im Ausdruck und dass sie weich und stabil zugleich sind. Und das Wichtigste für mich war, dass man sie lange lieb haben konnte. Diese Gedanken führten mich zur Beschäftigung mit Biegepuppen.

Erfüllt vom Wunsch, lebendigere Puppen zu machen, habe ich viele Jahre experimentiert und Erfahrungen gesammelt. Auch reparierte ich als «Puppendoktor» manches kranke Püppchen und lernte dadurch seine «Schwachstellen» kennen.

An meinen eigenen Kindern studierte ich Körperproportionen und rechnete diese Maße um, damit die kleinen Puppen eine harmonische Form und Größe haben.

Sie, liebe Leserin, lieber Leser, können die Arbeitsmethoden zur Herstellung dieser Biegepüppchen und die Beispiele auf den folgenden Seiten einfach als Anregung betrachten. Dadurch können Sie Ihren individuellen Stil ausprobieren und die Puppen mit Ihren eigenen Vorstellungen und Ideen ausschmücken. Denn in den vielen Puppenkursen habe ich beobachten können, dass trotz gleicher Anleitung jeder Teilnehmer seine «eigene» Puppe hergestellt hat. Fast könnte man sagen, dass jede Puppe von uns selbst belebt wird. Auch mir fällt es schwer, «Serienpüppchen» zu fabrizieren, da ich jedes meiner Puppenkinder als etwas Einmaliges betrachte.

Somit möchte ich allen Puppenliebhabern und -liebhaberinnen diese Anregungen weitergeben, mit dem Wunsch, ihnen Mut und Freude zu vermitteln und eigene Erfahrungen zu sammeln. Ich hoffe, dass diese Puppen ein Beitrag sind, unseren Kindern schöne und stabile Spielsachen zum Liebhaben zu schenken – Spielsachen, die sie in ihren Gemütskräften anregen können.

An dieser Stelle möchte ich mich bei meiner Familie, meinen Freunden und meinem Lektor Martin Lintz für die vielfältige Unterstützung sowie bei Bianca Bonfert für das Layout des Buches von ganzem Herzen bedanken!

Cristina Cevales-Labonde

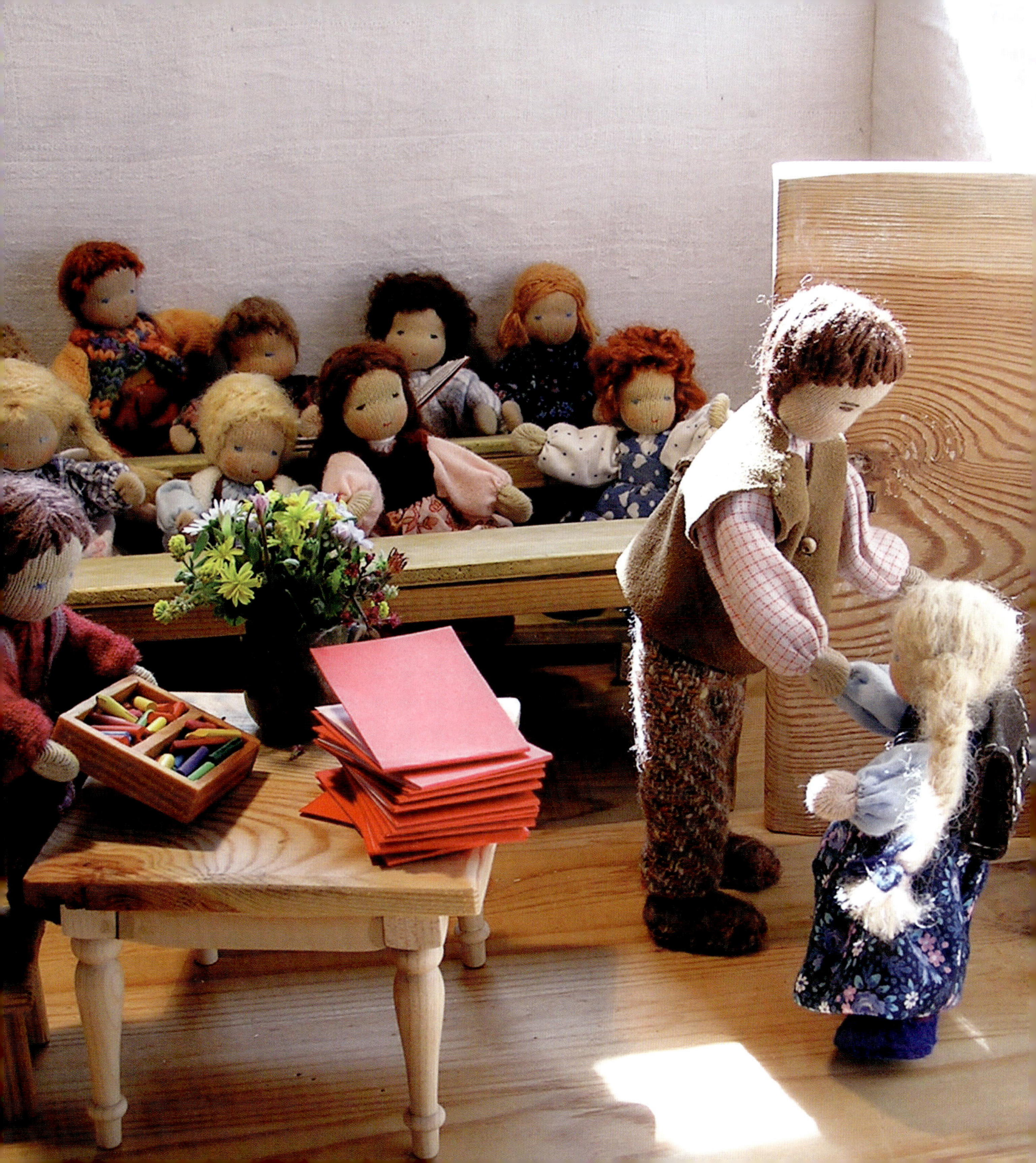

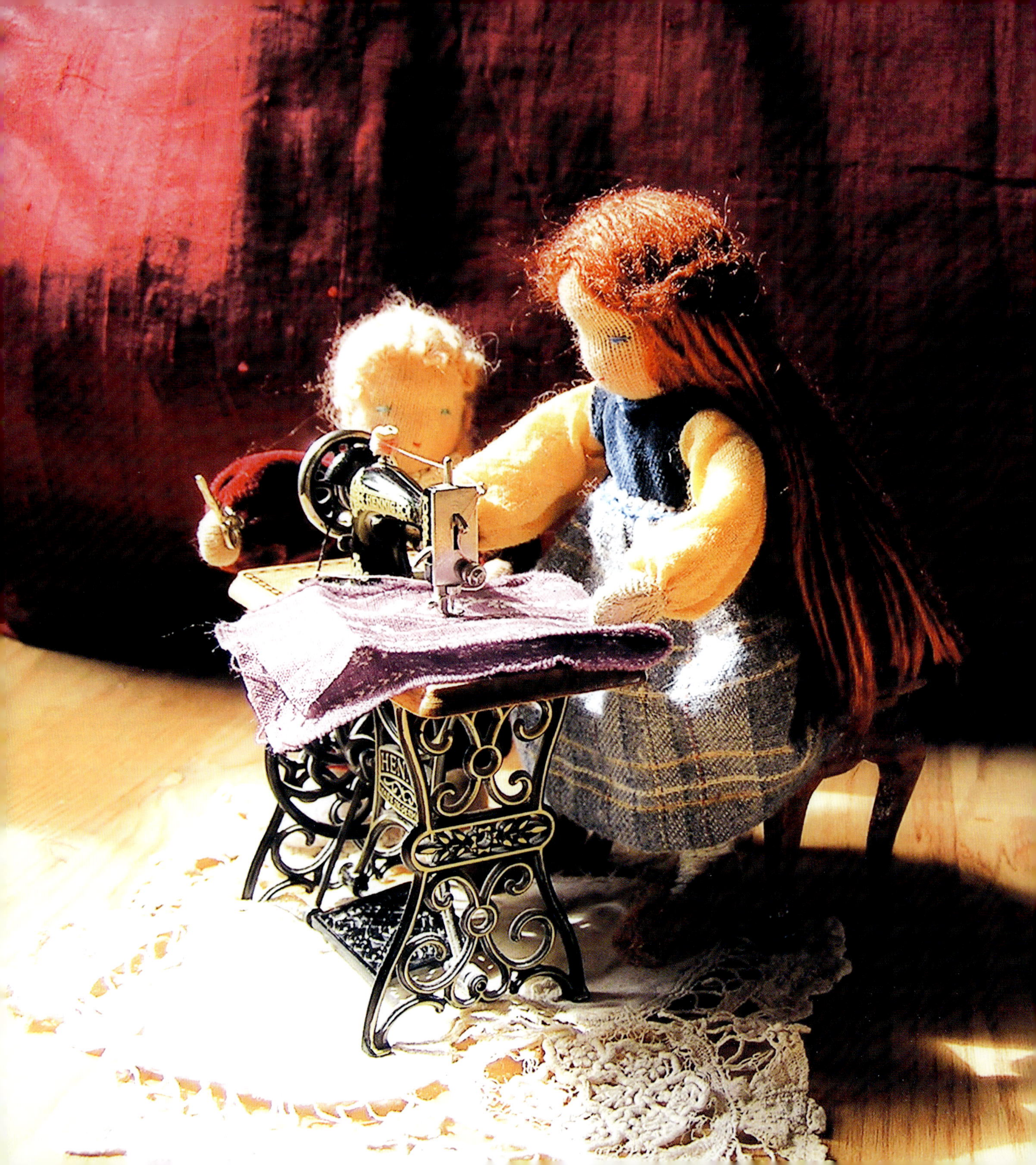

Einleitung

Es mag ein großer Kinderwunsch sein, sich verwandeln zu können, sich so klein zu machen, dass die Welt um einen aus einer ganz anderen Perspektive erscheint. Da liegt man zum Beispiel im Bett, betrachtet die leere Zimmerdecke und stellt sich vor, dort entlangzulaufen. Einfach kopfüber. Spannend ist das, und es fällt einem manches ein, was man dort alles erleben könnte … So könnte es sein, wenn wir in die Welt der Puppen eintauchen: Wir machen uns ganz klein, schlüpfen durch eine kleine Tür, und es öffnet sich für uns eine große Welt.

Je kleiner die Kinder sind, desto wichtiger ist es, ihnen große und sogar schwere Puppen zum Spielen zu geben. Weil die Welt so groß ist, die es zu entdecken gilt, ist es für sie ein angenehmes Gefühl, positiven «Widerstand» und Grenzen zu spüren. Die Kinder erleben dadurch ihre Konturen und die eigene Persönlichkeit am Gegenüber.

Dass die Sinneseindrücke «Erlebnisse» sein müssen, sieht man, wenn man Kinder beobachtet. Sie bringen so viel Ausdauer und Lebensfreude, so viel unvoreingenommene Offenheit mit, dass es in unserer Verantwortung liegt, ihnen einen vielfältigen Erfahrungsschatz zu ermöglichen. Nicht die Überfütterung mit Erlebnissen ist damit gemeint, sondern die Qualität.

Mit der inneren Entwicklung der Kinder verändern sich auch die Puppen und Spielsachen und somit die Spielmöglichkeiten. Die Puppen können kleiner werden, und die Fantasie wird realitätsbezogener. Kinder, die in das Vorschulalter kommen, zeigen eine differenziertere Beobachtungsgabe und mehr Wachheit. Die Finger der kleinen Hände, die etwas tollpatschig und unbeholfen waren, sind nun flink und sensibel geworden.

Wir können die Entwicklung dieser Kinder auch deutlich erkennen, wenn wir ihre «geschmückten» Zeichnungen betrachten. Da entdecken wir plötzlich vielleicht Schleifen an Zöpfen und Schuhen, feine Wurzeln und Blätter, Einzelheiten an Tieren und

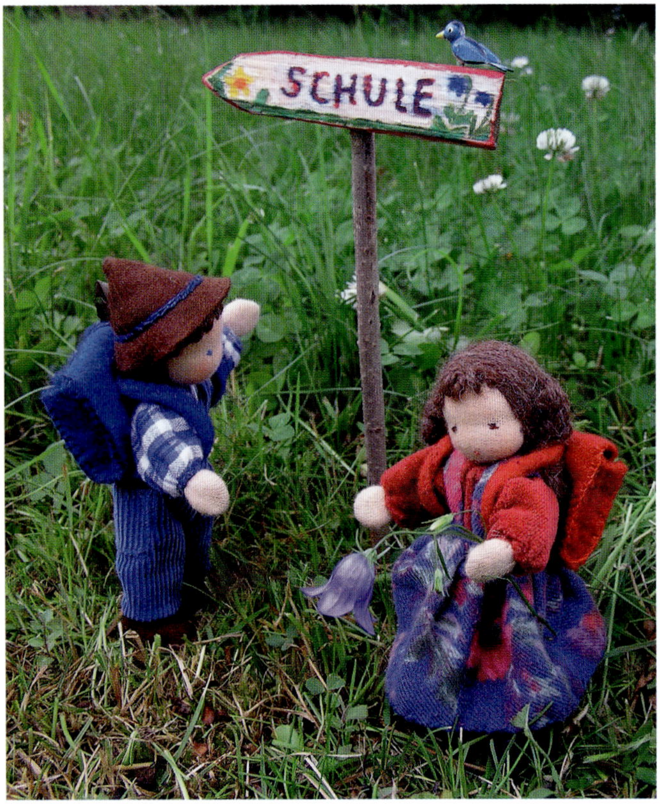

viele andere «Kleinigkeiten». So ist es eine Freude für sie, sich mit Spielsachen zu beschäftigen, die die Geschicklichkeit und Fingerfertigkeit erproben und anregen.

Von diesem Kindesalter an entsprechen meine Biegepüppchen eher den Kindern in ihrer Entwicklung und ihren Spielmöglichkeiten. Sie sind für sie eine Bereicherung, da sie in einer Welt voller Plastikspielsachen (ohne keinem zu nahe kommen zu wollen) durch diese Puppen eine ganz neue Wärme und Fantasie erleben werden und dem zunehmenden Wunsch realitätsbezogener Spiele vielseitige Möglichkeiten bieten.

Tipp

Wenn Sie möchten, können Sie Ihr Kind oder Enkelkind in manche Arbeitsvorgänge einbeziehen. Die leichteren Bastelschritte werden für diesen Zweck besonders markiert: ✿. Das Ende eines entsprechenden Abschnittes wird dann mit zwei Blümchen markiert: ✿✿.

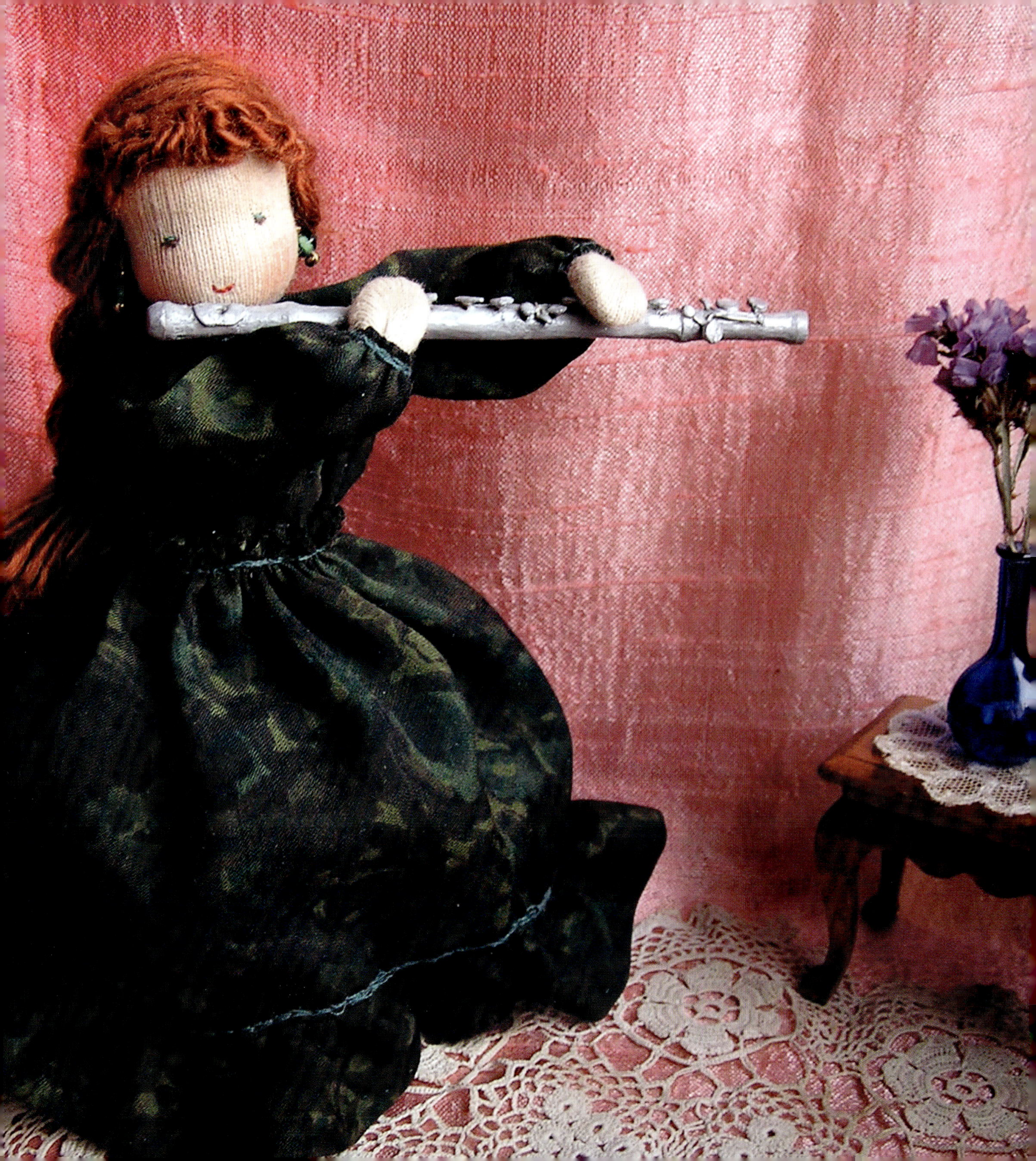

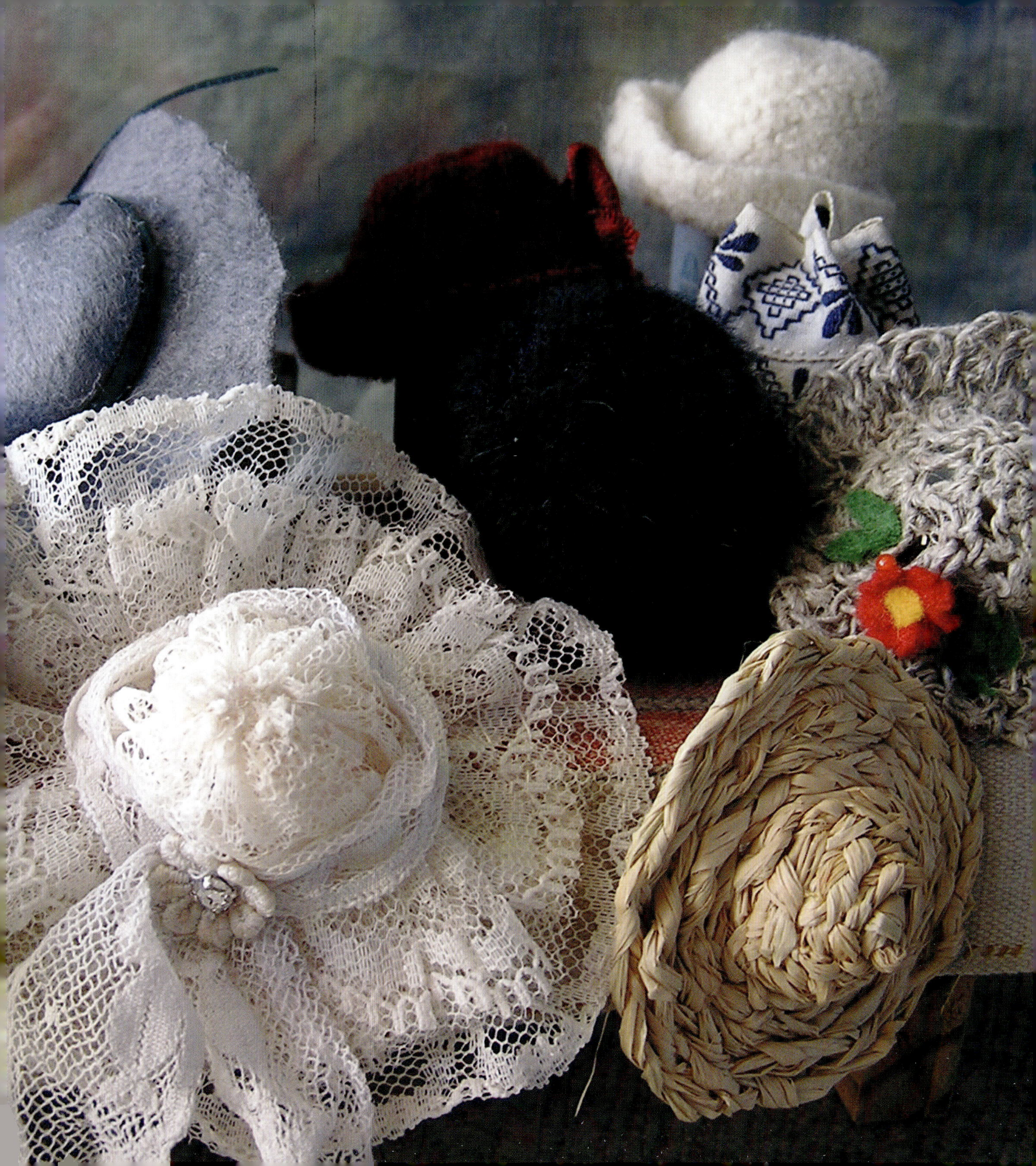

Material und Werkzeug

Material

Um einen beweglichen Puppenkörper zu erhalten, wird ein Gestell aus **Draht** gedreht. Die Erfahrung hat gezeigt, dass ein einziger Draht, sei er noch so dick, keine lang anhaltende Stabilität geben kann. Die Puppen wirken steif, und es ist mühsam, mit ihnen zu spielen. Dicke Drähte brechen außerdem schneller als dünne. Der haltbarste, von mir ausschließlich benutzte Draht ist der **grüne Blumendraht**. Man bekommt ihn in jedem Baumarkt, in Bastel- und Spielzeugläden. Achtung: Dieser Blumendraht darf nicht mit einem ähnlichen, ebenfalls im Baumarkt erhältlichen Draht verwechselt werden, der zwar auch grün ist, sich aber beim Biegen wie ein ummantelter Gummidraht anfühlt. Der hier gemeinte Draht ist silbern und wird lediglich grün übersprüht, um ihn vor Rost zu schützen. Falls kein Bastelgeschäft in Ihrer Nähe ist, können Sie auch den ungeschützten, silbernen Draht für Ihre Puppenarbeit benutzen.

Das Körpergestell aus Draht wird für diese Biegepuppen mit **Baumwollstreifen** umwickelt. Dafür werden saubere **Baumwollunterhemden** oder weiche, weiße T-Shirts in ca. 2 cm breite Streifen geschnitten. Um elastische Streifen zu bekommen, werden sie **gegen** die Stoffmaserung geschnitten. Arztbandagen sind dafür nicht geeignet, da sie steifer sind und man damit keinen gleichmäßigen Übergang beim Wickeln bekommt.

Wir brauchen **Strickwollreste** (Sockenwolle) in hellen Farbtönen, um die Hände auszuweben, und in schönen bunten Farben, passend zur Kleidung, um die Beine zu umwickeln. Auch werden dünnere und schöne Wollreste gerne zum Stricken für Jäckchen oder anderes Zubehör genommen.

Die «Haut» der Puppen besteht aus **Trikot**. Man bekommt ihn in gut sortierten Stoffläden als Schlauch. Die Breite ist allerdings, je nach Materialstärke, kleinen Schwankungen unterworfen. Meistens liegt sie zwischen 46 und 77 cm. Da die Puppen eine Größe von 11,5 – 16 cm haben, genügt eine Stoffhöhe von 20 cm. Ist Ihnen das gelieferte Material zu viel, können Sie den Stoff z.B. mit einer Bastelkollegin teilen.

Der Kopf wird mit **Schafwolle** gestopft. Dabei ist unbedingt zu beachten, dass die Wolle sauber und fettfrei ist, um eventuelle, nachträglich entstehende Ränder am Gesicht zu vermeiden.

Jeder kennt den Augenblick, wo man zu fest zieht und der Faden reißt ... Deswegen ist ein stabiler, möglichst aus Kunstmaterial hergestellter **Zwirn** unbedingt die Grundlage einer soliden Arbeit. Mit diesem Faden wird der Kopf abgebunden und genäht und der ganze Körper zur Stabilisierung umwickelt.

Wenn Sie die Puppenhaare mit **Mohairwolle** sticken, bekommt die Frisur einen flauschigen Charakter. Wer allergisch gegen diese Wolle ist, kann selbstverständlich mit anderen Materialien experimentieren (z.B. Baumwollgarn, Flachs, Strickwolle).

Manchmal besteht gerade **Strickwolle** aus mehreren gedrehten Wollfäden. Sie ist sehr schön, wenn man damit Fransen machen will. Zieht man mit der Nadelspitze, am Ende der Arbeit, die einzelnen Fäden auseinander, bekommen die Puppenhaare kleine «Wellen».

Angorawolle ist für Haare nicht geeignet, da sie nach einer Weile kleine Klümpchen an der Oberfläche bildet und dazu neigt, «dünn» zu werden.

Bei den Kleidern der Puppen sind der Fantasie keine Grenzen gesetzt. Für mich ist allerdings sehr wichtig, reine Naturmaterialien zu verwenden, weil die Kinder schöne Tasteindrücke haben sollen. Es genügen kleine **Stoffreste**, die sicherlich irgendwo zu Hause zu finden sind. Wer öfter eine fröhliche Tauschaktion mit Bekannten unternimmt, wird im Laufe der Zeit Samt, Leinen, Nicki, Kordsamt, Wollpulloverstücke, Fellreste, Seide und Baumwollstoffe in allen möglichen Variationen, sogar alte Küchentücher usw. ohne Mühe bekommen.

Die Schuhe werden im Allgemeinen aus **Filz** gearbeitet. Dickerer, gut gewalkter Filz ist am besten. Bei intensivem Spielen können Filzschuhe manchmal dünn werden. So kann man sie natürlich auch aus **Leder** herstellen (oder sie ohne große Mühe wieder reparieren; s. Reparatur-Kapitel, S. 159ff.).

Außerdem brauchen wir noch **«Kleinkram» verschiedenster Art**: Spitzen, Bänder, Borten, kleine Knöpfe und Druckknöpfe, Stickgarn, Perlen, Federn und vieles mehr. Da sich die Ideen am Material entwickeln, das man zur Verfügung hat, sind Ihnen viele Möglichkeiten gegeben. Sie werden sehen, wie viel Freude Sie am Gestalten haben werden ...

Um die Zwischenräume der Schuhe ausstopfen zu können, benötigt man **Baumwollwatte.** Die Schuhsohlen werden aus **Pappe** geschnitten. So haben die Puppen einen guten Halt und können stabil stehen. Gut zu verarbeitende Pappe ist z.B. die Pappe eines Kalenderrückens von 1,5 bis 2 mm Stärke. Wer diese Stärke nicht zur Hand hat, kann dünnere Pappschichten mit Holzleim übereinanderkleben. Dadurch wird das Material sogar besonders stabil.

Die beste Erfahrung habe ich mit **wasserfestem Holzleim** gemacht. Er hält die vielen Spielstrapazen aus, riecht neutral, bildet keine Fäden und wird nach dem Trocknen fast durchsichtig. Wichtig ist, dass er wasserfest ist, weil man die Puppen dann waschen kann.

Werkzeug

Neben **Nadeln** in unterschiedlichen Stärken, einer **Stoffschere** und eventuell einem **Fingerhut** ist das wichtigste Werkzeug für die Puppenarbeit eine **Zange**. Am praktischsten ist eine Spitzzange, da sie nicht die Nadeln einritzt oder zerkratzt (wie eine Beißzange) und man vielschichtige Arbeitsvorgänge damit ausführen kann. Falls vorhanden, kann zusätzlich eine ausrangierte **Nagelschere** für die härteren Materialien wichtige Dienste leisten.

Bezugsquellen

Das gesamte Material bekommen Sie in gut sortierten Bastelläden. Die folgenden Adressen sind nur als Anregung, nicht als Werbung gedacht:

- Grüner Blumendraht, 0,65 mm (Artikel 24054): www.rayher-hobby.de
- Mohairwolle für Haare; Trikotstoff (Artikel 8234): www.wollknoll.de
- Schafwolle, Strickwolle, Filz: www.finkhof.de
- Zwirn: Nähgarn Coats Nylbond stark reißfest 60 m reinweiß 2000 eingeben
- Grisly-Wolle: über die Autorin erhältlich (Mail-Adresse s. unten)

Bei Fragen oder Unterstützung:
Cristina Cevales-Labonde: c.cevales@gmx.de

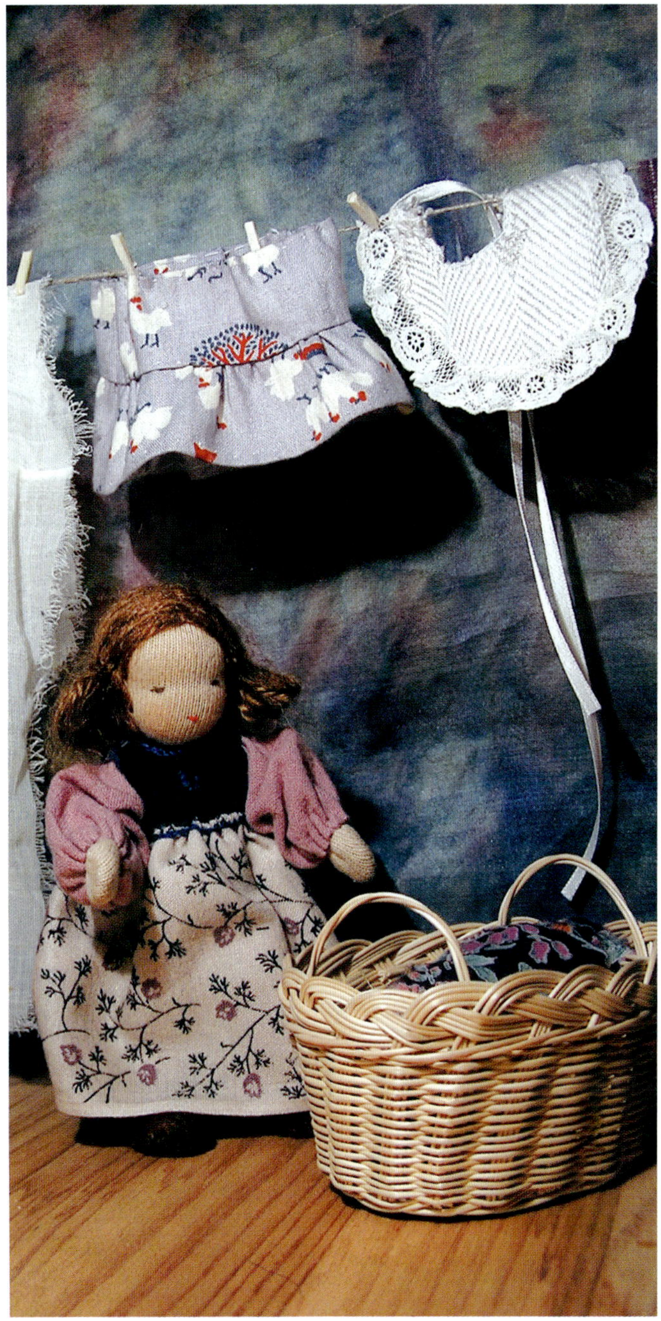

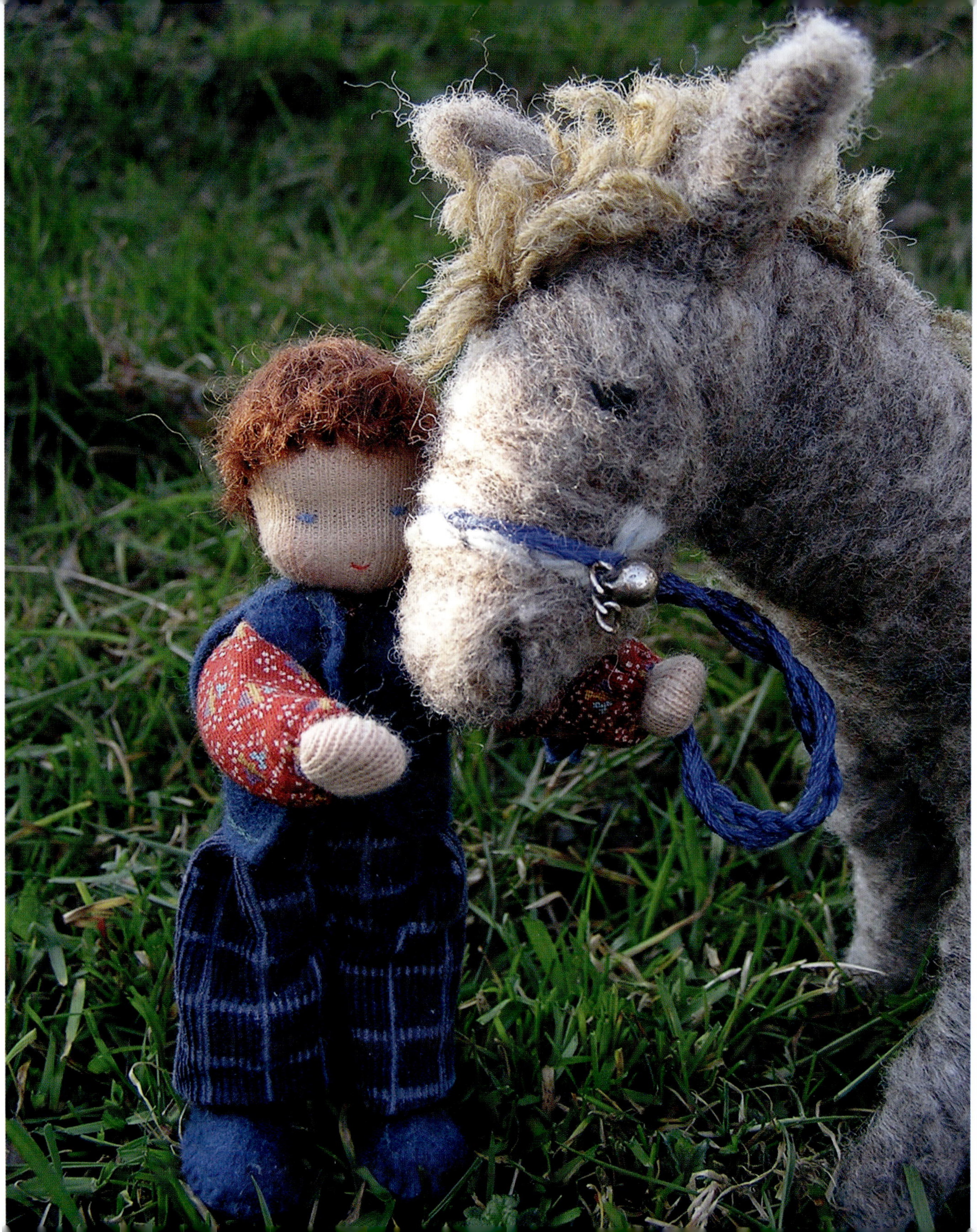

Das Drahtgestell

Die Biegepuppen sind beweglich, weil ihre Grundstruktur auf einem Drahtgestell aufbaut. Von der Gründlichkeit der Gerüstarbeit hängt die Langlebigkeit der Puppen ab.

Wie groß ist die Enttäuschung, wenn plötzlich die geliebte Puppe nicht mehr stehen kann, weil die Beine wackeln! Dass dieser Zustand irgendwann eintreten wird, ist klar, denn auch der beweglichste Draht wird nach einiger Zeit durchbrechen. Durch die hier verwendete Technik der Drahtgrundlage können die Beine jedoch durchschnittlich sechs bis acht Jahre lang halten. Die Erfahrung hat gezeigt, dass Kinder die Püppchen sehr lieb haben und daher behutsam mit ihnen spielen.

(Äußerlich wird man vielleicht nichts sehen, wenn der Draht gebrochen ist, da die Beine ja mit Stoff umwickelt werden. Im Kapitel «Reparatur», S. 159ff., finden Sie die Erklärung, wie Sie die Beine reparieren können.)

Wir arbeiten mit drei verschiedenen Puppengrößen. Babys, Kleinkinder und Mini-Kleinkinder finden Sie erst gegen Ende des Buches (S. 149ff.), da diese «Kleinen» zunächst schwieriger herzustellen sind. Wir beginnen mit den folgenden Größen:

- Größe 1 bekommt im fertigen Zustand eine Höhe von ca. 11,5 cm
- Größe 2 eine Höhe von ca. 13,5 cm
- Größe 3 eine Höhe von ca. 16 cm.

Um die Puppengrößen untereinander nicht zu vertauschen, nenne ich die kleinere Puppe *Nummer 1*, die mittlere Größe *Nummer 2* und die größte *Nummer 3*. So können Sie z.B. Nummer 3 als Vater, Mutter, Großeltern, Lehrer usw. mit einer der kleineren angegebenen Puppengrößen kombinieren. Oder Sie benutzen die Größe 2 als Ihren größten Maßstab und ergänzen Ihre Puppenfamilie mit der Größe 1 und / oder der Größe von Kleinkindern. Selbstverständlich ist Ihnen an dieser Stelle völlige Freiheit gelassen … Auf S. 20 und 21 sind Puppen der verschiedenen Größen abgebildet.

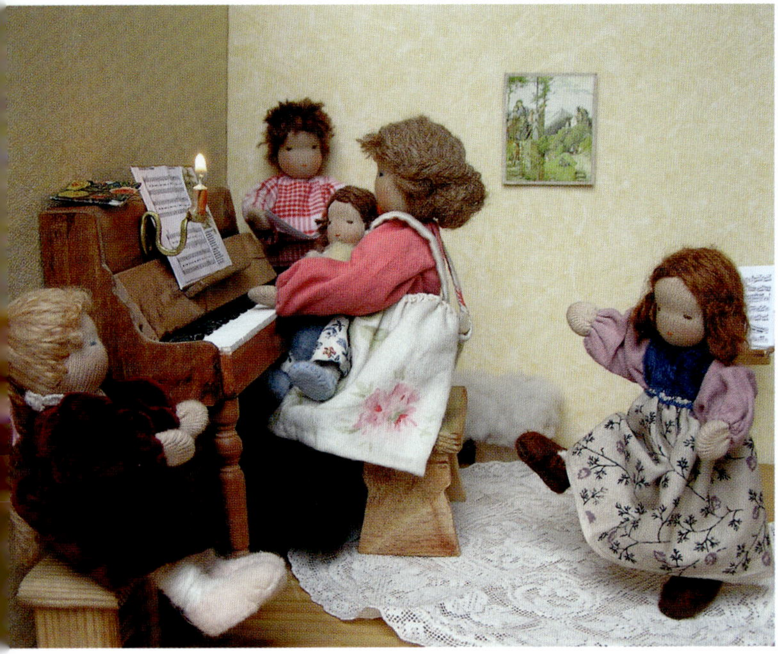

Es gibt daher drei Gerüstzeichnungen: eine für Nummer 1, eine für Nummer 2 und eine für Nummer 3 (s. Abb. 1 und Schnittmuster S. 165f.). Diese drei Drahtgestellgrößen empfehle ich als Arbeitseinstieg. Im Abschnitt «Kleinkind und Mini-Kleinkind» (s. S. 156) werden Sie dann zwei gesonderte Drahtgrößen finden, die noch kleiner als Größe 1 sind.

Wenn Sie sich für eine Größe entschieden haben, können Sie beginnen.

Falls Sie Ihr Kind in den Arbeitsprozessen mit einbeziehen möchten, rate ich Ihnen, die einzelnen Schritte erst einmal selbst auszuprobieren. So entscheiden Sie selber, ob meine Vorschläge auch für Ihr Kind geeignet sind. Das Blümchen (✿) bedeutet, dass Kinder ab sechs Jahren mit Ihrer Begleitung diese Drahtgestelle formen können; das Ende dieses Arbeitsabschnittes ist mit zwei Blümchen (✿✿) markiert.

Das Grundgerüst für Arme und Beine besteht aus sechs Drähten, die alle für die Bewegungen der Puppen sorgen. Dadurch wird nicht ein einzelner Draht hauptsächlich beansprucht, sondern die Bewegungen werden gleichmäßig auf die Drähte verteilt.

Man beginnt in der Mitte (Abb. 1 Punkt A) und rollt den Draht mit einer Hand auf. Dann formt man eine ovale Schlaufe. Das wird die erste Puppenhand (Abb. 2). Diese Drahtschlaufe sollte die Größe der gezeichneten Hand haben.

Nun nimmt man mit der anderen freien Hand dieses Ende, hält es vorsichtig fest – damit es sich nicht verschiebt – und wickelt den Draht in gleichmäßigen Windungen um den ersten Draht herum. Es ist jetzt nicht wichtig, jeden Millimeter eng zu umwickeln, da die kleinen Zwischenräume auf dem Rückweg von weiteren Drahtschichten ausgefüllt werden und sie sich im Laufe der Wickelarbeit dadurch automatisch verengen. Auch wird die Stabilität des Gerüstes eher gewährleistet, wenn sich die Drähte überkreuzen und übereinander gewickelt werden. Die Drähte bekommen dadurch verschiedene Richtungen und werden nicht einseitig belastet.

Diese Arbeit geht Ihnen leicht von der Hand, wenn Sie, wie in einem Rhythmus, vielleicht drei bis vier Windungen mit kleinen Abständen machen und dann mit den Fingern nachrutschen.

Sind Sie wieder bei der Mitte (Punkt A) angekommen, ziehen Sie den Draht für den anderen Arm lang und formen die Hand gegenüber. Dabei sollten Sie darauf achten, dass jetzt die Entfernung der beiden Drahtschlaufen der Hände mit der Zeichnung übereinstimmt (Abb. 3).

Erst dann wickelt man, wie beim ersten Arm, den Draht gleichmäßig zurück über die Mitte (Abb. 4) zur anderen Handschlaufe gegenüber.

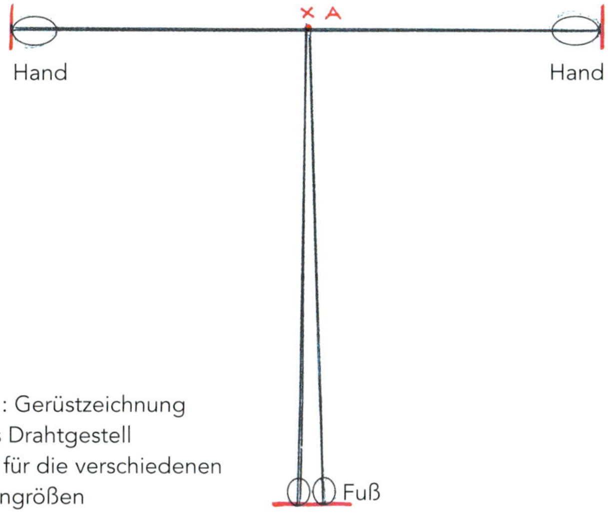

Abb. 1: Gerüstzeichnung für das Drahtgestell (Maße für die verschiedenen Puppengrößen s. Schnittmuster S. 165f.)

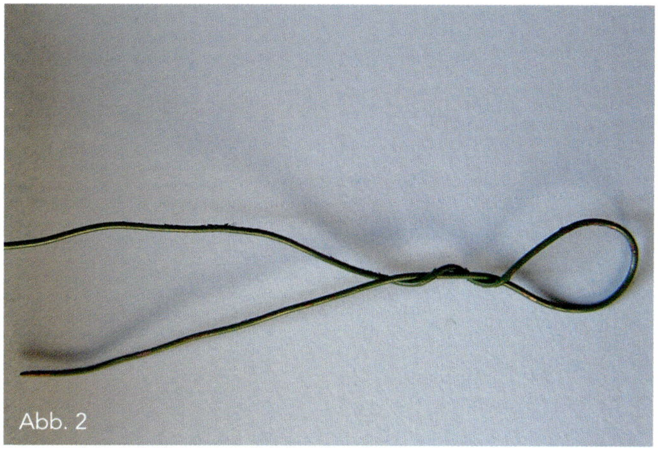
Abb. 2

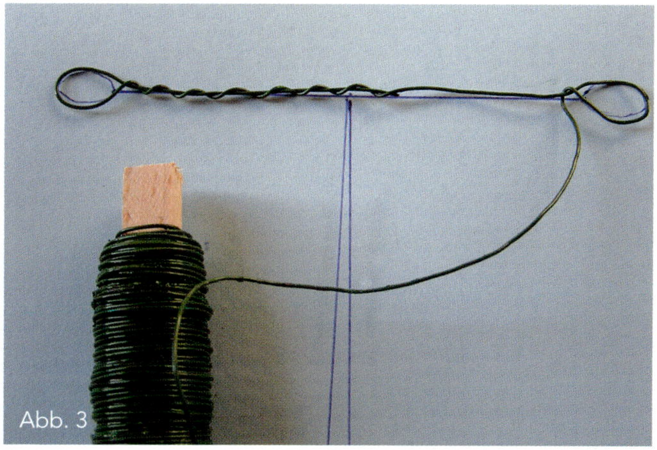
Abb. 3

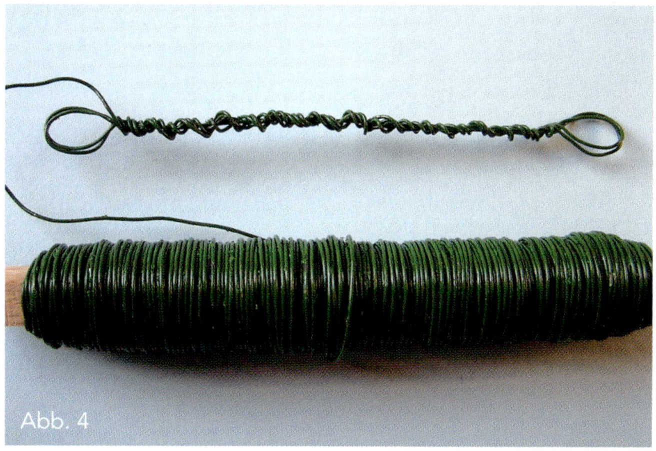
Abb. 4

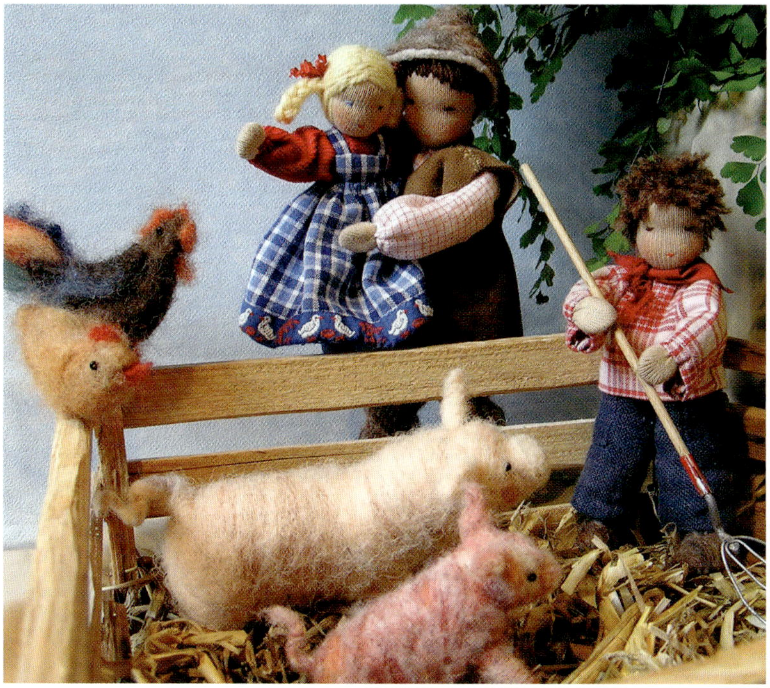

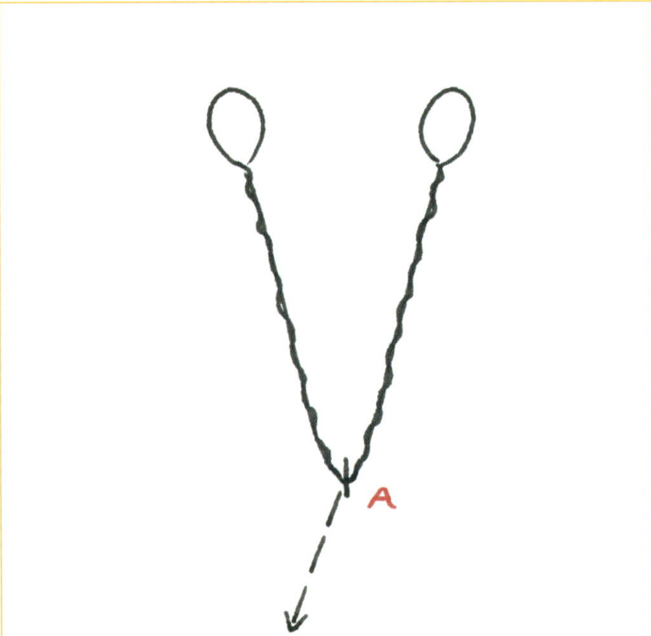

Abb. 5

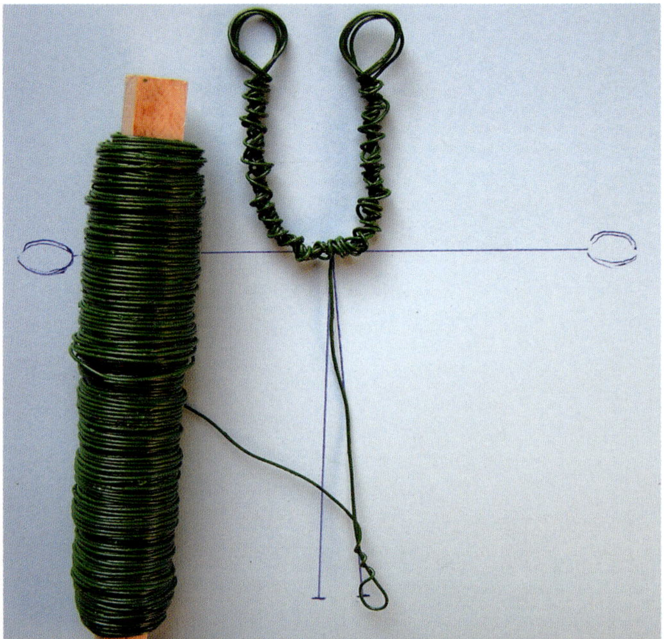
Abb. 7

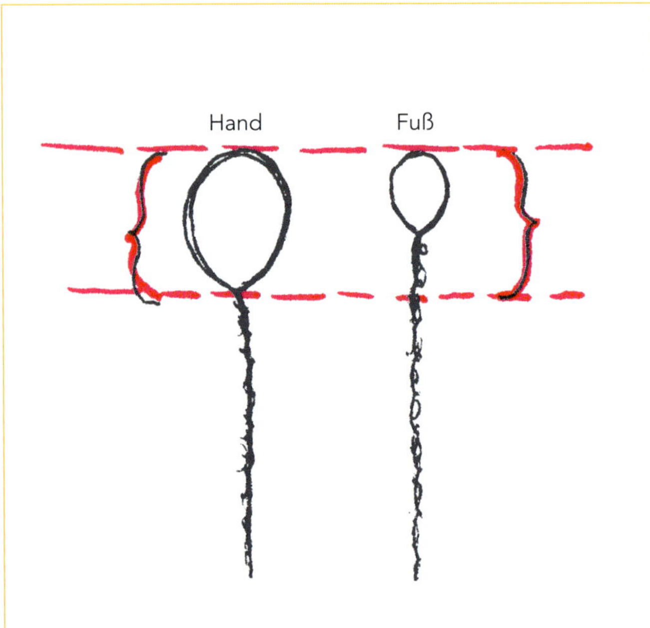

Abb. 6

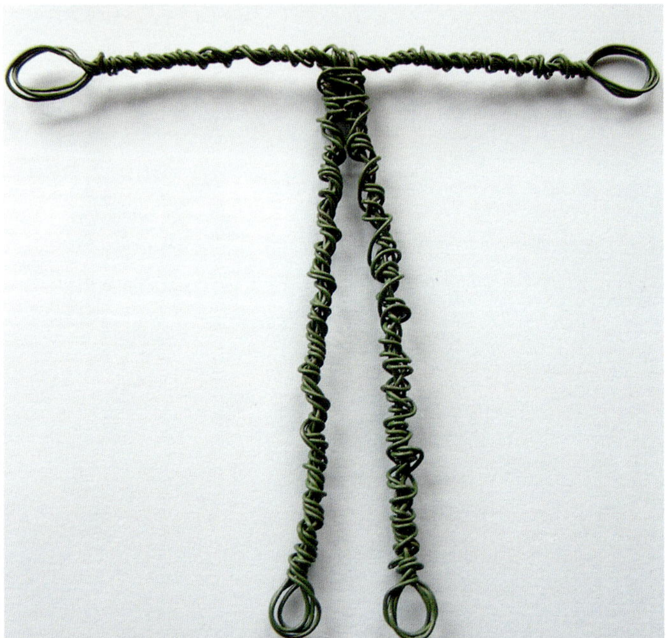
Abb. 8

Nun ist es kein Problem, die Wickelarbeit so lange hin und her zu wiederholen, bis man den Draht im Ganzen dreimal um die Arme und die Hände gewickelt hat. Jetzt besteht jeder Arm aus sechs Drähten.

Dann biegt man vorsichtig die Arme gegeneinander, sodass sich die Hände auf exakter Höhe treffen (Abb. 5): Dadurch findet man die genaue Mitte am eigenen Drahtgestell. Ist sie ermittelt, kann man die Arme wieder leicht aufklappen und weiterwickeln.

Von diesem Mittelpunkt aus zieht man den Draht lang – für ein Bein –, vergleicht die Abstände mit der Zeichnung, formt eine (kleine) Schlaufe für die Fußspitze (Abb. 7; s. unten, «Wichtig»), wickelt den Draht mit gleichmäßigen Bewegungen um den langgezogenen Draht wieder hoch (wie beim Arm), geht einmal um den Mittelpunkt (Punkt A) herum, dann wieder herunter, und wiederholt diesen Arbeitsvorgang, bis nun auch das erste Bein sechs Drähte hat.

Wichtig

Die Schlaufe der Hand ist so groß wie eine echte Puppenhand. Die Schlaufe des Fußes ist dagegen wesentlich kleiner, als der Fuß am Ende sein wird (s. Abb. 6)! Das wird im Kapitel «Beine» verständlich.

Nun richten Sie sich nicht mehr nach der Zeichnung, sondern nur nach der Länge des fertigen ersten Beines. Denn die Beine Ihrer Puppe müssen gleich lang werden … Also: Sie wickeln das zweite Bein, indem Sie die angewendete Methode wie oben wiederholen, und vergleichen immer wieder beide Beinlängen miteinander (Abb. 8).

Wenn beide Beine fertig sind und man am Ende angekommen ist – am Punkt A sozusagen –, wickelt man zur Stabilisierung den Draht zwei- bis dreimal um diese Stelle herum (Abb. 8), kneift den Draht mit der Zange ab und biegt ihn nach innen, sodass man sich nicht mehr verletzen kann.

Korrekturen

– Sind die Hände unterschiedlich?
  Man dreht sie um die eigene Achse am Handgelenk, bis beide wieder gleich sind.
– Laufen die Hände spitz zu?
  Mit der Spitzzange geht man in die Handschlaufe hinein, dreht mit ihr kleine Kreise und formt dadurch die Drahtschlaufe wieder rund.
– Sind die Arme unterschiedlich?
  Wieder die Arme zusammenklappen, die Hände aufeinanderlegen und die genaue Mitte finden. Den Draht der Beine zurechtziehen.
– Sind die Beine verschieden lang?
  Entweder können Sie ein Drahtbein langziehen, oder Sie verlängern in der *zweiten* Runde das Bein mit einer längeren Drahtschlaufe am Fuß.

Vorschlag

Wenn Sie möchten, können Sie gleich noch ein Gestell machen. Vielleicht brauchen Sie noch mehr Mitglieder für die Puppenfamilie? Auf jeden Fall wird Ihnen dieser Arbeitsschritt beim Wiederholen leichter von der Hand gehen!

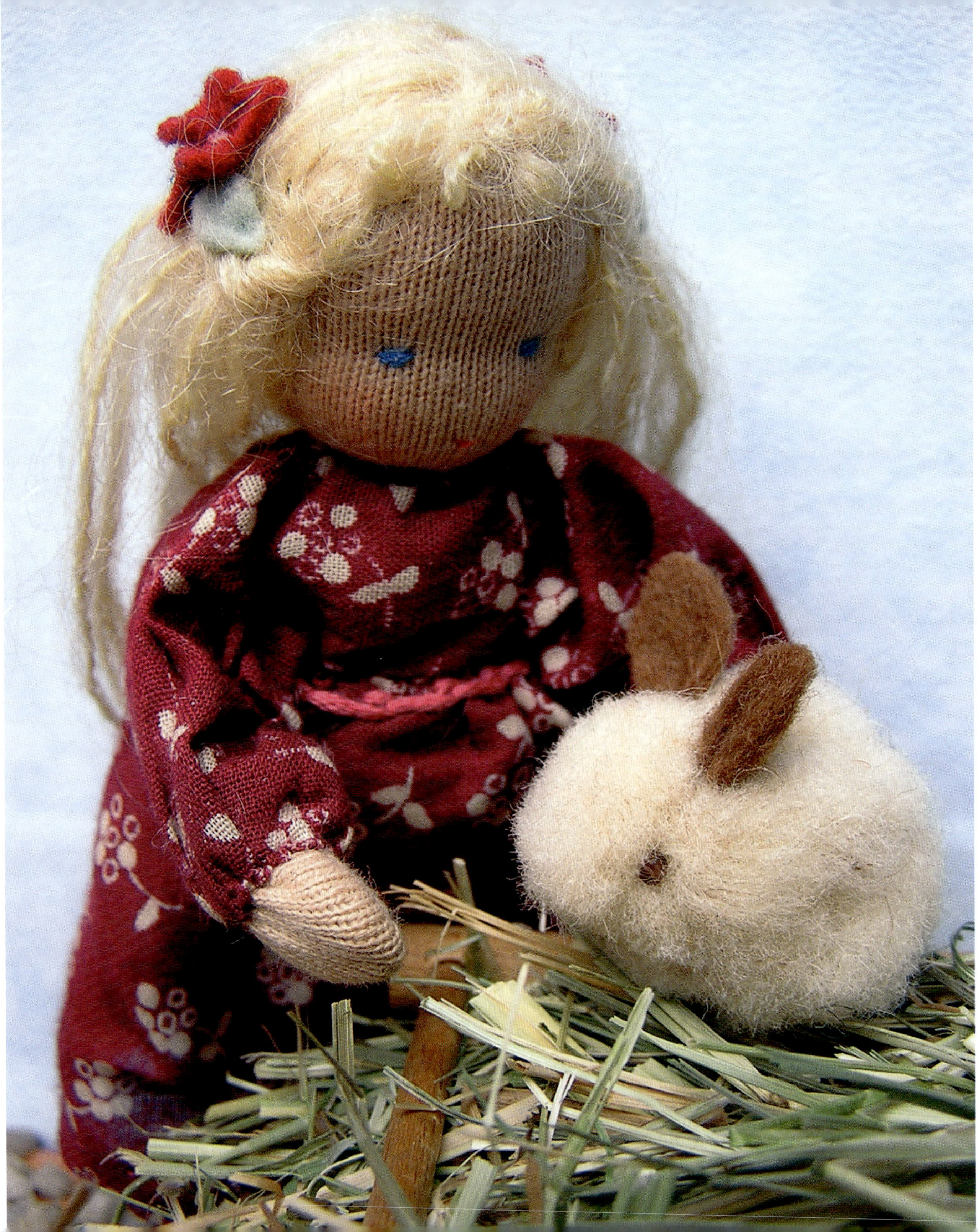

Die Hände

Die Hände werden in drei Etappen hergestellt:

1. *Die Drahtschlaufen der Hand werden gepolstert.* Fädeln Sie einen etwas flauschigen und glatt gesponnenen Wollfaden in eine Stopfnadel (s. Materialbeschreibung). Er wird doppelt genommen und müsste (doppelt) fast die Länge eines ausgestreckten Armes haben.

Sie beginnen in der Mitte (A) des Drahtgestells, knoten den Wollfaden hier fest und wickeln mit drei bis vier großzügigen Umwicklungen den Faden zur Puppenhand hin. (Wir beginnen absichtlich an diesem Punkt, um keine Verdickungen am Handgelenk zu bekommen.) Am Handgelenk angekommen, stechen Sie mit der Nadel in die Handschlaufe hinein und umsticken die übereinanderliegenden Drahtschlaufen (Abb. 9a). Die Drahthand wird mit engen, aufeinanderfolgenden Umwicklungen gepolstert. So wird der Trikotstoff geschützt, der später darübergezogen wird. Sollte immer noch Draht an den Handschlaufen zu sehen sein, kratzt man die Wollumwicklungen schön eng *nebeneinander* und stickt noch ein paar Mal weiter um den Draht herum, bis die ganze Handschlaufe gleichmäßig umwickelt ist.

2. *Die Hand wird «ausgewebt».*
Diese Arbeit ist notwendig, um eine schöne, gleichmäßige und flache Hand zu bekommen. Sie weben Schlaufen von rechts nach links, mit kleinen Bewegungen, die an eine waagerechte Lemniskate erinnern (Abb. 9b). Oben an der Hand angekommen, stechen Sie ein- bis zweimal durch diese gewebte Arbeit und kommen am Handgelenk wieder heraus. Dann wickeln Sie wieder mit drei bis vier großzügigen Bewegungen den Faden bis zur anderen Hand gegenüber (Abb. 9c) und wiederholen die beiden eben genannten Arbeitsschritte.

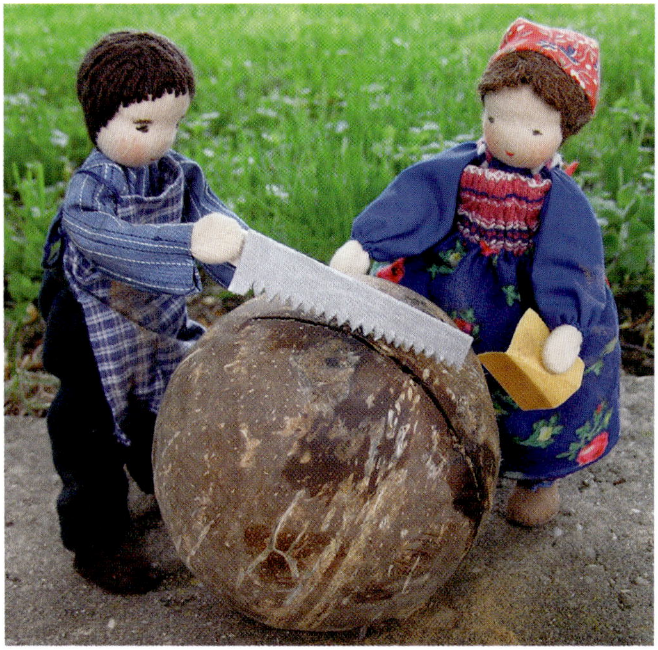

3. *Die Hand wird überzogen.*
Dafür schneiden Sie zwei Stücke Trikot 4 x 8 cm zu. Die Maserung verläuft in Längsrichtung (s. Abb. 10). Die Stoffmaße der Hände sind für *alle* drei Puppengrößen gleich!

Sie legen den Stoff der Länge nach um die Puppenhand und halten mit dem Daumen die vordere Seite und mit dem mittleren Finger die Rückseite des Trikots fest. Nun spannen Sie, mithilfe der anderen Hand, den seitlichen Stoff auch nach unten zum Handgelenk hin und halten alles mit einer Hand unter Spannung fest. Mit der anderen freien Hand wickeln Sie zweimal mit dem Kunstzwirn um das Puppenhandgelenk (Abb. 11). Dann können Sie den Stoff der Hand etwas locker lassen, da der Zwirn alles festhält … Ziehen Sie anschließend den Trikotstoff der Puppenhand stramm nach unten, sodass Sie einen schönen glatten Stoff bekommen.

Je weicher der Trikotstoff ist, desto leichter und glatter wird diese Arbeit.

Sind Sie mit dem Ergebnis zufrieden, wickeln Sie den Zwirn noch zwei- bis dreimal um das Handgelenk, machen einen festen Knoten und wickeln mit dem Zwirn den restlichen Trikotstoff fest an den Draht des Armes (Abb. 12). Dadurch stabilisieren Sie das Handgelenk. Dann machen Sie einen festen Knoten und schneiden den Faden ab. Für diesen Zweck ist es praktisch, den Faden nach dem Knoten am Handgelenk *nicht* abzuschneiden, sondern ihn in die Wickelarbeit mitzunehmen, um am Ende wieder beide Fäden für den Knoten zu haben.

Dieser Arbeitsschritt wird für die zweite Puppenhand wiederholt. Dabei ist zu beachten, dass Sie – wie bei der ersten Hand – an der gleichen Höhe des Handgelenks beginnen, um beide Hände gleich groß zu bekommen.

Korrekturen

- Sind die Hände unterschiedlich groß?
  Bei der größeren Hand wird das Handgelenk mit Zwirn zusätzlich abgebunden (ohne natürlich die «falsche» Arbeit aufzumachen), neu verknotet und, wie oben, abgeschnitten.
- Sind die Hände nicht beide gleich?
  Eine Seite hat Falten und die andere ist glatt?
  Drehen Sie eine Hand um sich selbst (um 180°).

Lassen Sie sich nicht irritieren, falls Sie eine andere «Handkonstruktion» kennen. Ich habe mich bewusst für diese Art der Ausführung entschieden, da Puppenhände in meiner Puppenklinik gerade an dieser Stelle gerissen waren und dadurch Laufmaschen bekommen hatten.

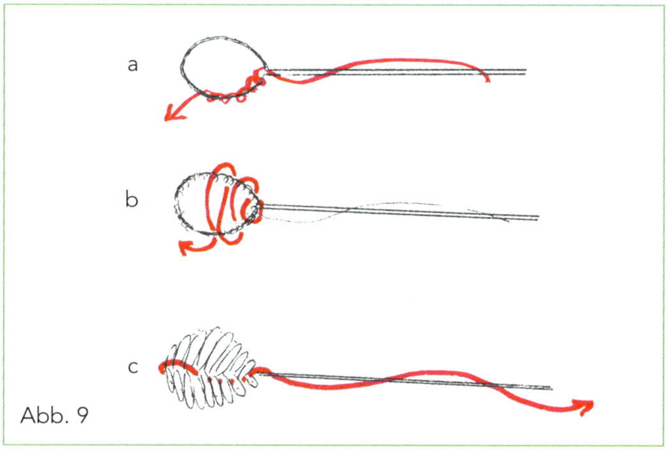

Abb. 9

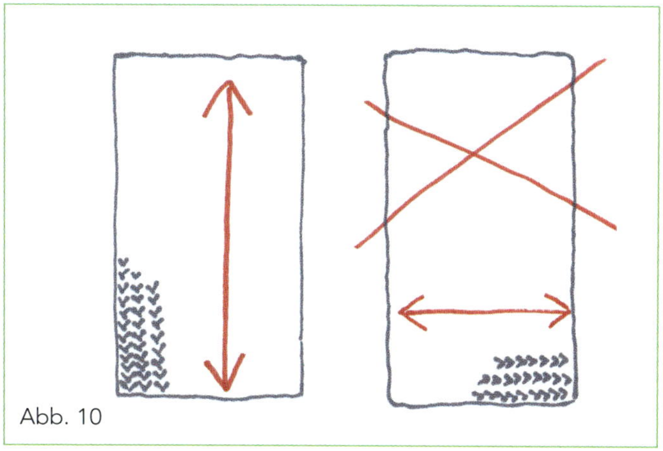
Abb. 10

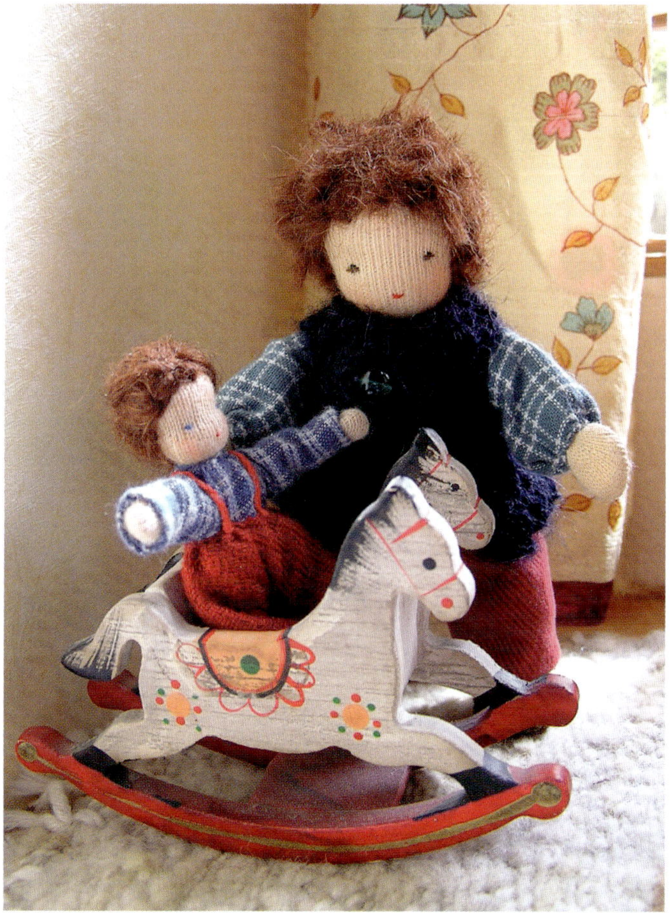

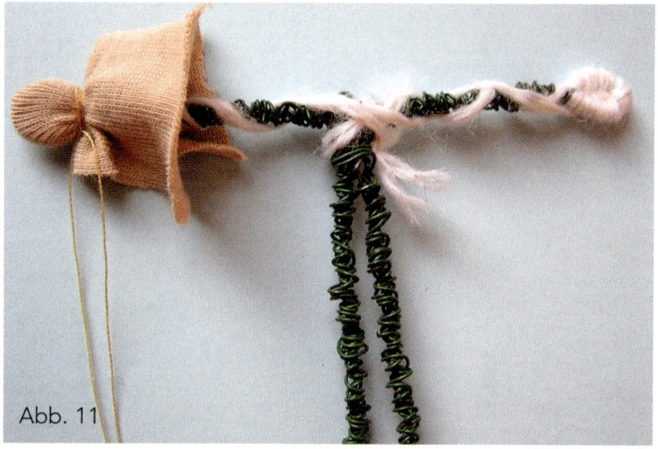
Abb. 11

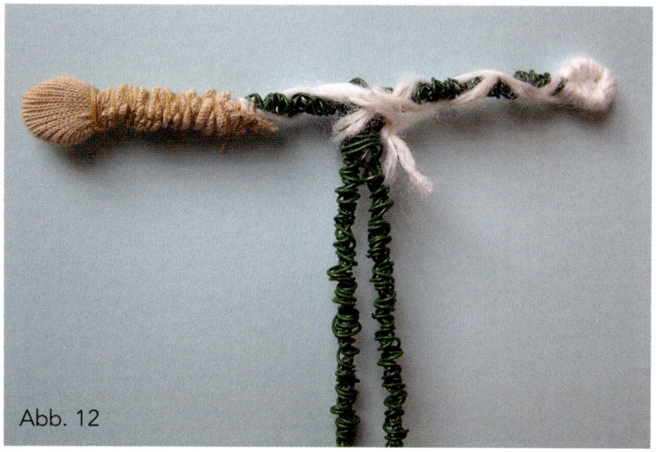
Abb. 12

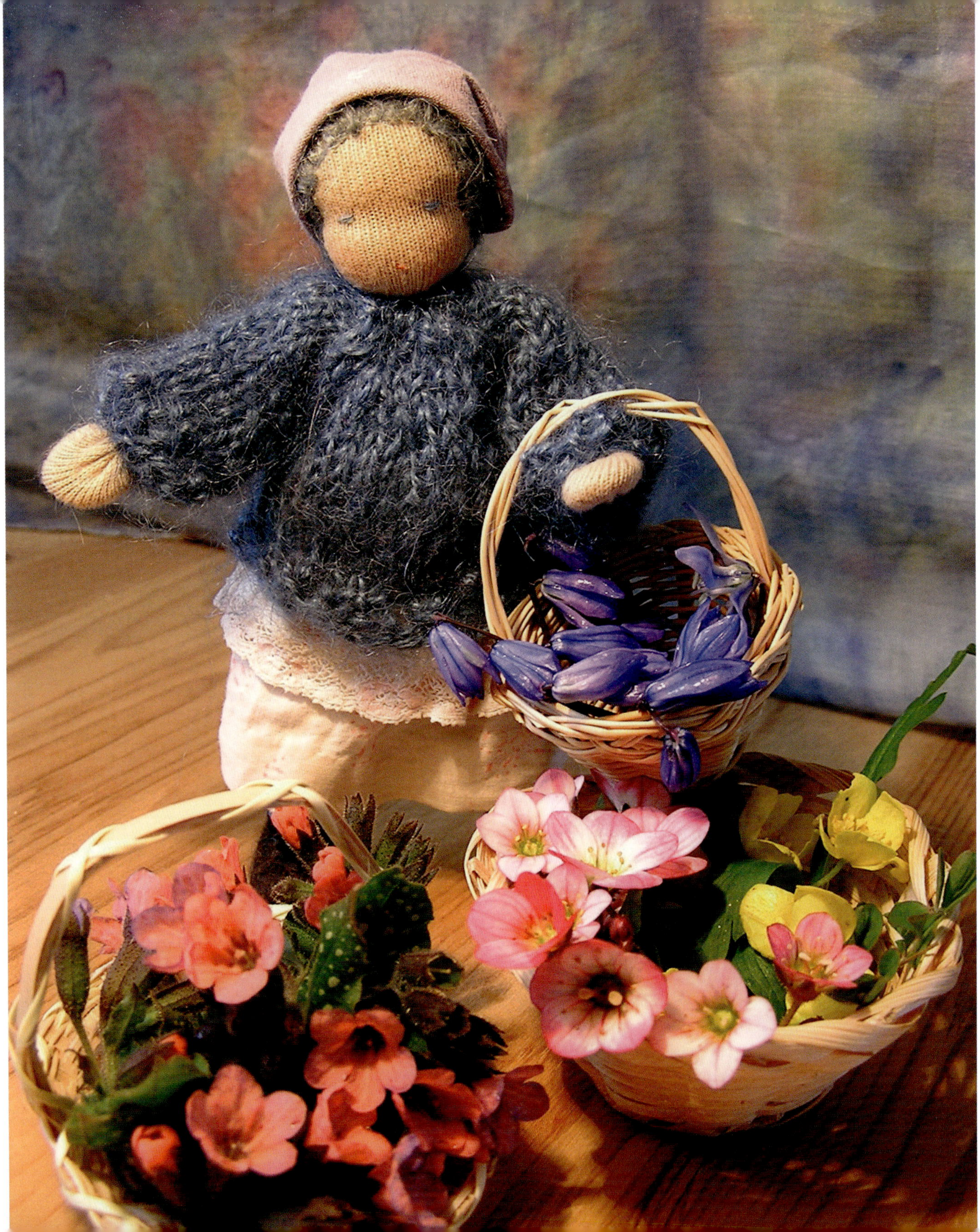

Der Körper. Wickeltechnik

Damit das Puppengestell stabilisiert und «gepolstert» wird, umwickeln wir den Draht mit den vorbereiteten Stoffstreifen (s. Materialbeschreibung). Wir beschreiben die Wickeltechnik in zwei Arbeitsgängen.

Arbeitsgang 1:
Wir suchen uns einen Streifen aus und beginnen wieder bei Punkt A. Die Bewegungen sind gleichmäßig und wie eine Spirale oder Schraube zu verstehen. Sie wickeln fest, indem Sie den Stoffstreifen etwas ziehen und in Richtung Handgelenk gehen. Die Stoffstreifen überlappen sich leicht. So werden die Übergänge gleichmäßig, und Sie können die «Dicke» der Puppe beeinflussen. Wenn Sie «dünn» arbeiten möchten, überlappen Sie eher wenig; bevorzugen Sie ein «dickeres» Arbeiten, lassen Sie die Stoffstreifen mehr überlappen (Abb. 13).

Jetzt gehen wir an die Trikotschicht der Hände. Wenn Ihnen die Armdicke an dieser Stelle genügt, machen Sie die Wickelbewegung wieder rückwärts, in Richtung Mitte. Sie können mit dem anderen Arm genauso vorgehen. Bei der Mitte angekommen, können Sie mit dem Stoff zum Bauch hinunterwandern (Abb. 14). Der Bauch wird für alle drei Puppengrößen nur 2 cm dick gewickelt. Verschieden ist aber die Länge je nach Puppengröße: Für Puppengröße 1 wird der Bauch 2,5 cm, für Größe 2 wird er 3 cm, für Größe 3 wird er 4 cm nach unten zu den Beinen hin gewickelt!

Jetzt teilen Sie die Beine auseinander, sodass Sie bequem Platz zum Arbeiten haben, und wickeln erst das eine und dann das andere Bein (Abb. 15 und 16). Die Beinenden lassen wir etwas dünner, damit die Fußgelenke nicht zu «stämmig» werden.

Der ganze Wickelvorgang wird so lange wiederholt (d.h. die Stoffstreifen übereinandergeschichtet), bis man mit der Bein- oder Armstärke «fast» zufrieden ist (Abb. 17) – nur «fast», da die Beine später noch mit farbiger Wolle umwickelt werden.

Natürlich gibt es dünne oder dickere, eben unter-

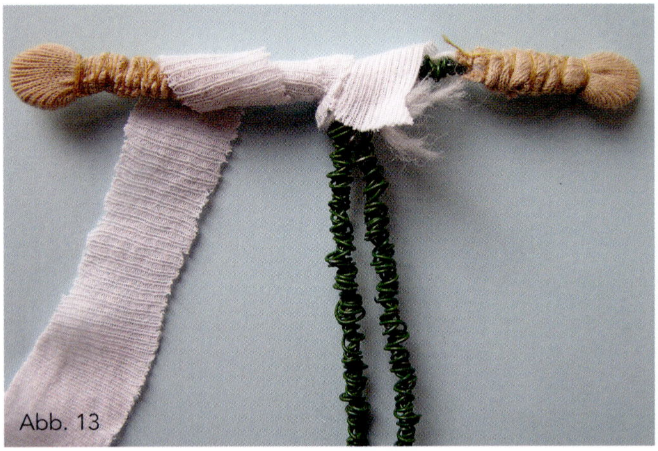
Abb. 13

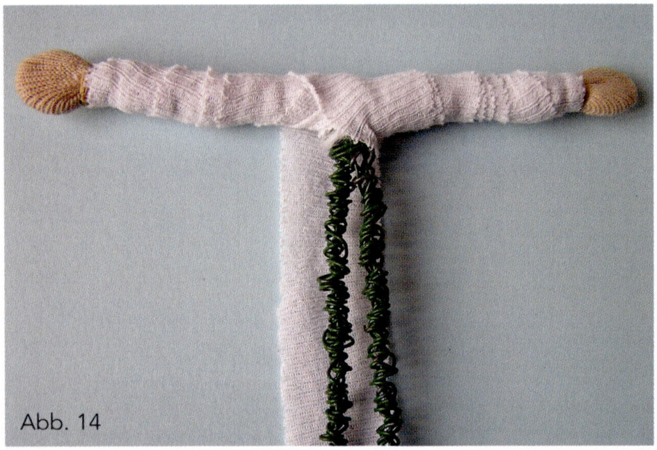
Abb. 14

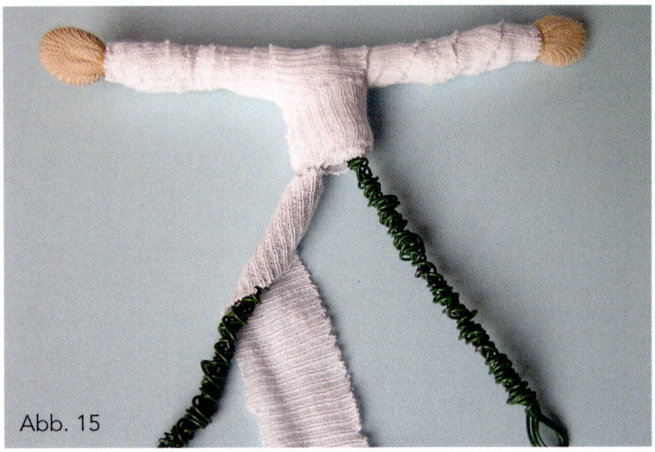
Abb. 15

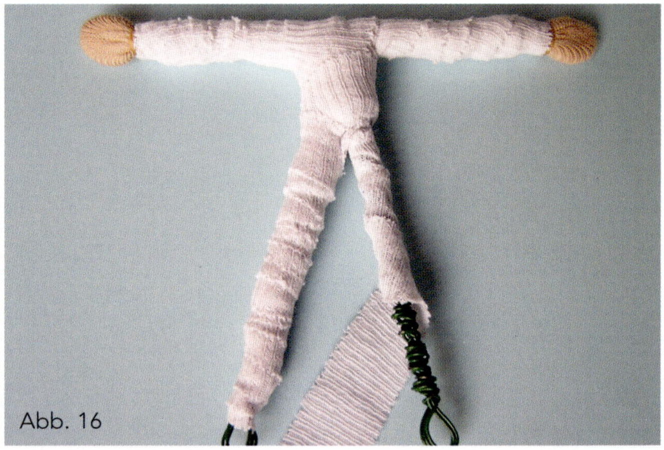
Abb. 16

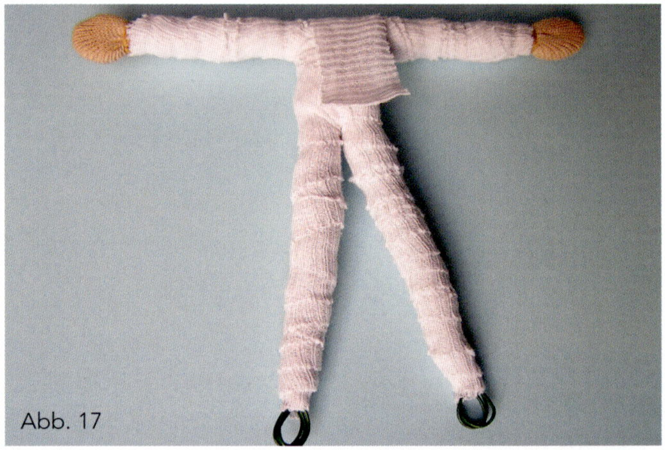
Abb. 17

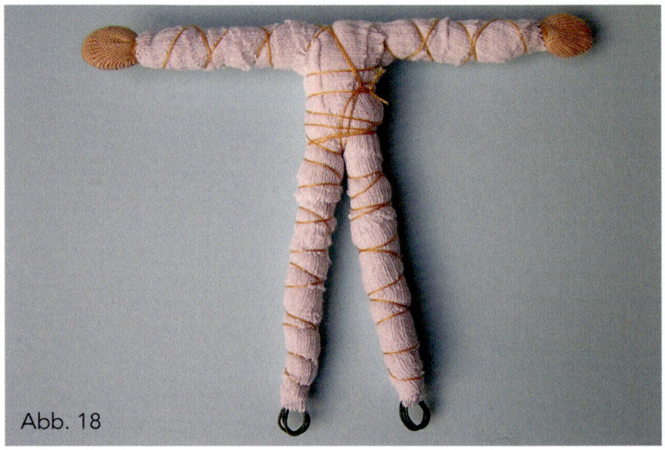
Abb. 18

schiedliche Puppen. Trotzdem ist es sinnvoll, wenn die Wickelschicht an den Beinen nicht stärker als 7 mm ist. Der Bauch wird Ihnen erst einmal sehr dünn und zu kurz vorkommen. Machen Sie sich noch keine Sorgen, denn durch die folgenden Arbeitsschritte wird die Puppe schon noch die natürliche «Bauchdicke» bekommen …

Arbeitsgang 2:

✿ Wir nehmen den starken Kunstzwirn und verknoten ihn erst einmal am Bauch. Dann umspannen wir damit den ganzen Puppenkörper. Am stabilsten ist die «Überkreuz-Methode»: Man wickelt den Zwirn leicht nach rechts auf dem Hinweg und leicht nach links auf dem Rückweg. Dabei sollte der Zwirn so stramm gespannt werden, dass in dem Unterstoff *leichte* «Eindellungen» zu spüren sind (Abb. 18). ✿✿

Dieser Arbeitsschritt ist sehr wichtig und verhindert das Wegrutschen des Wickelmaterials, falls einer der Drähte im Laufe des Puppenlebens bricht. (Keine Sorge: Für diesen Fall ist im «Reparatur»-Kapitel beschrieben, wie der Draht ersetzt werden kann; s. S. 159f.)

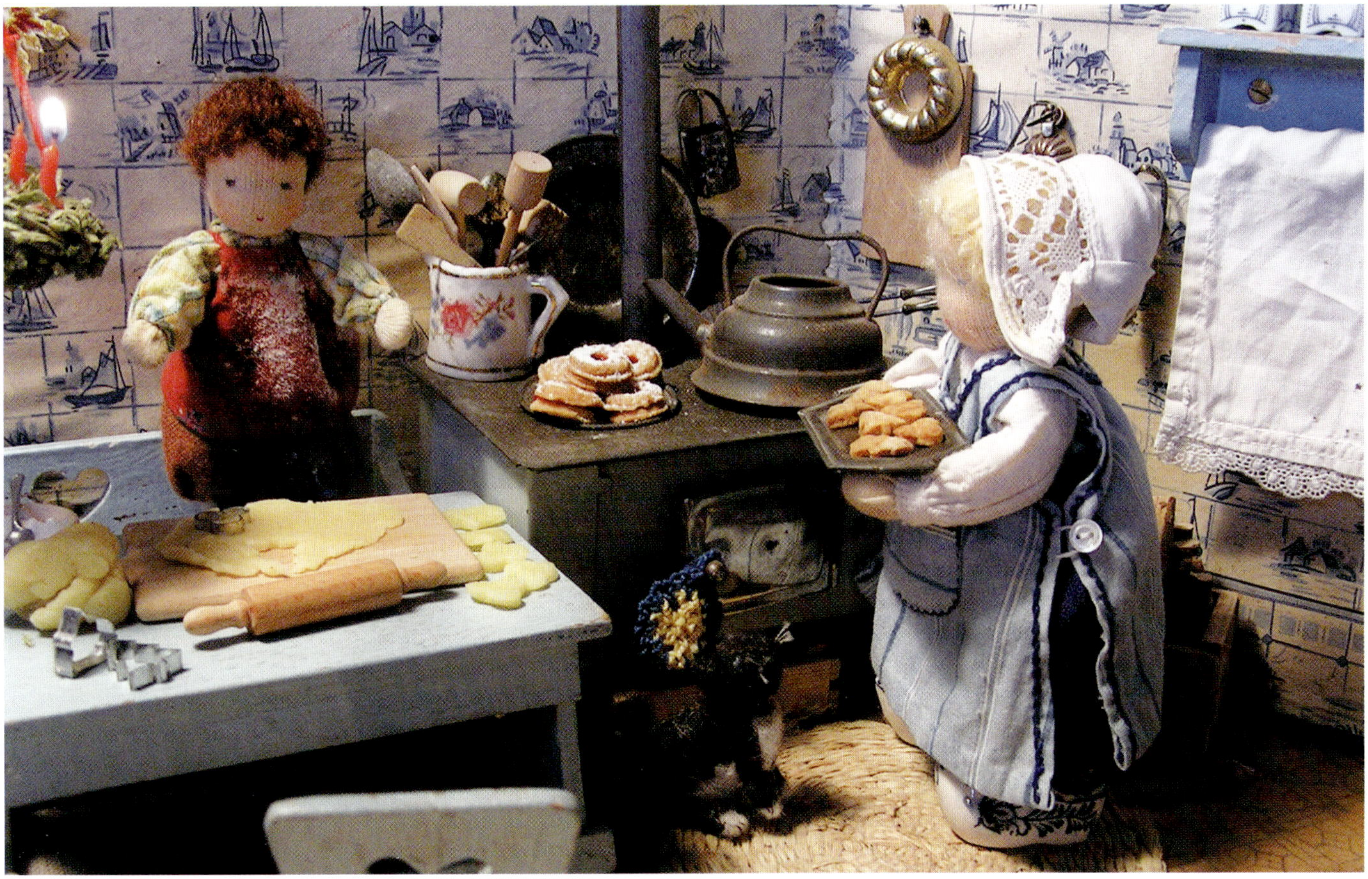

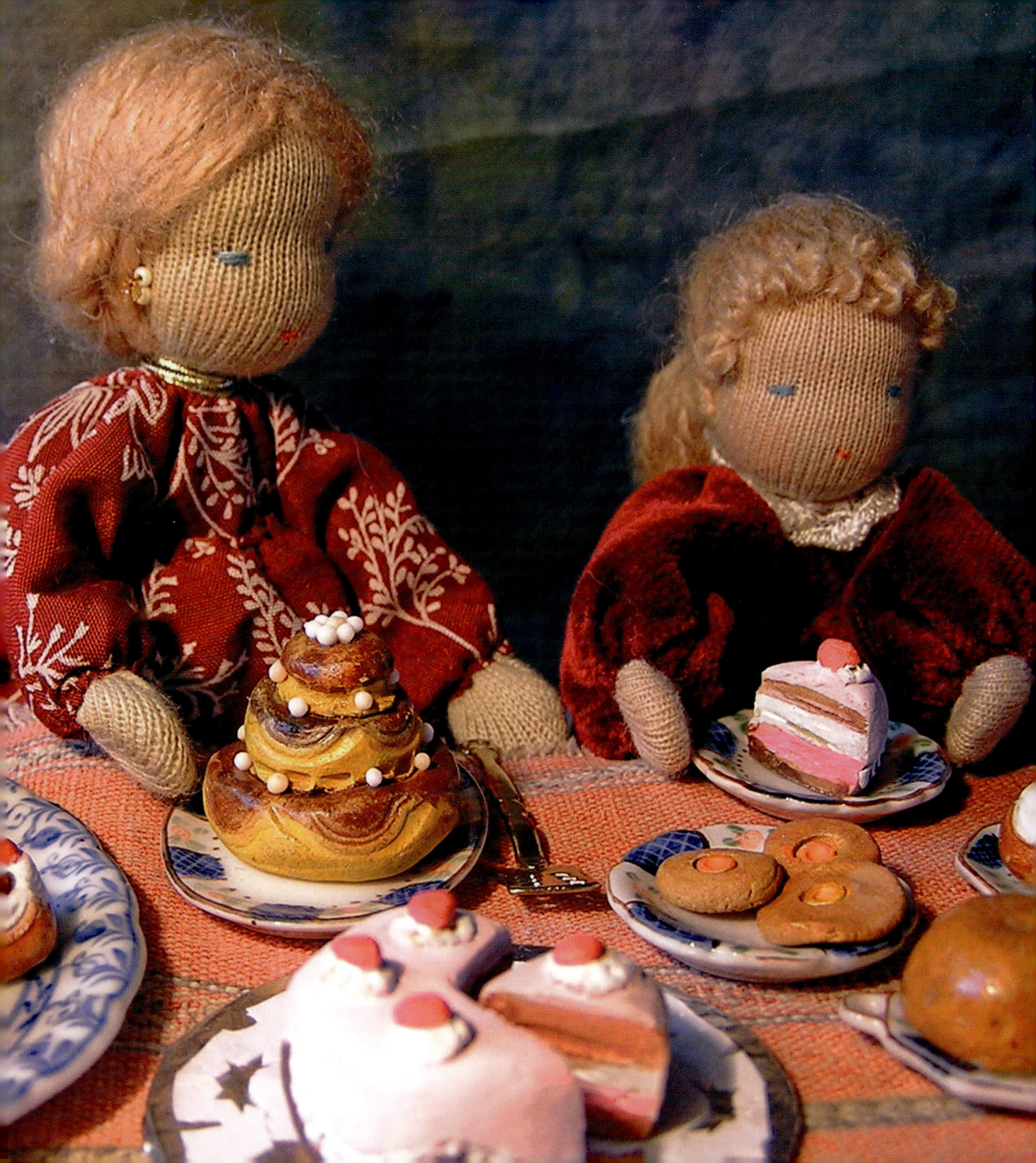

Der Kopf

Die Herstellung des Kopfes wird in vier Arbeitsschritte aufgeteilt. Entsprechend den Puppengrößen 1, 2 und 3 gibt es auch drei Kopfgrößen. An den Zeichnungen können Sie sich gut orientieren (Abb. 19).

✿ *1. Den Kopf formen:*
Man nimmt saubere Schafwolle und formt durch Rollbewegungen und zartes Umwickeln eine Kugel (als ob man ein Knäuel Strickwolle aufwickeln möchte). Diese Kugel wird ungefähr die Größe einer Walnuss haben. Sie sollte nicht zu fest sein, beim Drücken etwas nachgeben und sich wie eine fast reife Pflaume anfühlen. Da die Wolle so wenig wiegt, kann man sich nur nach dem Gefühl richten.

Dann legt man weichen Unterhemdenstoff über diese Kugel, umschließt sie mit der ganzen Hand, stopft die Wolle von unten noch ein bisschen hinein und bindet den Kopf unten ab. Fürs Erste genügen ein bis zwei Umdrehungen mit dem Zwirn (Abb. 20). Noch *keinen* Knoten machen, damit Sie erst einmal mit der Zeichnung vergleichen können. Sie legen Ihre Kopfkugel auf den Kreis Ihrer gewünschten Größe und vergleichen sie mit der Zeichnung (Abb. 19).

Korrekturen

- Ist die Kugel zu groß?
  In diesem Fall muss man den Zwirn aufmachen und etwas Schafwolle von der Kugel entfernen.
- Ist die Kugel zu klein?
  Wie oben aufmachen und um die Wollkugel noch etwas Schafwolle herumwickeln.

Kleine Kontrolle: Die fertige Kugel hat einen Durchmesser von 2,8 cm für die Puppengröße 1, 3 cm für Größe 2 und 3,5 cm für Größe 3.

Wenn die Kugel mit der Zeichnung der Kopfgröße tatsächlich übereinstimmt, können Sie nun zwei- bis dreimal den Zwirn um den Hals wickeln, einen festen Knoten machen und den Zwirn abschneiden (Abb. 21). ✿✿

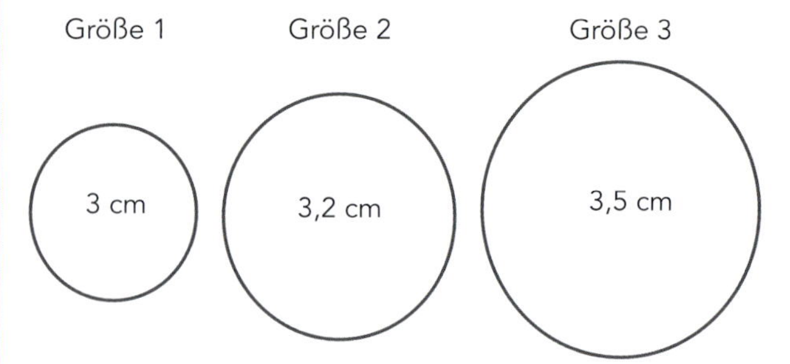

Abb. 19: (Originalgröße s. Schnittmuster S. 166)

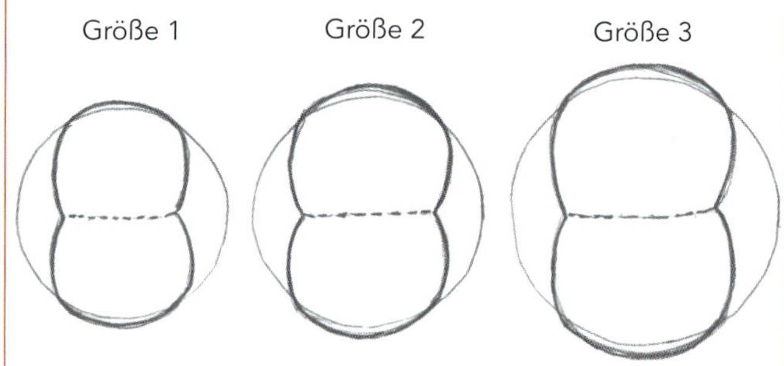

Abb. 22 (Maßstab auf 80 % verkleinert)

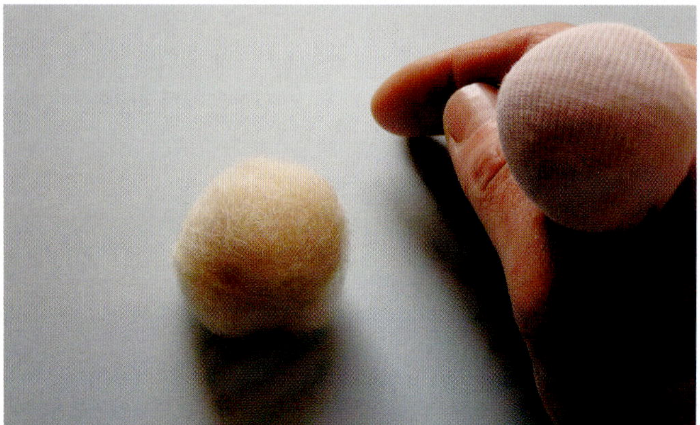
Abb. 20

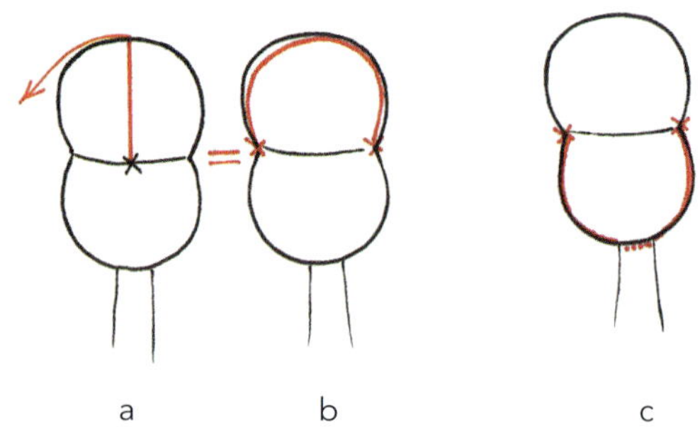

Abb. 23: Abbinden des Kopfes

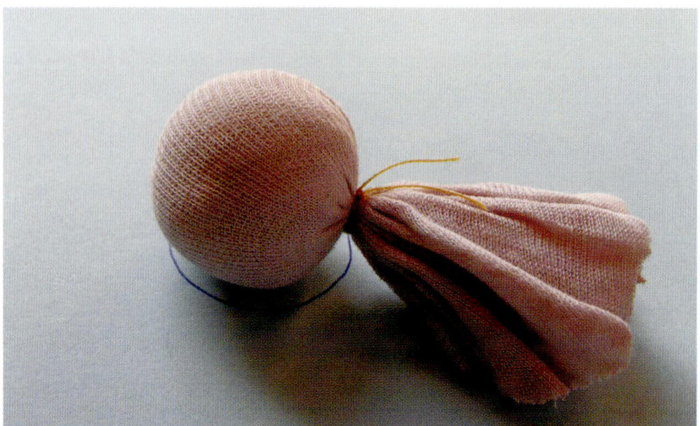
Abb. 21

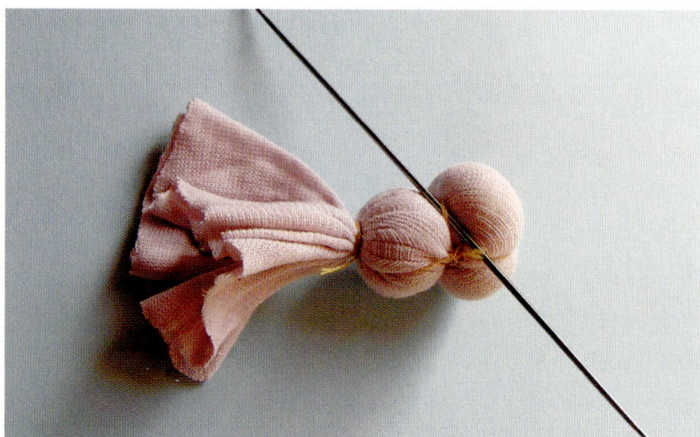
Abb. 24

2. «Abbinden»:
Mit starkem Zwirn formt man gewissermaßen die fertige Kugel. Dadurch entstehen Vertiefungen, die für die Augen und den Hinterkopf wichtig sind.

Man beginnt an der Schläfe. Sie ist genau in der Mitte der Kugel. Man kann sich die Kreuzung zweier Linien vorstellen. An diesem Punkt sticht man die eingefädelte Nadel ein (der Zwirnfaden wird nicht doppelt genommen) und macht einen kleinen «Befestigungsstich». Dann spannt man den Zwirn genau um die Mitte der Kugel einmal im Kreis. Bitte den Zwirn die ganze Zeit spannen! So verschiebt sich die Einteilung des Kopfes an der von Ihnen festgelegten Stelle nicht. Weiter festziehen und gleich noch einmal herumwickeln, also insgesamt zweimal. Mit den Augen können Sie die Proportionen – von oben und unten und den Abstand zum Hals – immer vergleichen. Der Ausdruck Ihres Puppenkindes hängt stark mit dieser Abbindearbeit zusammen!

Kleine Kontrolle

Die Kugel muss in zwei Hälften eingeteilt werden: eine obere und eine untere Hälfte, die unbedingt *gleich* sein sollen.

Die Ausgangskugel wird durch diese Fadenspannung enger zusammengezogen.

An den kleinen Strichen in den gezeichneten Kugeln (s. Abb. 22) sehen Sie, wie eng die Puppenköpfe nach dem Abbinden werden sollen.

Wenn Sie damit zufrieden sind, machen sie – wie zu Beginn – einen festen Knoten an der Schläfe (x), damit sich nicht wieder alles lockert.

Nun gehen Sie mit dem Faden von der einen Schläfe zur anderen. Der Faden wird dafür (nicht stramm wie bei der vorherigen Arbeit) oben über den Kopf gezogen. Er wird bis zur gegenüberliegenden Schläfe gelegt und an ihr mit einigen Stichen am Stoffuntergrund befestigt. Der Faden soll dem Kopf Stabilität geben und ein Verschieben des Zwirns verhindern (s. Abb. 23, a u. b). Danach vollendet man den Fadenkreis, in dem man von dieser letzten Schläfe durch den Hals hindurchsticht und am Anfangspunkt wieder ankommt (s. Abb. 23 c). Zum Abschluss machen Sie einen stabilen Befestigungsstich und schneiden den Faden ab.

Korrektur

- Wenn die beiden vorderen Gesichtshälften nicht gleich groß sind, bekommt die Puppe ein «Affengesicht». Die untere Gesichtshälfte hat sozusagen Übergewicht, und dies entspräche nicht den idealen Proportionen der Puppen.
  Also: Sie nehmen eine starke Nadel (oder eine dünnere Häkelnadel) und schieben den Faden in die gewünschte Lage, indem sie mit der Nadel den Faden vorsichtig anheben und von unten den Stoff dagegen und wieder hochdrücken.
  Genauso geht der Arbeitsvorgang, in umgekehrter Weise, falls die Stirn zu groß sein sollte.

Sie haben jetzt ein kleines, eingeteiltes Päckchen vor sich, bei dem alle vier Stücke gleich sind. Wenn Sie die Vorder- und die Rückseite betrachten, können Sie sich entscheiden, welche von beiden Seiten am wenigsten Stofffalten hat. Die von Ihnen ausgesuchte «schönere» Seite nehmen Sie als Gesicht. Die andere ist der Hinterkopf.

Mit einer starken Stricknadel gehen Sie nun vorsichtig unter den Zwirn, der die hintere Mittellinie des Hinterkopfes bildet. (Darauf achten, dass die Nadel nur den Zwirn anhebt, ohne den Stoff zu verletzen!) Mit dem Daumen der anderen Hand schieben Sie die Wolle mit dem Stoff gegen die Nadel und rutschen immer hin und her, sodass sich automatisch die Naht nach unten verlagert (s. Abb. 24 und 25). Dadurch verschiebt sich die hintere Mittellinie nach unten, und man kann von der Seite den schön geformten Hinterkopf erkennen.

3. Den Kopf mit Trikotstoff überziehen:
Nach dem Abbinden wird der Kopf mit Trikotstoff überzogen. Man beachte dabei die «Stoffmaserung»: Die Maschen laufen von der Stirn nach unten oder umgekehrt, und nicht quer von einem Ohr zum anderen! Es lohnt sich, den Trikotstoff sauber an den Maschenlinien entlang zu schneiden. Sie werden dann in den folgenden Arbeitsschritten weniger Mühe haben!

Maße für Trikotstoff:

- *für Puppengröße 1*: 5 cm Breite x 7,5 cm Höhe
- *für Puppengröße 2*: 5,7 cm Breite x 8 cm Höhe
- *für Puppengröße 3:* 6 cm Breite x 8,5 cm Höhe
- *für Puppengröße Kleinkind (s. S. 156):* 4,3 cm Breite x 6 cm Höhe
- *für Puppengröße Mini-Kleinkind (s. S. 156):* 4 cm Breite x 6 cm Höhe

Da manche Trikotstoffe unterschiedlich nachgeben, empfehle ich eine kleine Überprüfung der angegebenen Stoffmaße.

Probe

Wenn Sie den Trikotstoff hinten an den Puppenhinterkopf halten und stramm einmal um die ganze eingeteilte Kugel legen, können Sie die genaue Stoffbreite für die Kopfgröße ausrechnen.
Jetzt runden Sie die zwei oberen Stoffecken knapp ab, indem Sie Ihren Daumen an die Stoffkante halten (s. Abb. 25). Anschließend legen Sie den Trikotstoff um den Kopf, sodass die Naht nach hinten kommt. Oben am Kopf sollte der Stoff ca. 3 mm *über* dem Scheitel abschließen.

Mit einem eingefädelten Kunstzwirnfaden (nicht doppelt genommen) beginnen Sie mit der Nadel an Punkt A und befestigen den Trikotstoff erst einmal nur hier am Kopf (Abb. 26 und 28).

Wichtig

Für alle Trikot-Näharbeiten ist es nötig, einen schmalen Rand von 2-3 mm zu lassen. Wenn Sie «knapper» nähen, franst der Stoff aus oder verliert Maschen durch die Spannung.

Jetzt können Sie den Trikotstoff von Punkt A bis B mit kleinen Stichen zunähen (Abb. 26): Dabei ist zu beachten, dass man hier *nur* den Trikotstoff zusammennäht, ohne ihn am unteren weißen Stoff zu befestigen. Wird der Trikot unabhängig vom Unterstoff zugenäht, kann man ihn leichter verschieben und ihn dadurch in die Richtung ziehen, die man braucht. Danach stechen Sie mit der Nadel wieder zurück zu Punkt A und machen erst einmal einen Befestigungsknoten. Nun schneiden Sie – ab diesem Punkt A – in den Trikotstoff einen kleinen halben Mond pro Seite ein (s. Abb. 28 rechts). Von diesem Schnitt hängt die Breite der unteren Gesichtshälfte ab, die Sie auch an den beiden Puppenbeispielen auf S. 40 (unten links) sehen können: Tabea hat dickere Backen als Tillman. Es waren nur zwei bis drei Trikotrippen mehr, die ich als Mond ausgeschnitten hatte. Deswegen können Sie sich, falls Sie unsicher sind, an den Mondzeichnungen der Abbildung 27 orientieren. Durch diese zwei «Mondschnitte» bekommt Ihr Püppchen einen schönen glatten Hals, ohne Falten.

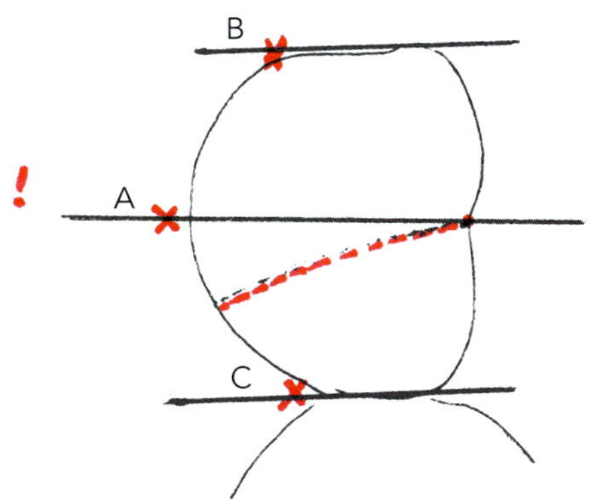

Abb. 25

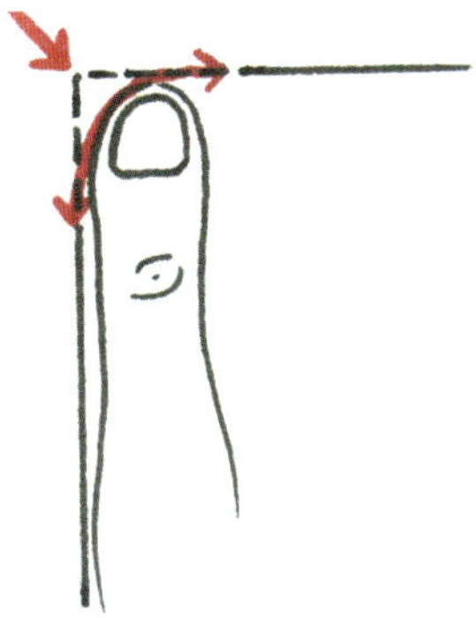
Abb. 26

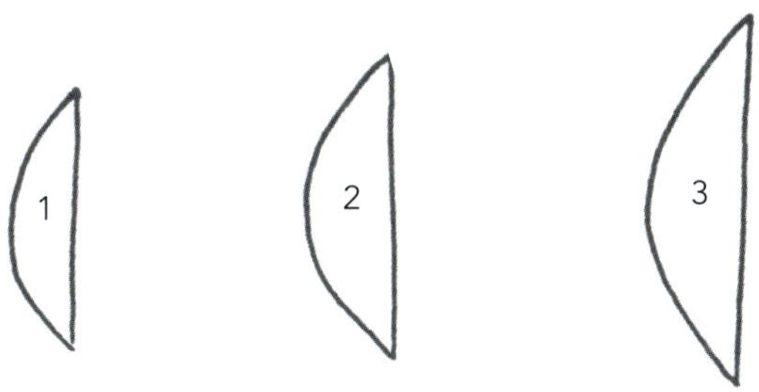

Abb. 27: Mondschnitt (in Originalgröße, s. auch S. 167)

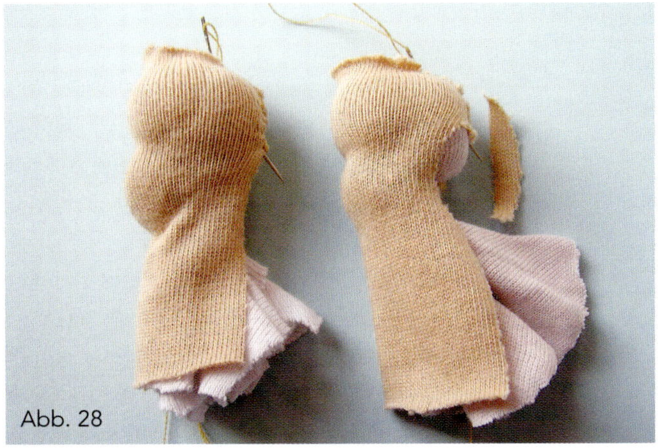
Abb. 28

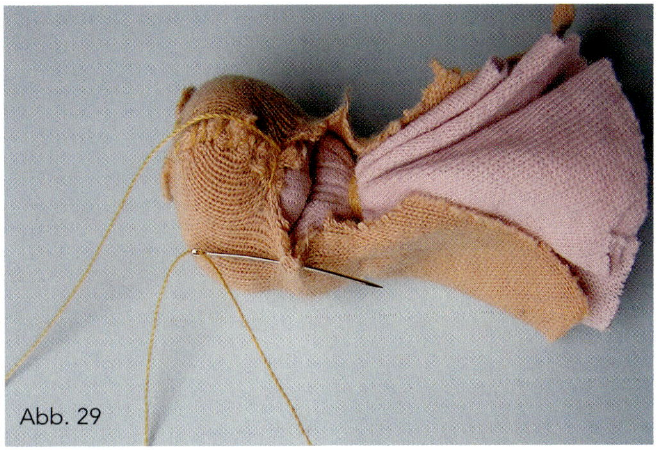
Abb. 29

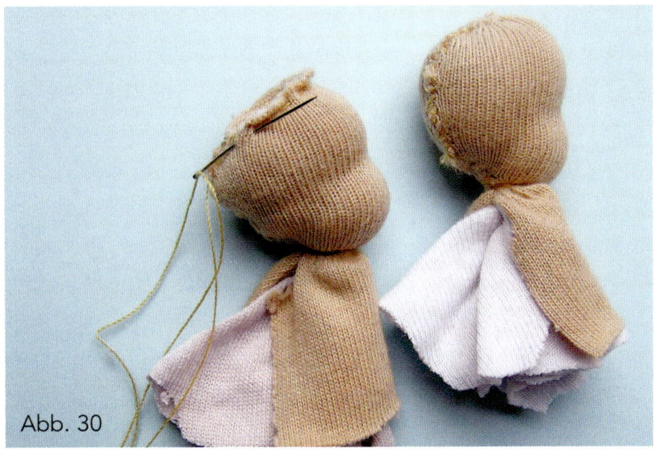
Abb. 30

Die Nummern in den Mondzeichnungen passen zu den Puppengrößen.

Jetzt umschließen Sie mit dem Daumen und dem Zeigefinger den Hals des Puppenkopfes, indem Sie den Trikotstoff schön glatt nach hinten gedrückt halten, und drehen den Kopf der Puppe so herum, dass die Naht wieder zu Ihnen zeigt. Sie halten den Stoff fest und drücken ihn leicht zueinander. Durch diese Druckbewegung müssten zwei Falten zu sehen sein.

Mit dem Zwirnfaden werden anschließend diese Falten zusammengenäht, indem man sie einfach «aufgabelt» (Abb. 29). Dann spannt man den Faden schön fest und macht hier einen Befestigungsstich. Sie können jetzt sehen, wie die Rippen des Trikotstoffes eine schräge Richtung bekommen haben und durch diesen Arbeitsschritt das Gesicht schön glatt überzogen wird. Nun nähen Sie noch den Rest der Naht zu und kommen so an Punkt C (s. Abb. 26).

Bevor der Hals zugeschnürt wird, achten Sie auf den Trikotrand oben am Kopf. Liegt er noch 3 mm über dem Scheitel? Jetzt wickeln Sie zwei- bis dreimal den Zwirn um den Hals. Darauf achten, dass die Maschenrippen am Gesicht schön senkrecht verlaufen; ist das der Fall, können Sie den Zwirn um den Hals wickeln und einen Befestigungsstich machen.

Nun stechen Sie wieder in den Stoff an Punkt C und kommen mit der Nadel oben an Punkt B wieder heraus. Hier machen Sie wieder einen Befestigungsstich und nähen danach den Trikotstoff oben am Kopf zu, indem Sie kleine «Auf-und-ab-Stiche» im Kreis herum nähen. Nachdem Sie stramm gezogen haben, machen Sie noch einen Befestigungsknoten (Abb. 30).

Mit einigen Stichen können Sie die eventuellen Stofffalten hier etwas flach halten, indem Sie den Faden zum Abschluss tief in den oberen Teil des Kopfes stechen und irgendwo am Hinterkopf wieder herauskommen und dort festknoten.

4. Den Kopf am Körper befestigen:
Zuerst werden die Arme des Puppenkörpers leicht zueinandergebogen, um die genaue Mitte zu bekommen. Wenn Sie sich diese gemerkt haben, klappen Sie den Trikotstoff unten am Kopf nach oben übers Gesicht – er würde Sie jetzt nur stören – und spannen den weißen Unterstoff, der am Kopf baumelt, über den markierten Mittelpunkt des Körpers, indem Sie den Stoff nach Gefühl gleichmäßig aufteilen (Abb. 31). So wird eine Stoffmenge für den hinteren und eine für den vorderen Bereich zurechtgelegt und festgehalten.

Mit der anderen freien Hand ziehen Sie nun den weißen Unterstoff stramm nach unten. Dabei ist darauf zu achten, dass die Spannung der beiden Stoffhälften gleichmäßig ist. An den Abbildungen 36 und 37 können Sie, etwas übertrieben, die Folge falscher Spannung beobachten: Spannt man zu sehr nach vorne, bekommt die Puppe einen Buckel; geht die Spannung zu sehr nach hinten, erhält man einen «Hans guck in die Luft». Am schönsten werden die *gleichmäßigen* Spannungen (Abb. 35): Dann gelingt Ihnen eine schöne, gerade und aufrechte Puppe.

Kontrolle

– Ist der Kopf noch schön in der Mitte?

Da eine unserer Hände den Stoff festhält, kann die andere freie Hand den Zwirn holen. Man wickelt zunächst drei- bis viermal um den Bauch herum, sozusagen über den ganzen festgehaltenen Stoff. Dadurch kann man jetzt die eine Hand lockern. Dann beginnt man vom Bauch hoch diagonal zum Hals

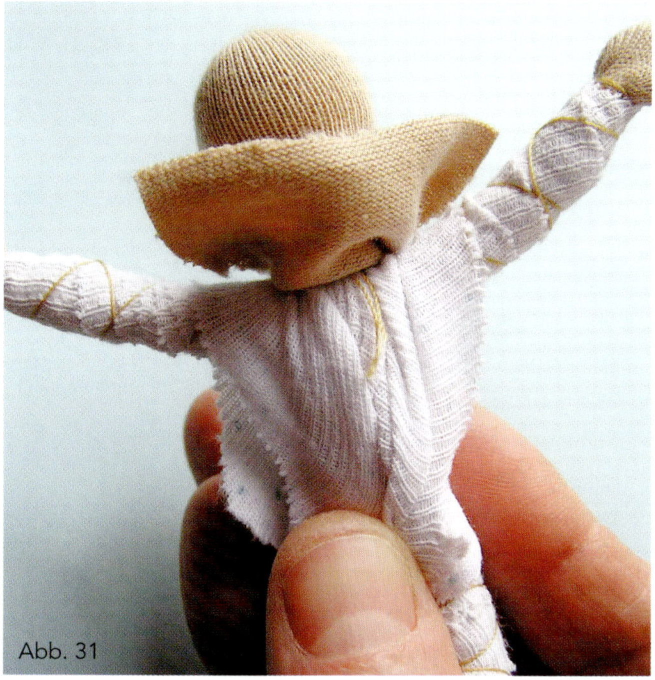

Abb. 31

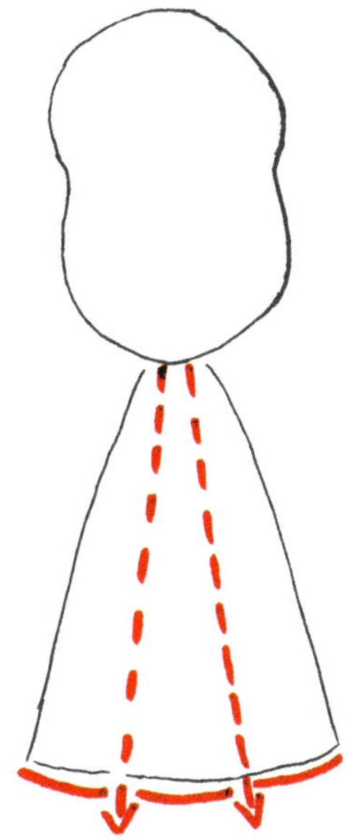

Abb. 33: Schneiden der Trikotteile

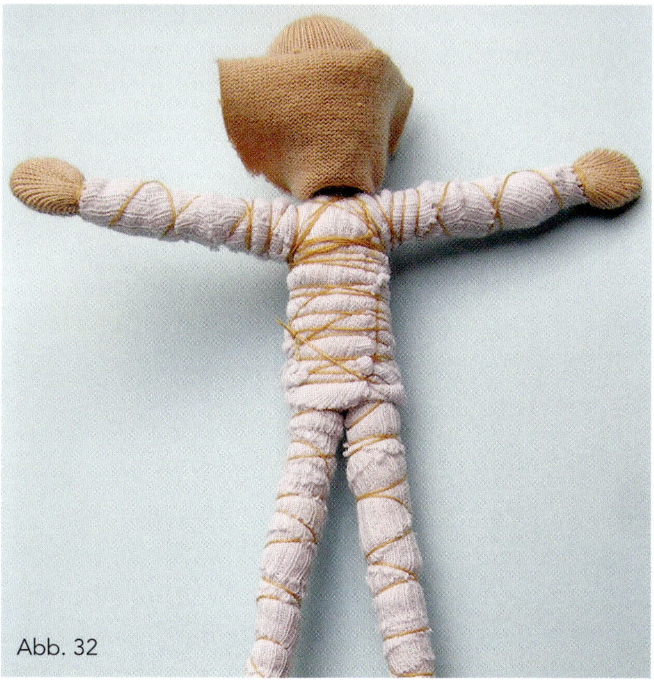

Abb. 32

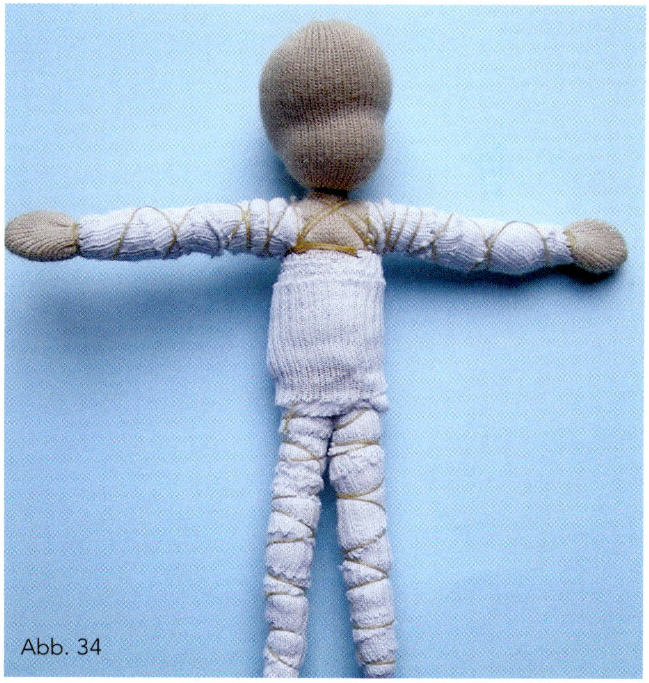

Abb. 34

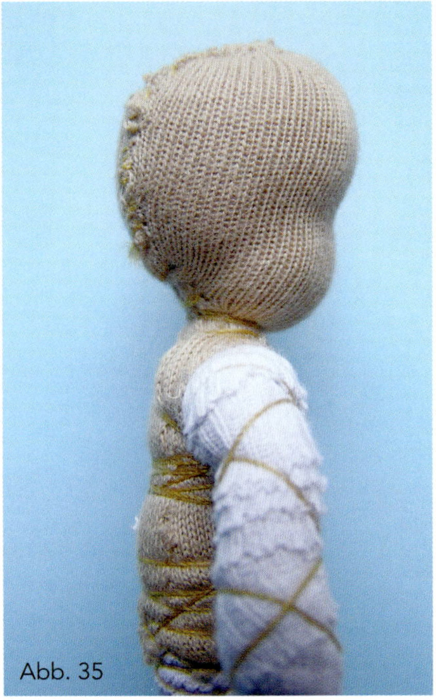
Abb. 35

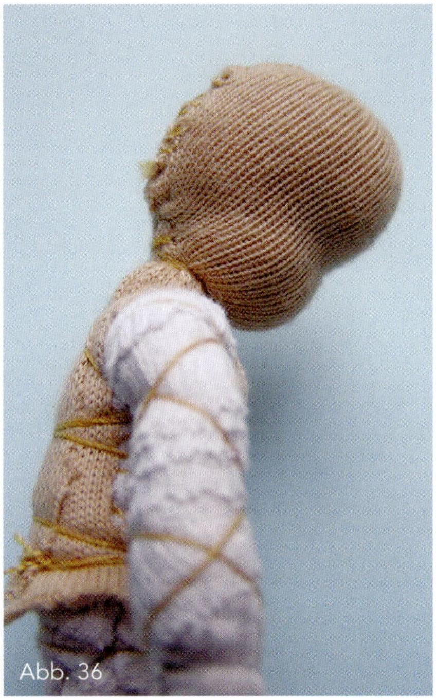
Abb. 36

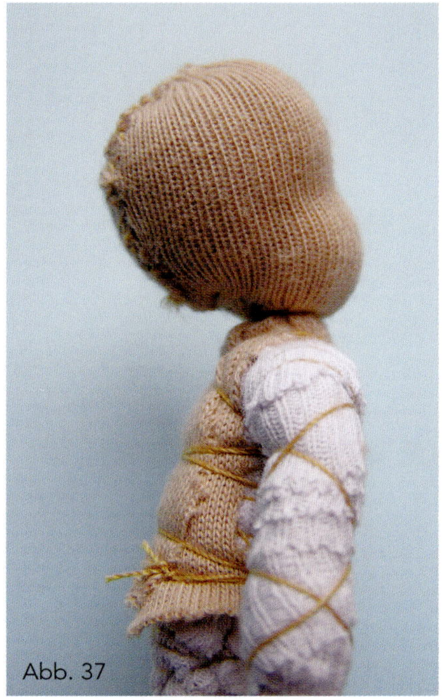
Abb. 37

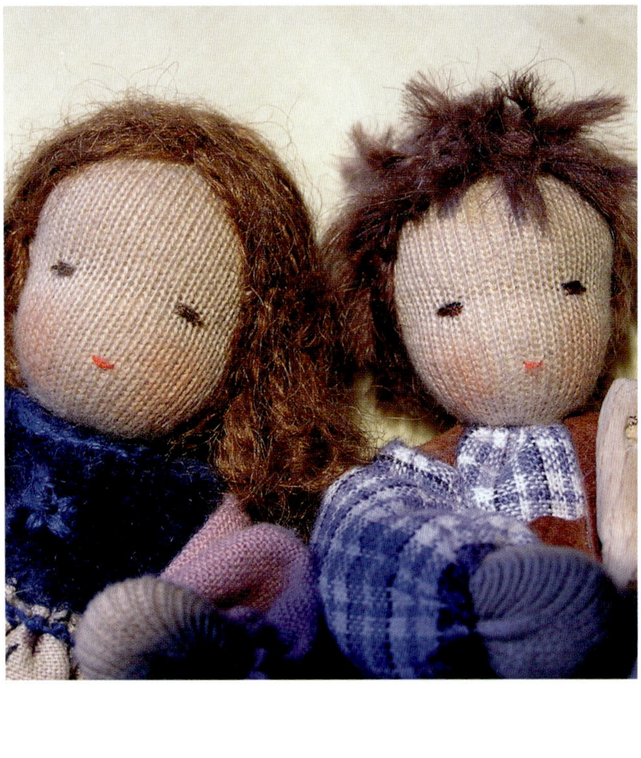

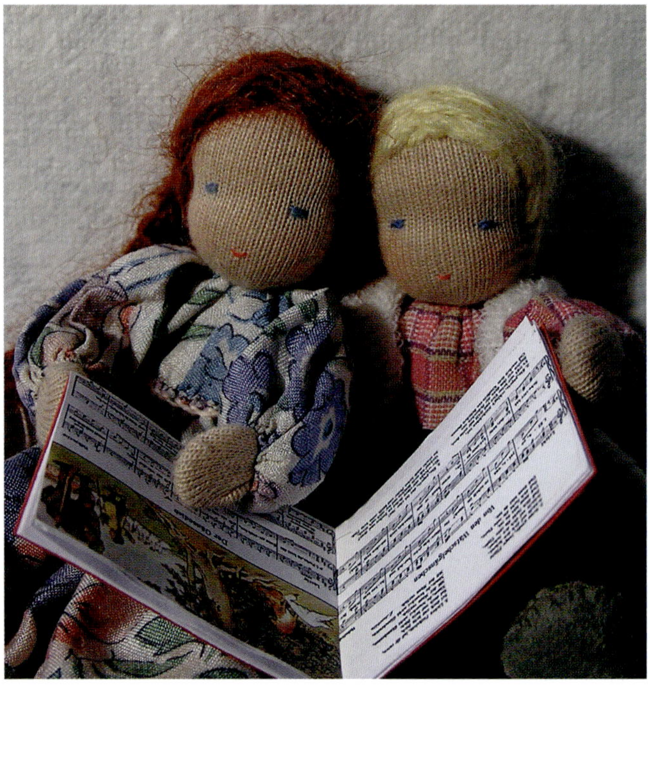

zu wickeln, z.B. von rechts nach links. Man wickelt hinten am Rücken wieder herunter und wiederholt diese Bewegung gleich noch ein paar Mal.

Das Gleiche wird nun spiegelbildlich gemacht – also von links nach rechts – für die andere Seite. Danach wickelt man zweimal um den Hals, wandert zu den «Schultern» und glättet und befestigt dadurch eventuelle Stofffalten. Schließlich geht man wieder zum Bauch und wickelt zum Abschluss ein paar Mal um ihn herum. Nun den Faden verknoten und abschneiden (Abb. 32).

Jetzt klappt man den Trikotstoff vom Kopf wieder herunter und schneidet ihn vorsichtig in drei gleiche Teile ein (Abb. 33). Bei diesem Schnitt ist es *nicht* wichtig, an der Trikotmaserung entlangzuschneiden. Der Schnitt hört knapp 2 – 3 mm vor dem Halsfaden auf!

Nun spannen Sie das mittlere Stoffdrittel nach vorne, die beiden anderen – leicht überkreuz (wie Hosenträger) – nach hinten. Sie können auch hier die gerade Haltung des Kopfes beeinflussen, je nachdem, wie stramm Sie den Stoff spannen. Der Arbeitsvorgang ist ähnlich wie schon beschrieben: Eine Hand hält den gespannten Trikotstoff fest, die andere freie Hand wickelt den Zwirn. Sie beginnen wieder ein paar Mal um den Bauch zu wickeln, gehen diagonal hoch zum Hals, hinten wieder hinunter, einige Male wieder um den Bauch, dann spiegelbildlich wieder hoch, falls nötig, auch etwas rechts und links zu den Schultern, wickeln einige Male nochmals um den Bauch und schließen mit einem festen Knoten ab (Abb. 34).

Der überflüssige Trikotstoff und der überflüssige weiße Unterstoff an Bauch und Po können abgeschnitten werden, falls sie zu lang sind. Wenn Ihnen *jetzt* der Bauch immer noch zu dünn vorkommt, können Sie eine Schicht Wickelmaterial darüberschichten.

Nun können Sie wirklich stolz auf sich sein, denn Sie haben den wichtigsten Teil der Puppe geschafft! Der Vorgang mag Ihnen an manchen Stellen mühsam erscheinen, aber Sie werden an einer gründlichen Arbeit viel länger Freude haben!

Vorschlag

Vielleicht machen Sie gleich noch einen Puppenkörper, da Sie jetzt in Übung sind.

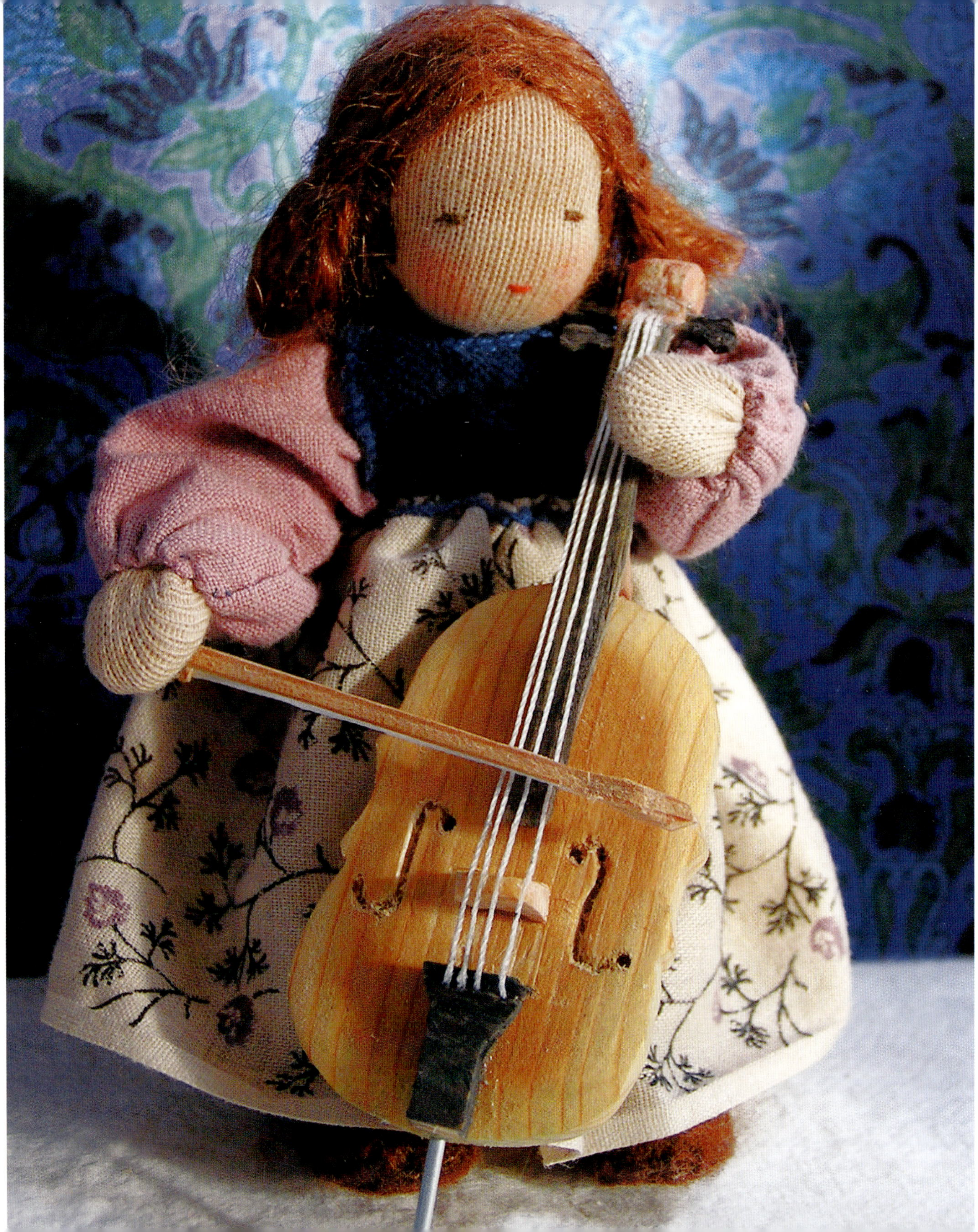

Kleidung

Am meisten Freude macht das Aussuchen der verschiedenen Stoffe, mit denen Sie Ihr Puppenkind anziehen. Anhand der Materialien entstehen ganz unterschiedliche Wirkungen und individuelle Puppenpersönlichkeiten.

✿ Sie können, wenn Sie möchten, Ihr Kind bei der Stoff- oder Farbenwahl einbeziehen. Kinder haben oft einen mutigen Geschmack und wählen fröhliche und bunte Kombinationen. Und man kann den Sinn für Harmonie pflegen, indem man gemeinsam schaut, was für Stoffe zusammen ausgewogen erscheinen oder welche Muster zueinander passen könnten. Zum Beispiel: Nehme ich einen dickeren Wollstoff als Bluse und einen leichten Baumwollstoff als Hose? Oder umgekehrt? Kariert und gestreift zusammen? ✿✿

Möchten Sie eine besondere Stimmung ausdrücken? Einem lieben Menschen eine Puppe schenken? Welche Farbe könnte ihm guttun oder gefallen?

Dazu zwei Beispiele: Die Bäckerin in unserem Dorf schenkt uns öfters Brot. Also machten wir ihr mit einem kleinen Puppenbäcker eine Freude (s. Foto S. 105). Oder ich machte für meinen Cellolehrer ein cellospielendes Püppchen …

So stehen Sie vor dem Stoffschrank und vergleichen, welche Farben zueinander passen, welchen Stoff Sie für eine Hose oder ein Kleidchen aussuchen würden. Dieses Planen des «Themas» und das Aussuchen der Stoffe ist eine Arbeit, die viele Möglichkeiten offen lässt. Die verschiedenen Fotobeispiele auf den weiteren Seiten sollen Ihnen einfach unterschiedliche Anregungen geben, damit Sie selber mutig beginnen können …

Wer sein Püppchen *ganz* ankleiden möchte, kann sich dafür im Kapitel «Beine» oder «Zirkus» Anregungen holen (s. S. 51ff. und 91ff.). Vielleicht ist die Reihenfolge für Sie leichter, wenn Sie erst einmal Puppen mit *fest angenähten* Kleidern nähen. Diese Arbeit hat den Vorteil, dass die Puppe geschützter

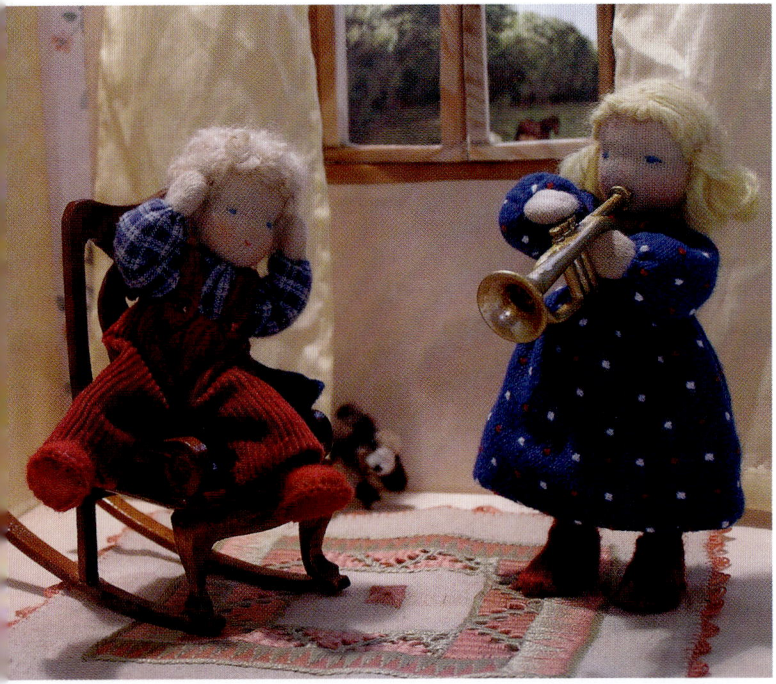

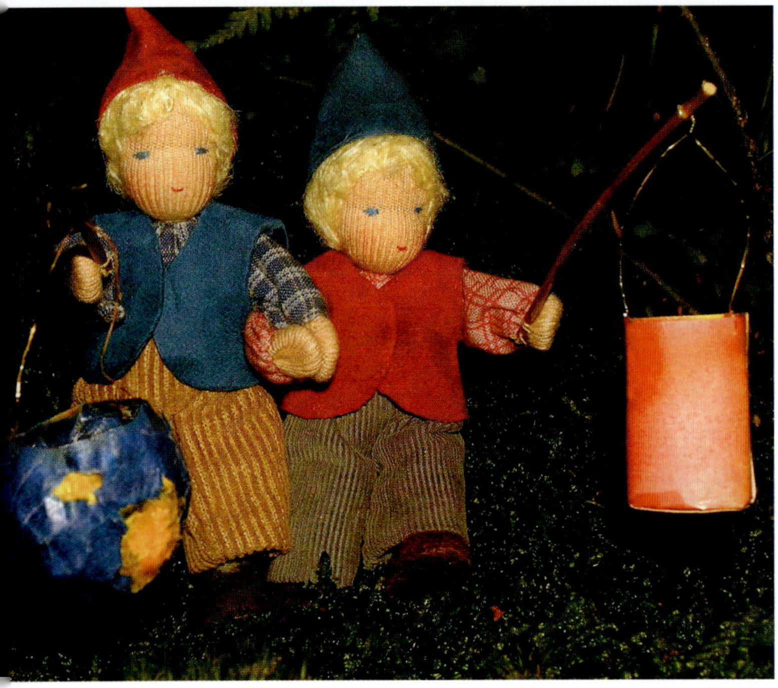

ist und dadurch nicht so schnell schmutzig werden kann.

Für kleinere Kinder ist es gar nicht so wichtig, was und wie viel sie ihrer Puppe anziehen können. Sie lieben sie einfach so, und durch ihre Fantasie ergänzen sie, wie aus Zauberhand, alle Wünsche und Vorstellungen.

Falls Sie trotzdem kleine Jacken oder Westen brauchen, finden Sie im Kapitel «Es wird kalt …» Anleitungen dazu (s. S. 107ff.). Bei helleren Stoffen ist zu bedenken, dass man Schmutz an ihnen leichter sehen wird als bei gemusterten oder etwas farbigeren Stoffen.

Im *Notfall* können Sie Ihr Puppenkind sogar in der Waschmaschine bei 30° mit Feinwaschgang waschen (falls ein wasserfester Holzleim für die Schuhsohlen benutzt wurde). Oder Sie schrubben die schmutzigeren Stellen vorsichtig mit einer Bürste und Wasser ab.

Wichtig

Alle Schnitte im Schnittmusterteil (ab S. 165) sind so berechnet, dass sie *ohne* Nahtzugabe abgepaust werden können. Eine kleine Nahtzugabe von 3 mm ist immer inbegriffen.

Oberteil

✿ Für Puppen mit fest angenähten Kleidern beginnen wir mit einem einfachen Oberteil, das man sowohl für Puppenbuben als auch für Puppenmädchen verwenden kann. Den ausgesuchten Stoff falten wir doppelt auf dem Tisch und legen den fertigen Puppenkörper darauf.

Eine wichtige Regel: Die Hand der Puppe liegt mit dem Abstand zum Stoffrand, wie die Puppenhand lang ist, die Breite des Stoffes soll mindestens doppelt so breit sein, wie der Arm dick ist (Abb. 38).

Wer es genau haben will, rechnet den Stoff mit folgenden Maßen:

- 13 cm Länge x 6 cm Breite für Größe 1.
- 15,5 cm Länge x 6,5 cm Breite für Größe 2.
- Für Puppengröße 3 können Sie die Maße 19 cm x 7cm nehmen oder sich in den speziellen Kapiteln ergänzend Anregungen zu Größe 3 holen.

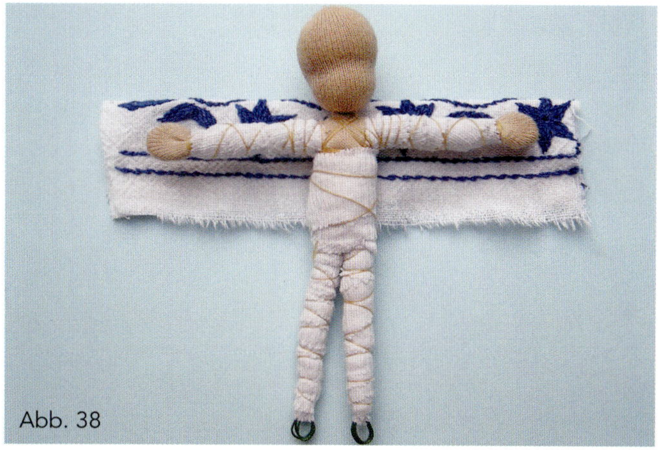
Abb. 38

Natürlich können Sie an dieser Stelle die Stoffmaße verbreitern: Möchten Sie einen fülligeren Ärmel, so legen Sie den Stoff etwas breiter hin. Die Stofflänge muss allerdings mindestens immer die oben festgelegte *Länge* beibehalten, da sonst der Stoff am Hals spannen wird.

Man teilt den Stoff in drei Teile ein (davon ist der Mittelteil 1 cm schmäler) und näht mit einem doppelten Nähgarn das erste Drittel für den Arm zu. Das zweite Drittel Stoff lässt man für den Bauch offen und näht den letzten Teil für den zweiten Arm ebenfalls zu. Nun dreht man den Stoff um und faltet ihn, der Länge nach, zusammen, um die genaue Mitte zu bekommen.

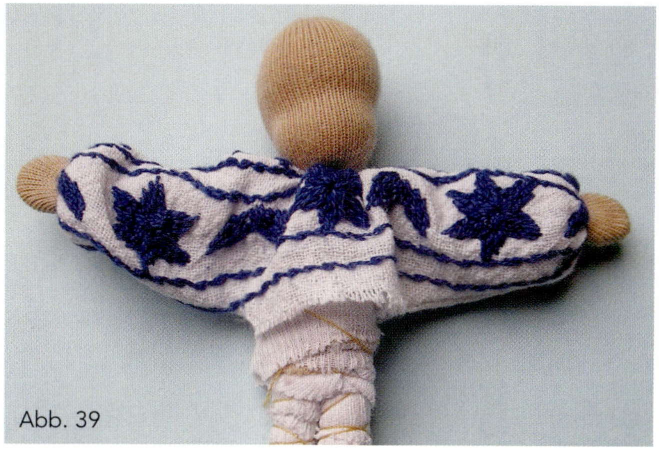
Abb. 39

Dann schneidet man am oberen Rand das Loch für den *Halsausschnitt* aus. Er wird ganz **flach** und sehr knapp bemessen: Die Öffnung sollte so klein sein, dass der Kopf gerade hindurchpassen könnte (ca. 2,5 cm – 3 cm für eine Puppengröße 2 oder 3).

Nun ziehen Sie den eben genähten Stoff dem Püppchen an (Abb. 39). Wenn Sie die Puppenarme ein wenig nach oben biegen, können Sie das Oberteil leichter anziehen. Anschließend werden die Arme wieder waagerecht gelegt und die Hals-

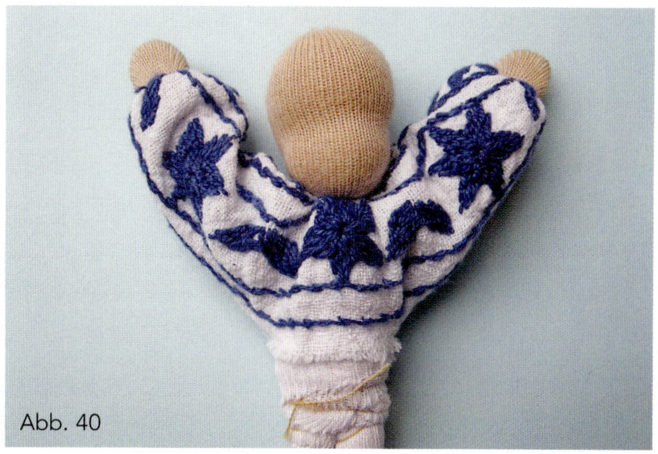
Abb. 40

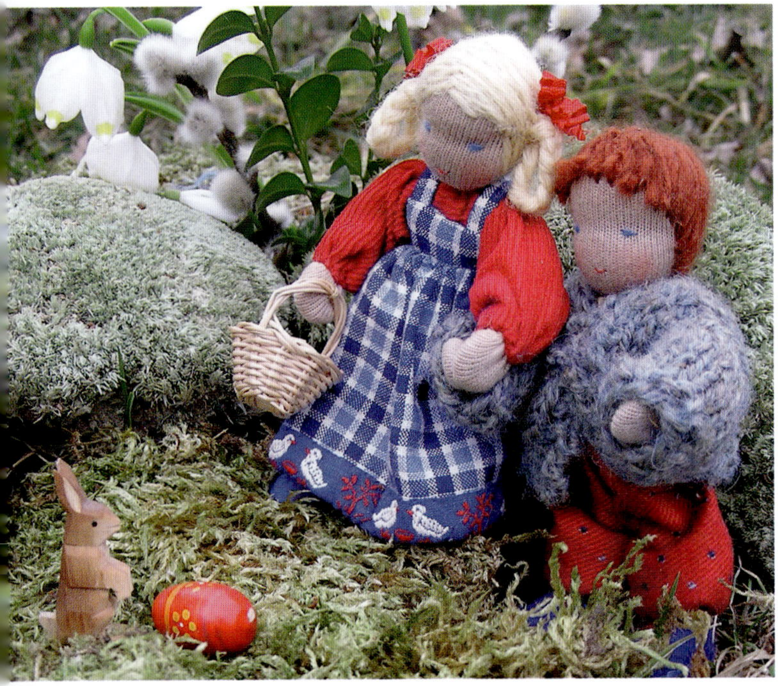

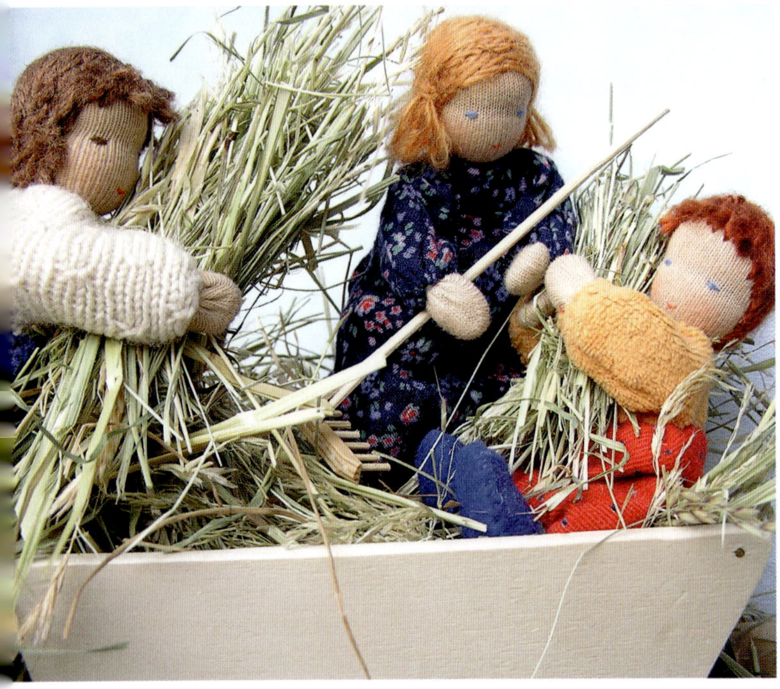

öffnung zugenäht. Dafür fädeln Sie einen Faden doppelt ein und beginnen hinten an der Rückenseite. Sie machen einen Befestigungsstich und kräuseln den umgeklappten Saum (höchstens 3 mm) mit kleinen «Auf-und-ab-Stichen» einmal um die ganze Halsöffnung herum. ✿✿ Trifft sich der Faden mit dem Anfang, wird er vorsichtig stramm gezogen, die Falten werden gleichmäßig verteilt und vernäht.

An dieser Stelle ist es wichtig, sehr gut zu arbeiten und ruhig einige Male auch durch den Hals der Puppe zu stechen, um den Stoff fest vernähen zu können. Sie arbeiten kreuz und quer, von einer Seite zur anderen. Und wenn die Nadel schwer geht, nehmen Sie ruhig die kleine Zange zu Hilfe. Durch diese gründliche Arbeit kann sich, trotz des öfteren Spielgebrauchs, diese Naht nicht mehr öffnen, und der Zwirn am Hals wird durch das Stoffoberteil verdeckt.

Die Öffnungen an den **Ärmeln** werden ebenfalls mit einem doppelten Faden gekräuselt und an die Hand genäht. Dafür drehen Sie die Puppenhand so, dass die Handflächen zu Ihnen zeigen. Danach stechen Sie vorsichtig am inneren Draht vorbei und nähen die gekräuselten Ärmel an den Handgelenken fest. Dadurch verdecken Sie auch den sichtbaren Zwirn. Wenn Ihnen die Arbeit zu mühsam ist, können Sie hier ebenfalls die Zange zu Hilfe nehmen.

Jetzt werden die Arme der Puppe am Kopf angelegt und dadurch nach der höchsten Spannung und Spielbelastung ausgerichtet. Sie fädeln wieder einen doppelten Faden ein und befestigen mit großzügigen Stichen das Oberteil am Puppenbauch. Dabei achten Sie auf die gleichmäßige Verteilung der Stofffalten vorne am Bauch und darauf, dass der Stoff auch unter den Armen, fest am Puppenkörper angenäht wird (Abb. 40). Dann klappen Sie die Arme wieder herunter.

Wenn Sie gerade eine Puppe in Größe 1 oder 2 machen und einen Rock, ein Kleid oder eine Hose für sie brauchen, finden Sie auf den Fotos von S. 46, 47 und 48 einige Anregungen.

Kleid in Größe 1

✿ Passend zum Oberteil wird derselbe Stoff für den Rock genommen. Zusammen ergeben diese Teile ein Kleid.

Sie nehmen einen Stoffstreifen mit einer Breite von 20 cm (bei dünnerem Stoff; falls Sie einen dickeren Samt- oder Wollstoff ausgesucht haben, brauchen Sie nur 18 cm in der Breite zuzuschneiden). Die Länge beträgt 8,5 cm und ist unabhängig von der Stoffdicke. Sie wird großzügig gerechnet, sodass Sie Spielraum für den oberen Rand und den Saum des Kleides haben.

Wenn der Stoff zugeschnitten ist, nähen Sie ihn erst einmal mit einem *doppelten* Faden an der Seite zusammen und lassen einen Rand von ca. 0,5 cm. (Die ausfransenden Stoffe muss man eventuell umsäumen.) Dann den Stoff umdrehen.

Klappen Sie den oberen Rand des Rocks auf 1,5 cm. Er wird nach innen geschlagen und kann vorgeheftet oder in die richtige Form gebügelt werden. So können Sie leichter arbeiten. Kräuseln Sie nun den Rock mit «Auf-und-ab-Stichen» am oberen Rand entlang. Sind Sie einmal im Kreis herumgekommen, vernähen Sie den Faden noch nicht! Der Rock wird, mit der Naht nach hinten, der Puppe angezogen, und erst jetzt wird der Faden festgezogen. Achten Sie darauf, dass die Kräuselfalten gleichmäßig ver-

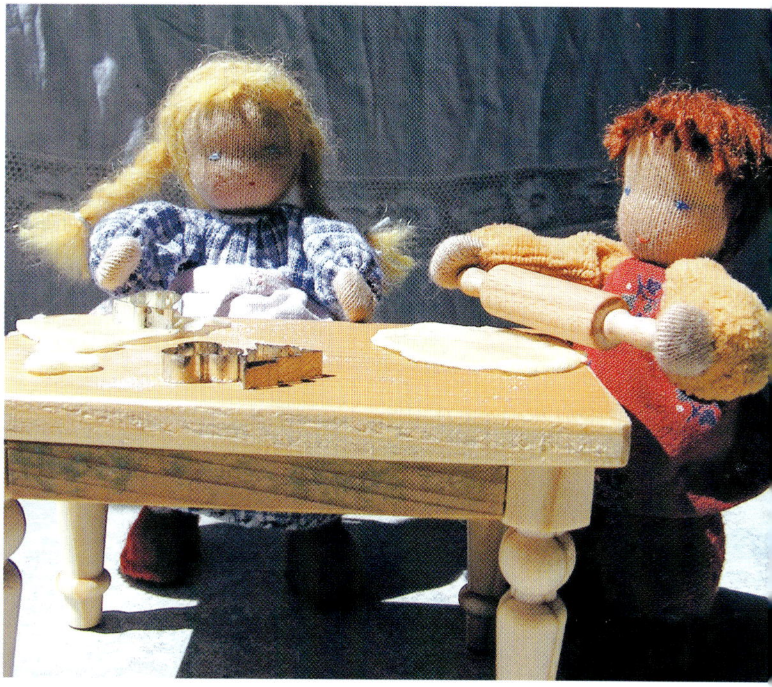

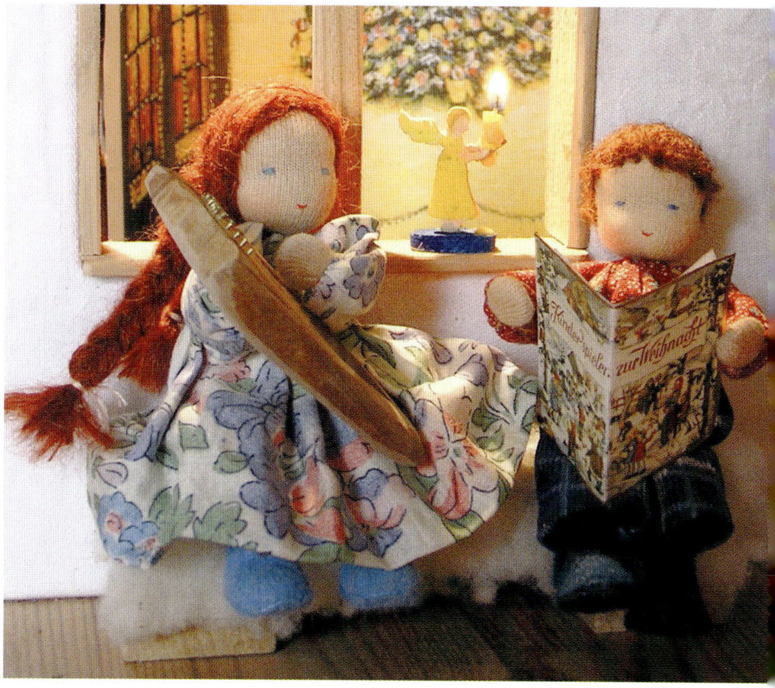

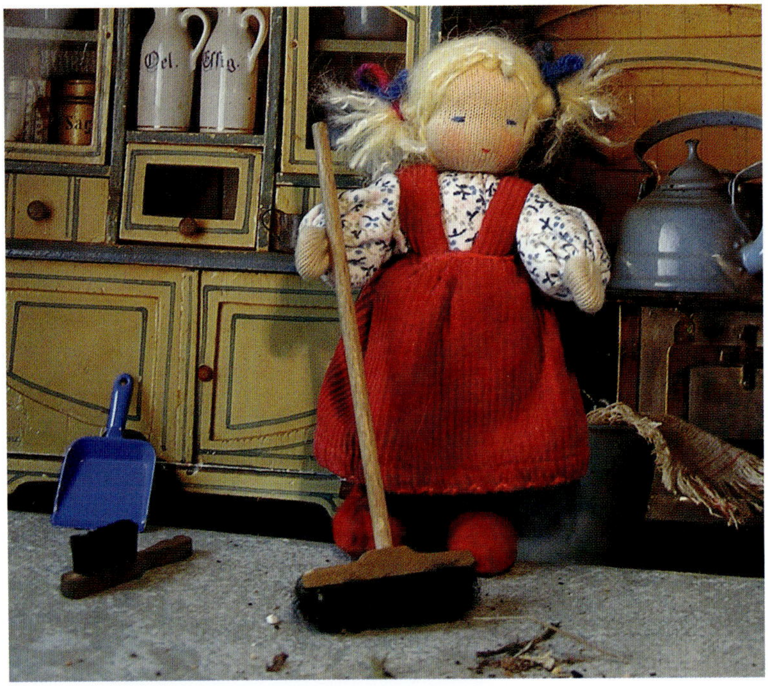

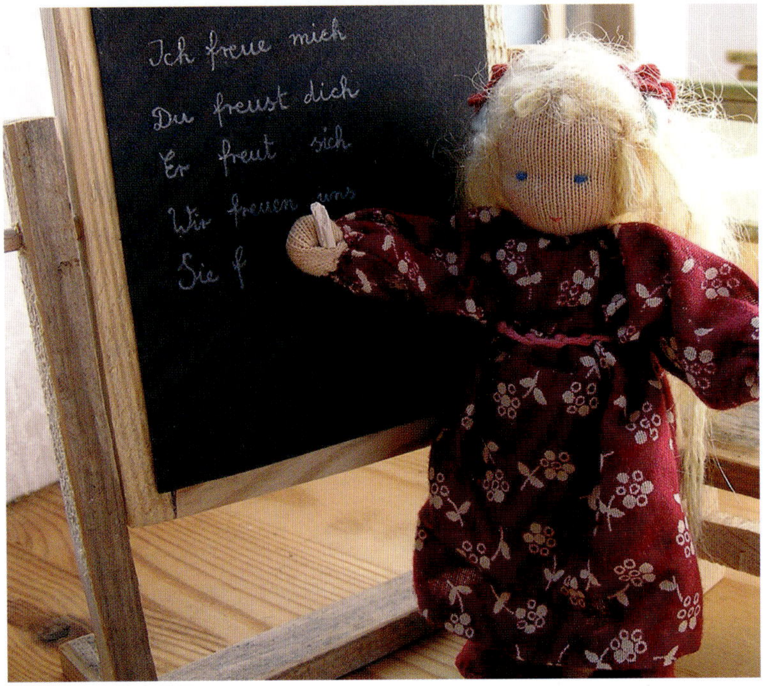

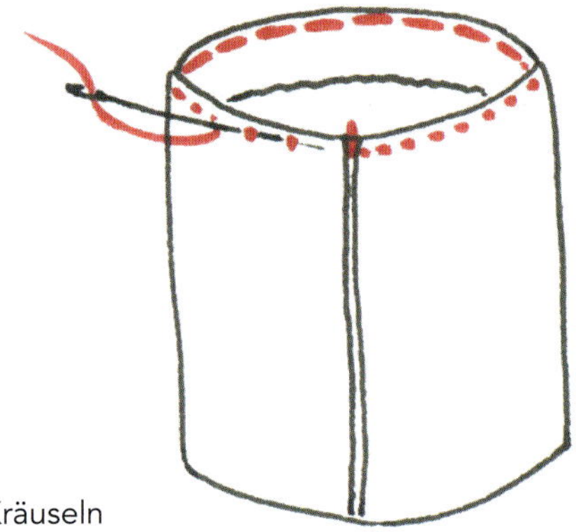

Abb. 41: Kräuseln des oberen Rockrandes

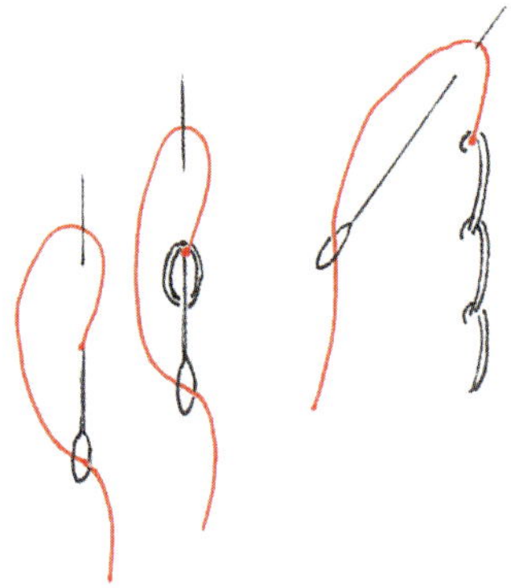

Abb. 42: Beispiele für Befestigungsstiche

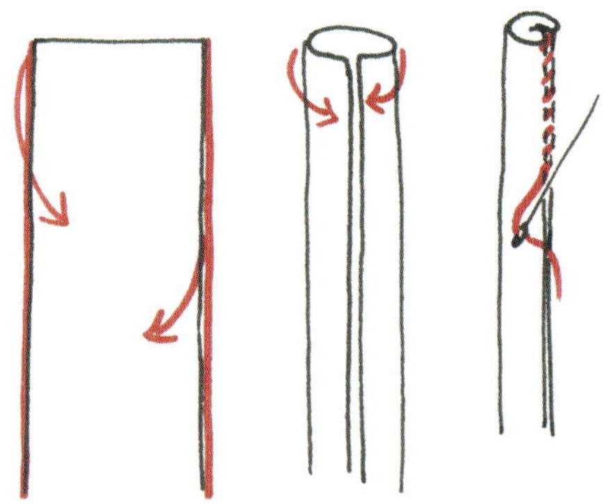

Abb. 43: Hosenträger und Rockträger

teilt werden. Nun den Faden vernähen und den Rock mit kleinen Stichen am Oberteil befestigen. ✿✿

Die Stofffalten werden auch hier gleichmäßig verteilt, und erst jetzt wird der Faden endgültig festgezogen. Damit der Rock gut hält und der «Kräuselfaden» nicht mehr aufgeht, ist es nötig, den Rockstoff *fest* an das Oberteil zu nähen. Sie brauchen für diesen Zweck vielleicht wieder die Spitzzange: Mit ihrer Hilfe stechen Sie tiefer, d.h. in den Bauchstoff darunter, von einer Seite zur anderen, kreuz und quer, bis Sie zufrieden sind und durch Probeziehen der Stoff schön fest bleibt.

Ich verziere gerne mit einem Stickgarn den oberen, eben festgenähten Rand – nicht nur der Zierde wegen, sondern zur Stabilisierung.

Stichbeispiele: Schlingenstich und Kettenstich (s. Abb. 42).

Tipp
Den Saum des Kleides erst nach dem Arbeitsschritt «Schuhe» machen.

Rock in Größe 1

✿ Wenn Sie lieber einen Rock statt ein Kleid machen, suchen Sie einfach einen Stoff aus, der sich vom Oberteil (der Bluse) unterscheidet.

Für eine Puppe in Größe 1 schneiden Sie ein Stoffrechteck von (+/–) 18 x 8,5 cm aus. Der Rock wird genauso wie oben das Kleid ausgearbeitet. Bevor er an den Puppenkörper (bzw. die Bluse) genäht wird, können Sie eventuell kleine **Träger** machen. Dafür schneiden Sie zwei Stoffstreifen von 2 x 8 cm zu. Sie werden nach innen zueinander geklappt und wie ein normales Bändchen zugenäht (Abb. 43).

Die Träger werden nun spiegelbildlich über die Puppenschultern und, wenn Sie möchten, hinten überkreuz gelegt. Der angekräuselte Rock wird anschließend über diese Träger stramm gespannt, der Faden fixiert und, wie oben, am Bauch gut festgenäht. ✿✿

Rock oder Kleid in Größe 2

✿ Für ein Püppchen in Größe 2 rechnet man mit einer Rocklänge von 9 cm und einer Rockbreite – je nach Dicke des Stoffes, den Sie gerade zur Verfügung haben – von 17,5 bis 20 cm. Um sich die Rockfülle besser vorstellen zu können, legen Sie den Stoff doppelt, messen die Länge ab und legen den Stoff um den Bauch. Wenn Sie ihn mit einer Hand gekräuselt um den Bauch halten, sehen Sie am besten, wie füllig Sie den Rock haben möchten.

Haben Sie sich für ein Kleid entschieden, nehmen Sie einfach den gleichen Stoff wie das Oberteil.

Der Rock oder das Kleid in Größe 2 wird genauso wie im Beispiel oben (für Größe 1) hergestellt. ✿✿

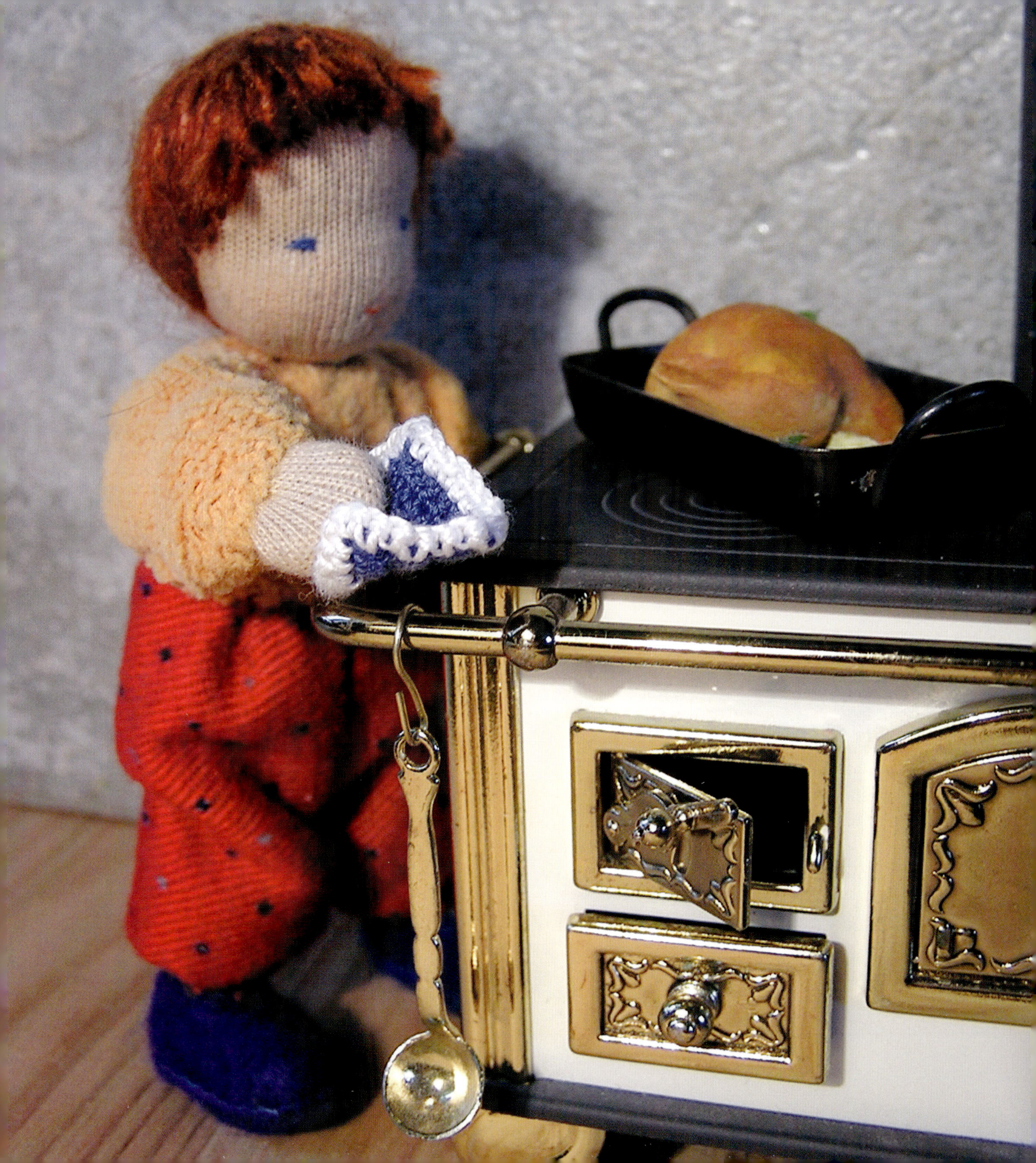

Beine, Hosen und Schuhe

Beine

Wenn Sie die umwickelten Beine nun fertig machen, können Sie zwischen zwei Möglichkeiten wählen: Die Beine können entweder mit farbiger Strickwolle umwickelt oder mit Trikotstoff überzogen werden (s. Abb. 44). Wickelt man eine farbige Wolle als «Strumpfhose» auf die weiße Unterhemdenschicht, nennen wir diesen Arbeitsschritt im Folgenden «umwickeln», Puppenbeine mit einer hautfarbenen Trikotschicht werden dagegen «überzogen».

Für ein **umwickeltes Bein** suchen Sie sich eine feine Strickwolle in einer schönen Farbe aus, die gut zum Kleid oder zur Hose passt. Da Kinder oft gerne «hinter die Kulissen» schauen, ist für mich eine ordentliche Arbeit auch unter dem Rock wichtig. Der Kleiderstoff wird zudem nicht mehr ausfransen, und Sie können ihn durch die folgenden Arbeitsschritte gleich noch fester und sauberer verarbeiten: Sie verdecken den nach innen umgeklappten Saum des Kleides (oder Rockes), weil die «Strumpfhose» sozusagen bündig an ihm beginnen soll.

Den Saum beziehen Sie in Ihre Wickelarbeit mit ein, indem Sie den Faden darüberwickeln. Wenn Sie ein Puppenmädchen angefangen haben, also den Rock schon angenäht haben, biegen Sie die Puppenarme leicht zum Kopf hin und stülpen den Rock hoch über die Arme (Abb. 45). Für einen Puppenbuben wird der untere Rand des Oberteils (des Hemds) auch mit dieser Wollschicht verdeckt, und seine Arme werden dafür ebenfalls nach oben gebogen (Abb. 48).

Sie beginnen gleich oben am Bauch und wickeln *stramm* und gleichmäßig. Der Faden sollte sich – bis ans Ende des Beines – *in* die gewickelte Stoffschicht

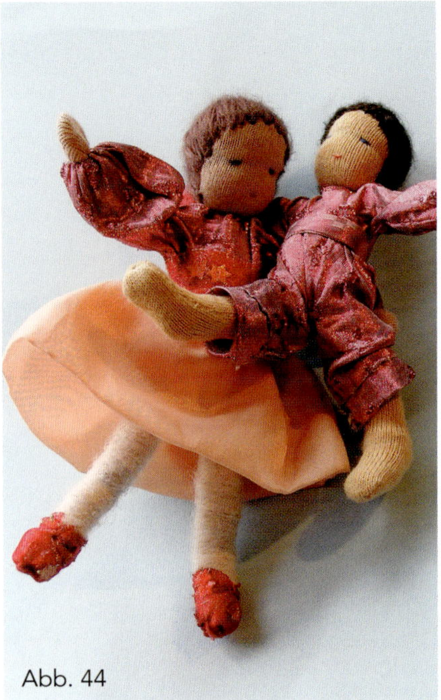

Abb. 44

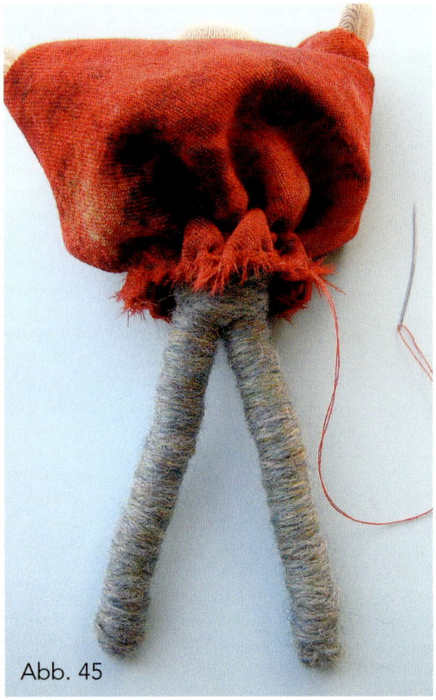

Abb. 45

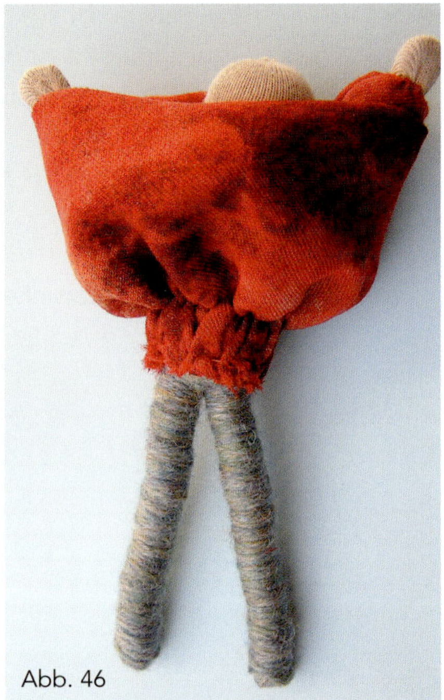

Abb. 46

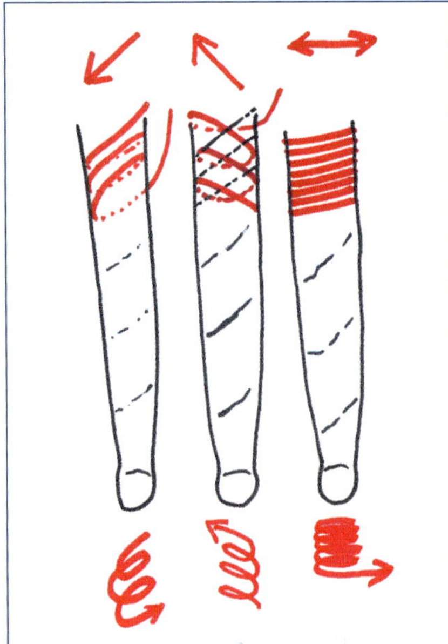

Abb. 47: Wickeltechnik für Beine mit farbiger Strickwolle

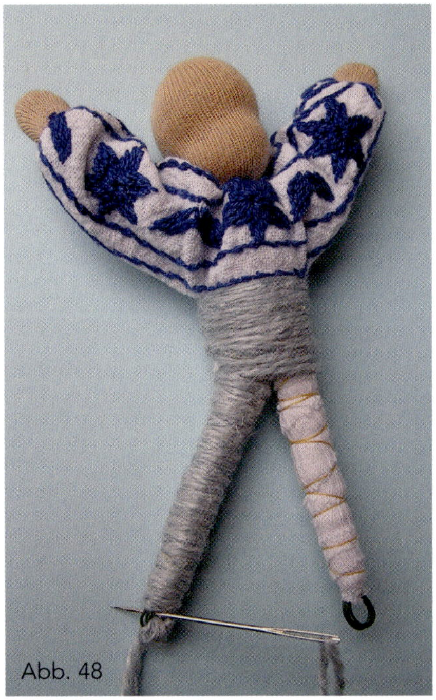

Abb. 48

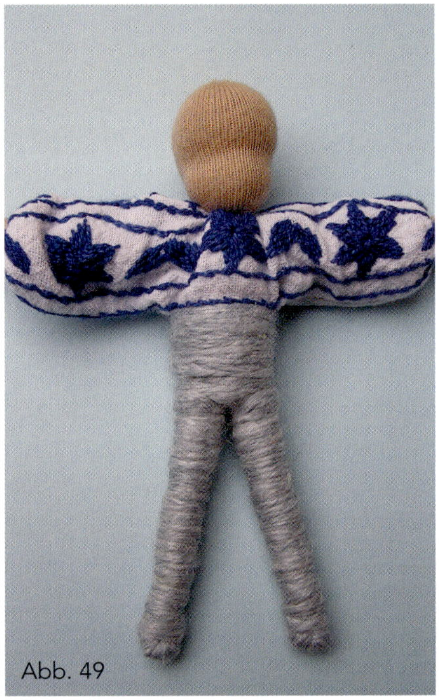

Abb. 49

darunter leicht eindrücken (Abb. 48). Dieses Wickeln formt den Po und den Bauch. Je öfters Sie mit der Wolle neue Schichten darüberwickeln, desto dicker (und auch fester) wird der Puppenkörper.

Nun klappen Sie die Beine auseinander, um mehr Platz zum Arbeiten zu haben. Die Wickelarbeit wird an jedem Bein einzeln und mit einer leicht diagonalen Richtung ausgeführt: Sie wickeln drei Umdrehungen *schräg* nach unten und zwei wieder schräg nach oben (s. Abb. 47). Würden Sie einfach nur – wie eine Spirale – am Bein entlang herunterwickeln, dann würden sich diese Wollschichten verschieben und der weiße Unterstoff käme durch die Knickbewegungen beim Spielen bald zum Vorschein. Wickeln Sie aber kreuzweise, entstehen Schichten, die die Wollfäden gegenseitig bremsen. Diese Wollwickelarbeit wird zum Schluss *gerade* fortgeführt. Also: Dreimal schräg nach unten, zweimal wieder schräg nach oben und ungefähr sechsmal gerade und eng nach unten wickeln. So arbeiten Sie sich stufenweise am Bein entlang in Richtung Fuß.

Es ist schön, wenn der Oberschenkel etwas dicker umwickelt wird und die Wickelschicht am Unterschenkel dünner aufgetragen wird, um ein schmales und schönes Fußgelenk zu erhalten.

Sie bekommen ganz schnell ein Gefühl für das Wickeln der Beine. Wenn Sie mit dem Finger über die Arbeit gleiten, spüren Sie die Unebenheiten und können sie durch neue Wollschichten leicht ausgleichen. Je fester Sie den Wollfaden spannen, desto tiefer drückt er sich in die untere Wollschicht hinein.

Sind Sie an der kleinen Drahtschlaufe angekommen, schneiden Sie Ihren Wollfaden mit einer Länge von ca. 1 m ab. Danach fädeln Sie eine Nadel ein, nehmen den Faden doppelt und sticken so oft in die Drahtschlaufe hinein, bis Sie, als letzten Stich, die Zange zu Hilfe nehmen müssen (Abb. 48). Der restliche Faden wird dort umwickelt, wo Ihnen der Fuß noch zu platt und ungleichmäßig erscheint. Danach stechen Sie irgendwo tief hinein (u.U. Zange zu Hilfe nehmen) und schneiden den Faden ab.

Beim **überzogenen Bein** ist der Arbeitsschritt «Umwickeln» die Grundlage des weiteren Aufbaus. Hautfarbene Beine werden gerne für Tänzerinnen, Zirkusfiguren und farbige Puppen genommen.

Wichtig

Die Wollschicht sollte unbedingt hell sein, da dunklere Wolle durch die Trikotschicht hindurchscheint. Auch muss man darauf achten, dass die Wollschicht *dünn* und *gleichmäßig* aufgetragen wird. Da die Trikotstrumpfhose zusätzlich darübergezogen wird, dürfen die Puppenbeine nicht zu dick werden.

Möchten Sie überzogene Trikotbeine für Ihre Puppe haben, brauchen die Puppenfüße kleine **Fersen.** Diese werden an die Rückseite des ausgestreckten Beins gestickt. Haben Sie die Puppenbeine dünn und schön gleichmäßig und glatt gewickelt, messen Sie ab der Fußspitze: 2 cm für Größe 1 und 2, 2,5 cm für Größe 3. So können Sie die genaue Fersenstellung finden. Mit einem doppelten Wollfaden sticken Sie ganz eng nebeneinander fünf bis sechs kleine Verdickungsstiche für die Ferse.

Damit die Puppe hautfarbene Beine bekommt, müssen Sie ihr *über* die gewickelte Wollschicht eine Trikotstrumpfhose anziehen. Die Maße dafür sind:

Puppe Größe 1: 5,5 cm breit x 7,5 cm lang, Bauchlänge 3,5 cm (7,5 cm Gesamtlänge – 4 cm Beinlänge)

Puppe Größe 2: 6,5 cm breit x 9,5 cm lang, Bauchlänge 4 cm (9,5 cm Gesamtlänge – 5,5 cm Beinlänge)

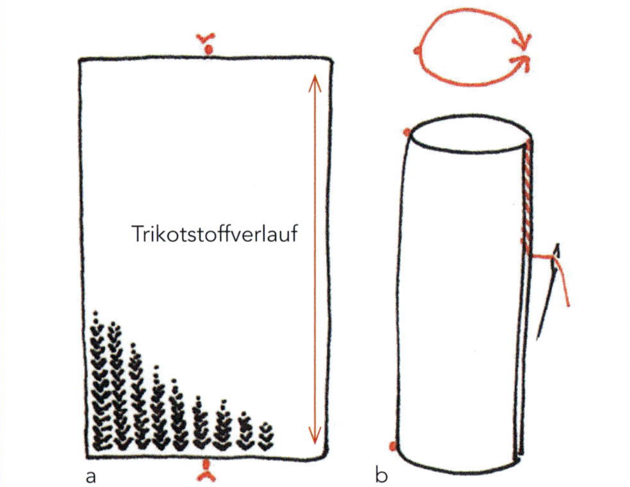

Abb. 50 a und b: Nähtechnik für ein überzogenes Bein

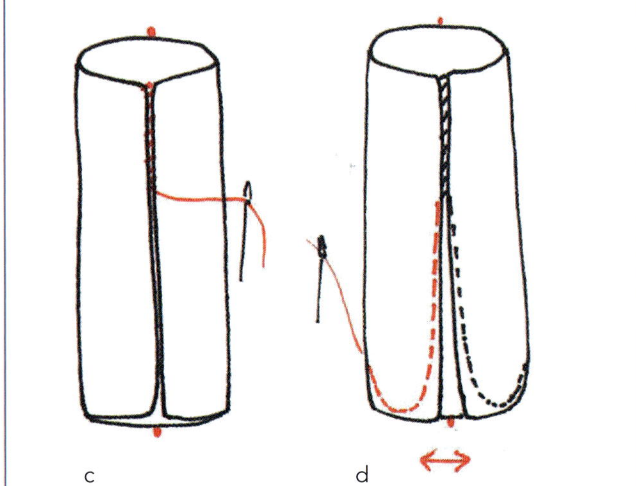

Abb. 50 c und d: Nähtechnik für ein überzogenes Bein

Puppe Größe 3: 7 cm breit x 13,5 cm lang, Bauchlänge 4,5 cm (13,5 cm Gesamtlänge – 9,5 cm Beinlänge).

Im Schnittmusterteil, S. 167, sind die Trikotschnitte für überzogene Beine in den drei Größen abgebildet. Manche Trikotsorten dehnen sich unterschiedlich; daher sollten Sie sich nicht nur auf den Schnitt verlassen, sondern den Stoff auch um die Puppenbeine legen und die Maße noch einmal überprüfen. Für eine großzügig gemessene Länge legen Sie die Puppe auf den Trikotstoff und messen ihn von den Fußspitzen bis unter den Armen ab.

Der Trikotstoff wird mit der *linken Seite* auf den Tisch gelegt (Abb. 50 a) und die Mitte oben und unten am Stoff markiert. Klappen Sie die Außenkanten des Stoffes zur Mitte, können Sie sich die Strumpfhose schon vorstellen (Abb. 50 b). Nun nähen Sie zuerst den Bauchabschnitt (A bis x), da er breiter als die Beine sein muss (Abb. 50 c). Dann legen Sie die Arbeit wieder flach auf den Tisch und drehen den Stoff so, dass die eben genähte Naht nach vorne zu Ihnen schaut, und legen sich die Beine zurecht. Damit diese am Ende *schmäler* werden, wird der Stoff unten in Richtung Fuß leicht auseinandergelegt. Das illustriert Abbildung 50 d.

Jetzt nähen Sie von x hinunter (Abb. 50 d). Sie machen die kleine Fußspitze schön rund und versuchen diese Naht so knapp wie möglich auslaufen zu lassen. Die gleiche Arbeit wird für das zweite Bein gemacht. Die Stoffecken der Fußenden werden anschließen leicht *rund geschnitten,* und die Strumpfhose wird umgekrempelt. Mithilfe einer Schere können Sie die Fußspitzen vorsichtig nach außen stülpen.

Nun wird die fertige Strumpfhose der Puppe angezogen. Mit einem Saum und «Auf-und-ab-Stichen» wird sie am Bauch festgenäht.

Hose in Größe 1 und 2

Wichtig

Die Hosen werden der Puppe erst angezogen, wenn die Beine fertig sind, aber *bevor* wir die Schuhe machen. Die Fotos auf S. 56 zeigen einige Hosenbeispiele.

✿ Für Puppenbuben wird zuerst das Oberteil, wie beschrieben, ausgearbeitet. Für die Hose kann man den benötigten Schnitt abpausen und ihn auf den ausgesuchten Stoff übertragen (s. Schnittmuster S. 171). Dieser wird doppelt gelegt, sodass man zwei gleiche Hosenteile ausschneiden kann. Nun legt man die zwei Stoffteile übereinander und näht von A bis B und von C bis D zusammen. Dann klappt man den Stoff so, dass die Naht nach vorne und nach hinten zur Mitte kommt und somit die Hosenbeine zu erkennen sind (s. Abb. 51). Jetzt näht man nur noch von B / D nach x herunter jedes Hosenbein entlang (Abb. 52), und die Hose kann umgekrempelt werden. Anschließend wird 1 cm Rand nach innen geklappt und mit doppeltem Faden gekräuselt. Dabei wird der Faden erst dann vernäht, wenn die Hosen dem Püppchen angezogen werden (Abb. 53).

Soll die Puppe **Hosenträger** haben, können Sie sich am Foto S. 56 oben orientieren; dort finden Sie zwei Beispiele:

1. Tillman (s. S. 56 oben links) hat Hosenträger aus Leder. Wir schneiden für die Hauptträger zwei 0,5 cm schmale und 5 – 5,5 cm lange Lederstreifen sowie einen Lederstreifen für die Querverbindung mit den Maßen 0,5 x 2,5 cm. Wer will, kann mit einer Nagelschere ein winziges Herz in die Mitte des Querstückes einschneiden.

Diese Hosenträger sind *auf* der Hose festgenäht, liegen also darüber. Dafür wird die Hose zunächst gekräuselt und an den Stoffbauch genäht. Dann werden die zwei langen Lederstreifen über die Schultern gelegt und, wenn gewünscht, auch hinten überkreuzt. Das kleinere Querstück wird einfach mit einem winzigen Klecks Holzleim vorne unter die Hosenträger geklebt. Man kann eventuell winzige Knöpfe oder kleine Perlen an jedem Träger befestigen.

2. Mischa (s. S. 56 oben rechts) hat einfache Hosenträger aus demselben Stoff wie seine Hose. Dafür schneiden Sie zwei Stoffstreifen von 2 x 8 cm zu (wie beim «Rock in Größe 2», S. 48, beschrieben) und verarbeiten sie wie gewohnt. Die Träger werden *unter* die Hose gelegt und mit angenäht.

Mischas Hose hat auch kleine **Hosentaschen**. Dafür werden 3 x 3 cm große Stoffstücke zunächst separat umgeklappt, provisorisch ringsherum gesteppt und an drei Seiten mit kleinen Heftstichen an die Hose genäht.

(Florian, die mittlere Puppe, hat eine schlichte Hose ohne Träger.)

Jetzt können Sie den Saum der Hose machen. Ich habe so viel Stoff berechnet, dass Sie bequem den Stoff der Beine einfach nach innen schlagen und mit kleinen Steppstichen (s. auch Abb. 53) den Saum festnähen können. Um die genaue Hosenlänge zu messen, können Sie den Fuß ca. 2 cm vorsichtig umknicken und das Püppchen gerade halten.

Tipp

Wenn Sie sich die endgültige Hosenlänge noch nicht vorstellen können, legen Sie den Stoffsaum einfach nur nach innen um und warten mit dem Feststeppen, bis die Schuhe fertig sind.✿✿

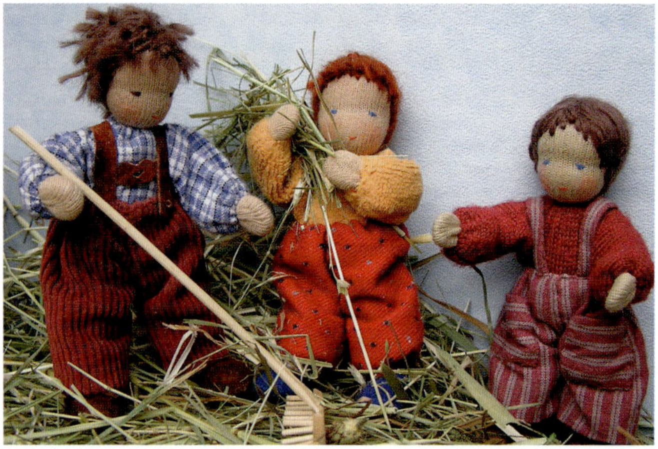

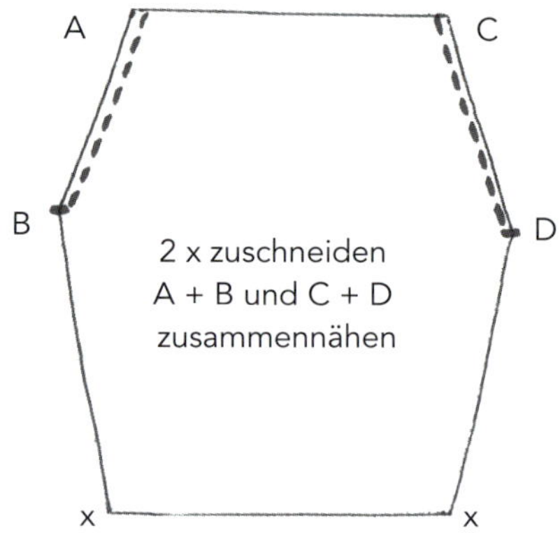

Abb. 51: Hosenschnitt 1 (Originalgröße s. Schnittmuster S. 171)

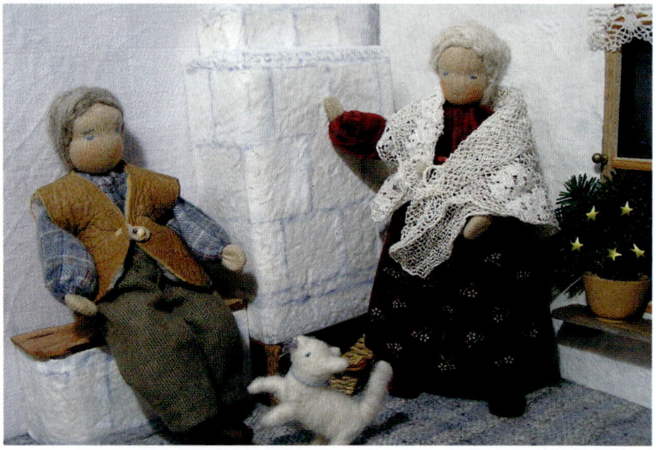

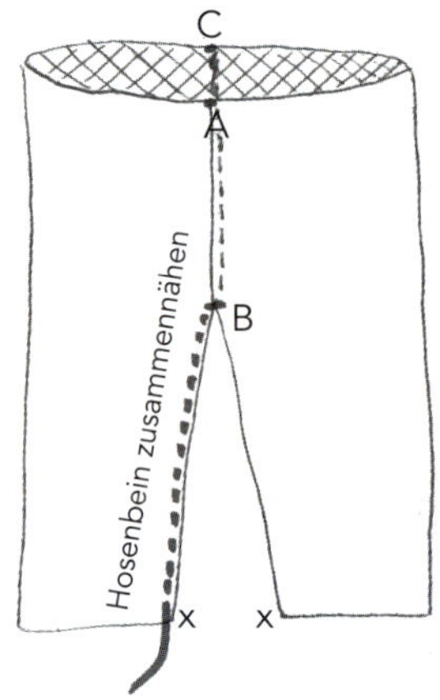

Abb. 52

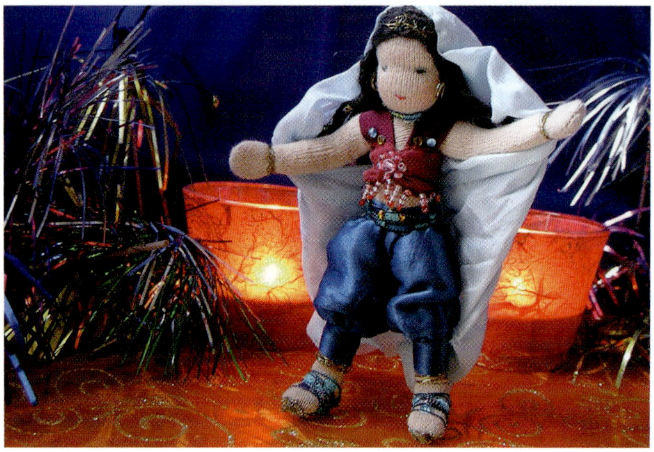

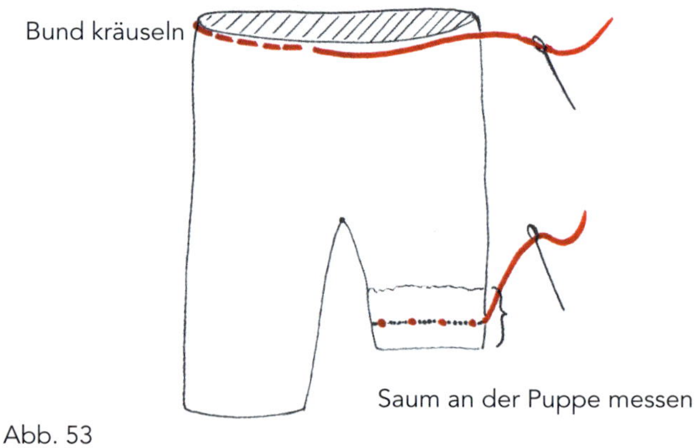

Abb. 53

Schuhe

✿ Die Puppen können Schuhe aus Filz oder aus Leder bekommen. **Filzschuhe** sind leichter zu machen, weil das Material weicher ist. Wir beginnen daher zuerst mit diesem Material. Suchen Sie sich einen schönen, festeren Filzstoff aus, der farblich gut zu den Puppenkleidern passt. Dann können Sie für die entsprechende Puppengröße die richtige **Sohlengröße** aussuchen (s. Abb. 54 und Schnittmuster S. 166). Diese übertragen Sie auf eine stabile Pappe und schneiden sie gleich zweimal aus.

Wenn Sie den Filzstoff leicht ziehen, werden Sie eine unterschiedliche Materialbeschaffenheit feststellen: Eine Seite gibt nach, die andere bleibt fest. Am stabilsten werden die Filzschuhe, wenn Sie die Sohlen so auf den Filz kleben, dass er sich nur *seitlich* dehnen kann. Der wasserfeste Holzleim wird dünn aufgetragen, und die Pappsohlen werden kurz und fest an den Filz gedrückt. Nun die geklebten Sohlen mit einem kleinen Rand von 3 mm ringsherum ausschneiden und etwas antrocknen lassen (Abb. 58 a). Danach großzügig eine Leimschicht an die Rückseite der beiden Füße tropfen und mit der Flaschenspitze verschmieren. Die Länge des Leims ist abhängig von der Sohlengröße der Puppe.

Die geklebte Pappsohle wird jetzt an die Füße gedrückt. Die kleine Einbuchtung der Pappe für die Sohlen wird, nach *innen* und spiegelbildlich, an die eben aufgetragene Leimschicht geklebt (Abb. 58 b). Darauf achten, dass die Sohlen oben bündig mit dem Fußende abschließen. Es ist hilfreich, Sohlen und Füße mit einer Wäscheklammer festzuklemmen, um die Klebearbeit zu stabilisieren (Abb. 58 c). Die Trockenzeit ist auf der Leimflasche vermerkt.

Inzwischen können Sie die zwei **Schuhoberteile** ausschneiden. Sie sind ebenfalls stabiler, wenn der Filz nur seitlich dehnbar ist. ✿✿

Wenn die Sohlen gut getrocknet sind, nehmen Sie das Püppchen in die eine Hand und stellen es schräg auf den Tisch. Mit zwei Fingern drücken Sie, so fest Sie können, die Füße an die Tischplatte. Mit der anderen Hand biegen Sie inzwischen die Puppe nach oben, sodass sich die Füße im rechten Winkel *umknicken* können (Abb. 58 d). Achten Sie darauf, dass beide Beine dieselbe Bewegung machen, damit die Beine gleich lang werden können. Vielleicht müssen Sie etwas nachhelfen? Dafür nehmen Sie Ihre Puppe in die Hand und drücken abwechselnd vorne gegen die Fußspitze und hinten gegen die Ferse, sodass die Füße wirklich gut angewinkelt werden.

Manche Pappsorten spalten sich durch dieses Umknicken eventuell in einzelne Schichten auf – besser jetzt, als wenn der Schuh schon fertig angenäht ist. Sie leimen dann alle lockeren Pappschichten übereinander und halten die geklebten Sohlen wieder mit einer Wäscheklammer zusammen. Die Pappe bekommt durch dieses zusätzliche Kleben noch mehr Stabilität.

An Abbildung 55 sehen Sie, dass durch die Knickbewegung ein Zwischenraum an der Ferse entstanden ist, den man folgendermaßen ausfüllt: Die Puppenbeine leicht auseinanderbiegen und an einem Fuß beginnen. (Bei einem Puppenbub muss man die Hosenbeine nach oben schieben; der Stoff könnte sonst mit Leim verschmiert werden.) Dann den Leim ringsherum zwischen Pappsohle und Wollstrumpf entlangstreichen. Achtung, *nicht* den Filz bekleben! Es ist gut, die Flaschenspitze tief zwischen die Sohle und den Fuß zu drücken. Die Leimschicht wird gleichmäßig aufgetragen und soll die Pappsohle so

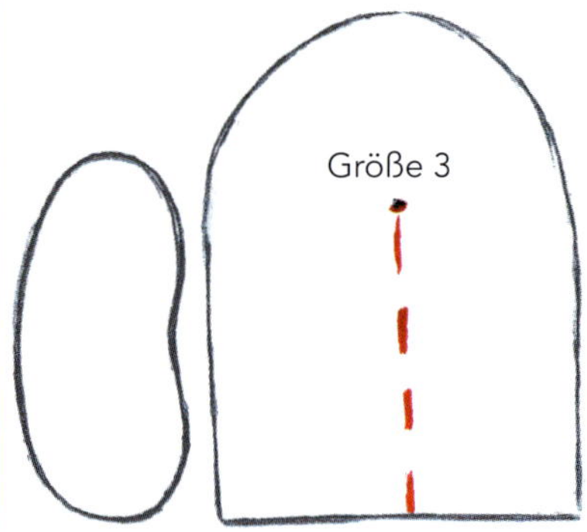

Abb. 54: Schuhe in Originalgröße.
Größe 1 und 2 s. Schnittmuster S. 166

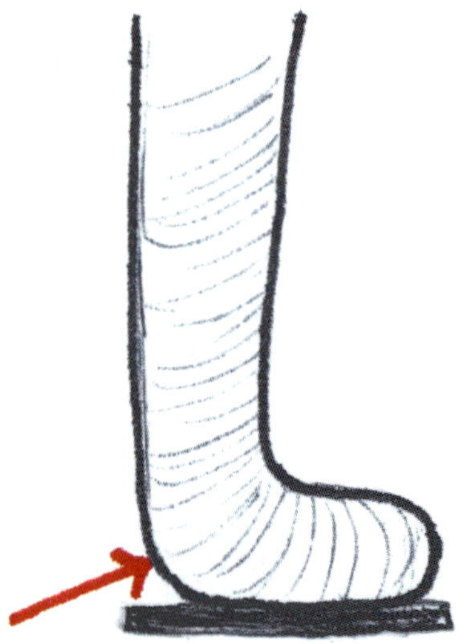

angeklebte Pappsohle mit Filz

Abb. 55

fest mit dem Fuß verbinden, dass die Sohle später, nach dem Trocknen, nicht mehr wackeln kann.

Diese Leimschicht bedeckt man mit Baumwollwatte. Die Ferse bekommt als zusätzliche Auspolsterung eine kleine «Wattewurst». Sie sollte sich fest anfühlen, etwa wie ein Olivenkern, ca. 1,5 cm lang sein und an den Enden spitz auslaufen. Die Watte wird tief in die Fersenlücke gestopft; eventuell kann man dafür auch die Scherenspitze zu Hilfe nehmen. Dann wird eine zarte Watteschicht noch rings um den ganzen Fuß gelegt. Dafür wird die Watte dünn, als kleines, ca. 5 mm breites Vlies, gezupft und vorsichtig – an der Ferse beginnend – im Kreis gelegt. Dadurch verdecken Sie die Leimschicht und können weiter arbeiten. Wenn Sie nun leicht mit der Hand rings über die gesamte Watteschicht klopfen, dürfen Sie nichts Klebriges mehr fühlen. Ansonsten legen Sie noch ein bisschen Watte auf die nasse Stelle.

Das Oberteil der Filzschuhe wird bis Punkt x eingeschnitten und, mit der Rundung nach vorne, auf den Fuß gelegt (s. Abb. 57). Sie fädeln jetzt einen doppelten Faden ein und nähen zuerst hinten den Schuh zusammen. Mit einem Schlingstich wird der sonst leicht fransige Filzstoff zusammengehalten (s. Abb. 56). Mit dieser Stickmethode umsäumen Sie die ganze Schuhsohle. Am Ausgangspunkt angekommen, nähen Sie mit normalen Stichen den Schuh oben ringsherum am Bein fest.

Falls Sie **Schnürsenkel** machen möchten, sticken Sie mit einem dickeren Perlgarn vorne auf jedem Schuh ein kleines X. Sie können mit einer Schleife oder einem Knoten abschließen. Sie können auch, ganz nach Belieben, den Puppenschuh besticken, ihn mit Perlen, Pompons oder Blumen schmücken …

Zum Abschluss wird eine sehr dünne Leimschicht ringsherum um die ganze eben genähte Sohlennaht

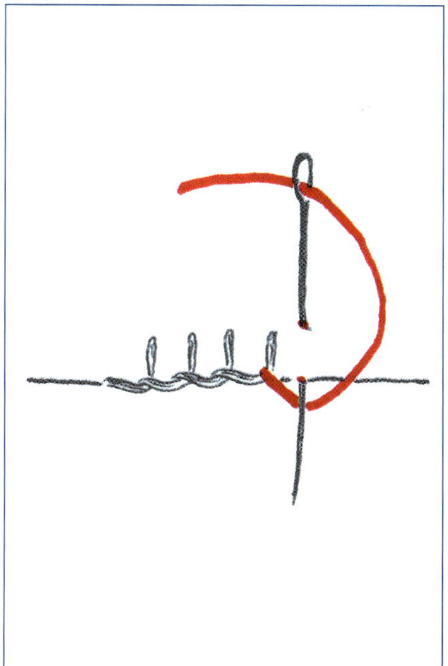

Abb. 56

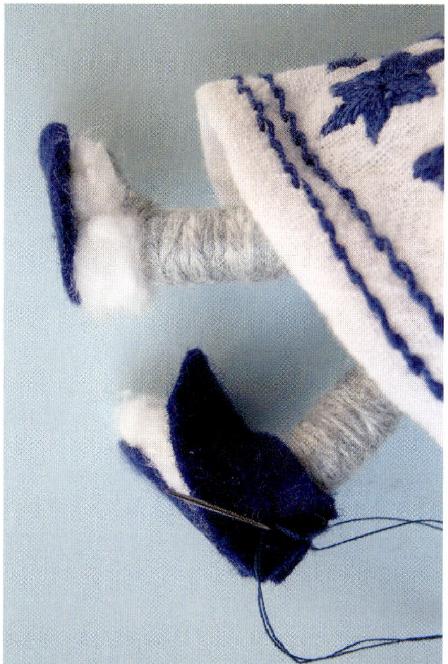

Abb. 57

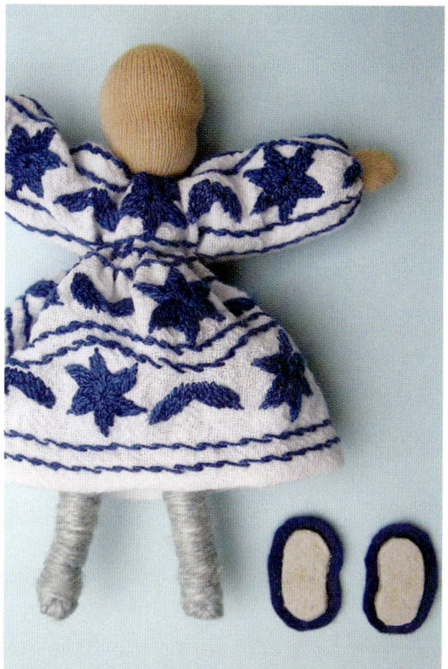

Abb. 58 a

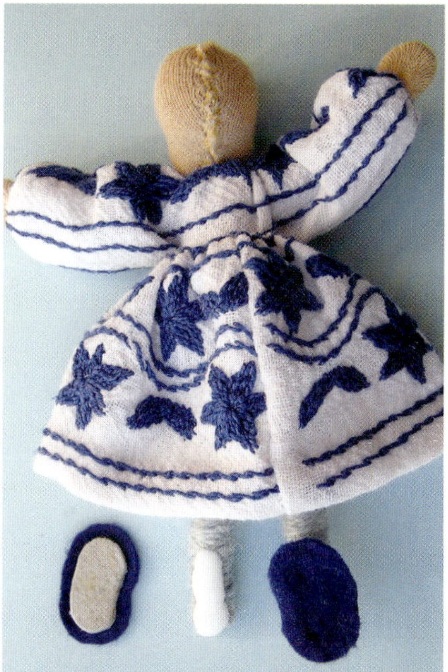

Abb. 58 b

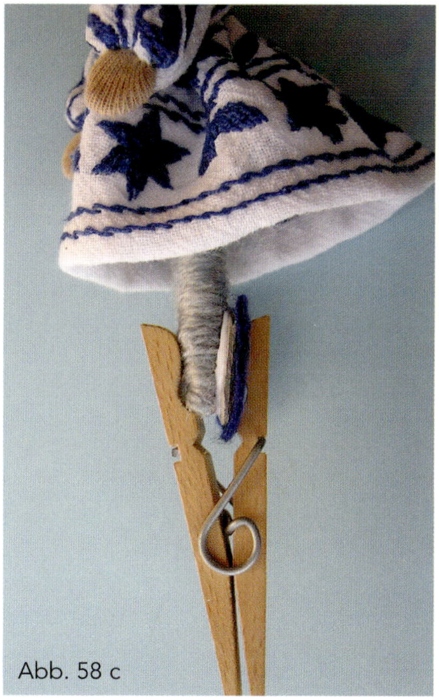

Abb. 58 c

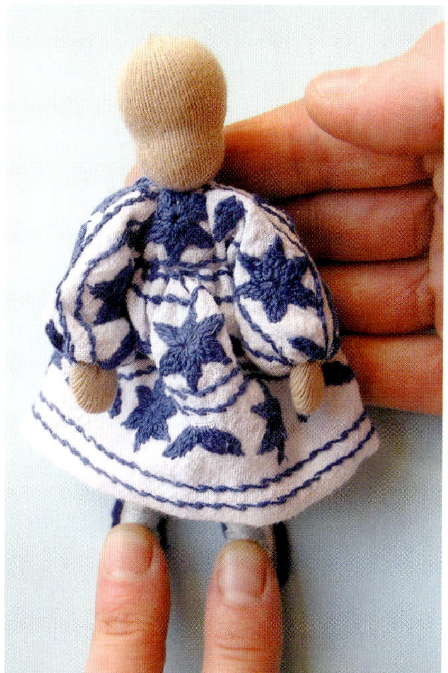

Abb. 58 d

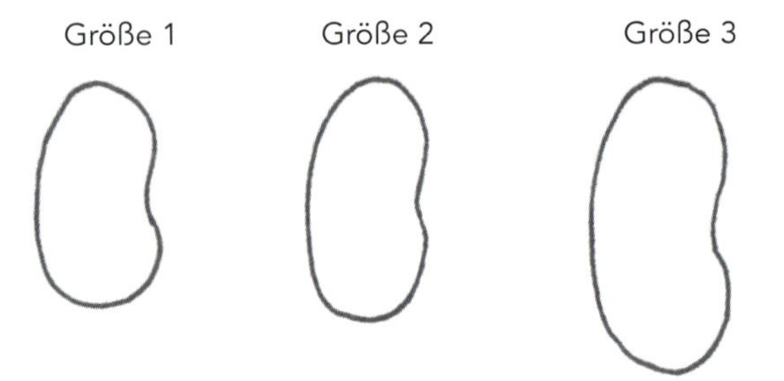

Abb. 59: Sohlengröße (Originalgröße)

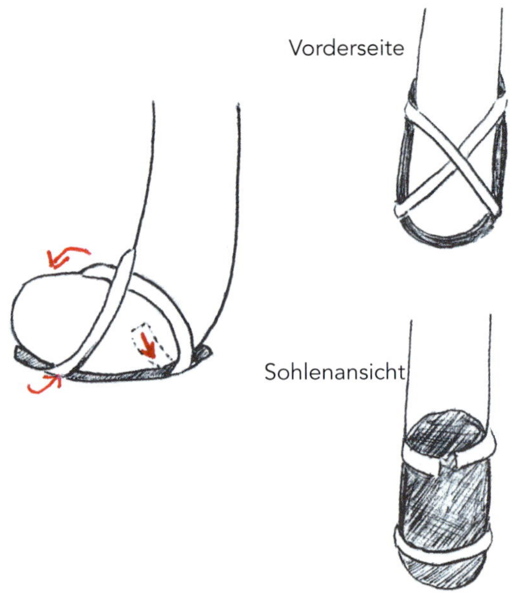

Abb. 60: Sandalen

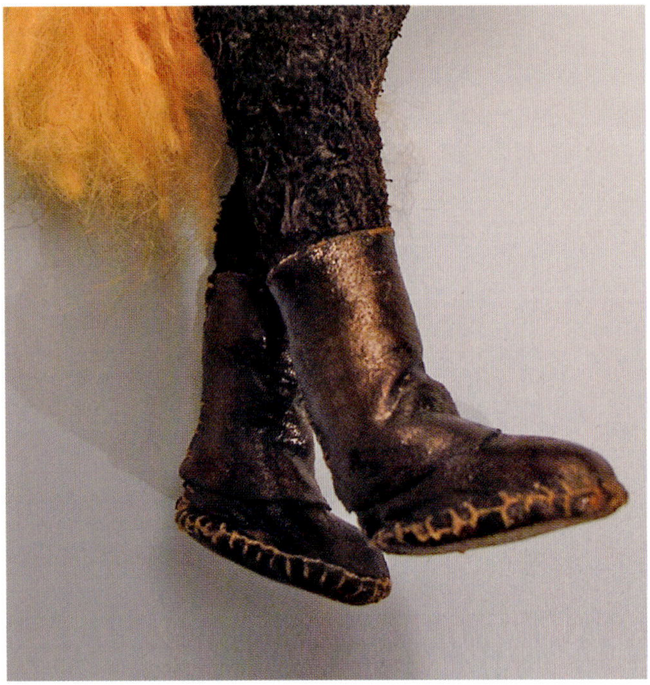

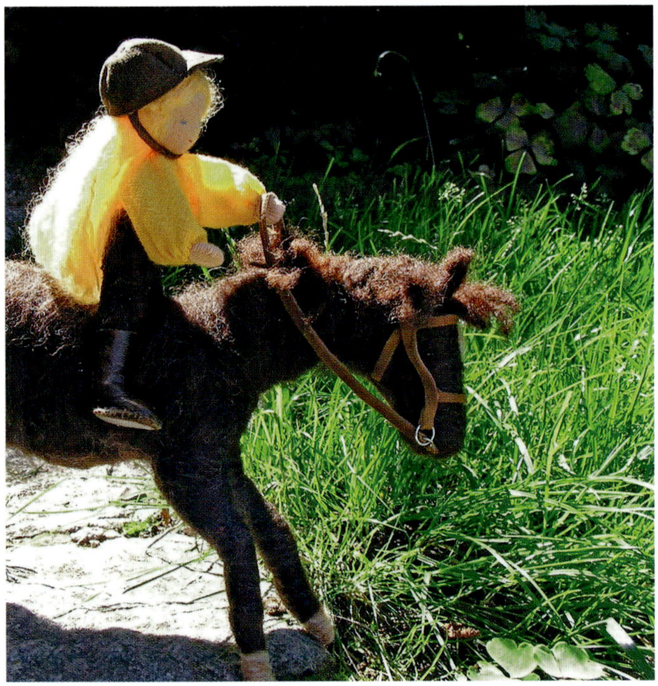

aufgetragen. Dadurch wird der genähte Faden stabilisiert und geschützt. Mit einem Finger streichen Sie den Leim gleichmäßig glatt und lassen den Schuh trocknen. Im frischen Zustand können Sie den Leim an Ihrem Finger gut abwaschen.

Jonas im Stall hat **Lederschuhe** (Foto unten). Am besten lässt sich dünnes Wildleder verarbeiten. Für diese Schuhe werden die Sohlen und die Oberteile statt aus Filz einfach aus Leder zugeschnitten und verarbeitet (Abb. 59). Der Unterschied liegt nur im Material. Da Leder härter ist, werden die einzelnen Schlingstiche mit Zwirnfaden gestickt und die Nadel mithilfe der Zange durchgestochen. Diese Arbeit ist etwas mühsamer, aber der Erfolg wird es Ihnen lohnen, da die Schuhe haltbarer sind. Die abschließende Leimarbeit um die angenähte Sohlennaht ist hier nicht nötig.

Valeria reitet mit **Stiefeln** auf dem Pferd (Fotos links). Für diese Stiefel nähen Sie normale Lederschuhe, wie oben beschrieben. Danach schneiden Sie zwei Beinteile aus, indem Sie den Lederstoff um das Puppenbein legen und dadurch die genaue Beinbreite und Stiefelhöhe ausmessen können. Nun nähen Sie diese Beinteile direkt um jedes Bein fest und ziehen die genähte Naht nach hinten. Anschließend ziehen Sie die genähten Beinteile nach unten, bis sie auf der Schuhkante überlappen. Mit ein paar versteckten Stichen können Sie diesen Arbeitsschritt stabilisieren. Um glänzende Stiefel zu bekommen, werden die fertigen Stiefeln mit Glanzlack auf Wasserbasis gepinselt.

Der Vater hat beim Holzsägen **Wanderstiefel** an (Foto S. 63). Sie können ebenfalls aus Filz oder aus Leder genäht werden. Dafür brauchen Sie wieder zwei geklebte Sohlen, wie für die oben beschriebenen Filzschuhe, und zwei Oberteile (s. Abb. 61).

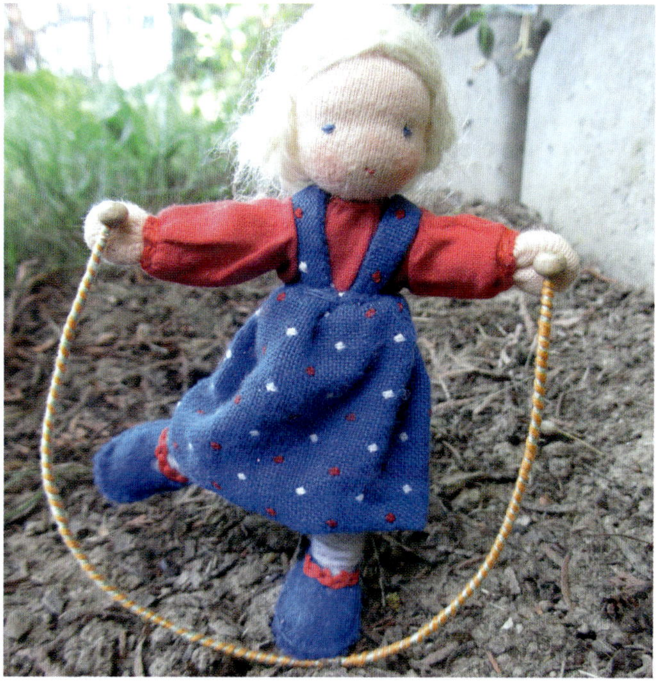

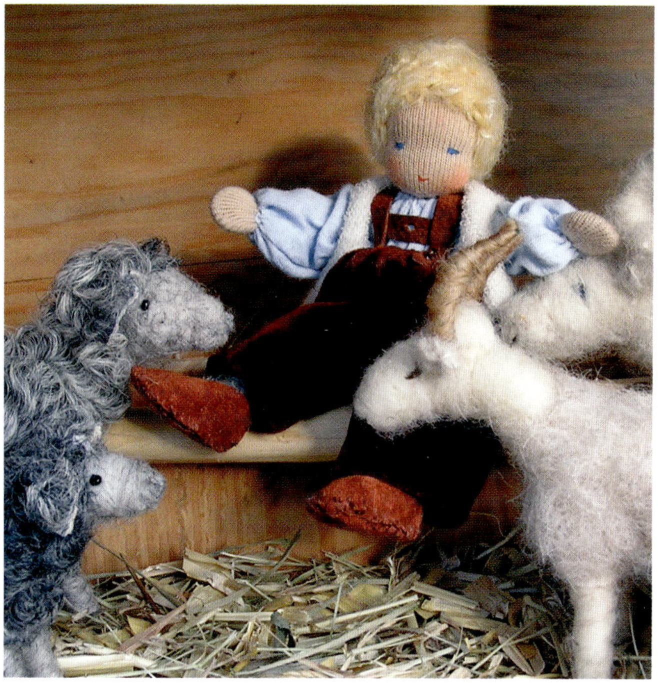

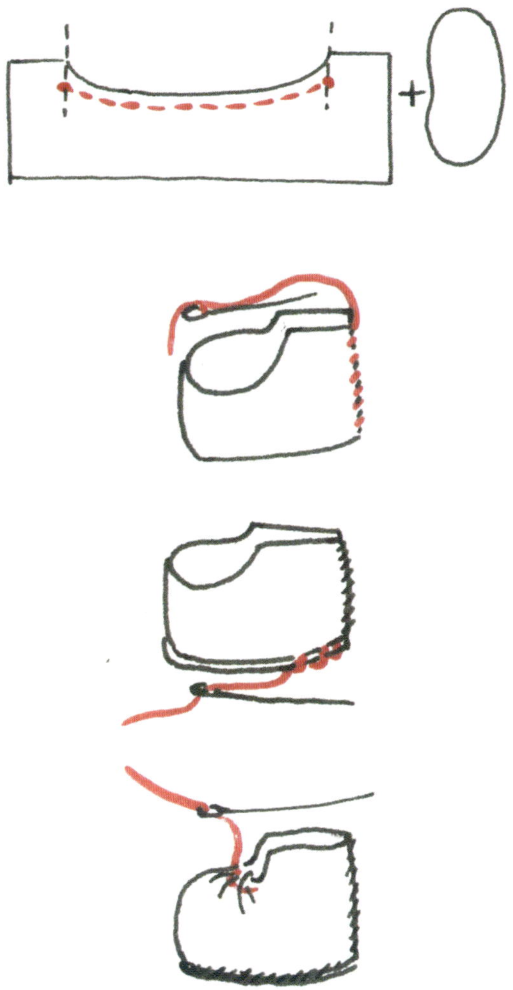

Abb. 61: Wanderstiefel
(Originalgröße s. Schnittmuster S. 167)

Sie werden genauso erst hinten zugenäht und dann unten an der Sohle entlang mit einem Schlingstich befestigt. Der obere Rand wird – wie bei Mokassins – gekräuselt. Mit *Schnürsenkel* sehen diese Schuhe wie richtige Wanderstiefel aus.

Jenny und Mira haben **Sandalen** (Foto rechts unten). Die Sohlen werden *viermal* aus Leder ausgeschnitten und haben keine Pappe dazwischen. Für die Bänder schneiden Sie je einen Lederstreifen von 0,2 x 10 cm aus. Als Erstes kleben Sie mit dem Holzleim eine Sohle an jeden Fuß und stabilisieren alles mit einer Wäscheklammer. Wenn die Sohle gut angetrocknet ist, knicken Sie beide Füße um.

Die Lederbändchen werden um jeden Puppenfuß überkreuz gewickelt. Sie beginnen unten an der Fußsohle, gehen leicht schräg diagonal oben um den Fuß herum, kommen unten wieder heraus und wickeln gekreuzt oben um den Fuß herum wieder herunter zur Sohle (Abb. 60). Die Lederstreifen können jetzt mit etwas Leim fixiert werden. Zum Abschluss werden die anderen zwei Ledersohlen gegen die ersten Sohlen geklebt.

Tipp

Jetzt könnten Sie die verschiedenen *Säume* der Hosen, Röcke oder Kleider machen. Der Saum des *Hosenbeins* wird nur einfach nach innen geklappt und mit ein paar Stichen gesteppt. Der Rock wird dagegen säuberlich umsäumt, wie Sie es gewöhnt sind.

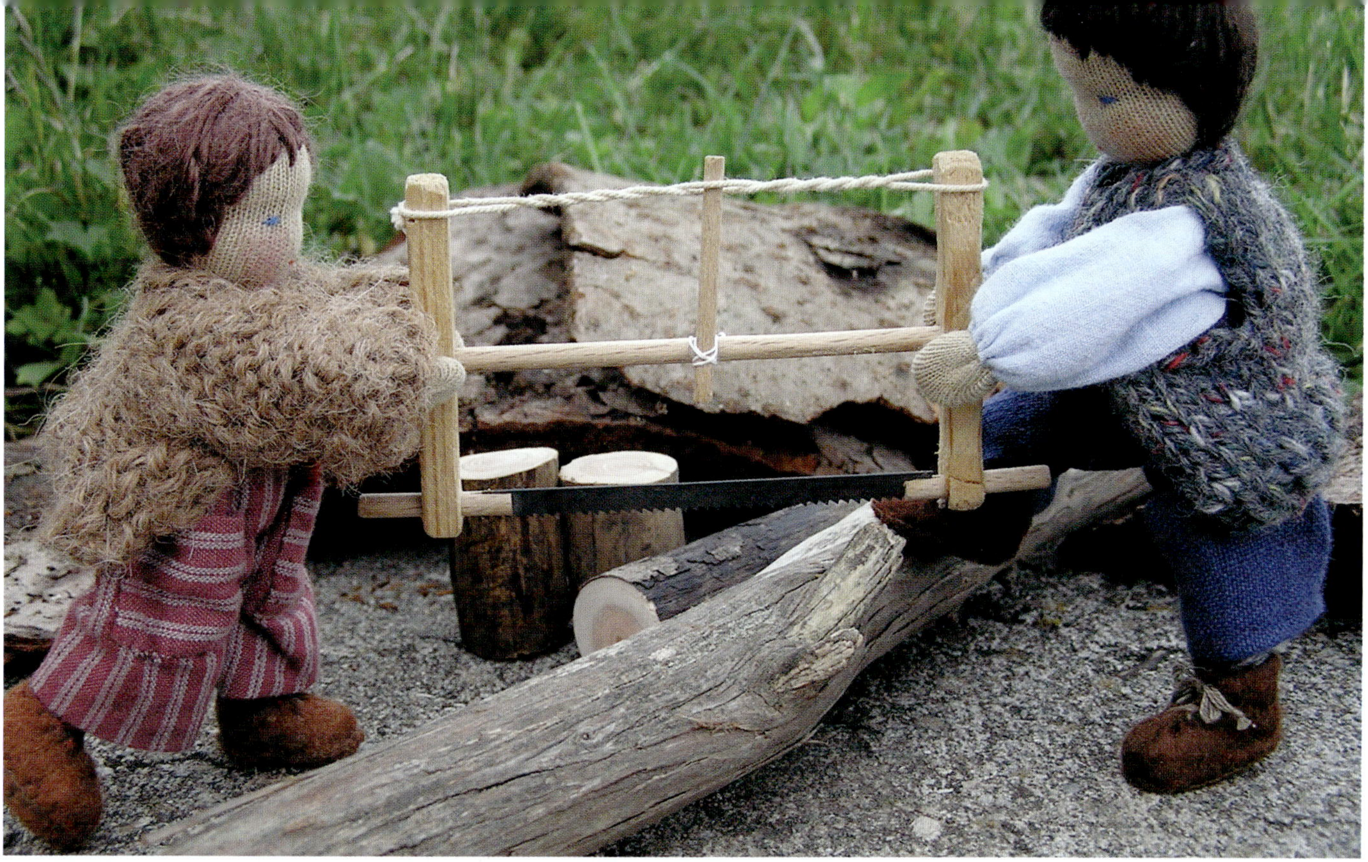

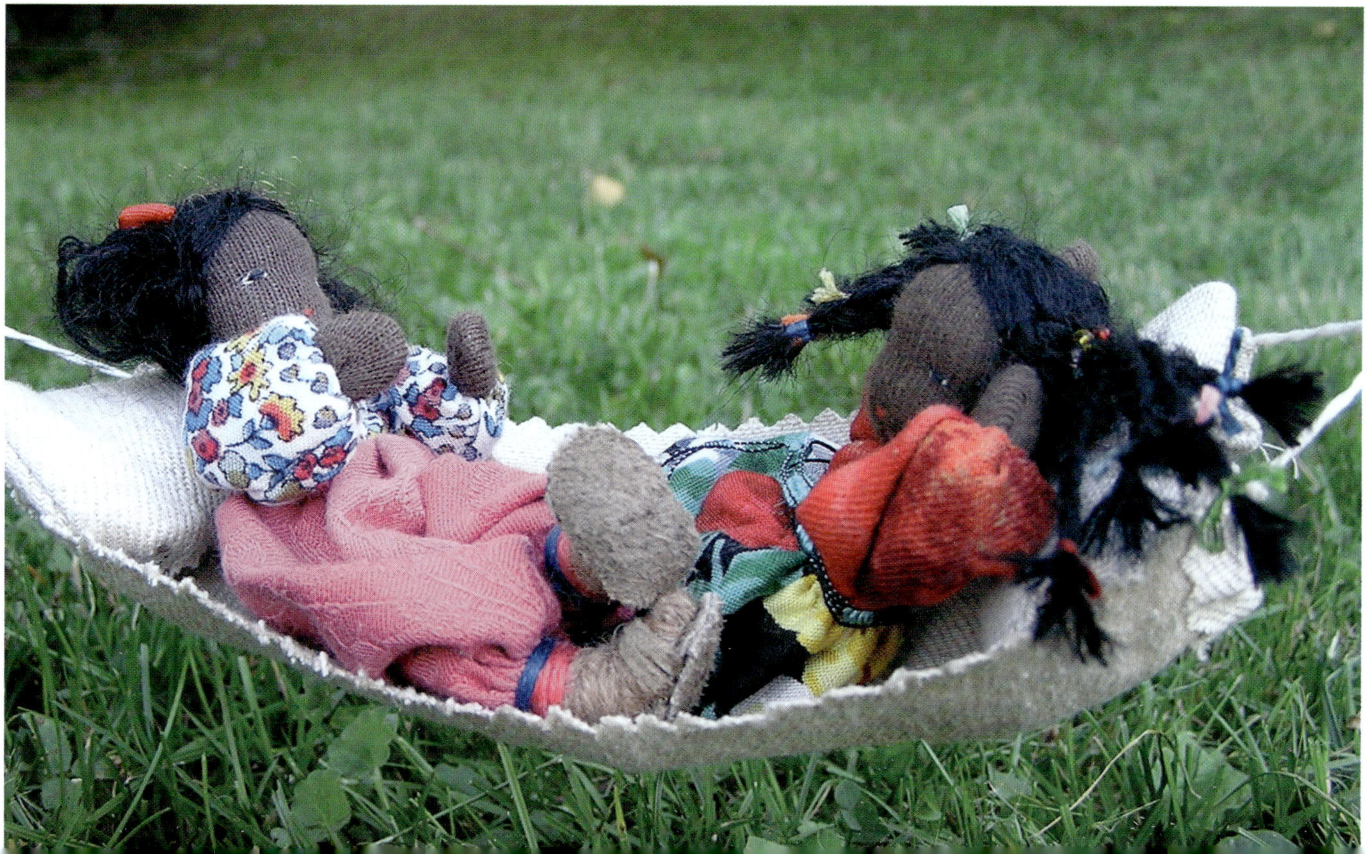

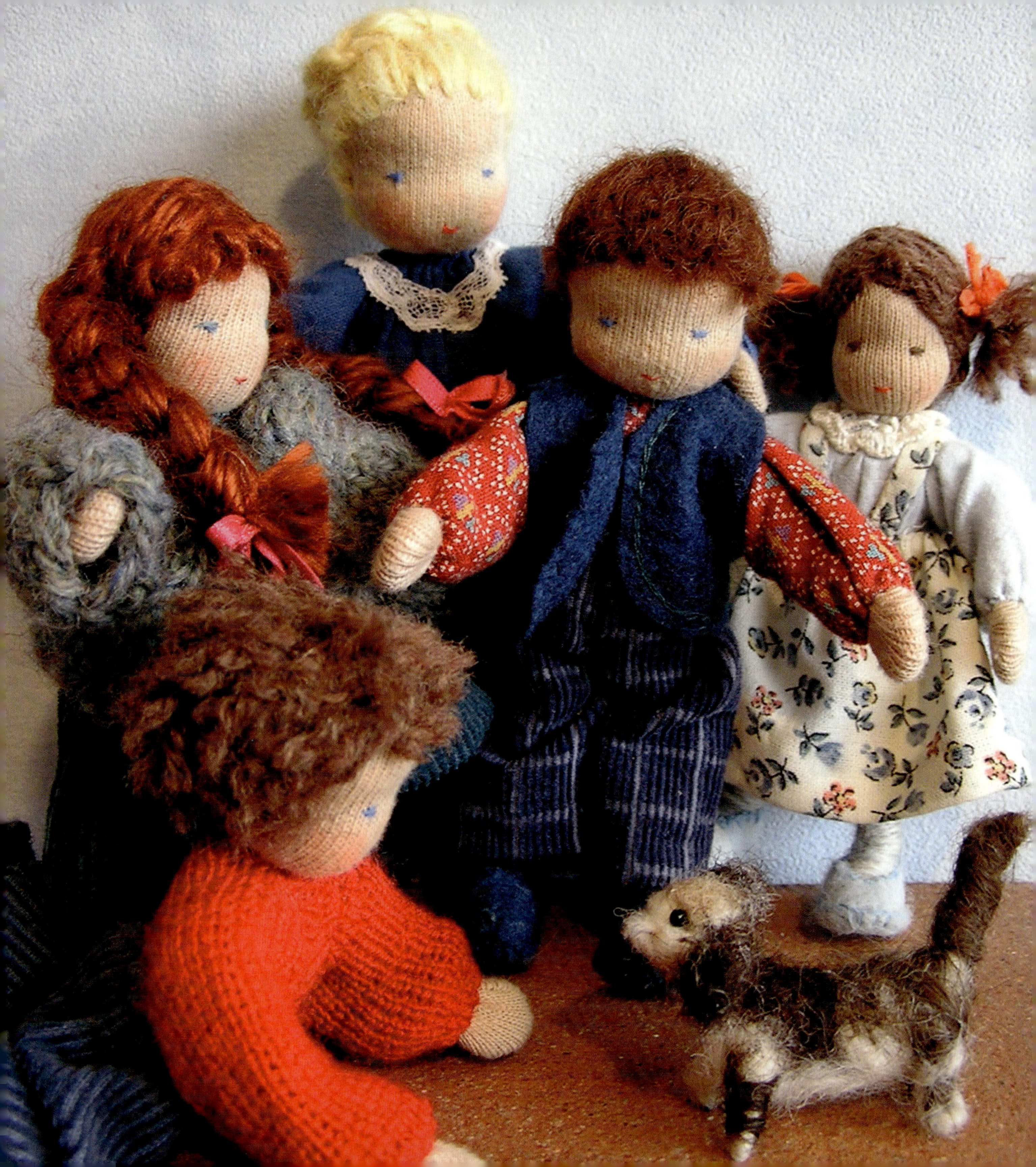

Haare und Frisuren

Mittels Haarfarbe und Frisur lassen sich sehr verschiedene Puppentypen gestalten (s. z. B. Foto links und das Foto des Buchcovers). Wenn Sie ein Wollknäuel an den Puppenkopf halten, können Sie die Wirkung der Farben ausprobieren und sich leichter eine Vorstellung machen, wie die Haare später aussehen werden. Möchten Sie lange Haare, Zöpfchen oder eine andere Frisur? Weil viele Frisuren auf einer Grundform aufbauen, ist es leichter, zuerst mit den einfachen Schritten zu beginnen.

Schlichte Bubenfrisur

Die einfachste Frisur können Sie an dem Bub und dem Vater beim Holzsägen sehen (S. 63 oben; diese zwei Puppen sind auch auf dem Cover abgebildet). Die Haare werden im Kreis gestickt.

Als Erstes können Sie mit einem weißen Nähgarn die Haargrenze vorne am Gesicht festlegen (s. Abb. 62). Schauen Sie sich Ihre Puppe ruhig auch von der Seite an, sodass Sie besser den Abschluss der Frisur abschätzen können.

Die Haarwolle wird einfach genommen und in eine dünnere Stopfnadel eingefädelt. Sie werden dafür wohl eine Zange brauchen …

Auf Abbildung 63 sehen Sie, dass der Trikotstoff nicht an der gleichen Stelle belastet wird und keine Löcher bekommen kann, wenn man sternförmig und im Kreis arbeitet.

Dafür machen Sie mit der Nadel einen größeren Stich, unter der Kopfhaut sozusagen, kommen seitlich von Ihrem letzten Einstich wieder heraus und stechen oben am Kopf wieder hinein. Dort machen Sie einen kleinen Stich und gehen wieder zum äußeren Rand der Frisur.

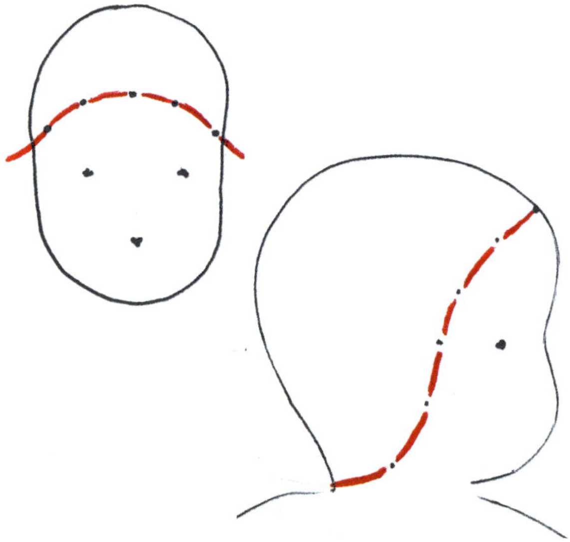

Abb. 62

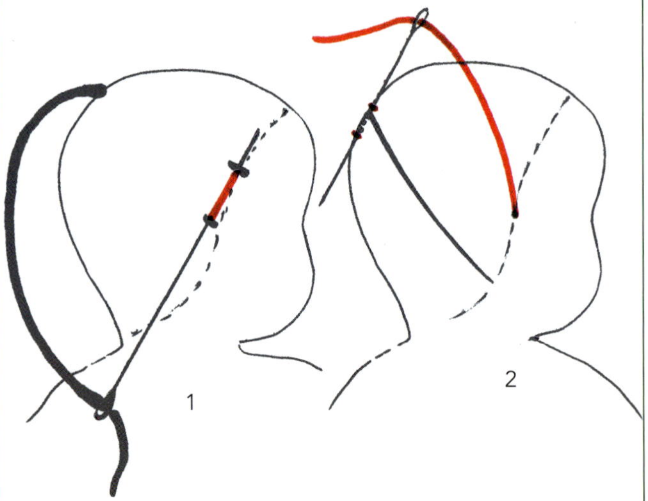

Abb. 63 a

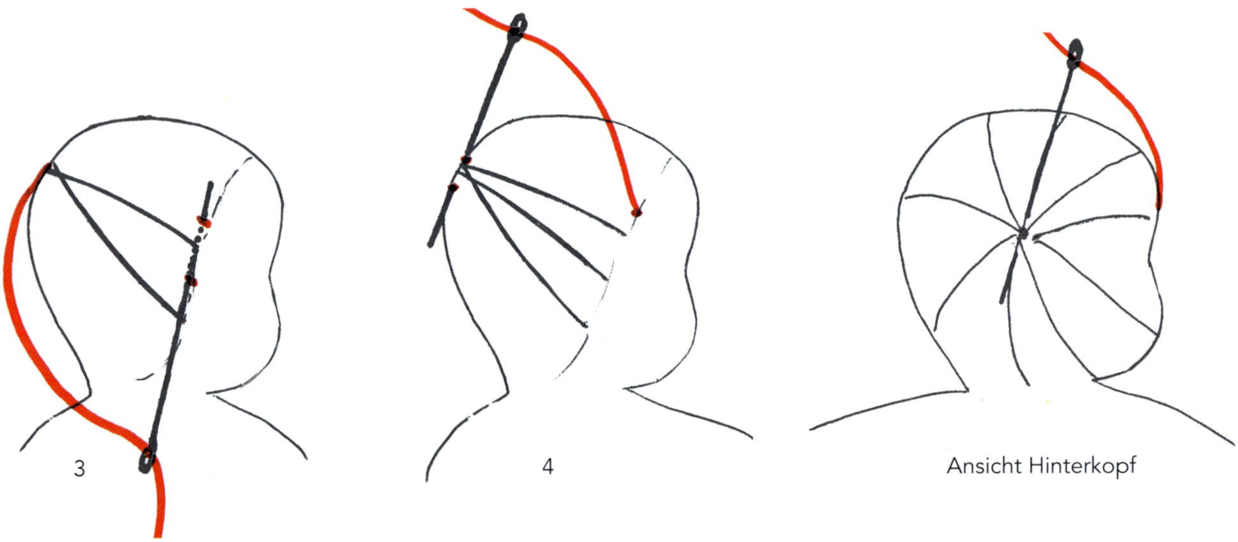

Abb. 63 b: Einfache Bubenfrisur

Weitere Buben- und Männerfrisuren

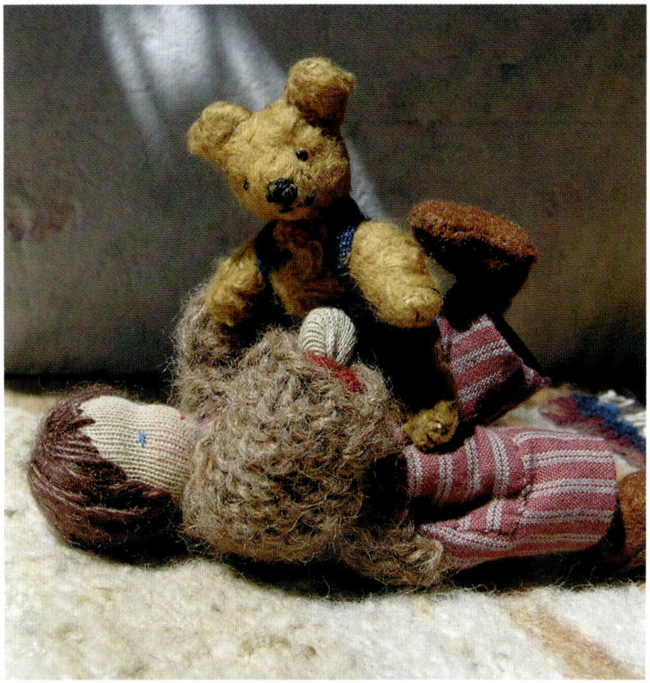

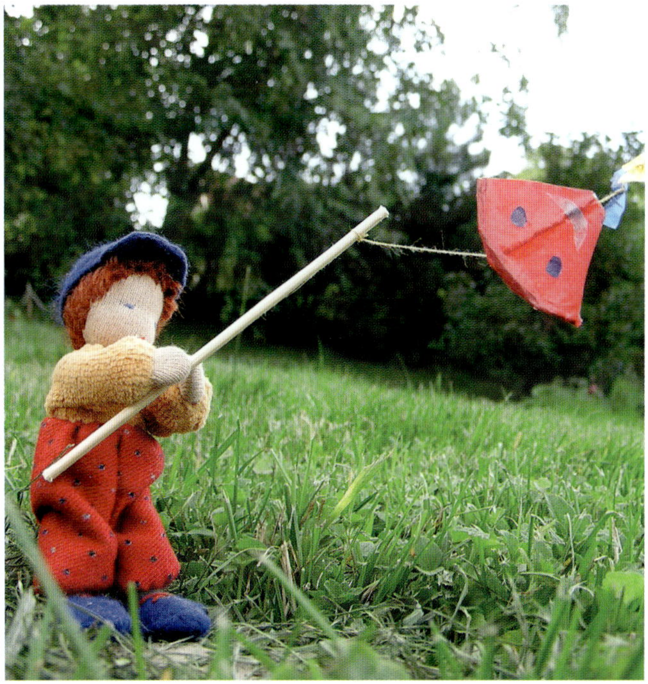

Der Vater auf S. 63 hat keinen festgelegten Scheitel. Die Frisur verläuft gleichmäßig nach allen Richtungen, etwa wie ein **Pagenschnitt**. An den Haaransatz tastet man sich vorsichtig heran, sodass Sie erst langsam tiefer in die Stirn heruntersticken. Trotz der Fadenabgrenzung kann man sich bei diesen kleinen Puppen leicht verschätzen. Dabei drehen Sie die Puppe immer wieder so, dass Sie die Frisur von allen Seiten überschauen können. Wenn der Haaransatz zu tief in die Stirn heruntergeht, wirken die Backen der Puppen noch fülliger; die untere Gesichtshälfte bekommt ein «Übergewicht». Wird die Stirn dagegen zu hoch angesetzt, bekommen die Puppen manchmal einen strengen Ausdruck. Am besten schätzen Sie selbst mit Ihrem Gefühl die harmonische Proportion des Gesichts ein. Dann sticken Sie die Lücken zwischen den Haaren immer weiter zu, bis kein Trikotstoff am Kopf mehr zu sehen ist.

Tipp:
Lassen Sie sich nicht von der Trikotnaht oben am Kopf stören. Falls Ihnen das Nähen manchmal mühsam und zu schwer gehen sollte, nähen Sie abwechselnd neben der Naht, mal rechts, mal links. So wird diese überstickt und zugleich flach gedrückt.

Mischa mit dem Teddy (Foto oben) hat eine ähnliche Frisur wie oben beschrieben, nur dass die Haare vorne nicht durch einen gleichmäßigen Rand aufhören. Dafür wird die Wolle an der *Stirn* mit *unterschiedlich* langen Strähnen gestickt. Durch diese Art der Haare wirkt der Gesichtsausdruck etwas pfiffiger.

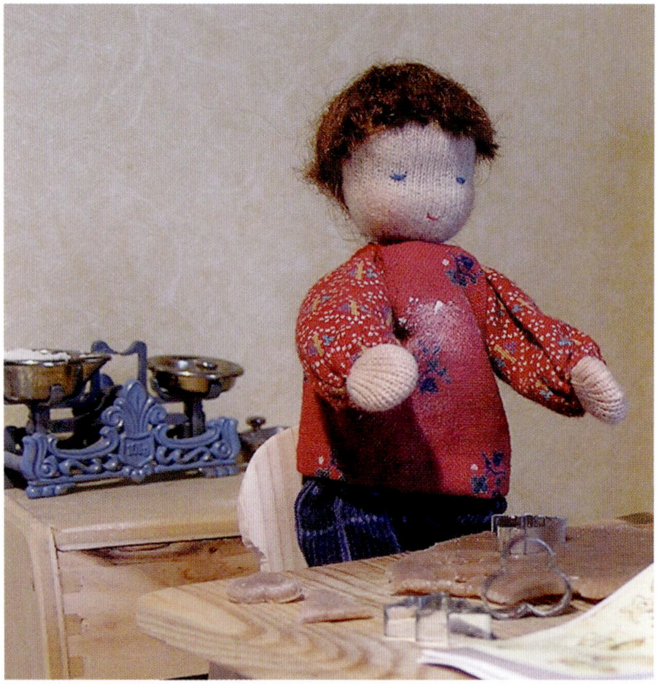

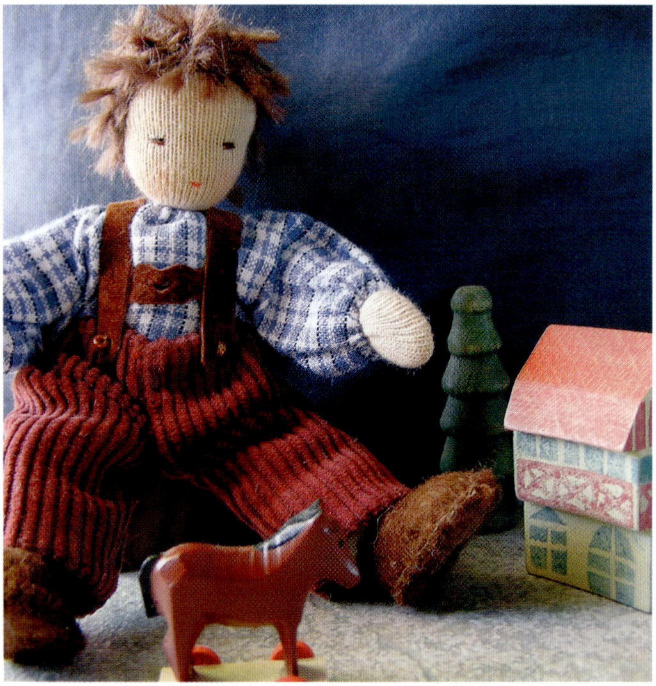

Mit kleinen **Fransen** können Sie den Stirnansatz Ihres Puppenbuben etwas umspielen (s. Foto links oben, Foto S. 67 unten und S. 50). Dafür stechen Sie in den abgeschlossenen Rand des Haaransatzes mit dem Wollfaden ein. Sie lassen einen kleinen Fadenzipfel (so lang wie der Pony sein soll) und kommen an einen versetzten Punkt der Stirn wieder heraus. Diesen Faden schneiden Sie in der gewünschten Länge ab. Sie sticken so lange weiter, bis die Fransen ihre Fülle bekommen haben.

Wenn Sie schrittweise nacheinander die Fransen machen, könnte man die einzelnen Strähnchen unter Umständen leicht herauszupfen. Durch die versetzte Arbeit «verfilzt» jedoch die Wolle unter der Kopfhaut miteinander, und die Ponyhaare halten länger.

Tillman hat eine **strubbelige Bubenfrisur** (Foto links unten). Die Fransen werden diesmal nicht nur vorne an die Stirn gestickt, sondern kreuz und quer, auf dem ganzen Kopf verteilt. Mohairwolle zieht sich oft gegenseitig in den Stoff hinein, deswegen können Sie oben am Hinterkopf mit den Fransen beginnen. Sie arbeiten im Kreis und spiralförmig. Mit den Fingern der anderen Hand halten Sie am besten die zuletzt genähten Wollfäden fest. So kommen Sie mit den anderen Wollfäden nicht ins «Gedränge». Die Frisur ist fertig, wenn die Strähnchen gleichmäßig über den ganzen Kopf verteilt sind.

Tipp

Wenn Sie für diese Frisur keine Mohairwolle, sondern normale gezwirnte Wolle nehmen, können Sie mit der Nadel die kurzen Wollfransen auseinanderspalten. Dadurch entstehen kleine gewellte, einzelne Fransen für eine flauschige Frisur.

Einfache Damenfrisur

Die unten abgebildete Mutter (linkes Püppchen, s. auch S. 32) hat einen **Mittelscheitel**. Er entsteht, wenn wir die Wolle von der Mitte nach rechts und nach links sticken (s. Abb. 64). Bei dieser Puppe werden die seitlichen Haare zunächst nur auf Ohrenhöhe und dann, in einem weiteren Arbeitsschritt, von diesem Ansatz bis hinunter zum Hals gestickt. Ich verwende diese Zwischenaufteilung gerne für längere Haare oder für **schulterlange Haare** (s. auch die zwei Püppchen auf S. 71 unten).

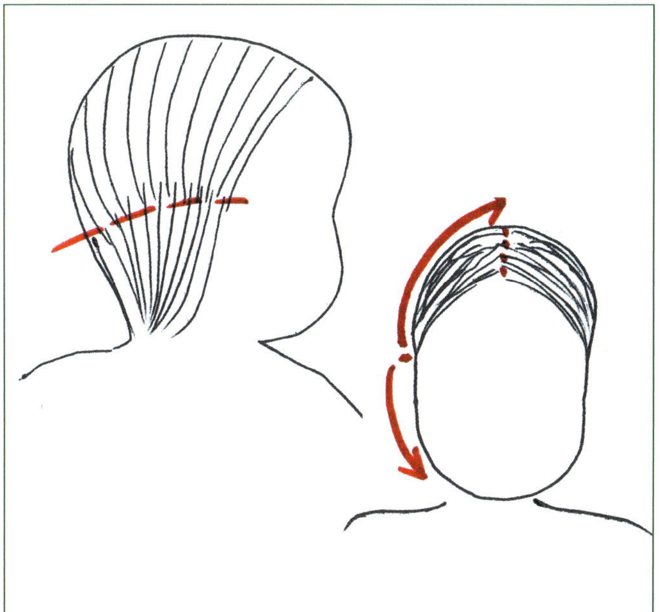

Abb. 64: Einfache Damenfrisur

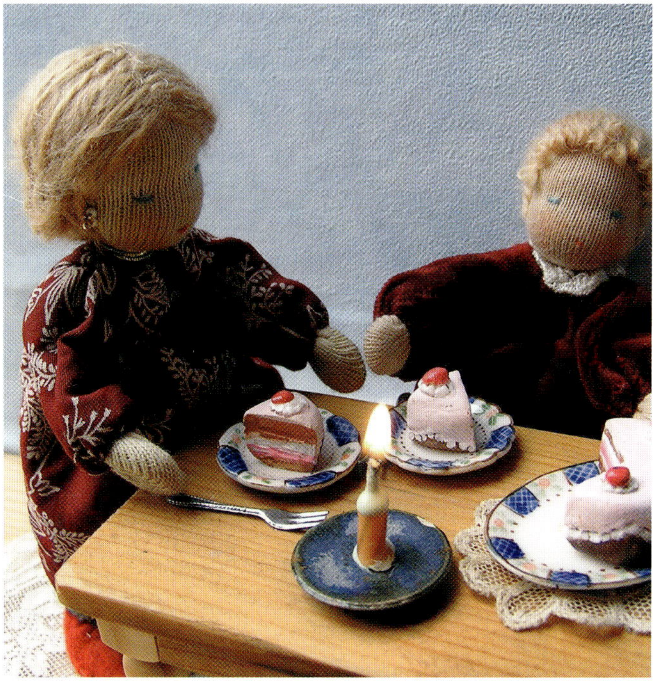

Weitere Mädchen- und Frauenfrisuren

Das Töchterchen rechts neben der Mutter hat kleine **Locken** vorne an der Stirn. Dafür wird der Wollfaden nicht abgeschnitten, wie es bei den Fransen beschrieben wurde, sondern als kleine Schlaufe stehen gelassen und versetzt weiter gestickt. Wie bei den Fransen verhakt sich die Wolle unter dem Trikotstoff miteinander. Man stickt so viele Schlaufen vorne an die Stirn, bis keine Lücken mehr zu sehen sind.

✿ Lotta mit der Ziege (S. 70 oben) hat **Zöpfe**. Sie kommen zustande, indem wir an einem gleichen Punkt große Schlaufen machen (Abb. 65). Diese Schlaufen haben eine Länge von 4 bis 5 cm; sie wurden bei diesem Püppchen auf Ohrenhöhe angesetzt. Da der Zopf mit drei gleichen Teilen geflochten wird, brauchen Sie zwölf oder sechzehn Schlaufen. Die Menge richtet sich nach der Fülle Ihrer Wolle. Die Schlaufen werden unten aufge-

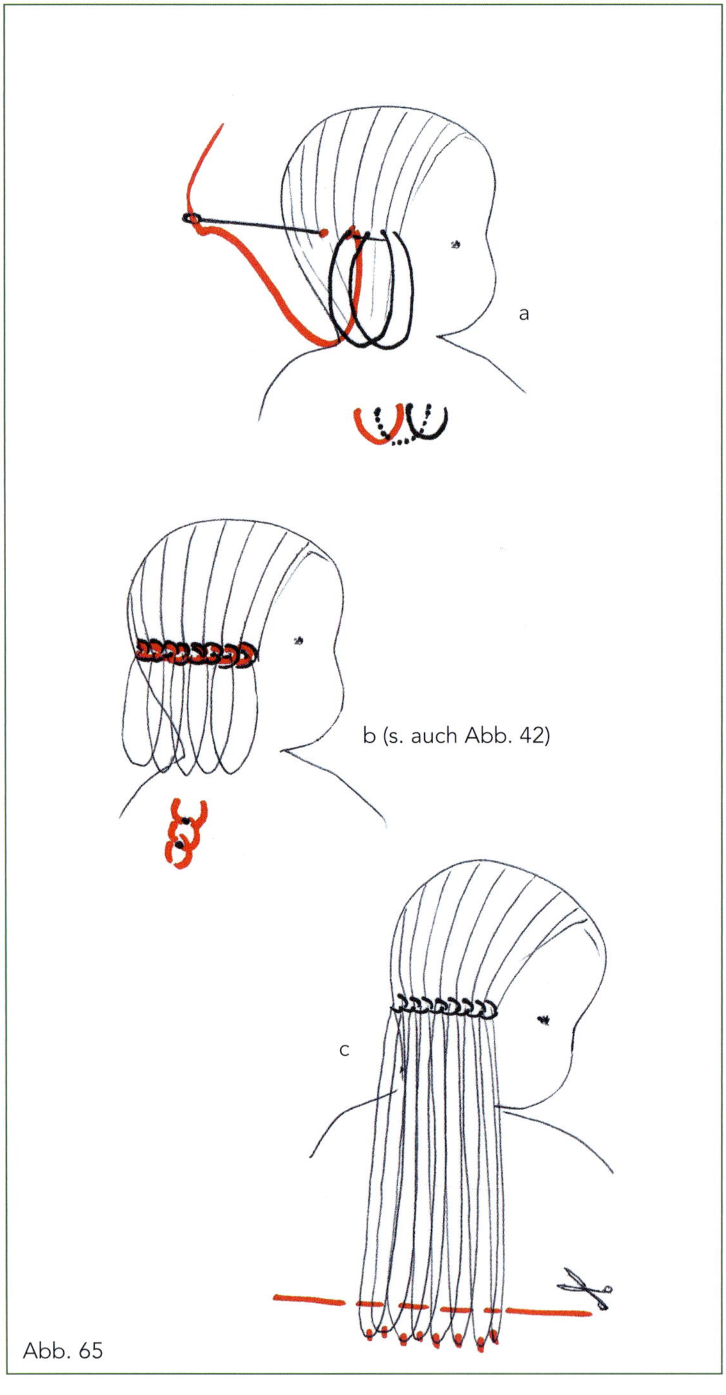

Abb. 65

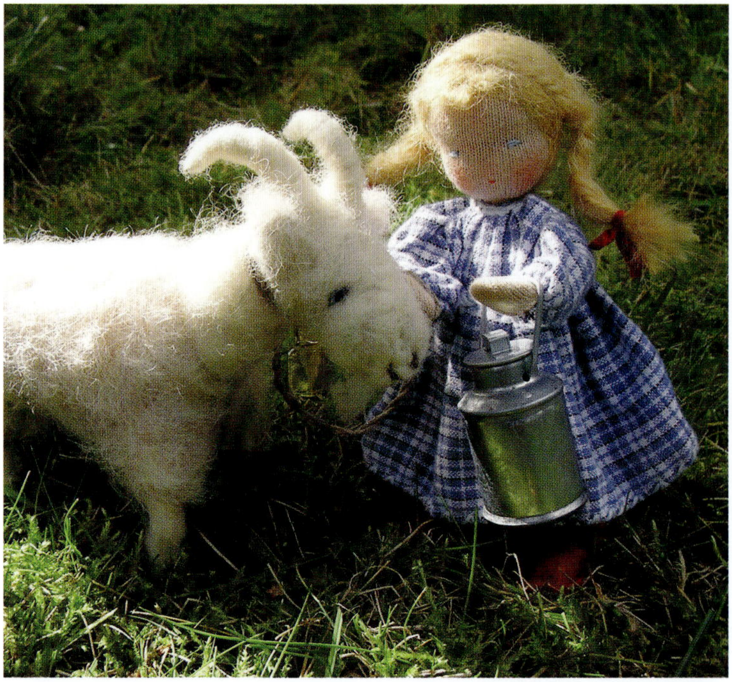

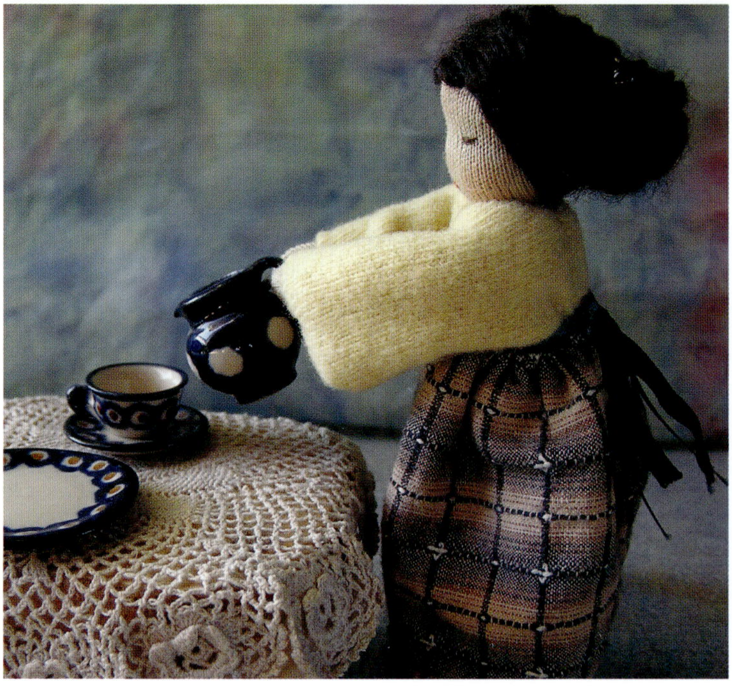

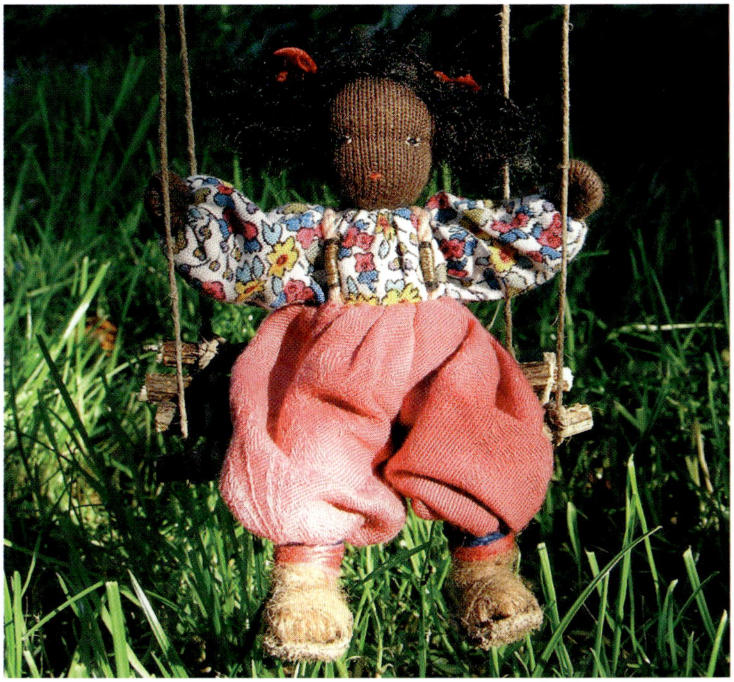
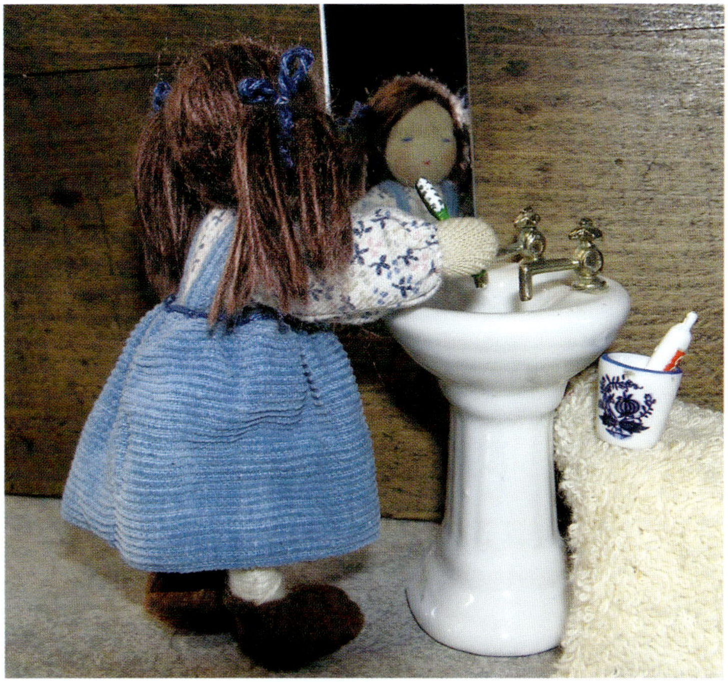
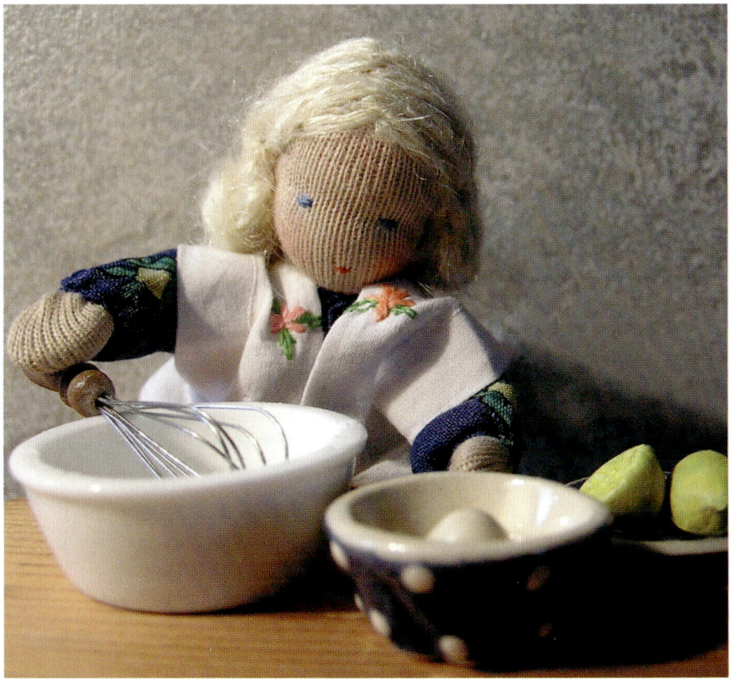
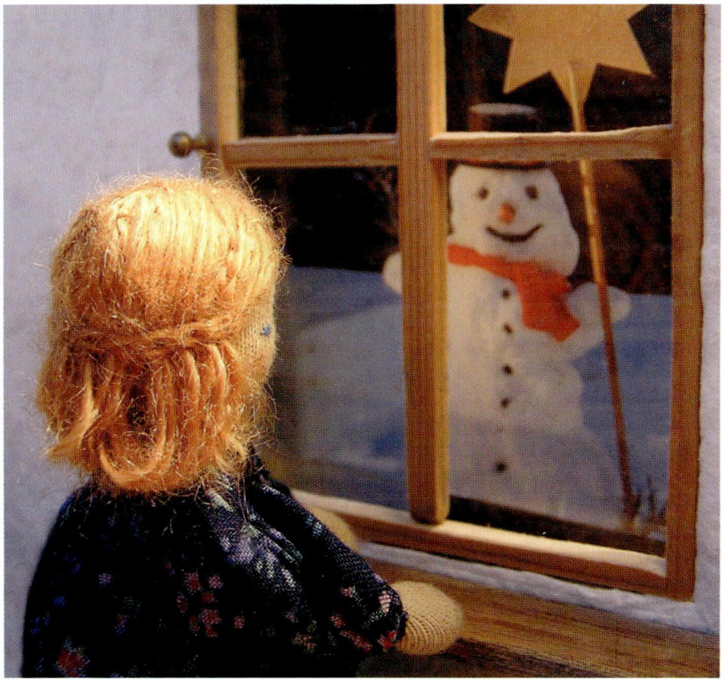

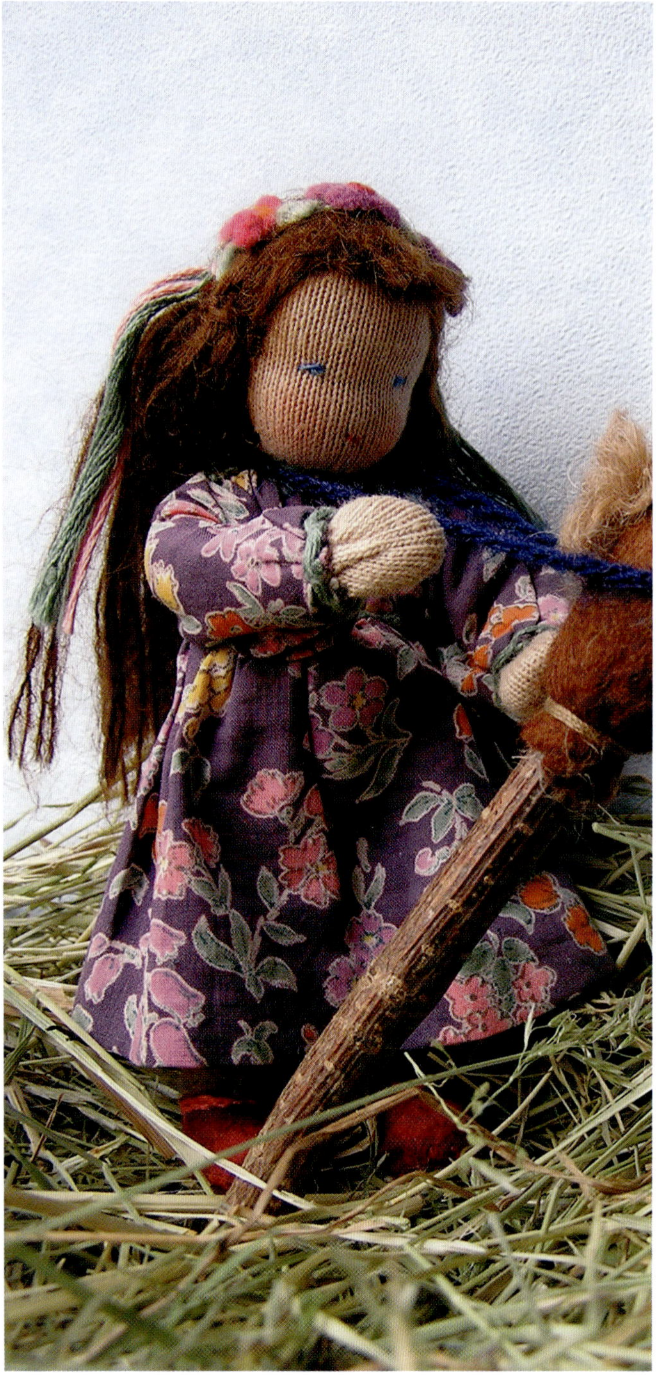

schnitten, miteinander verflochten und eventuell mit einer Schleife geschmückt. ✿✿

✿ Wenn Sie ein **Krönchen** als Haarschmuck brauchen, machen Sie eine längere Schlaufe auf Ohrenhöhe. Nachdem Sie diese aufgeschnitten haben, verzwirbeln Sie die einzelnen Fäden miteinander, als würden Sie eine Kordel drehen. Das fertige Krönchen wird quer oben über den Kopf gelegt und die Enden unter dem Zopf vernäht. Sie können dieses Krönchen auch als ein dünnes Zöpfchen flechten. ✿✿

Mia auf der Schaukel (S. 71) sieht mit ihrer **Schlaufen-Pferdeschwanz-Frisur** fröhlich aus. Sie bekommt an jeder Schläfe kleinere Schlaufen als Lotta. Dafür werden sie nicht unten aufgeschnitten, sondern locker und bauschig gelassen. Mit bunten Schleifen sieht Mia frisch und pfiffig aus.

✿ Bei Gioia im Bad (S. 71) wurden die Schlaufen höher angesetzt als bei Lottas Zöpfen. Sie bekommen solche **Pferdeschwänze**, wenn Sie die langen Schlaufen aufschneiden und mit je einer kleinen Schleife festhalten. Damit die Schleifen nicht mehr aufgehen, werden sie mit einem Nähgarn in der gleichen Farbe an den Pferdeschwanzansatz genäht. ✿✿

✿ Die Inderin Suri hat einen einzigen dicken **Zopf hinten** (S. 143). Diesmal werden viele Schlaufen am Hinterkopf befestigt. Indische Frauen flechten ihre Zöpfe tief unten am Nacken. So werden in diesem Fall die Schlaufen alle tief am Hinterkopf angesetzt und dort miteinander verflochten. Für Suris dicken Zopf braucht man fast doppelt so viele Schlaufen wie für Lottas Zöpfchen. ✿✿

Die Dame auf S. 70 unten (s. auch S. 118) bekommt Besuch zum Tee. Dafür hat sie sich schön gemacht und ihren **Zopf hochgesteckt.** Er beginnt, wie bei der Puppe Suri, hinten am Hinterkopf und wird oben festgenäht. Wenn Sie zum Vernähen die gleiche Haarwolle nehmen, wird man den Ansatz nicht sehen. Zum Abschluss können Sie diese Frisur mit Perlen, Blumen oder Bändern schmücken.

Lieschen beim Teigrühren (S. 71) hat **schulterlange Haare**. Dafür brauchen Sie eine Unterkonstruktion wie bei der Damenfrisur. In den seitlichen Haaransatz werden Schlaufen eingenäht, die um den ganzen Kopf herum gestickt werden (Abb. 65 a und b). Die Größe der Schlaufen richtet sich nach der gewünschten Haarlänge.

Bei Carlotta am Fenster (S. 71) kann man die befestigenden **Schlaufenstiche** sehen: Ich sticke oft über diese angesetzten Schlaufen einen Kettenstich. So verschieben sich die einzelnen Schlaufen nicht, und die Frisur bekommt einen schönen, abschließenden Schmuck.

Wenn Sie die Schlaufen einfach ganz lang machen und unten abschneiden, bekommt die Puppe schöne **lange Haare** (s. links und S. 75). Die Schlaufen werden ebenfalls ringsherum um den ganzen Mittelhaaransatz befestigt (s. Abb. 65). Die Kinder können mit den langen Haaren viele eigene Frisuren ausprobieren: Sie können der Puppe Zöpfe und Pferdeschwänze machen oder die Haare hochstecken.

Die Kinder sollten diese Wollhaare möglichst nicht durchbürsten. Die Wolle verliert sonst bald ihre Fülle und wird immer dünner. Besser werden die Puppenhaare mit den Händen «durchgekämmt».

Für die **Lockenkopffrisur** von S. 74 können Sie zwischen zwei Möglichkeiten wählen:

1. Wenn Sie dickere Wolle verwenden, entstehen durch das Nähen im Trikotstoff eventuell kleine Löcher. Sie können daher ein Unterteil *stricken*, in das Sie viele kleine Schlaufen hineinsticken (Abb. 66). Dafür brauchen Sie Stricknadeln in

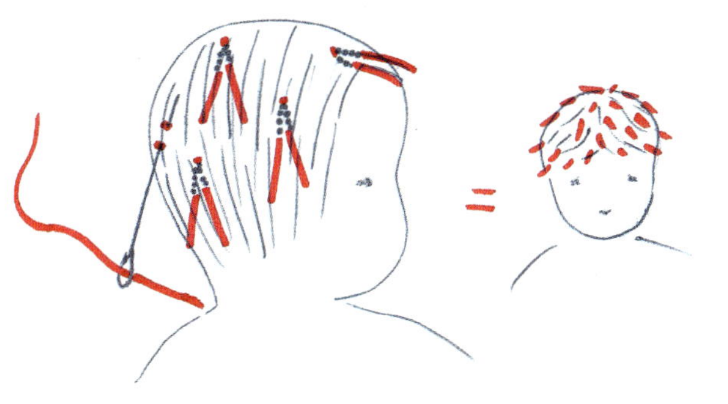

Abb. 66

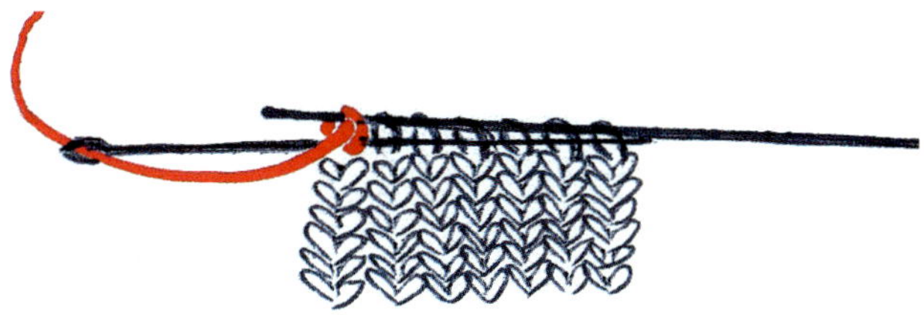

Abb. 67 a

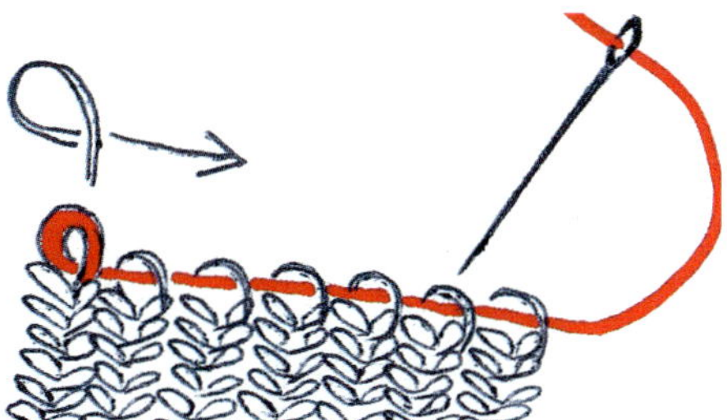

Abb. 67 b

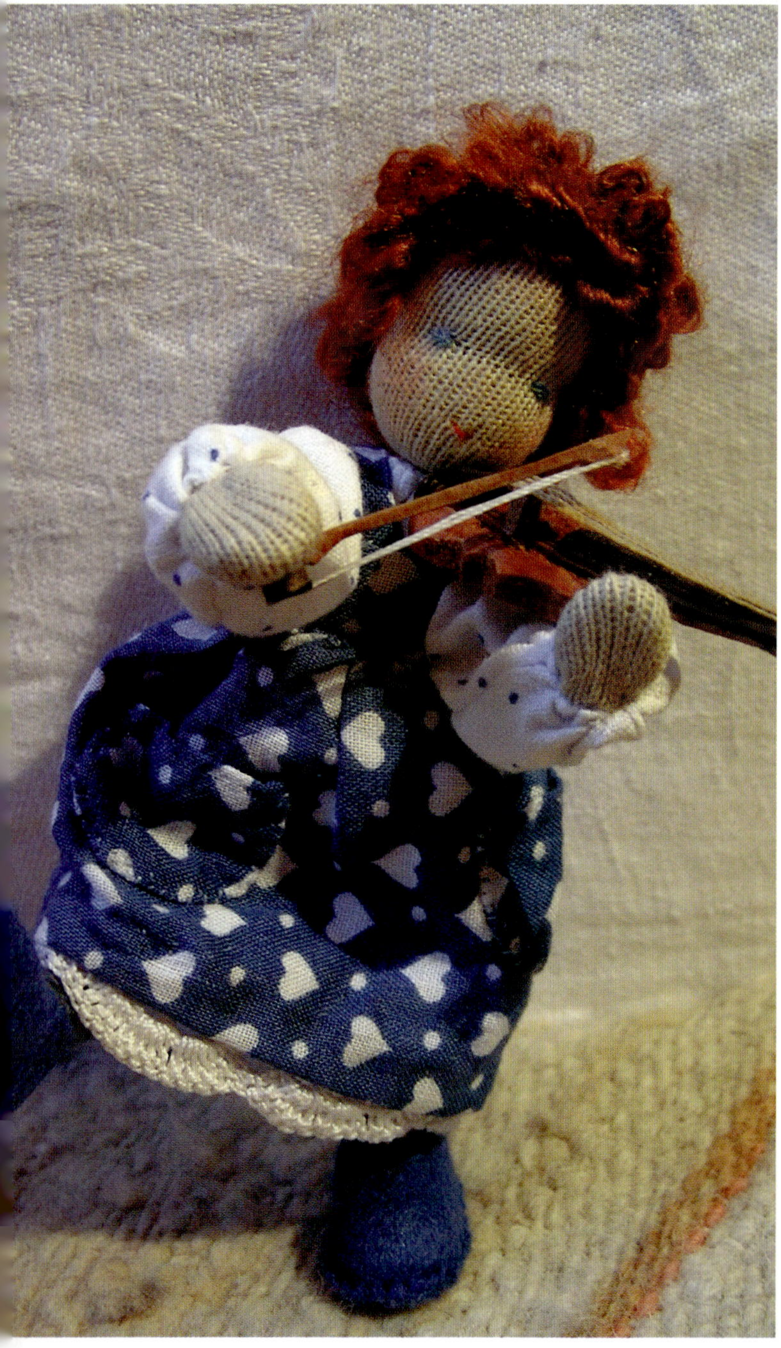

Größe 2,5 – 3. Wenn Sie nicht zu fest stricken und eine Strickwolle der mittleren Stärke benutzen, können Sie mit folgenden Maßen auskommen:
Es werden 16 Maschen angeschlagen, die 1. Reihe wird rechts gestrickt. Danach arbeiten Sie wie folgt weiter: 2. R (Reihe) links, 3. R rechts und die beiden ersten und die beiden letzten zusammen, 4. R (14 Maschen) links, 5. R wie 3. R, 6. R (12 Maschen) links, 7. R wie 3. R, 8. R (10 Maschen) links. Der Faden wird nun auf eine Länge von 30 cm abgeschnitten. Mit einer Wollnadel fädeln Sie die ganzen Maschen auf (s. Abb. 67 a und b).
Jetzt können Sie die Maschen durch den aufgefädelten Faden zusammenziehen und vernähen. Dieses gestrickte Unterteil wird an den Puppenkopf mit der linken Seite nach außen genäht. Sie können ihn auch erst mit einigen Stecknadeln an der richtigen Stelle fixieren. Schauen Sie sich Ihre Puppe ruhig auch von der Seite an. Da der Strickstoff dehnbar ist, können Sie ihn leicht verschieben.
Als Nächstes machen Sie überall kleine Schlaufen (Locken) und füllen so lange die Zwischenräume, bis Sie mit dem Ergebnis zufrieden sind. Die Stickmethode ist der «strubbeligen Bubenfrisur» ähnlich, nur dass Sie den Faden nicht jedes Mal aufschneiden, sondern die Schlaufen stehen lassen.
Diese Frisur können Sie für jede Puppengröße ausprobieren. Allerdings nehmen Sie für Puppen der Größe 3 zwei bis vier Maschen mehr und stricken eine Reihe länger wie oben beschrieben, weil die Köpfe etwas größer sind.

2. Sie können eine normale gestickte Frisur machen (als hätte Ihre Puppe einen Kurzhaarschnitt) und sticken *auf* diese Haare viele kleine Schlaufen dicht nebeneinander.

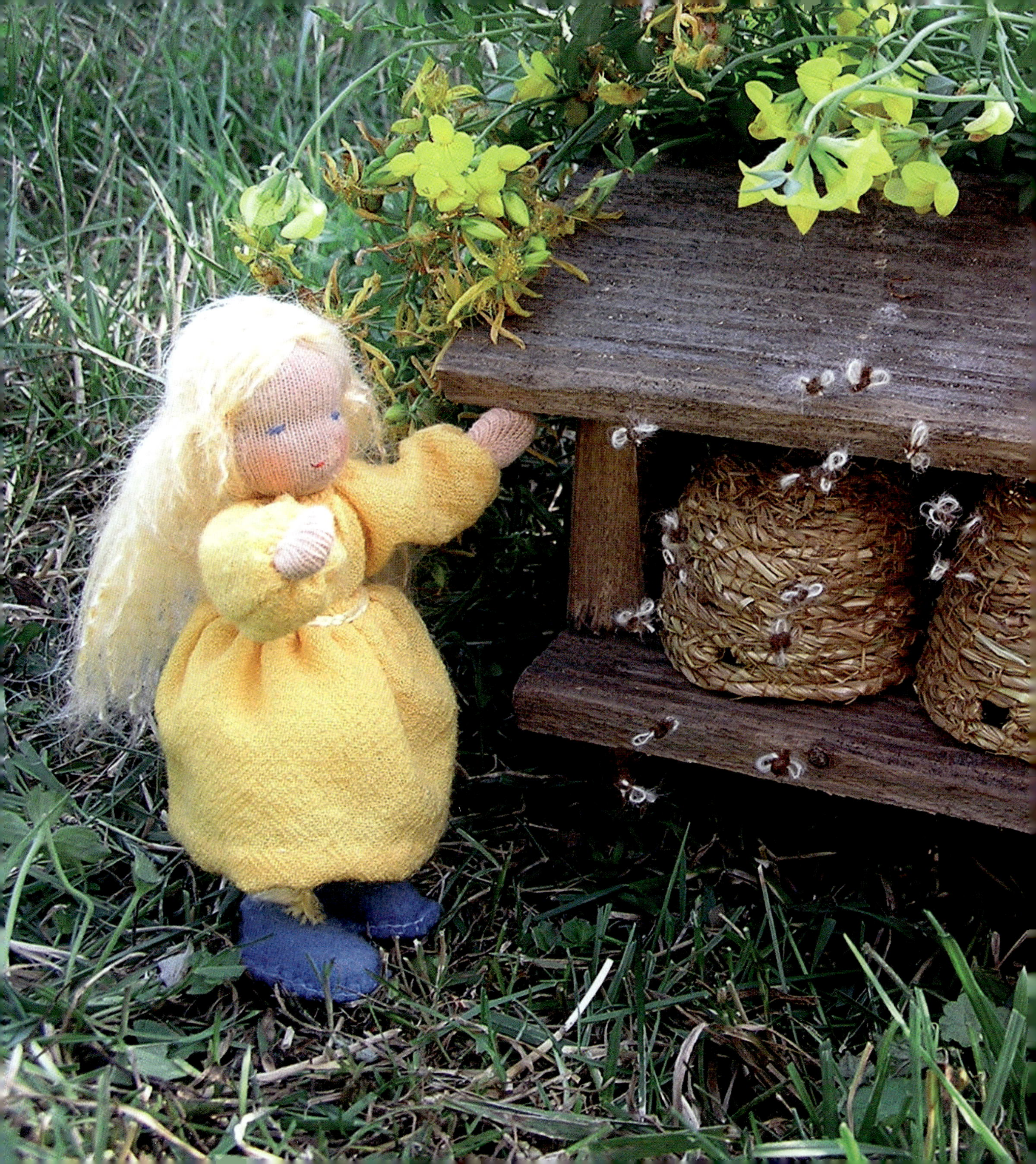

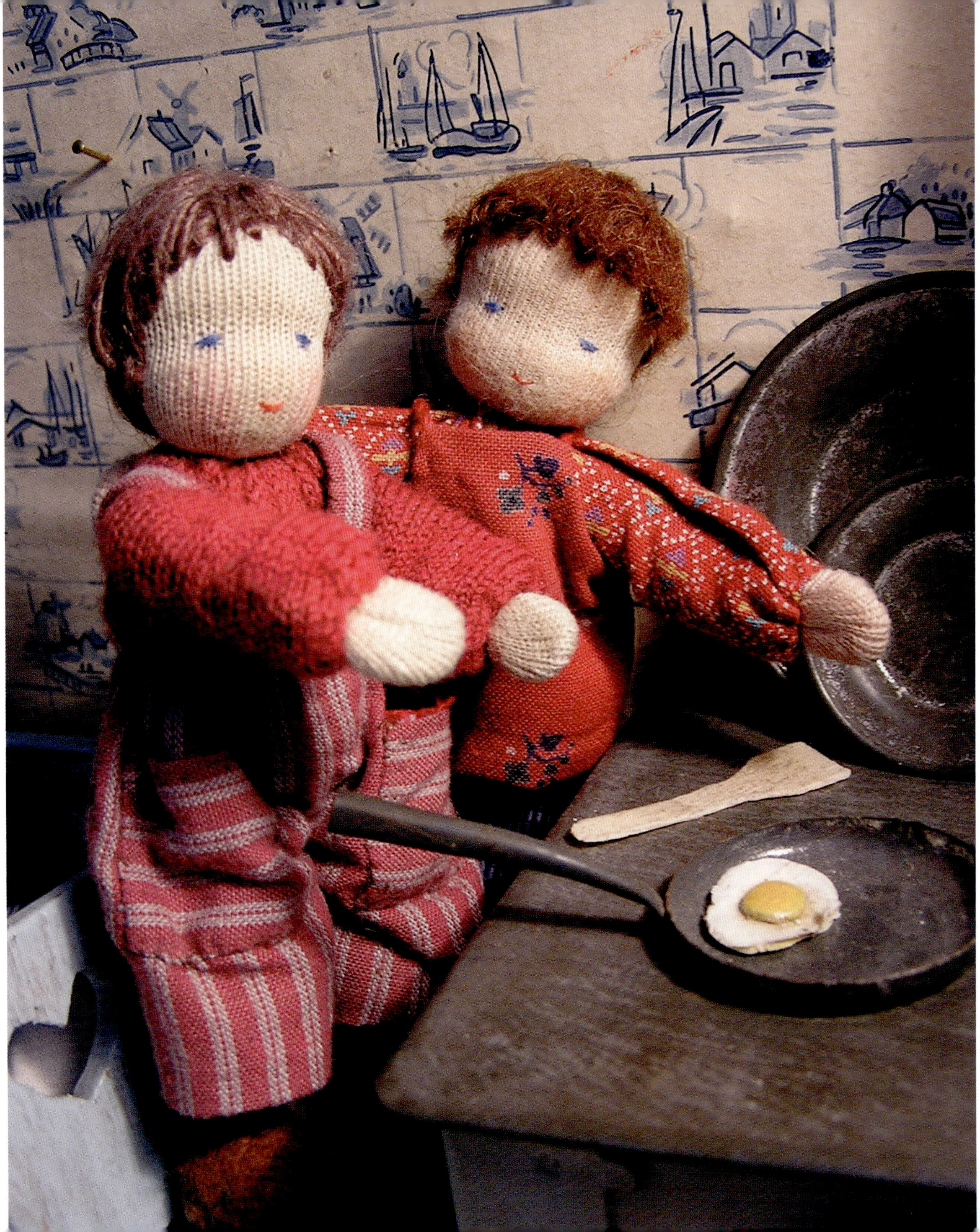

Das Gesicht

Das Gesicht unserer Biegepuppen wird gestickt. Wir beachten dabei die Reihenfolge der oben beschriebenen Arbeitsschritte. Erst nach den fertigen Haaren kann man sich die genauen Augen- und Mundpunkte vorstellen. Mit dem Nähen verbinden Sie sich mit Ihrer Puppe. Sie werden selbst erleben, wie das Gesicht jeder Puppe einen unterschiedlichen Ausdruck geben wird.

Um ehrlich zu sein – ich empfinde diese Stickarbeit als die schönste und die schwerste zugleich. Das soll Sie nicht entmutigen, im Gegenteil! Ich möchte Ihnen Mut zum Ausprobieren machen. Mit einem winzigen kleinen Stich, der etwas höher oder etwas nach unten geneigt aufgestickt wird, können Sie sehr feine Unterschiede erhalten.

Augen

Zum Beispiel sehen Mischas Augen ganz anders aus als die seines Freunds Max (Foto links). Der Unterschied ist nur durch die Verschiebung der äußeren Augenwinkel entstanden.

Wenn Sie noch nie Augen gestickt haben, können Sie die Augen- oder Mundstiche erst einmal an einer Trikotkugel ausprobieren.

Abbildung 68 zeigt schematisch den Augenaufbau. Die Stiche wurden übertrieben weit auseinander gezeichnet, damit Sie sich die Reihenfolge besser vorstellen können. An der Puppe wird diese Stickarbeit natürlich schön eng hintereinander ausgeführt.

Mithilfe dreier Stecknadeln legen Sie die *Mittelpunkte* von Augen und Mund fest. Am leichtesten ist es, wenn Sie die Nadelspitze zwischen den Rippen des Trikotstoffs hineinstechen (s. Abb. 69). Ich schlage für diese Puppen ein gleichseitiges Dreieck

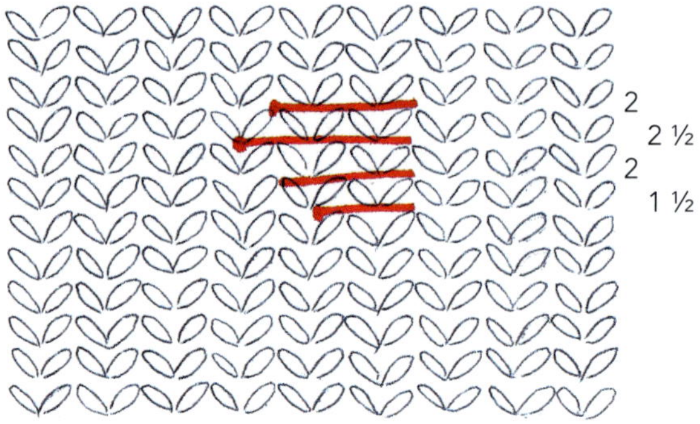

Abb. 68: Augenaufbau

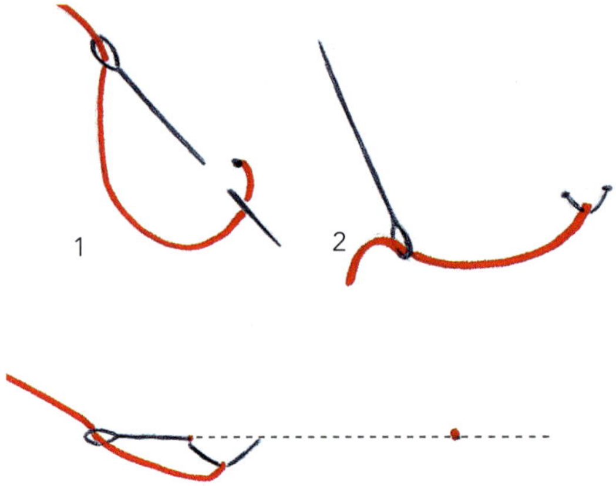

Abb. 69: Mund

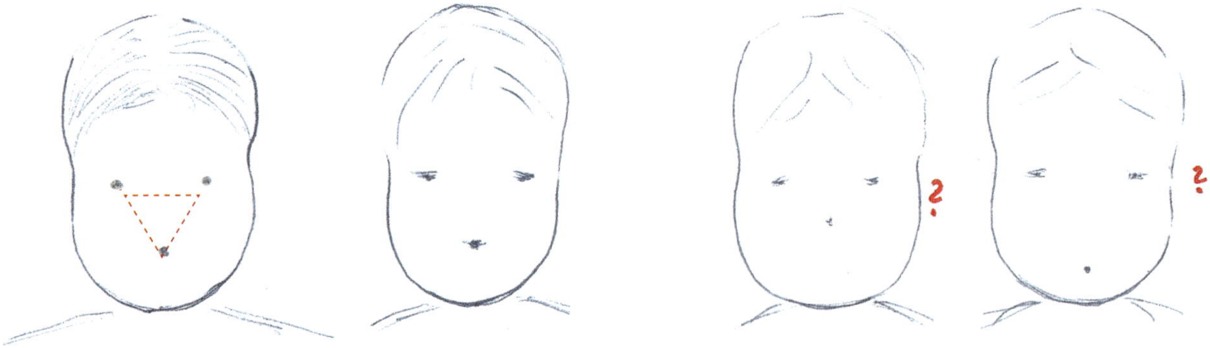

Abb. 70: Gesichtsproportionen (links: gleichmäßig; rechts: Mund zu hoch oder zu tief)

vor. Durch diese Proportionen bekommt die Puppe einen kindlichen und gutmütigen Ausdruck (Abb. 70).

Achtung

Manchmal rutscht der Mund so hoch, dass man ihn nicht mehr von der Nase unterscheiden kann!

Die Augen können hellblau, grünlich, braun, grau oder schwarz sein. Sie sollten zur Haarfarbe passen oder dem «Puppenalter» entsprechen. Der geeignetste Faden ist ein normales Nähgarn. Perlgarne sind zu dick, und Stickgarne fusseln und sind nicht lange haltbar.

Nachdem Sie sich einen schönen Nähfaden ausgesucht haben, fädeln Sie ihn *einfach* in eine sehr dünne Nadel. Nun machen Sie einen Knoten und verstecken ihn hinter den Haaren der Schläfe.

Wir beginnen mit dem linken Auge. Wenn Sie die Stecknadel vorsichtig hin und her drücken und wieder entfernen, können Sie ein winziges Loch sehen: Dadurch haben Sie – zu Ihrer Orientierung – den genauen Mittelpunkt und können beginnen.

Für die **Puppengröße 1 und 2** können Sie sich nach diesen Maßen orientieren:

1. Sie stechen tief unter den Trikotstoff ein und kommen mit der Nadelspitze an einer Rippe rechts vom Loch versetzt wieder heraus. Dann gehen Sie *zwei* Rippen nach links und kommen mit der Nadel auf gleicher Höhe wieder heraus. Der Faden wird *einen Millimeter* unterhalb des ersten Fadenstichanfangs gestickt.
2. Der zweite Stich umfasst *zweieinhalb* Rippen. Dadurch vergrößert sich das Auge leicht. Sie kommen mit der Nadel wieder einen knappen Millimeter unter dem zweiten Stich auf gleicher Höhe heraus.
3. Der dritte Stich ist wie der zweite. Er umfasst wieder *zwei* Rippen.
4. Zum Schluss bekommt das Auge eine kleine Rundung, indem Sie den letzten Stich mit eineinhalb Rippen machen.

Das zweite Auge wird wie das erste gemacht: Wenn Sie für den Anfang die gleiche Augenhöhe beachten und spiegelbildlich arbeiten, schaut Ihr Püppchen Sie schon sehr freundlich an.

Für Puppengröße 3 empfehlen sich folgende Maße: erste Reihe zweieinhalb Rippen, zweite Reihe drei Rippen, dritte Reihe zweieinhalb Rippen, vierte Reihe zwei Rippen. Für **Puppengröße Kleinkind** empfehlen sich folgende Maße: erste Reihe eineinhalb Rippen, zweite Reihe zwei Rippen, dritte Reihe wieder eineinhalb Rippen und zuletzt eine Rippe.

Falls Ihnen die Augengröße nicht ausreicht oder gefällt, können Sie sich selbstverständlich nach Ihrem eigenen Empfinden richten.

Tipp 1

Sie können eine «schillernde» und leuchtende Wirkung der Augen bekommen, wenn Sie am fertigen Auge eine andere Farbschattierung knapp darüber- oder daraufsticken, z.B. auf Braun Schwarz, auf Blau Hellblau oder Hellgrün usw. Die Augen der *farbigen* Puppen brauchen unbedingt einen weißen Abschluss an den Augenwinkeln.

Tipp 2

Wer die Augen etwas «zarter» haben möchte, lässt eine Stickreihe aus. Man kann an der Puppe sehen, wie die Augen am besten wirken. Einfach ausprobieren!

Mund

Der Mund wird mit einem roten Nähgarn gestickt. Man versteckt wieder den Anfangsknoten gut unter den Haaren und kommt mit der Nadel neben dem Mittelpunkt des Munds heraus. An Abbildung 69 c sieht man, dass die Nadel 1 mm tiefer als die Höhe des Mundwinkels gegenüber herauskommt.

Die Nadelspitze zeigt nach unten. Man nimmt diagonal ca. eine Trikotrippe mit und kommt nur mit der Nadelspitze heraus. Der sichtbare Faden wird unter der Nadel gelassen (wie beim Kettenstich) und herausgezogen.

Der rote Faden wird zum Abschluss auf der gleichen Mundwinkelhöhe wieder eingestochen.

Wenn Ihnen der Mund so gefällt, können Sie die Nadel tief in den Stoff einstechen und irgendwo oben am Kopf herauskommen.

Tipp

Ich vernähe diesen Faden nicht sofort, sondern warte oft ein paar Stunden, um die endgültige Wirkung zu sehen, da man mit etwas Abstand die Arbeit besser «überprüfen» kann. Ist der Mund zu klein? Hat er einen schmollenden Ausdruck? Ist er schief geworden? Oder bin ich zufrieden? Dann erst vernähe ich ihn und schneide ihn ab. So haben Sie es bei eventuellen Veränderungen oder Auftrennungen leichter.

Wenn Sie einen breiteren Mund für Ihre Puppe haben möchten, sticken Sie rechts und links kleine seitliche Stiche.

Backen

Die Puppen brauchen unbedingt schöne rote Bäckchen! Ohne sie würden sie nicht so lebendig und frisch aussehen. Leider habe ich noch keine Farbe gefunden, die wirklich dauerhaft ist. Die Puppenbacken müssen deswegen ab und zu wieder aufgefrischt werden.

Sie können die rote Farbe entweder mit einem roten Buntstift auftragen, indem Sie vorsichtig einen kleinen Kreis malen (mit dem Holzstift kann man keine Fehler machen …). Oder Sie malen mit Wachskreiden (keine Ölpastellfarben!) eine rote Farbfläche auf weißes Papier (sehr schöne Effekte bekommen Sie, wenn Sie dafür zwei verschiedene Rottöne übereinandermalen: einen ins Orange und einen ins Dunkelrot oder Rosa gehenden), reiben mit ein wenig Schafwolle die Farbe auf und klopfen damit sehr zart (!) auf die Puppenbacken. (Lippenstift eignet sich nicht, da die Backen dann einen fettigen Rand bekommen.)

Mit dem Holzbuntstift schraffieren Sie vorsichtig die Backen, deuten hauchdünn die Nase an, und auch der Haaransatz wird noch ganz zart etwas gefärbt: Schon sieht Ihre Puppe frisch und gesund aus!

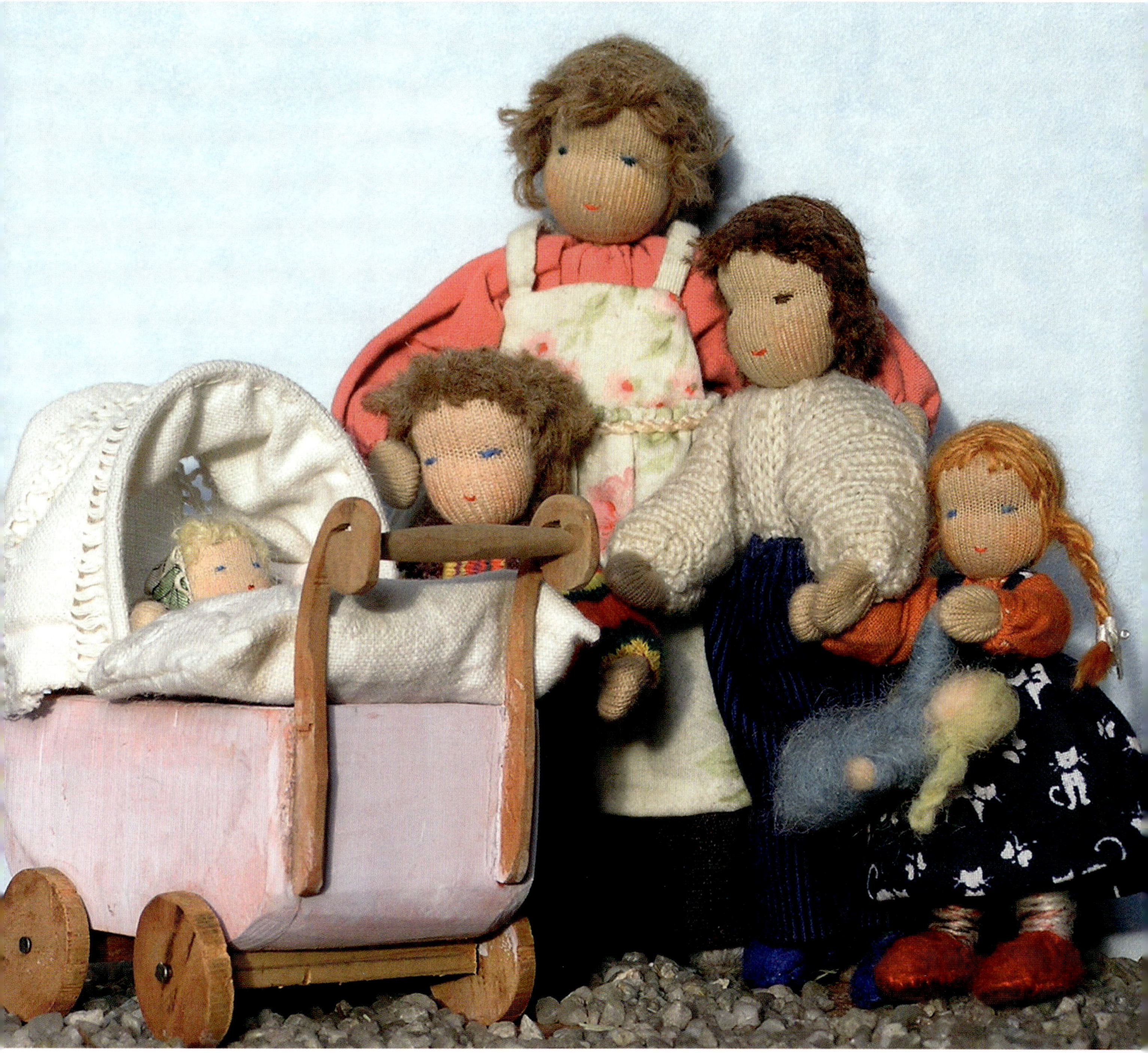

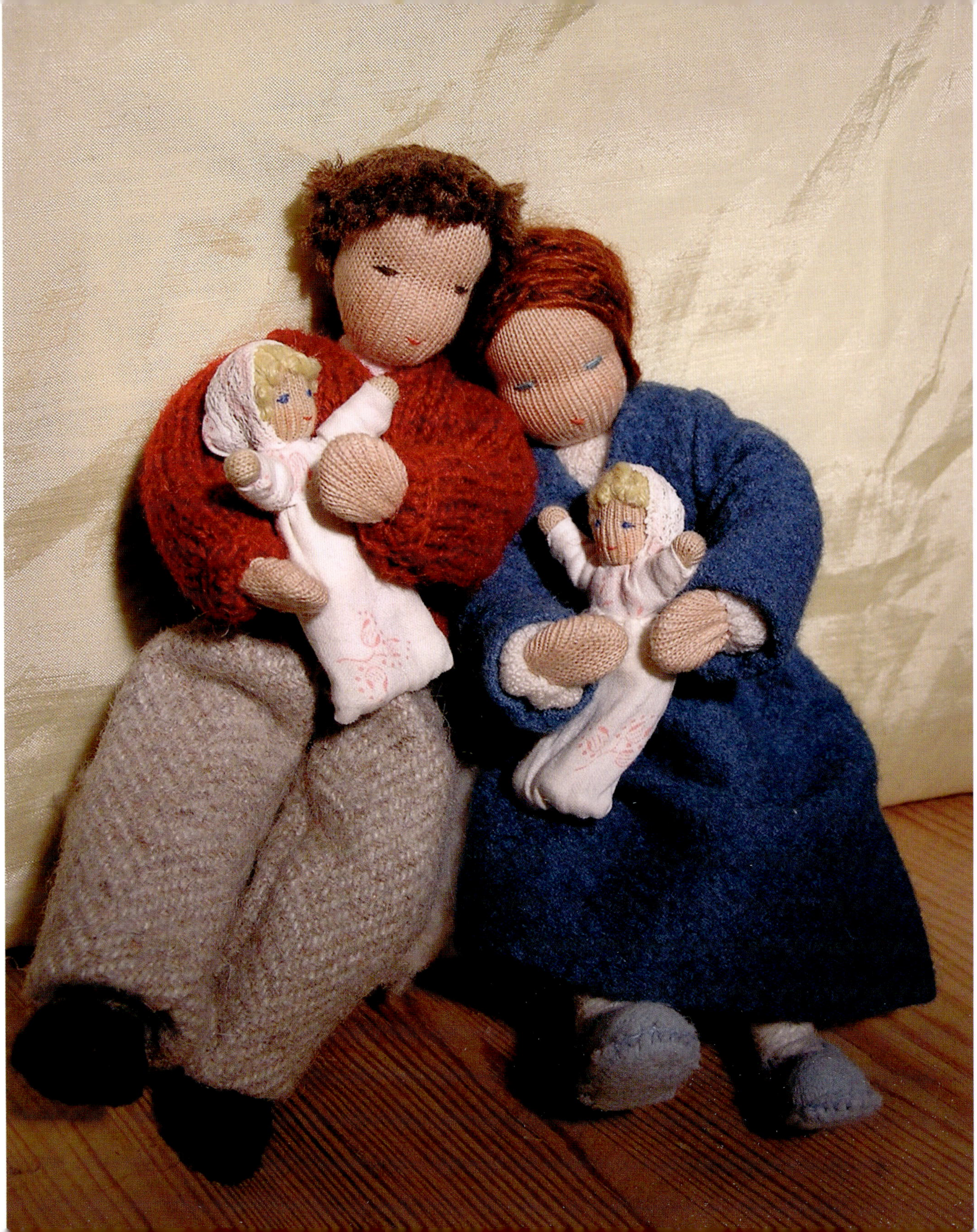

Eine Puppenfamilie

Vater in Größe 3

Der Unterschied der Puppen in Größe 3 gegenüber den kleineren Größen ist die veränderte Proportion. Die hohe Taille bei den Größen 1 und 2 gibt den Puppen einen kindlichen Ausdruck. Man erhält eine «ältere» Puppe, wenn die Hüfte tiefer angesetzt und das Gesicht etwas schmäler gehalten wird. Mir gefallen diese größeren Puppen manchmal auch mit einem kleinen Hals. Sie können ausprobieren, was Ihnen am besten zusagt.

Hier einige Vorschläge für einen Puppenvater in Größe 3: Der Vater auf dem Foto links hat einen **Hals** bekommen. Dafür wird der Kopf etwas hochgezogen, bevor er festgewickelt wird. Sie können den Hals noch verstärken, indem Sie etwa vier- bis fünfmal mit dem Zwirn um ihn herumwickeln. Soll der Faden nicht sichtbar sein, können Sie ihn mit einem Rollkragenpullover, einem Schal oder einem Hemdkragen verstecken. Oder Sie verdecken ihn mit einem dünnen Trikotstreifen, der hinten am Nacken zusammengenäht wird. Dafür können Sie zunächst eine Seite des Trikotstreifens fest annähen; dann ziehen Sie den Streifen, so stramm Sie können, um den Hals, schneiden den Stoff knapp ab und vernähen ihn.

Der abgebildete Vater hat ein weißes **Hemd** und einen **Pullover** darüber, der aus Strickwollresten (z.B. ausrangierte Pulloverreste) zusammengenäht wurde. Sie können natürlich auch eine Jacke oder eine Weste stricken. Die Schnitte für eine **Hose** und einen Pullover bzw. ein Hemd der Größe 3 können Sie leicht abpausen und ausarbeiten (s. Schnittmuster S. 169 und 173, durchgehende Linie!).

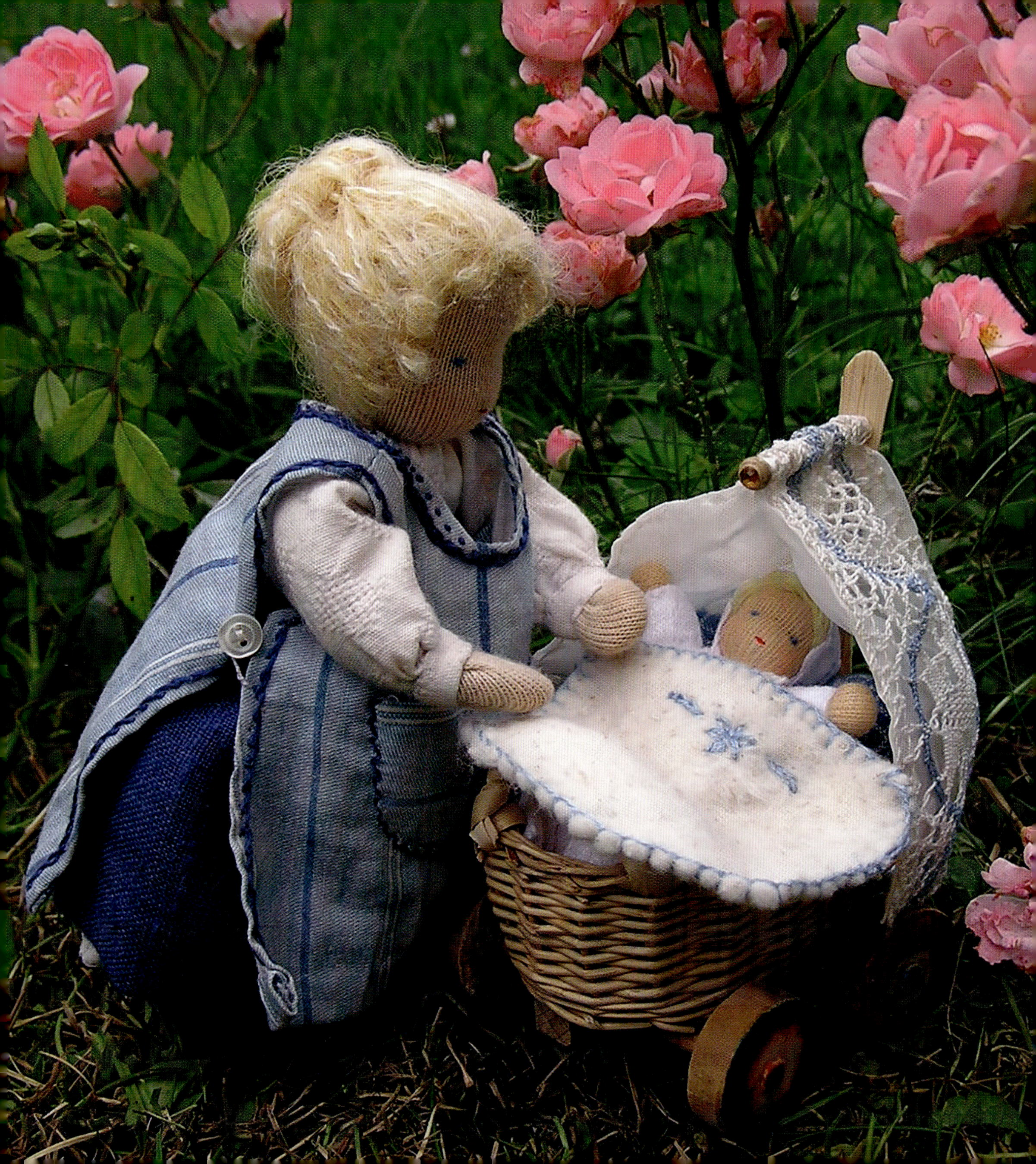

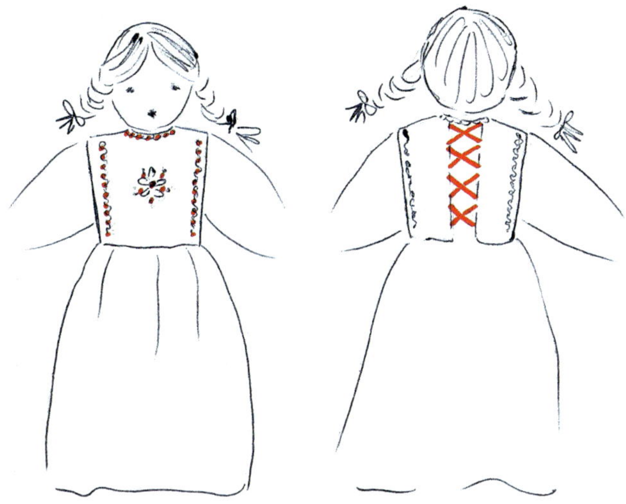

Abb. 71: Mieder

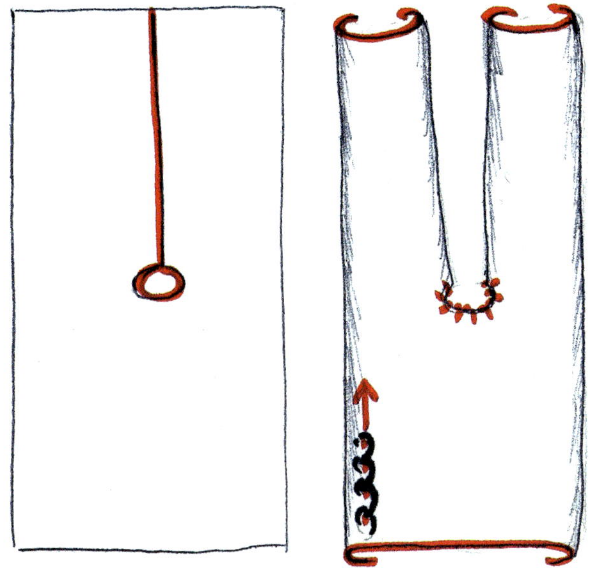

Abb. 72: Samtmittelteil des Mieders

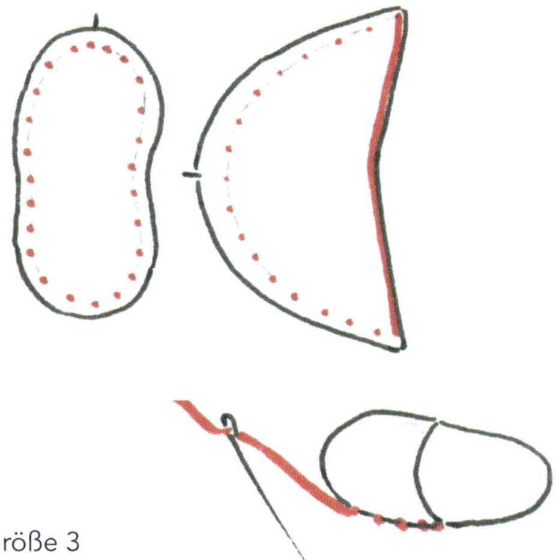

Abb. 73: Pantoffeln in Größe 2 und 3

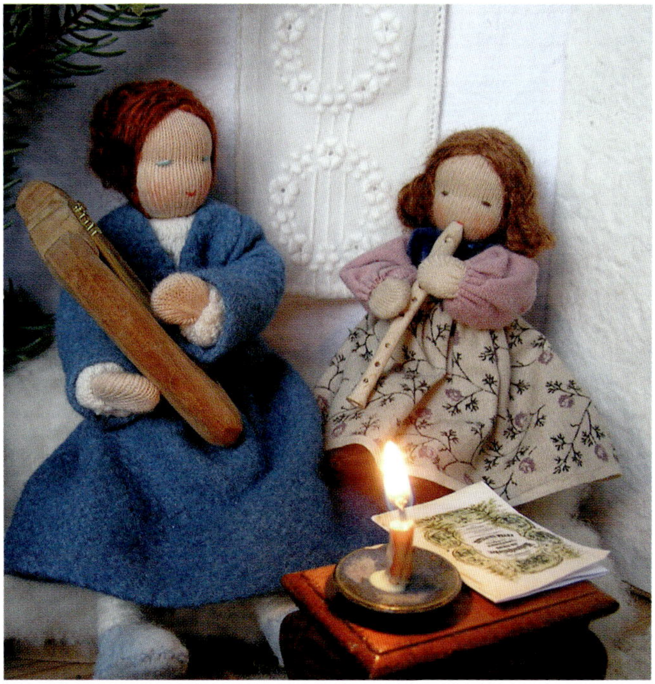

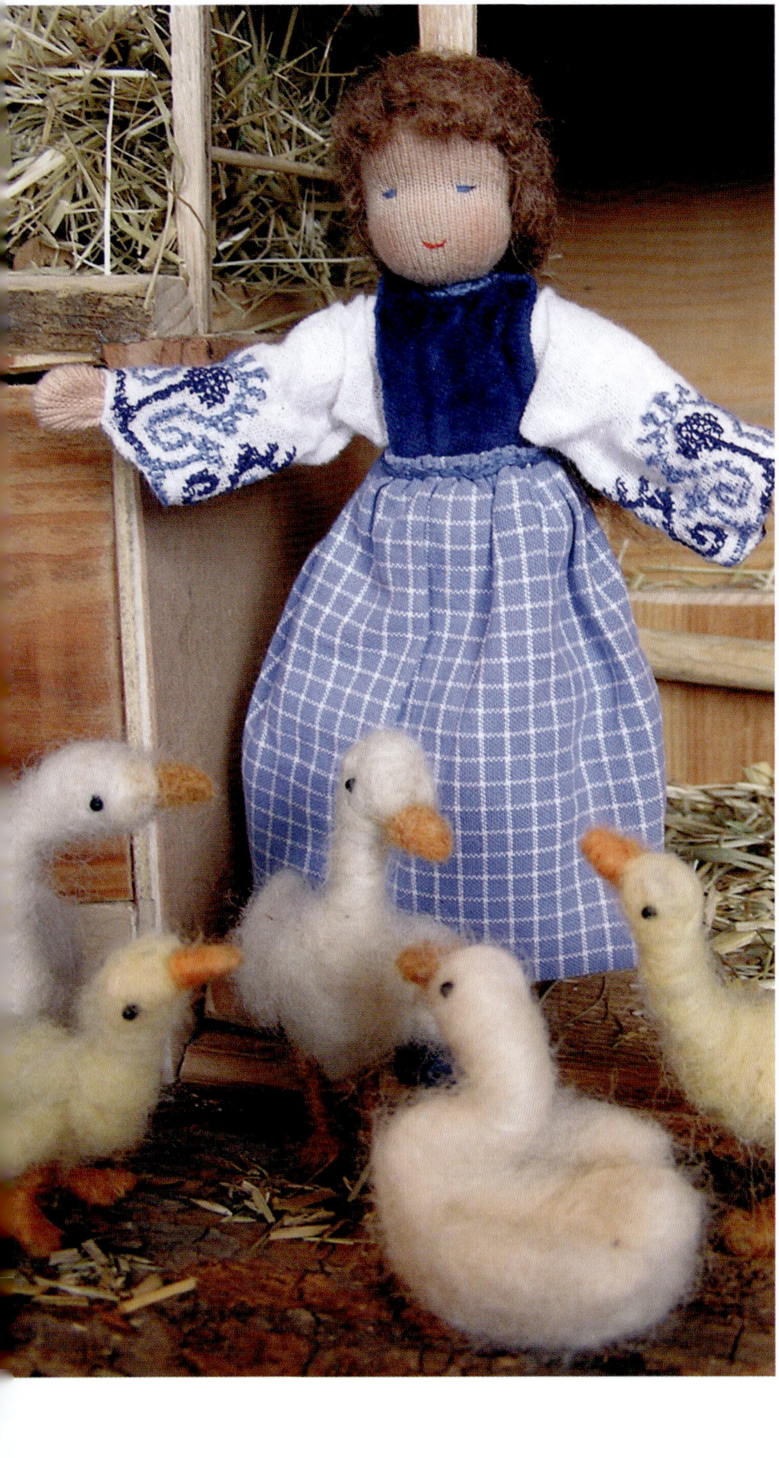

Mutter in Größe 3

Beispiel 1:
Die Mutter von S. 82 und 85 hat einen langen **Rock**. Es genügt eine Stofflänge von 14 cm. Die Rockbreite können Sie nach Belieben verändern. In diesem Beispiel ist der Wollstoff 22 cm breit. Der Rock könnte einfach angenäht oder mit einem Gürtel aus demselben Stoff verziert werden.

Vielleicht möchten Sie den Rock mit Bändern schmücken? (Siehe auch die kleine Teefrau von S. 70 unten.) Die Schleifen werden hierfür hinten gelassen.

Die Mutter hat eine dünne **Bluse** (s. Schnittmuster S. 168) und eine Jacke (s. Schnittmuster S. 170), die sich ausziehen lässt. Falls Sie ein Kleid nähen möchten, können Sie die Bluse und den Rock aus demselben Stoff zuschneiden und miteinander kombinieren.

Beispiel 2:
Die Mutter auf dem Foto links hat eine **bäuerliche Kleidung**, die sich durch den karierten Rockstoff und die Stickereien an den Ärmeln der Bluse ergeben hat. Falls Sie den Stoff für das Oberteil aus zwei Teilen zusammennähen möchten, können Sie die Borten oder die vorhandenen Stickereien spiegelbildlich zueinander legen. Die Mittelnaht stört weiter nicht, da die Bluse gekräuselt wird.

Wenn Sie ein **Mieder**, wie in Abbildung 71 dargestellt, machen möchten, brauchen Sie einen kleinen Rest Samt- oder Nickistoff. Er wird separat fertig umsäumt (Abb. 72), nach Belieben bestickt und über die Bluse gelegt. Der Rock wird über dieses Mittelteil gelegt und gekräuselt.

Oma und Opa in Größe 2

Die beiden Puppen rechts sind in Größe 2, Großmutter und Großvater (S. 89) dagegen in Größe 3. So können Sie die beiden Möglichkeiten der Gestaltung vergleichen und entsprechende Accessoires nach Ihrem Wunsch ergänzen. Oma und Opa tanzen auch noch im hohen Alter … Dafür werden sie hier eher bäuerlich und einfach gehalten.

Oma hat einen **gestrickten Pullover** aus flauschiger Mohairwolle (s. auch S. 28). Für diese Arbeit brauchen wir ein Nadelspiel (fünf Stricknadeln) in Größe 3. Wir beginnen mit zwei Nadeln und stricken die ersten beiden Reihen abwechselnd: 2 rechts, 2 links für die Rippchen. Danach stricken wir ab der dritten Reihe normal glatt weiter. Nach 12 Reihen legen wir diese Arbeit zur Seite und gehen mit dem Rückenteil genauso vor. Die Ärmel werden mit je12 Maschen angefangen und ebenfalls 12 Reihen hochgestrickt. Dann legen wir auch hier die Arbeit zur Seite.

Wenn beide Ärmel bis hierher gestrickt wurden, nehmen wir alle vier Teile mit vier Nadeln auf: ein Vorderteil, ein Ärmel, ein Rückenteil und den zweiten Ärmel. Nun arbeiten wir kreisförmig, wie beim Strümpfestricken, und nehmen an jeder Seite 2 Maschen zusammen, indem wir die Ärmel mit dem jeweiligen Vorder- oder Rückenteil zusammenstricken. Diese Abnehmarbeit wird so lange fortgeführt, bis der Puppenkopf durch diese Halsöffnung passt.

Danach fädeln wir mit einem 20 cm langen Faden eine Wollnadel ein. Die Maschen der Strickarbeit werden alle mit diesem Faden «aufgegabelt».

Nun ziehen wir der Puppe den Pullover an, ziehen den Faden stramm und vernähen ihn. Die Ärmel

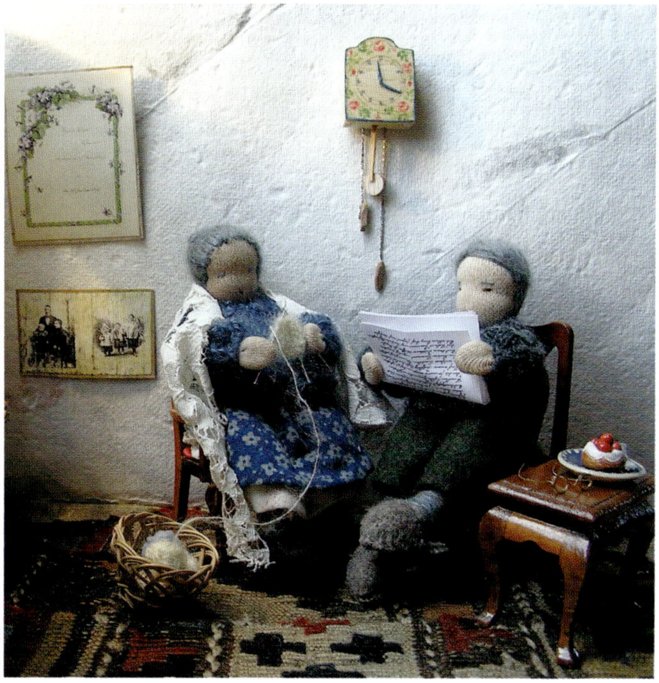

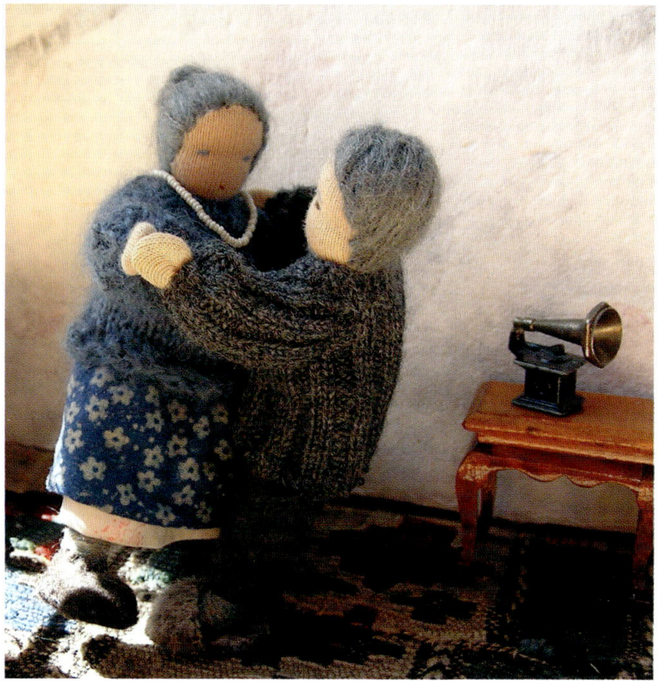

werden zugenäht, am Bund auch noch gekräuselt und fest um die Handgelenke genäht.

Sie können diesen Pullover selbstverständlich auch für andere Puppen der Größe 2 nachstricken. Einem Vater oder einem großen Bub steht er auch gut; Sie können dafür andere Wolltypen aussuchen.

Opa kann auch mit **Pantoffeln** tanzen. Sie wurden aus Pelzstoff bzw. aus dickem, flauschigem Wollstoff gearbeitet und mit kleinen Stichen angenäht, damit er sie nicht verlieren kann (s. Abb. 73). Dafür werden die Sohlen viermal ausgeschnitten und jeweils zwei aufeinandergeklebt. Da keine Pappe dazwischen ist, müssen die doppelten Sohlen gut mit Leim stabilisiert werden. Das Oberteil der Pantoffeln wird mit der Rundung nach vorne auf den Fuß gelegt und mit kleinen Schlingstichen an die Sohle genäht. Damit diese kleinen Pantoffeln nicht verlorengehen, können sie mit kleinen Stichen am Fuß festgenäht werden.

Großmutter und Großvater in Größe 3

Kinder lieben ihre Großeltern, ihr Gemüt gibt der Kindheit eine besondere Farbe. Ein älterer Mensch muss nicht gebrechlich aussehen, da er ja im Herzen der Kinder jung geblieben ist. Vielleicht sitzt er gerne am Ofen, aber er erzählt auch Geschichten und backt mit seinen Enkelkindern feine Kuchen …

Wenn Sie die Haare dieser Puppen in blasseren Tönen halten – in hellem Beige, in Grau oder Weiß –, wirken die Großeltern schon reifer.

Das Foto rechts zeigt ein Beispiel für eine **Großmutter in Größe 3**. Sie hat sich die Haare mit einem Dutt geschmückt. Dafür machen Sie einige längere Wollschlaufen am Hinterkopf. Sie werden gedreht und als Nest oder Knoten festgesteckt. Die abgebildete Großmutter hat einen langen Rock (der Stoff wurde 14 cm lang und 26 cm breit zugeschnitten). Um ihr einen etwas vornehmen Ausdruck zu geben, hat sie sogar Ohrringe und eine Stola. Diese wird als einfaches Viereck zu einem Dreieck gefaltet und über die Schultern gelegt.

Der Blusenschnitt ist wie der der Mutter in Größe 3. Weil Großmütter manchmal frieren, hat sie außerdem einen **Unterrock** (s. Tipp!) bekommen. Je nachdem, welchen Stoff Sie gerade verarbeiten möchten (einen Spitzenstoff oder einen schlichten Stoff), werden die Maße schmäler und kürzer als für den Rock gehalten. Dieser Unterrock wird mit kleinen Stichen an die Bluse genäht. Der Rock kommt dann darüber.

Tipp

Unterröcke haben den Vorteil, dass sie den Stoff des Rockes darüber fülliger wirken lassen. Weil manche Stoffe oft schlaff hängen, kann so eine zusätzliche Kleiderschicht gute Dienste leisten.

Der **Großvater**, passend zur Großmutter, hat hier ebenfalls einen etwas «seriösen» Ausdruck erhalten, indem er zusätzlich Augenbrauen bekommen hat. Mit einen passenden Nähgarn können Sie sie, in einem leichten runden Bogen, aufsticken.

Der Schnitt für seine Hose und sein Hemd ist wie bei dem für den Vater in Größe 3 angegeben. Wenn Sie eine Weste für den Großvater brauchen, können Sie den Schnitt auf einen Wollstoff oder ein Leder mit Fell übertragen (s. Schnittmuster S. 170).

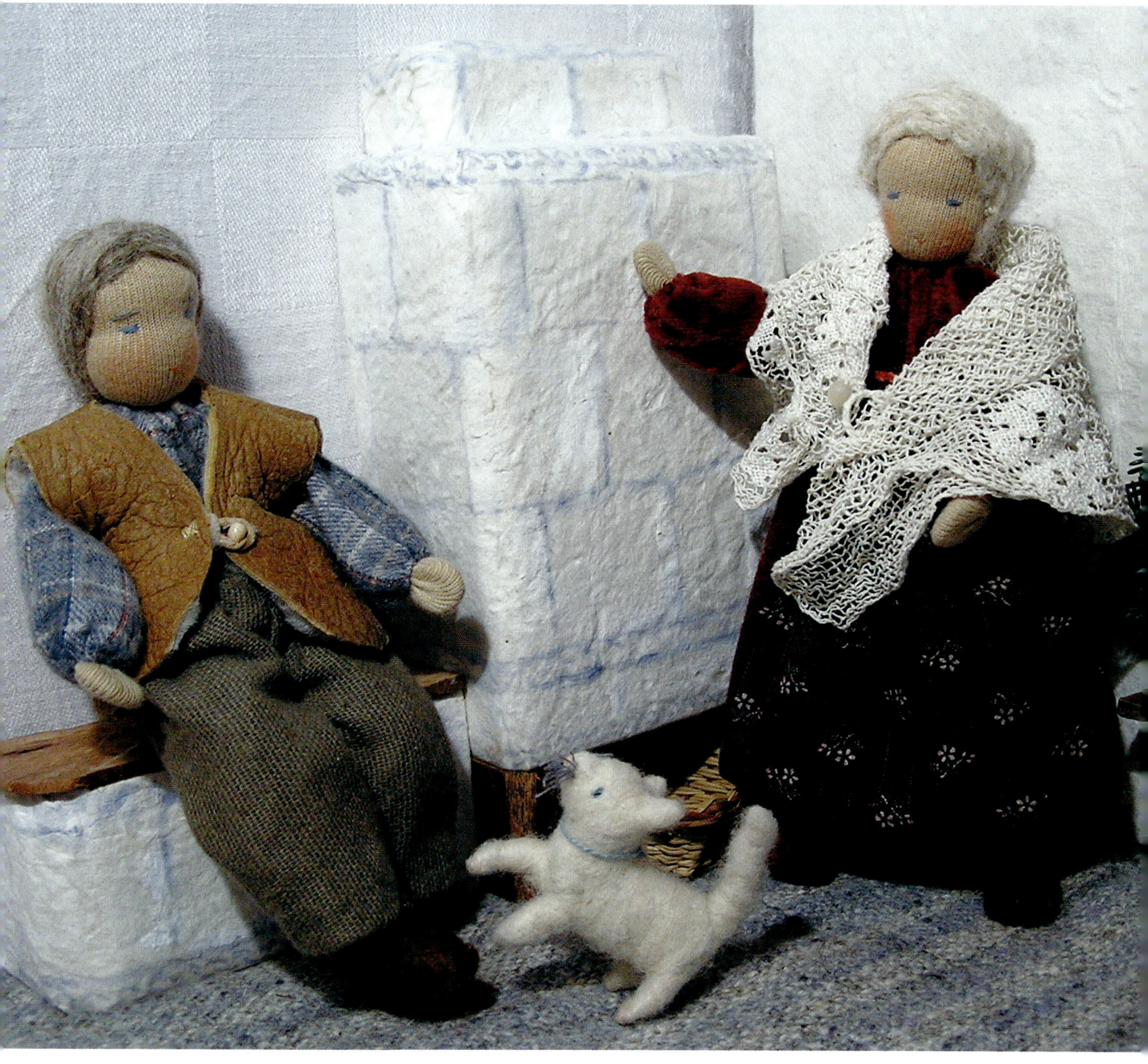

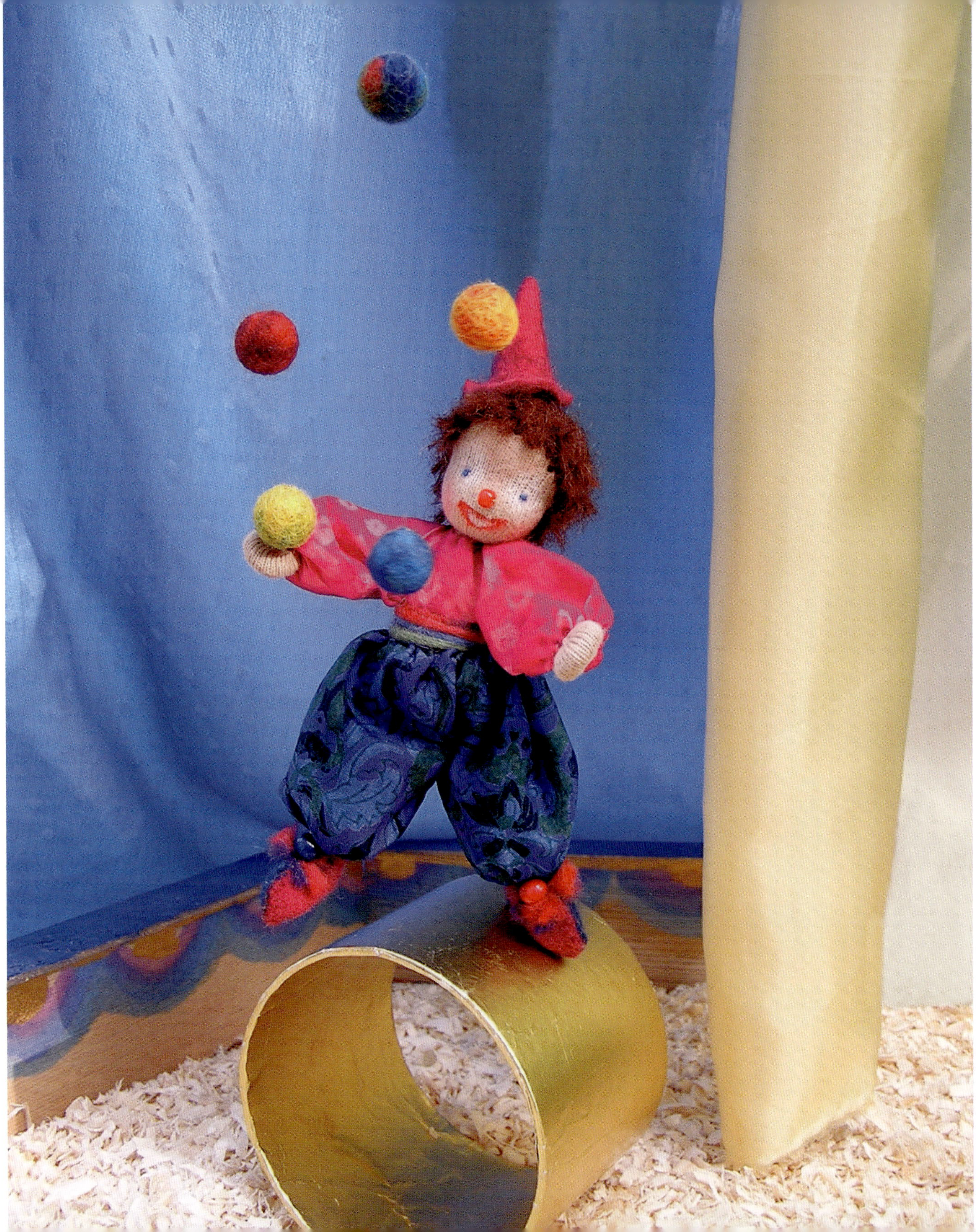

Zirkus

Wie leuchten unsere Augen, wenn wir im Zirkus sind! Durch die Bewegungen und Kunststücke erscheint uns die Schwere leicht, und wir vergessen den Alltag, wenn wir uns verzaubern lassen. Wir können staunend den Atem anhalten, lachen und im Herzen warm werden.

Die Idee, dieses Zirkuskapitel zu schreiben, entstand durch die Beobachtung.

Wenn Kinder von einem Erlebnis erfüllt sind, spiegeln sie es in ihren eigenen Spielen wieder. Tagelang versuchen sie, die Kunststücke und Späße nachzumachen, und tauchen durch ihre Fantasie so tief ein, dass die Zirkuserlebnisse wieder aufleben. Man braucht wirklich kein Puppenhaus, keinen festen Ort, an dem die Kinder diese Welt wiedergeben können. Das ganze Zimmer, jeder Gegenstand, die Stühle, der Tisch, eine Treppe, ein schiefes Brett zum Rutschen oder eine einfache Schnur genügt schon. So können die Kinder mit ihren Puppen das große Wunder der Überwindung von Grenzen nachempfinden.

Der ganze Mensch bewegt sich in einem Zustand der Schwerelosigkeit: Die Bälle werden aufgefangen und wieder hochgeworfen. Der eigene Körper biegt sich und hält die Balance zwischen Himmel und Erde, nur auf einem Bein stehend, hoch oben auf einem dünnen Seil balancierend Die viele Arbeit, das Üben, Selbstbeherrschung und Selbstkontrolle, sich mit vollem Vertrauen aufeinander verlassen zu können, sind wahrscheinlich nur ein kleiner Teil dieser faszinierenden Welt.

Auch in den folgenden Beispielen werden Sie nur eine kleine «Schnupperreise» machen können. Es ist Ihnen überlassen, was für Bastelideen Sie zusammen mit Ihrem Kind entwickeln: Das liebste Püppchen erhält einen kleinen Umhang – und schon können Sie einen Zauberer herbeizaubern. Oder die ganze Puppenfamilie bekommt kleine lustige Hütchen aufgesetzt und verwandelt sich in eine fröhliche Clownstruppe.

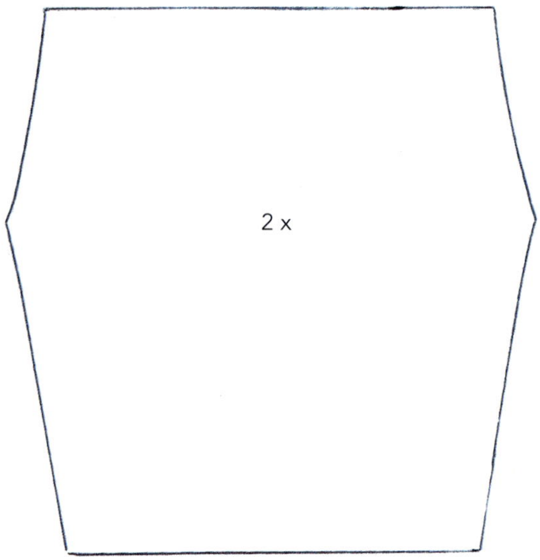

Abb. 74: Clownshose
(s. Schnittmuster S. 172 und 174, Hosenschnitt 1)

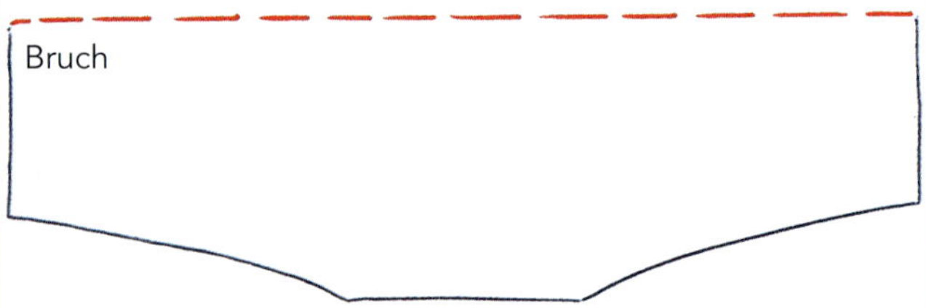

Abb. 75: Clownsoberteil (s. Schnittmuster S. 174)

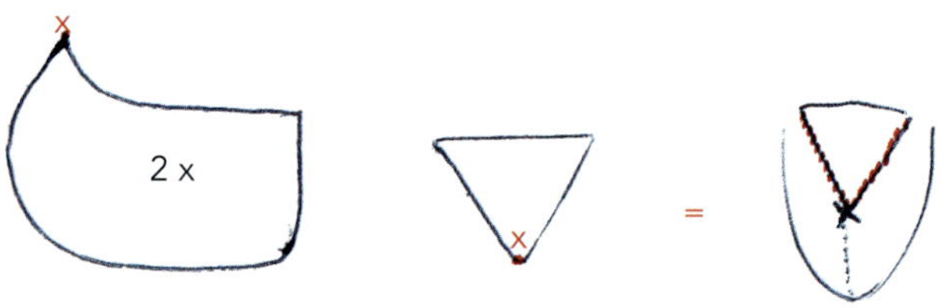

Abb. 76: Clownsschuhe (s. Schnittmuster S. 174)

Clown in Größe 1

Für einen Clown brauchen Sie einfach nur lustige Stoffreste, die fröhliche Stimmung kommt schon von selbst, wenn Sie diese Puppe nähen werden. Die Kleider können Sie aus gestreiften, karierten, vielleicht sogar grell-bunten Stoffen machen, was Sie gerade finden können (s. auch Foto S. 182)! Haben Sie irgendwelche Faschingsstoffreste? Oder möchten Sie Ihren Stoff selbst mit Stoffmalfarben gestalten? Oder aus vielen Wollresten ein Kostüm wie für einen bunten Harlekin stricken?

Das **Oberteil** und die **Hose** (Abb. 74 und 75; s. auch S. 45f. und 55f.) werden wie gewohnt angenäht.

Die **Clownsschuhe** sind anders als die bisherigen Schuhe, weil sie keine Pappsohle haben. Sie bestehen jeweils aus zwei Seitenteilen und einem dreieckigen Oberteil (s. Abb. 76).

Wenn Sie die Füße für den Clown umgeknickt haben, müssen Sie die Fersen mit kleinen «Wurstrollen» aus Watte bekleben. Dadurch füllen Sie die Lücken, die beim Umknicken zwangsläufig entstanden sind. Der Schuh wird fertig genäht und dem Clown erst später angezogen. Sie beginnen, indem Sie die Seitenteile von x bis x aneinandernähen. Der stabilste Stich ist auch hier der Schlingstich. Nachdem Sie das kleine dreieckige Oberteil wie einen Keil hineingenäht haben, können Sie Ihrem Clown die lustigen Schuhe anziehen und ringsherum am Fußgelenk festnähen.

Der **Kragen** (Abb. 77) wird aus einem 22 cm langen Band gefertigt. Sie können dafür Samtbänder, Geschenkbänder oder Borten verwenden. Das Band wird längs gekräuselt, hinten am Rücken zugenäht und am Oberteil festgemacht.

Die **Haare** werden wie beim Geigenmädchen (S. 74) gestaltet.

Das **Clownsgesicht** hat schwarze Kreuze als Augen, einen fröhlichen breiten Mund und eine rote Perle als Nase. Mit einem weißen Buntstift wurde das Gesicht «geschminkt» und mit einem roten Stift die Backen kräftig angemalt (Abb. 77).

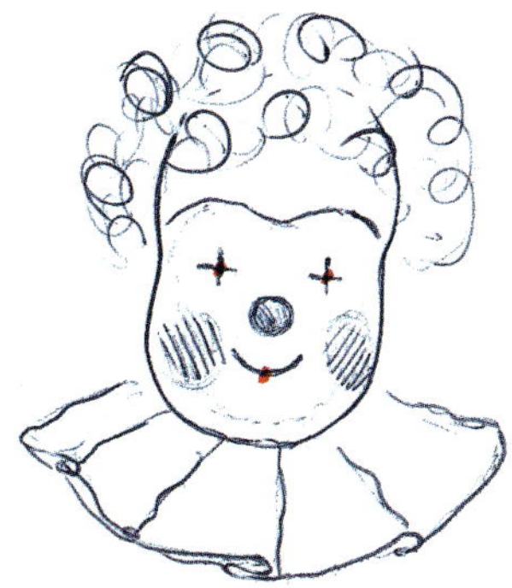

Abb. 77: Clownsgesicht und Kragen

Tipp

Für einen Pierrotschnitt können Sie auch einen durchgehenden Schnitt verwenden (s. Schnittmuster S. 175; Clown-Variante). Der Bauch und die Beine werden als Ganzes gelassen. Der Stoff wird spiegelbildlich und aus zwei verschiedenen Farben ausgeschnitten. Die Arme werden ebenfalls versetzt eingenäht.

Das entsprechende Foto befindet sich auf S. 97 rechts.

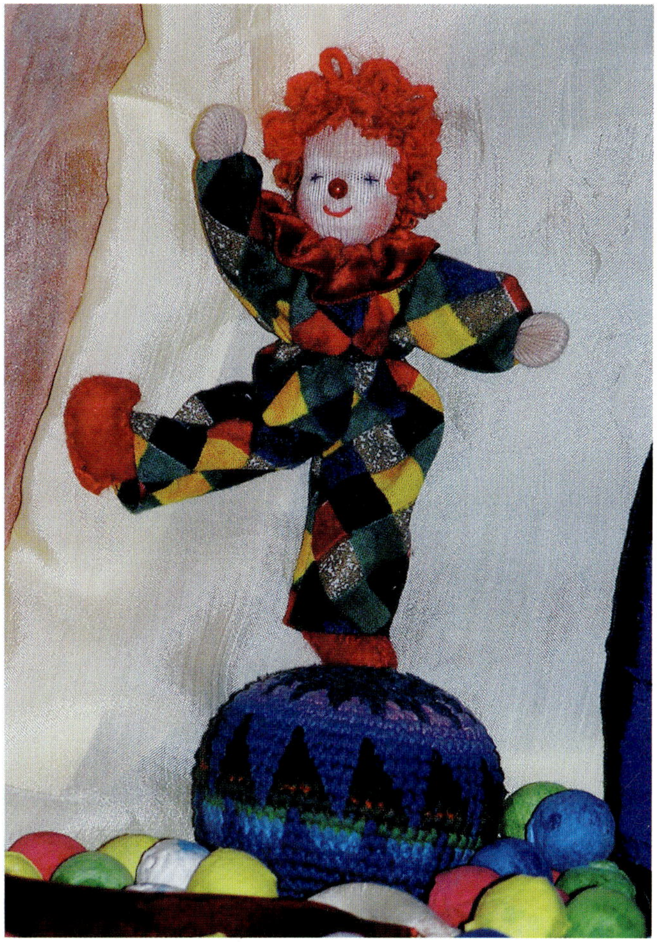

Kunstreiterin auf dem Pferd (Größe 1)

Da dieses Püppchen ein ausgeschnittenes Kleid bekommt, werden die Arme mit Trikotstoff überzogen. Es ist praktisch, wenn der Unterbau der Arme möglichst fließende Übergänge bekommt und die daruntergewickelte Schicht in gleichmäßigen Übergängen ausgearbeitet wird. Außerdem sollte der Zwirn (zur Stabilisierung des Wickelmaterials) nicht so stramm und einschneidend in die Unterhemdenstreifen gewickelt werden, sonst können die Einbuchtungen am Trikotstoff durchdrücken, und die Arme hätten kleine Wellen … Achten Sie auch darauf, dass die Arme und vor allem die Handgelenke *dünn* gearbeitet werden!

Als Erstes schneiden Sie einen Trikotstreifen von 11,5 cm Länge und 4 cm Breite zu (Abb. 78); der Trikot-Maschenverlauf befindet sich in Längsrichtung!). Wenn Sie beide Arme zugenäht haben, werden diese umgekrempelt.

Jetzt können Sie sich an den Hals- und den Rückenschnitt machen. Danach werden diese «Ärmel» der Puppe angezogen und oben am Hals ringsherum festgenäht. Anschließend wird die Rückennaht zugenäht. Diese kann man nur von außen mit kleinen Stichen zumachen.

Ziehen Sie nun die angezogenen Ärmel schön glatt. Der Trikotstoff wird an den Handgelenken nach innen geklappt und an der Puppenhand festgenäht. Der Übergang zur Hand sollte nicht besonders ins Auge fallen.

✿ Die **Bluse** (s. Abb. 79) wird am Rücken zugenäht und an den Schultern leicht gekräuselt. Mit ein paar Steppstichen wird sie anschließend am Bauch befestigt und mit der **Unterhose** (s. Abb. 80) verbunden.

Darüber kommt ein kurzes **Röckchen**. Es wird mit einer Breite von 5,5 cm und einer Länge von 28 cm ausgeschnitten, seitlich zugenäht und umsäumt. Dann können Sie den Rock oben mit einem 5 mm breiten Rand kräuseln. Wenn Sie ihn nicht, wie gewohnt, nach innen klappen, sondern draußen lassen, wird das Tanzröckchen besser abstehen. Zum Abschluss nähen Sie einen Gürtel um diesen Rockrand. Oder Sie wickeln ein schmales Band fest um den Bauch und verknoten es am Rücken. Genauso können Sie den Hals schmücken.

Die Kunstreiterin hat einen Pferdeschwanz, der als Zopf geflochten wurde und mit denselben Glitzerbändern zugeknotet wurde.

Für den Bogen braucht man einen ca. 30 cm langen, festeren Draht, den man mit einem schönen Band einfassen kann. Die überstehenden Bandränder werden als Fransen eingeschnitten.✿✿

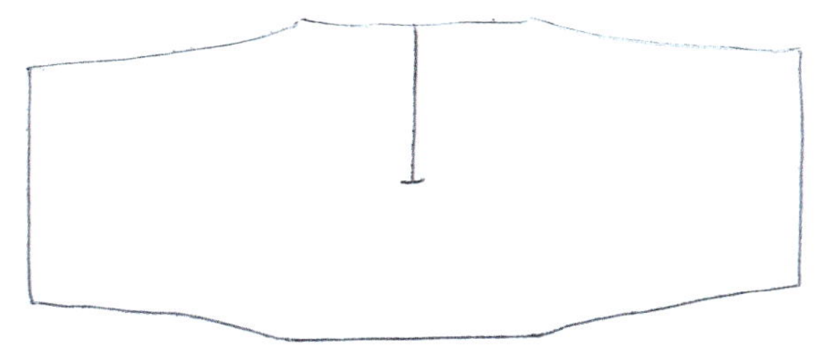

Abb. 78: Arme aus Trikotstoff

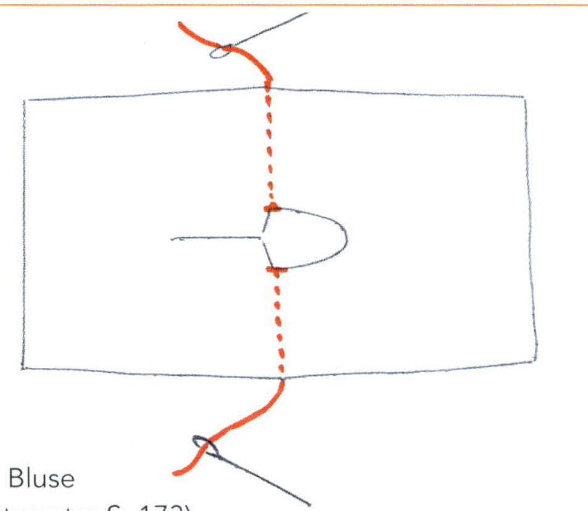

Abb. 79: Bluse
(s. Schnittmuster S. 173)

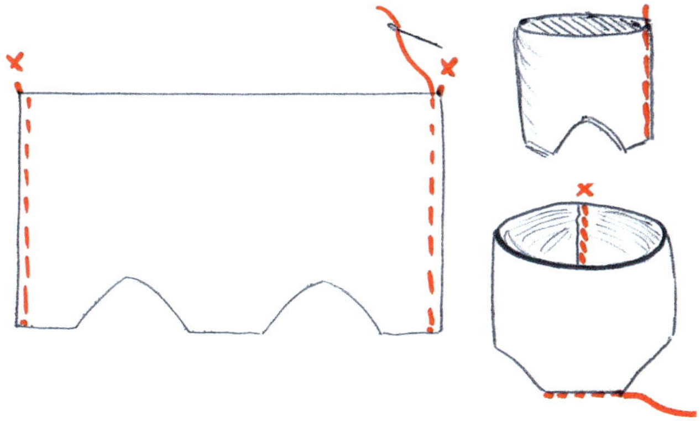

Abb. 80: Unterhose (s. Schnittmuster S. 173)

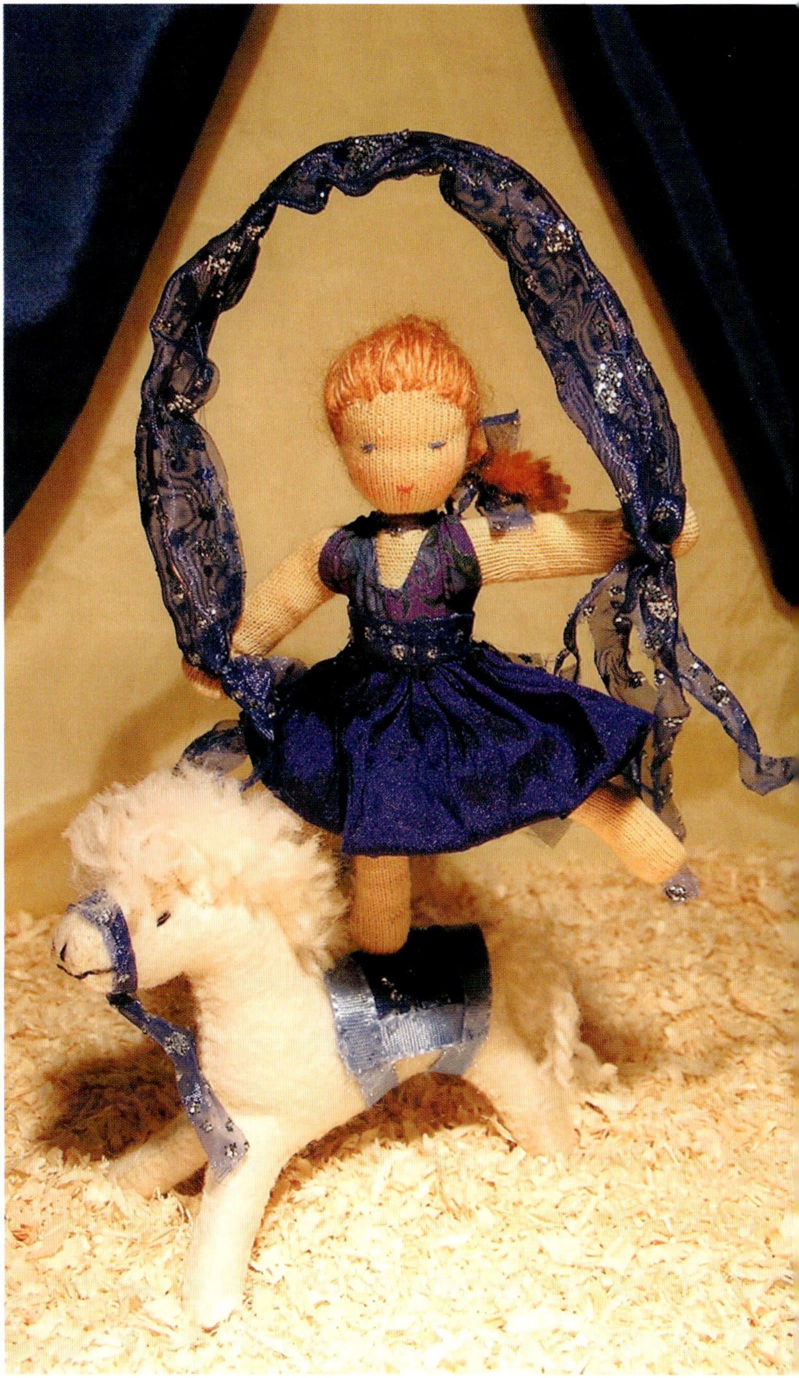

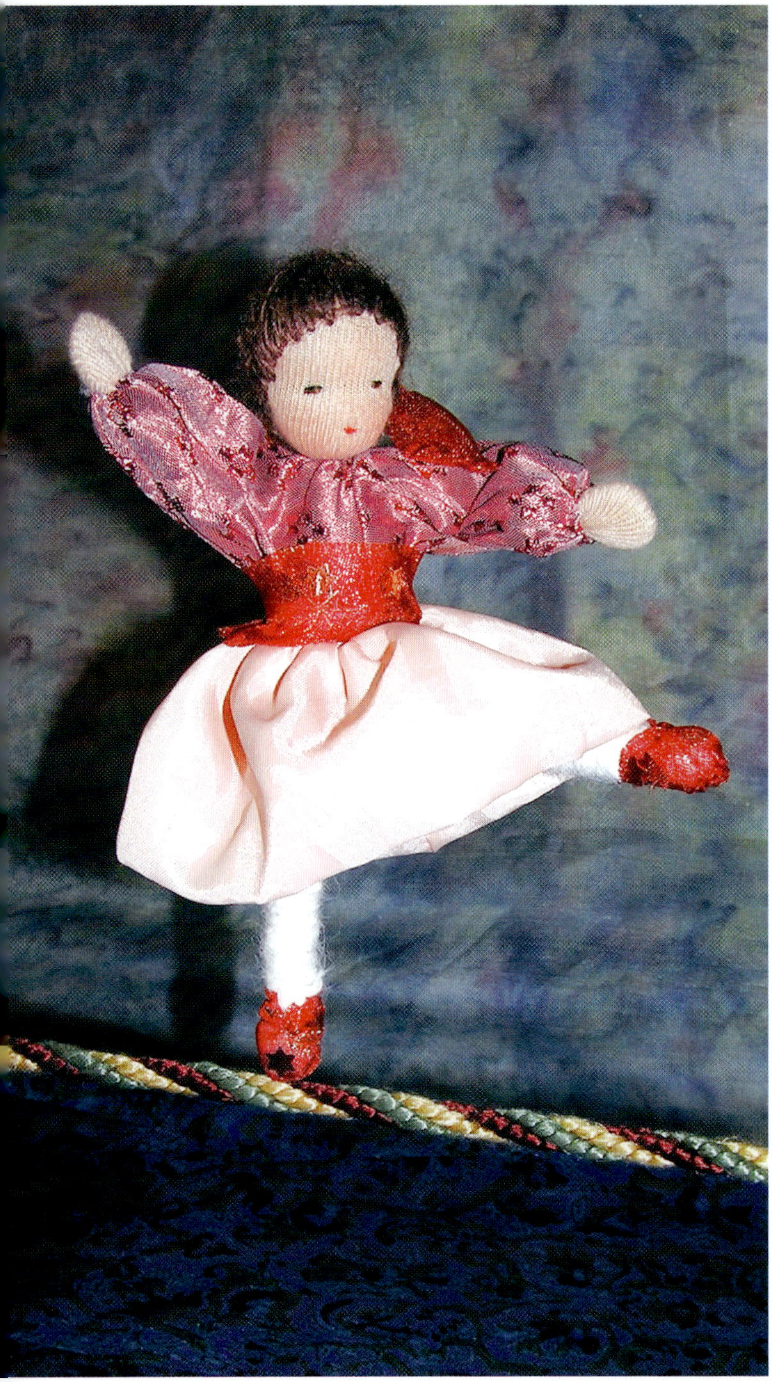

Jongleure und Seiltänzer (Größe 1 und 2)

✿ Dieses Beispiel (S. 96 – 99) zeigt zwei Möglichkeiten der Beinverarbeitung: Die Beine des kleinen Buben (S. 99) wurden mit Trikotstoff überzogen, die Beine der Tänzerin mit weißer Wolle umwickelt. Es soll Ihnen Mut zum Experimentieren machen. Da beide Möglichkeiten passend sind, ist Ihnen die Entscheidung überlassen. Beide Puppenkünstler haben eine tiefe Taille, die mit einem Gürtel betont wird (s. Abb. 81).

Für die **Seiltänzerin** (in Größe 2) wird das Oberteil wie gewohnt angenäht und am Bauch festgesteppt. Der **Rock** (20 cm breit x 7,5 cm lang) wird oben gekräuselt und mit dem oberen Rand an der Taille festgemacht. Falls Ihnen der Bauch zu dick erscheint, können Sie mit passendem Garn den ganzen oberen Rand des Rockes fest und flach an den Bauch wickeln.

Der **Gürtel** wird wieder aus einem glitzernden Geschenkband gemacht. Dafür befestigen Sie ein Ende des Bandes am Rücken, wickeln einmal um die Taille vorne herum und schneiden – mit einer kleinen Nahtzugabe – das Band ab und vernähen es.

Die **Tanzschuhe** können Sie ebenfalls aus demselben Geschenkband machen: Dafür nähen Sie ein Ende des Bandes an den Fuß fest und wickeln es ein paar Mal um den Fuß herum. Dann schneiden Sie das Geschenkband ab und vernähen das Ende an der Sohle. Mit einigen Stichen können Sie diesen Tanzschuh vorne etwas zusammenziehen, sodass er einen V-Ausschnitt bekommt.

Die **Haare** werden alle vom Gesicht aus zum Hinterkopf hochgenäht. Mit einigen längeren Schlaufen können Sie einen «Dutt» oder einen geflochtenen

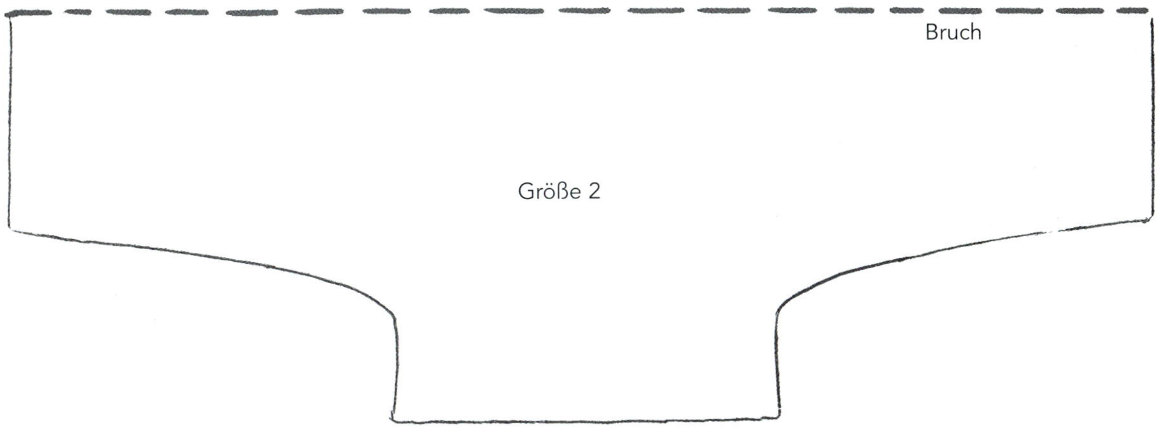

Abb. 81: Oberteil für Jongleur und Seiltänzerin (Originalgröße; Größe 1 s. Schnittmuster S. 169)

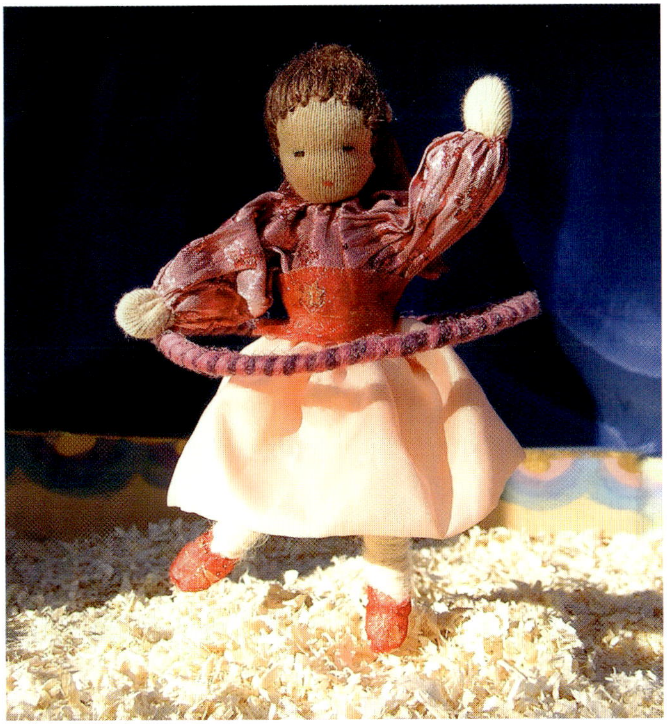

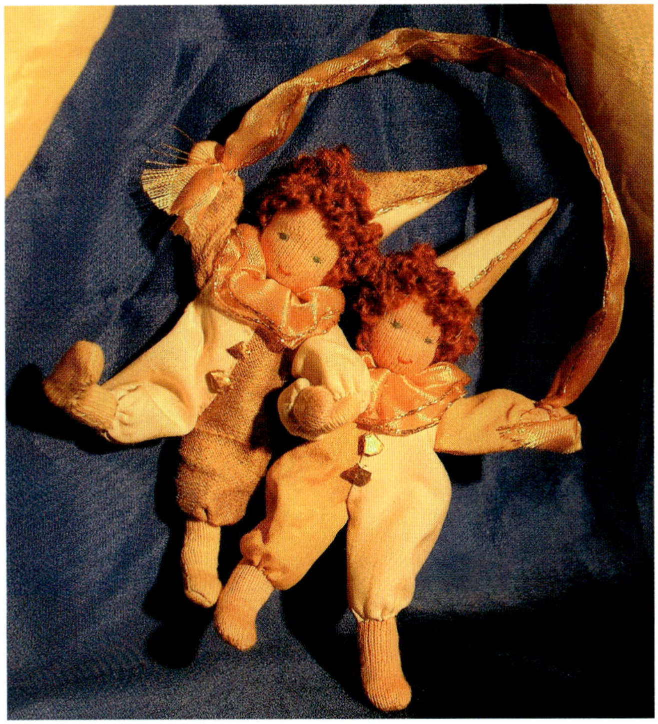

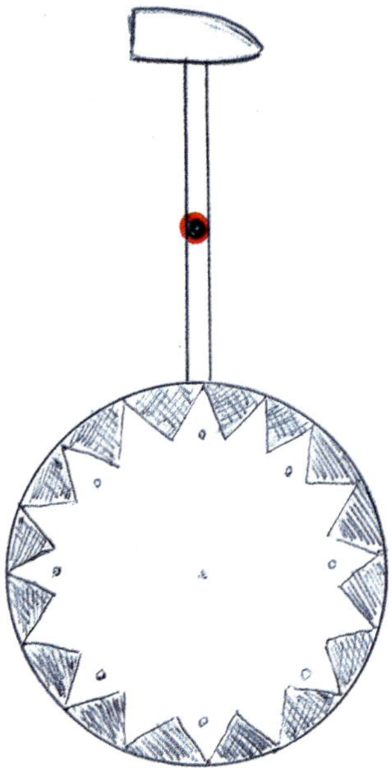

Abb. 82 a: Einrad

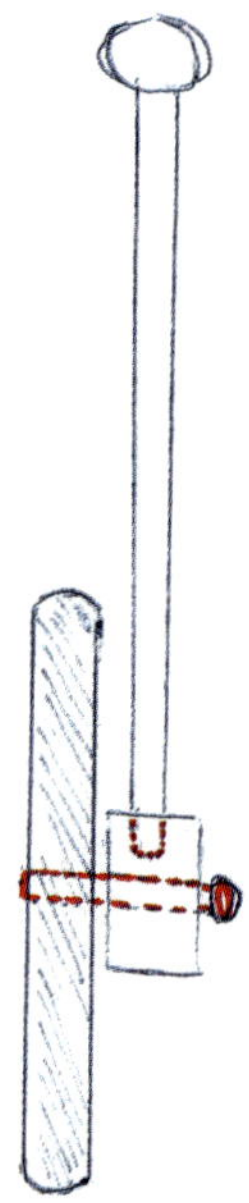

Abb. 82 b

Kranz machen, den Sie mit kleinen Stichen feststecken. Wer möchte, kann die Frisur zum Abschluss mit einer Blume und mit Bändern verzieren. ✿✿

Der **Bub auf dem Einrad** ist in Größe 1 gestaltet. Seine Kleider bestehen ebenfalls aus zwei Teilen: Das **Oberteil** und die **Hose** werden wie gewohnt genäht, angezogen und am Bauch aufeinandergesteppt.

Der **Gürtel** wurde aus demselben Stoff wie die Kleidung um den Bauch genäht, wie bei der Tänzerin. Die ganze Kleidung des Buben ist hier schlicht, ohne Stickerei usw., da der benutzte Stoff schon glänzend genug ist.

Falls Sie mit einem Kind – oder allein – das **Einrad** nachbauen möchten, brauchen Sie Reste von dünnem Sperrholz, dünne Rundholzstäbe, einen kleinen Bauklotz und eine Holzperle (s. Abb. 82). Der Bauklotz wird für die Radstange mit dem passenden Holzbohrer 0,5 cm tief angebohrt. Die Radstange wird in dem Loch verleimt. Aus dem Sperrholz sägen Sie dann eine Scheibe mit einem Durchmesser von 6 cm aus und markieren den Kreismittelpunkt. Wenn die geleimte Radstange getrocknet ist, wird ein dünneres Loch – quer – durch den Klotz und mit demselben Bohrer auch durch den Mittelpunkt des Holzrads gebohrt.

Jetzt stecken Sie einen Holzrundstab durch das Loch und leimen es am Rad (aber nur dort!) fest; so kann sich das Einrad später drehen. Damit es nicht mehr abgehen kann, wird auf das andere Ende des Stabs eine passende Holzperle gesteckt. Die Pedale sind der Einfachheit halber fest. Dafür bohren Sie durch die Radstange ein durchgehendes Loch, das mit einem 4 cm langen Stab «durchstochen» wird. Nach dem Schleifen mit Schleifpapier können Sie das Einrad nach Belieben bunt anmalen.

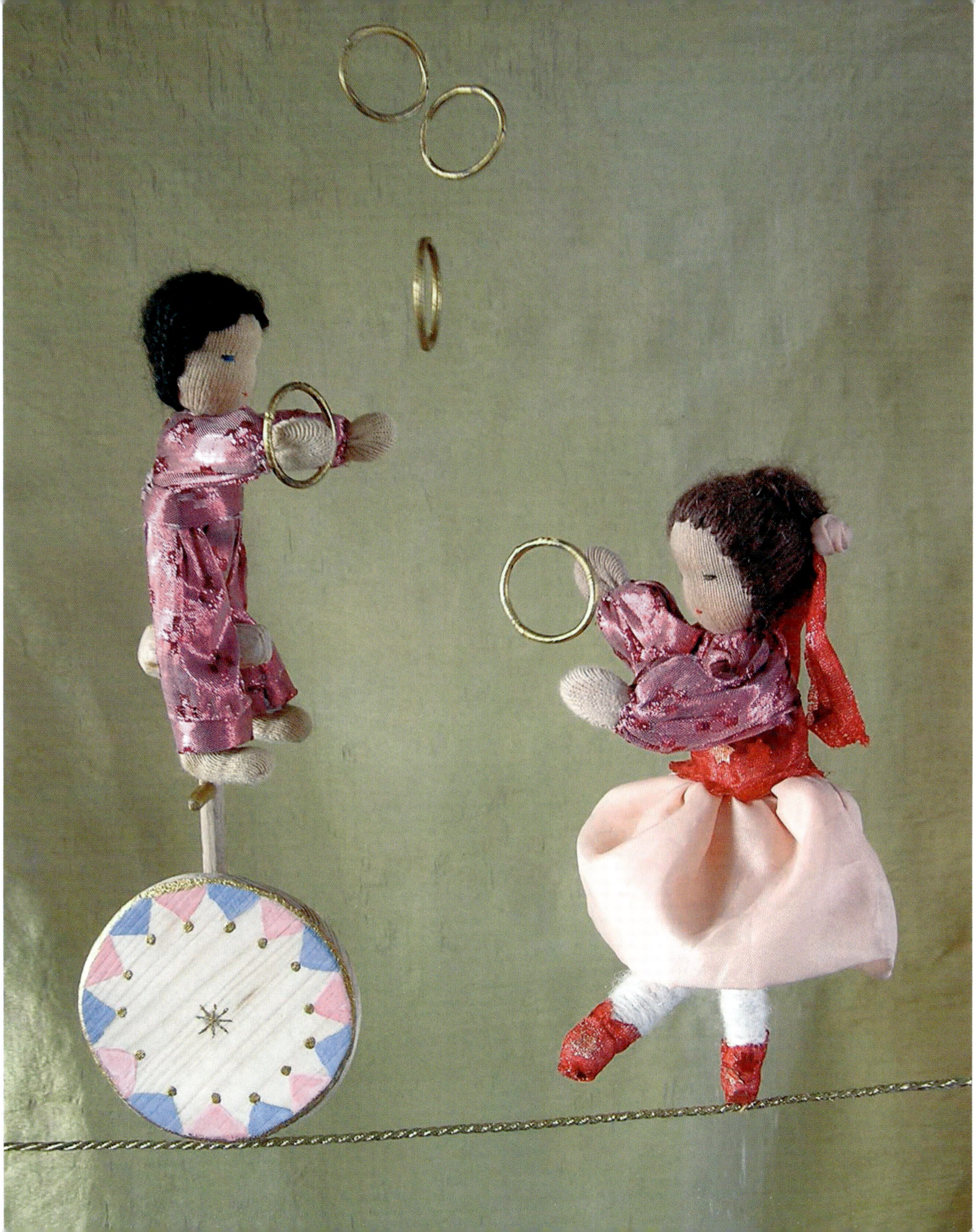

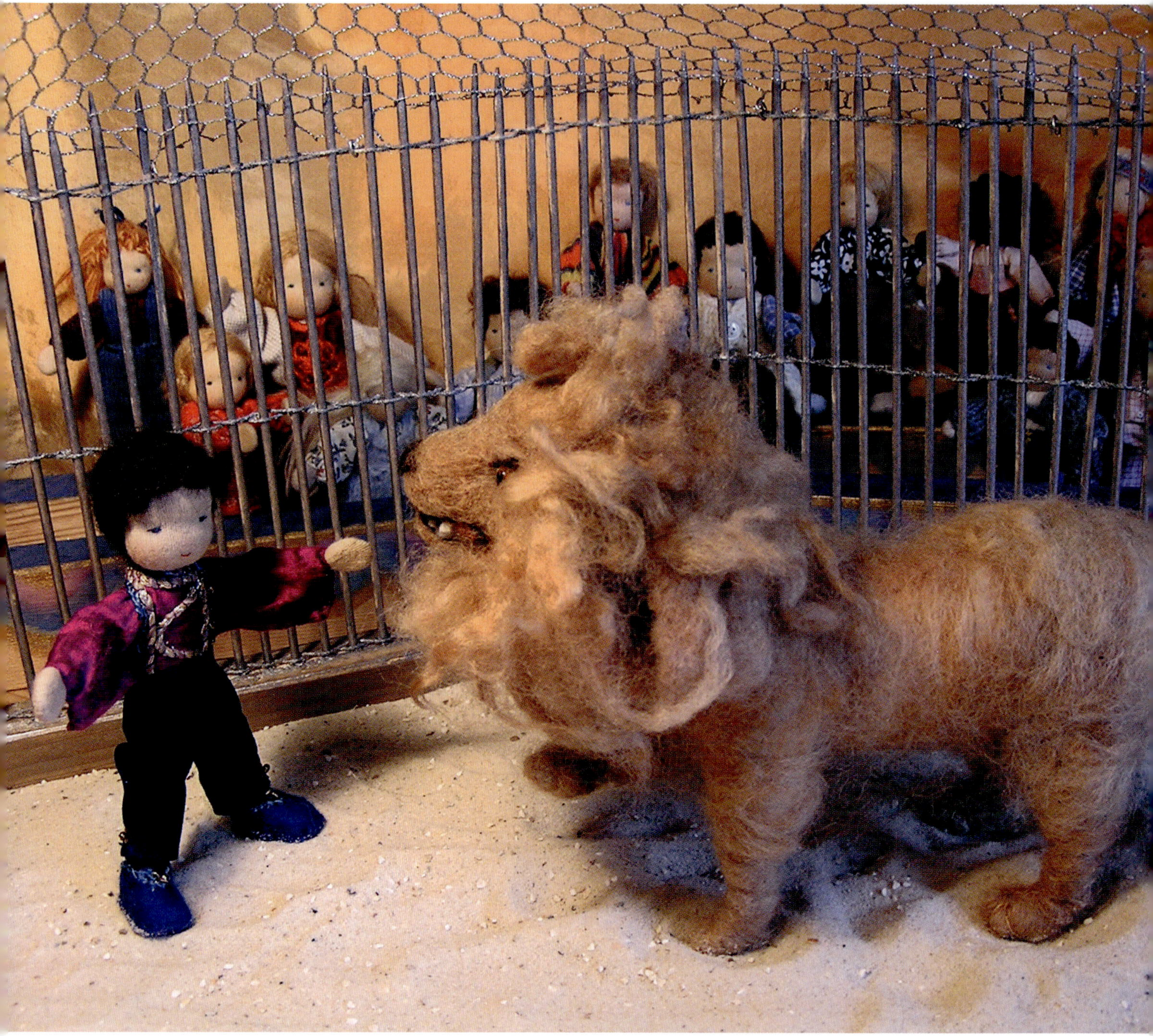

Tiere im Zirkus

Im Zirkus erfolgte früher der Auftritt mit wilden Tieren immer nach der Pause. Während der kurzen Unterbrechung konnten wir erleben, wie schnell das große Gitter die Manege ausfüllte und die einzelnen Teile – wie an einem Band gezogen – aufgebaut wurden. Wir staunten über die Geschicklichkeit des Personals beim Klettern und Spannen des Netzes so weit oben.

Die innere Spannung war bei uns auch mit einem leicht mulmigen Gefühl verbunden. Zur Vorfreude kam der Respekt hinzu, weil die «wilden Katzen» schon allein durch ihre Größe unheimlich waren. Dass so unterschiedliche Tiere wie Tiger oder Löwen zusammen turnen mussten, faszinierte uns.

Wer nach der Aufführung die Käfige hinter dem großen Zirkuszelt besucht, sieht und weiß allerdings, welche Einschränkungen und welche Enge viele Wildtiere erleiden müssen. Auch die Dressur mancher Tiere ist nicht selten mit Quälerei und Gewalt verbunden. Engagierte Tierschützer fordern daher generell, die Haltung von Wildtieren im Zirkus zu verbieten. Das kritische Bewusstsein ist in den letzten Jahren zum Glück gewachsen, und immerhin sind die Lebensbedingungen für Zirkustiere mittlerweile meist besser geworden.

Doch gerade für Kinder ist die Zirkuswelt voller Faszination, und dazu gehört auch das Erlebnis des Fremden, das exotische Tiere vermitteln können, sowie das Staunen darüber, wie Menschen Grenzen überwinden können, sei es als Akrobat oder als Dompteur. Insbesondere Jungs werden immer wieder vom Großen und Wilden in den Bann gezogen. Wenn ein Püppchen nun die Rolle des «Starken» übernimmt und sich das Kind damit identifiziert, kann das für dessen Erleben wichtig sein. Nach der Aufführung gilt es schließlich auch im Spiel, sich um die Tiere zu kümmern, sie zu füttern und zu pflegen

Für einen **Dompteur** können Sie glänzende Stoffe wie Seide, Viskose oder Samt nehmen und die Brust mit glitzernden Geschenkbändern schmücken oder festliche Kordeln aufnähen.

Zirkusatmosphäre entsteht oft auch in einem **Varietétheater**. Ein einfaches, nach hinten offenes Puppenhaus, das eventuell durch verzierte Fenster- und Türrahmen und mit bunten Tüchern als Hintergrund eine stimmungsvolle Kulisse bietet, kann die passende Bühne sein, auf der die Püppchen ihre Kunststücke vorführen. (Weitere Anregungen finden Sie dazu in meinem Buch *Zuhause bei den Puppen. Puppenhäuser und Zubehör selbst gemacht*.)

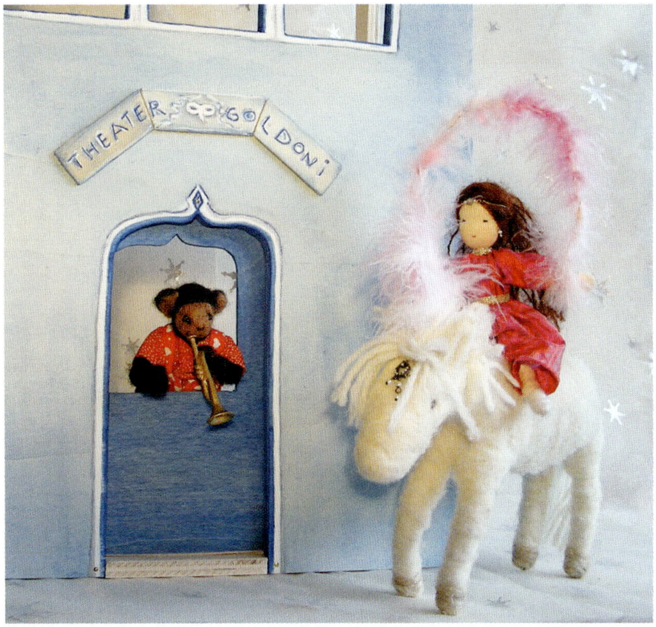

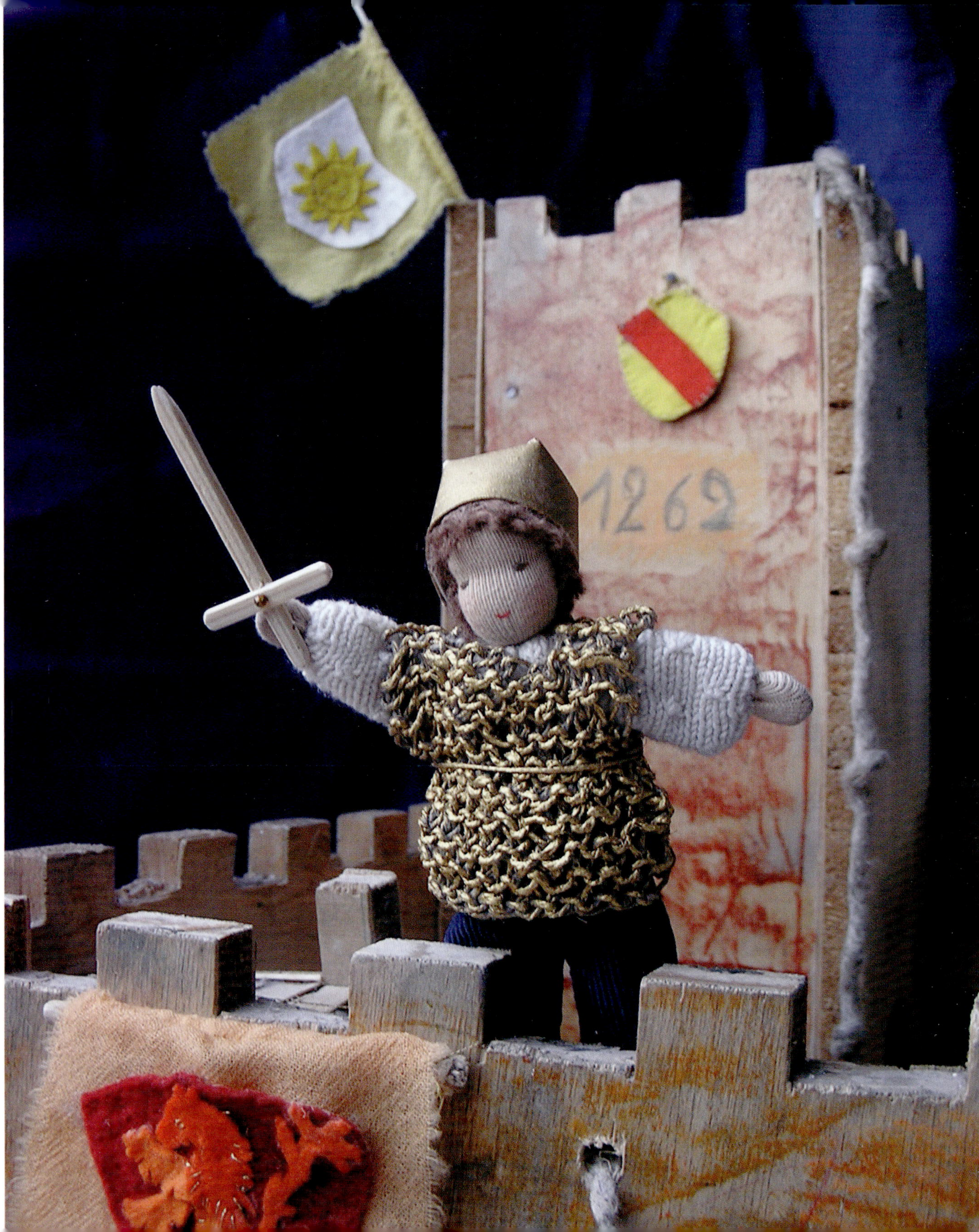
1262

Ritter und Handwerker

Meine Jungen haben ihre Biegepuppen vielseitig zum Spielen gebraucht: Die Puppen wurden Bauern, die mit dem Traktor fuhren und Tiere hielten, sie wurden Handwerker jeglicher Art und auch Ritter; dafür wurden Burgen gebaut, Schwerter gebastelt und Wappen gestaltet. Es gibt viele Möglichkeiten, mit einfachen Mitteln vielseitig zu spielen. Aber einige «typische» Merkmale sollten doch berücksichtigt werden, damit auch die Jungen ihre Vorstellungen in ihren Spielen umsetzen können. Außerdem macht es viel Freude, ein solches «Projekt» zusammen zu planen! Man kann sich in Büchern über Ritter orientieren, über ihre Ausrüstung und ihre Bauwerke, man kann beim Spaziergang Äste zum Schnitzen suchen und vieles mehr.

Das Endergebnis ist nicht so wichtig wie der gemeinsame Arbeitsprozess: dass wir mit jemandem zusammen gebastelt haben, mit ihm gemalt und gelacht haben. Wir merken, dass etwas Schönes nicht unbedingt schnell fertig zu werden braucht oder dass man sich lange auf etwas freuen kann …

Ritter (Größe 1 und 2)

Wenn die Kinder Ritter spielen wollen, könnte ein ganz normales Püppchen, das sich «verkleiden» kann, Ritter sein.

Vielleicht mag Ihr Kind dafür einen Umhang aus Stoff nähen? Oder eine kleine «Ritterrüstung» stricken? Ein Schwert schnitzen und Helme und Schilder basteln?

Vielleicht haben Sie auch die Gelegenheit, einen Ausflug zu einem alten Schloss oder einer Ritterburg zu machen … Oder Sie schauen sich gemeinsam in der Bücherei ein schönes Ritterbuch an. Ihr Kind wird vielleicht von den Erlebnissen ganz erfüllt sein und möchte sie mit Ihnen gleich an seinem Püppchen umsetzen.

Dafür seien im Folgenden einige Vorschläge angeführt:

✿ Für einen **Umhang** wird ein Rechteck aus einem schönen Stoffrest verarbeitet; dieser kann aus Samt

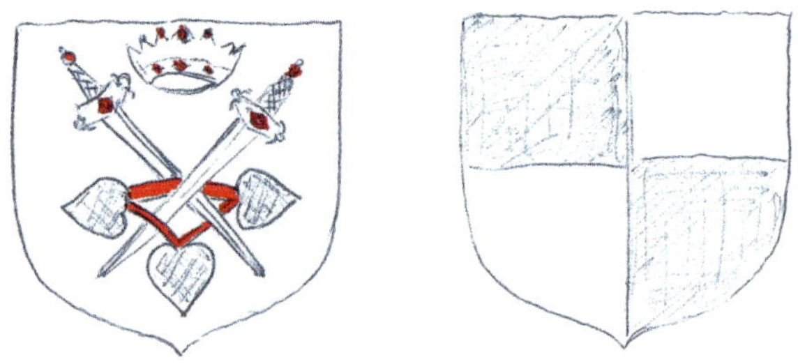

Abb. 83: Schilder mit Wappen (s. Schnittmuster S. 171)

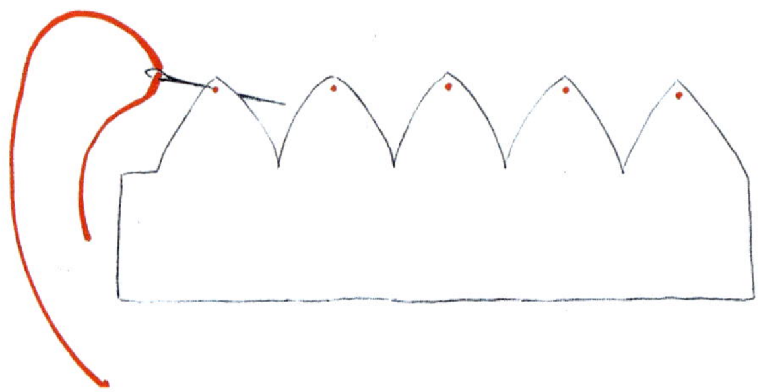

Abb. 84 a: Helm (s. Schnittmuster S. 171)

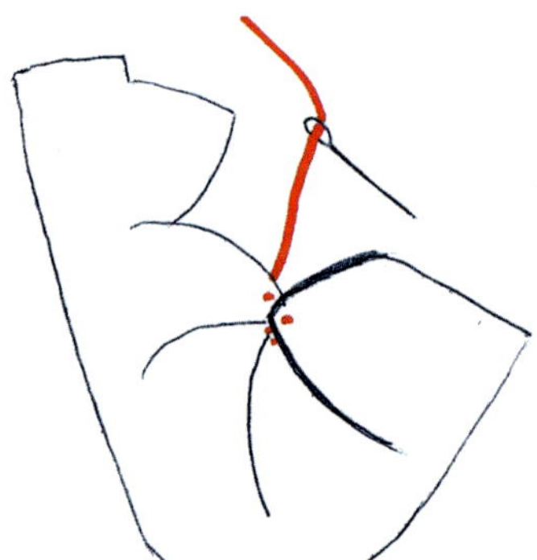

Abb. 84 b: Zusammennähen des Helms

oder Seide sein, aus Nicki oder irgendeinem fließenden Stoff. Sie säumen und kräuseln den Stoff oben entlang und ziehen eine Schnur oder Kordel hindurch. Edel wird der Umhang, wenn Sie einen «goldenen» oder «silbernen» Knopf als Brosche oder als Verschluss und Verzierung annähen.

Für die **Rüstung** können Sie ein breitmaschiges Oberteil stricken oder locker häkeln. Es könnte aus dünner Paketschnur sein, die Sie silbern oder golden ausprühen bzw. anmalen, oder gleich aus silberner Wolle (oder grauer bzw. goldener Baumwolle). Je nach Nadelstärke und Material werden die Rüstungen verschieden. Probieren Sie einfach aus … Damit auch ein kleineres Schulkind das Oberteil selber stricken kann, schlage ich ein einfaches schmales Rechteck vor – nur *rechts* gestrickt, mit einer Öffnung für den Kopf.

Oder mag Ihr Kind eine «echte» Rüstung aus Pappe ausschneiden? Sie werden staunen, wie erfinderisch und wie viele Einfälle es haben wird, wenn Sie es ausprobieren lassen! Die Pappteile können mit einigen Fadenknoten verbunden werden und vielleicht sogar silbern oder bunt angemalt werden.

Falls Ihr Kind ein Taschenmesser besitzt, wird es damit begeistert etwas schnitzen. So brauchen Sie nur noch ein frisches Ästchen oder ein kleines Stück Holz zu finden, damit das Kind ein **Schwert** machen kann. Die Einzelteile des Schwerts können mit einer schönen Schnur miteinander verbunden oder aneinandergeklebt werden.

Die **Schilder** (s. Abb. 83) können ebenfalls aus Holz gesägt oder geschnitzt oder aus stärkerer Pappe ausgeschnitten und angemalt werden. Damit sich das Schild an der Puppenhand anbringen lässt, können Sie an die Rückseite ein schmales Leder- oder Gummiband kleben.

Der **Helm** wird der Einfachheit halber aus Pappe oder stärkerem Karton gemacht (s. Abb. 84 a und b).

Die auf dem Foto S. 102 abgebildeten **Fahnen** und **Wappen** sind zum Teil erfunden und zum Teil vom Wappen unseres Städtchens übernommen. Sicher ist auch bei Ihnen ein typisches Wappen zu finden, das Sie nachmachen können. Diese Wappen haben meine Kinder aus Filz ausgeschnitten und geklebt. Genauso schön werden sie, wenn man sie aus weißer Pappe ausschneidet und anmalt.

Handwerker und andere Berufe

Die Püppchen können vielfältige Berufe ausüben und für ihre Tätigkeiten mit den entsprechenden Materialien ausgestattet werden und sich in den dafür typischen Räumen aufhalten. Man kann sie als Handwerker agieren lassen, sie können als Bauer und Bäuerin Heu machen, die Tiere versorgen, das Feld bestellen. Schön ist es auch, wenn die Kinder mit ihnen die verschiedenen Abläufe des Hausbaus nachspielen oder Arbeiten im Haushalt verrichten – vom Kochen und Backen bis zum Putzen und Holzmachen. So können die Kinder ganz in die vielfältige Welt der Handwerker, des Hausbaus und der häuslichen Tätigkeiten eintauchen.

Viele Anregungen dafür finden Sie in meinem Buch *Zuhause bei den Puppen. Puppenhäuser und Zubehör selbst gemacht* (Verlag Freies Geistesleben 2009).

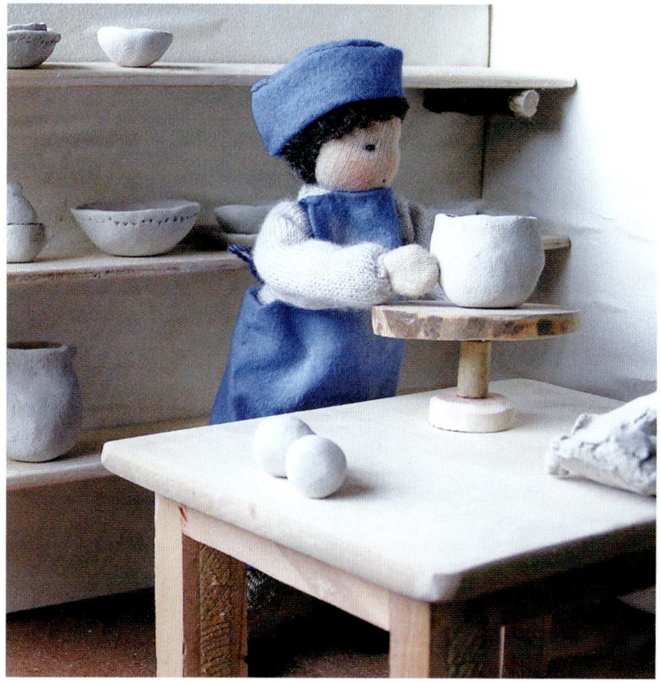

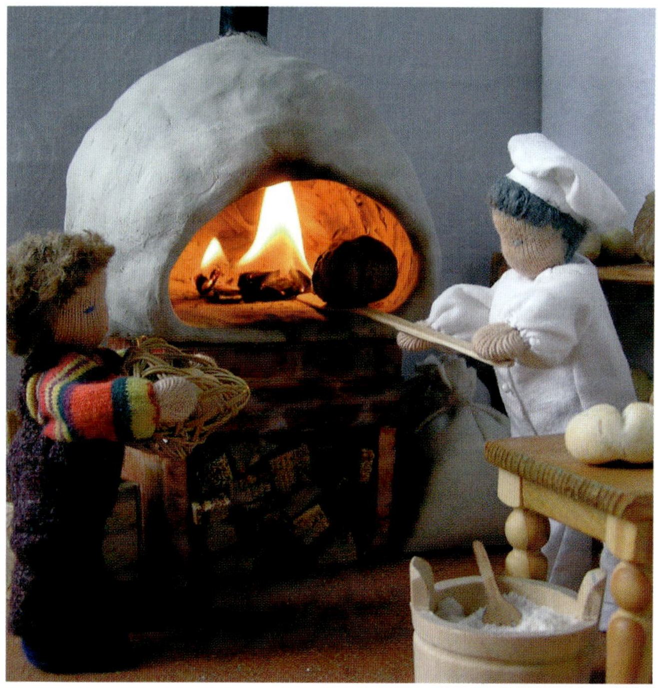

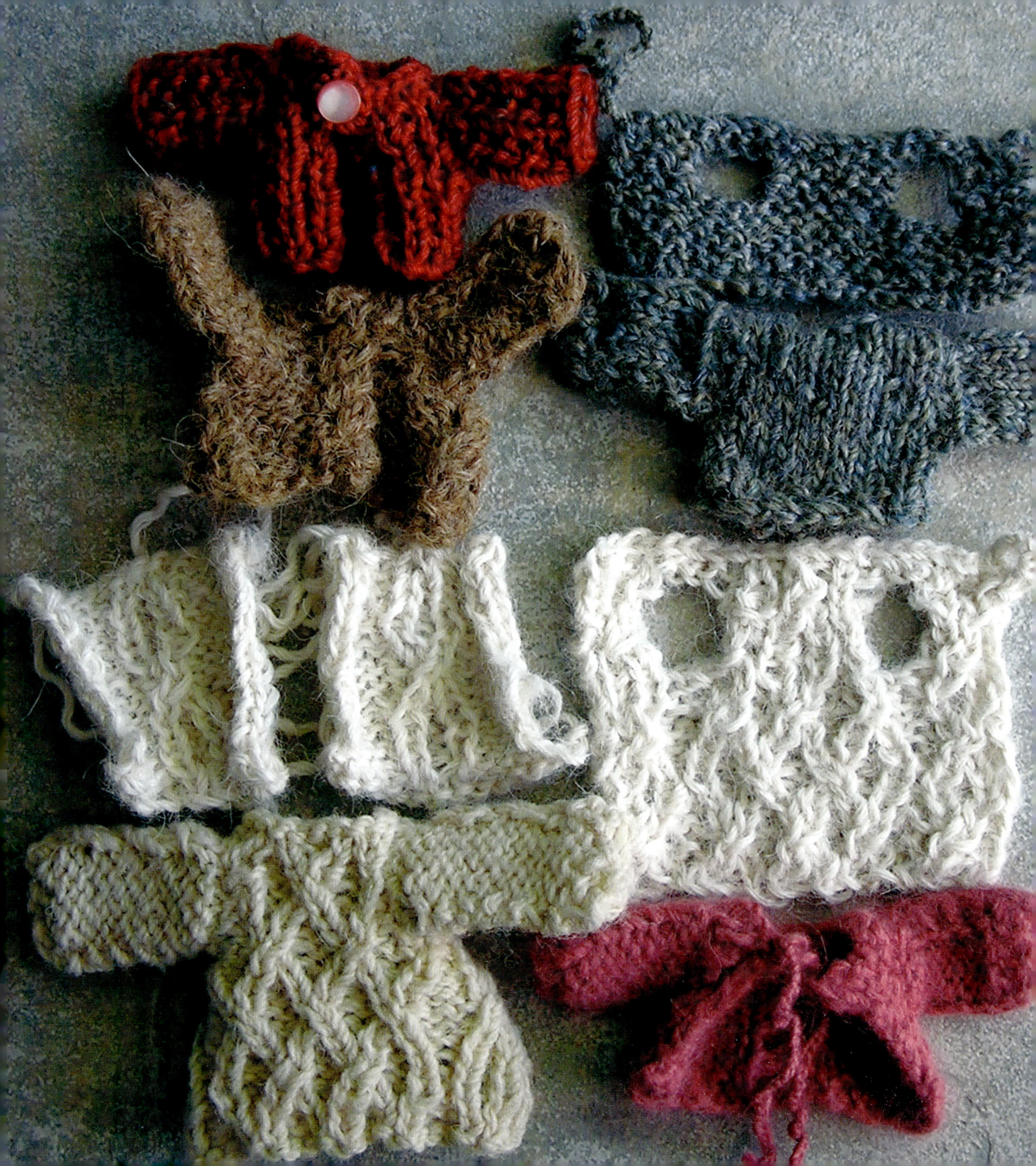

Es wird kalt …

Größere Kinder lieben es, ihrem Püppchen verschiedene Kleider zu machen. Und wenn es draußen kalt wird, können sie vielleicht eine Weste, eine kleine Jacke, einen Schal oder eine Mütze bekommen.

Daher folgen hier einige Strickanleitungen. Auf dem Foto links sind verschiedene Jackenmodelle abgebildet: schlichte und einfache Jacken und etwas abgewandelte Modelle mit kleinen Strickmustern und Zöpfen – eine kleine Anregung für verschiedene Muster und Verschlussarten. Manche der auf dem Foto gezeigten Jacken werden hier nicht beschrieben; der Einfachheit halber sind nur Glatt-Rechts- und Rechts-Links-Muster angewendet worden. Wenn Sie mit der Grundform vertraut sind, können Sie Ihre Jacke individuell gestalten. Sie werden begeistert sein, wie leicht und schnell so eine kleine Puppenjacke zu stricken ist …

Strickjacke in Größe 1 (1. Beispiel)

✿ Diese Anleitung ist auch für Schulkinder geeignet; sie können die Jacke mithilfe eines Erwachsenen leicht nachmachen. Da sie nur *rechts* gestrickt wird, ist sie als «Einsteigermodell» gut geeignet (s. Abb. 85 a – c und Foto links, die beiden blauen Jäckchen; als *Weste* ist sie auch auf S. 27 zu sehen).

Mit Stricknadeln der Stärke 2 – 2,5 schlagen wir 22 Maschen an und stricken 7 Reihen hoch. 8. Reihe: Jetzt stricken wir nur die ersten 4 Maschen. Die folgenden 4 werden abgekettet (für die Ärmelöffnungen). Dann werden 6 M für das Rückenteil gestrickt, die nächsten 4 M wieder abgekettet und die restlichen 4 M fertig gestrickt. 9. und 10. Reihe: Die Maschen so stricken, wie sie kommen, mit den drei angestückelten Wollfäden. 11. Reihe: 4 M stricken, 4 M aufnehmen, 6 M weiter stricken, 4 M weiter aufnehmen und die letzten 4 M fertig stricken. (Kontrolle: Es müssen jetzt wie-

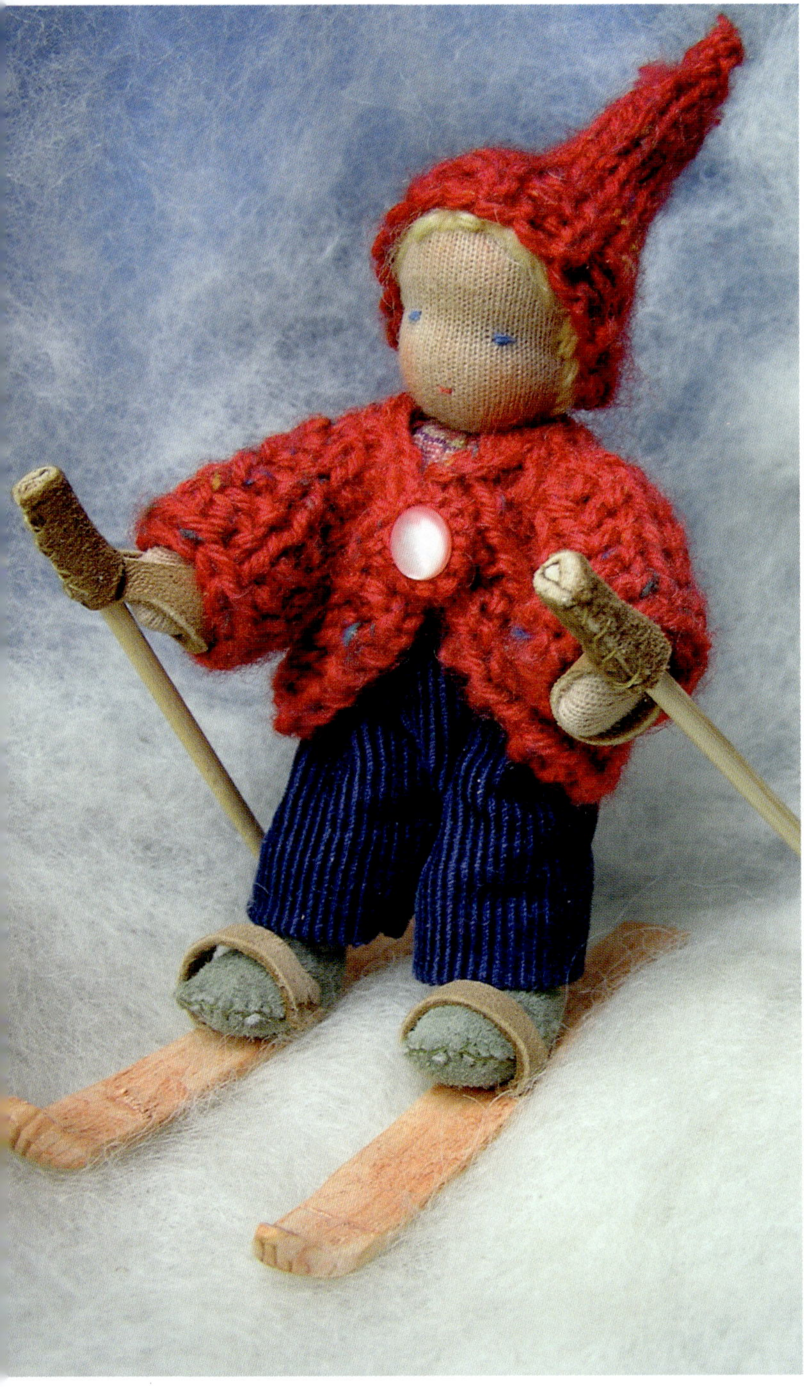

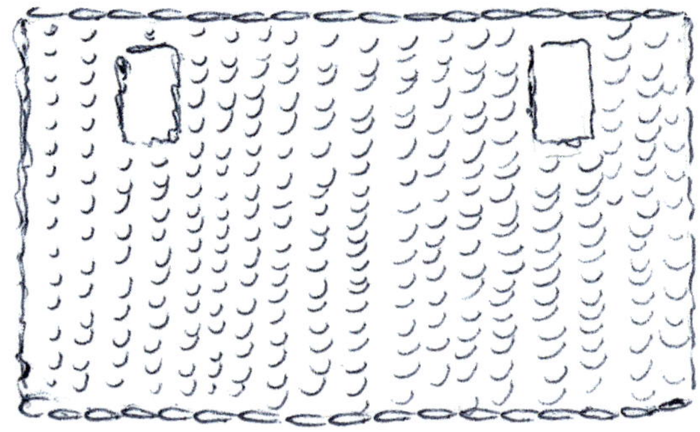

Abb. 85 a: Weste

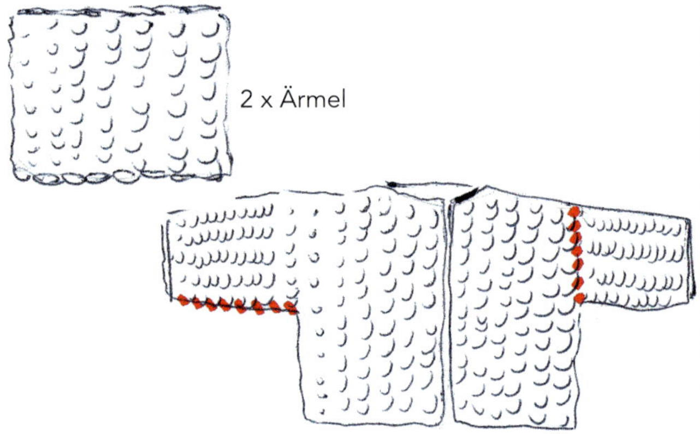

Abb. 85 b: Jacke

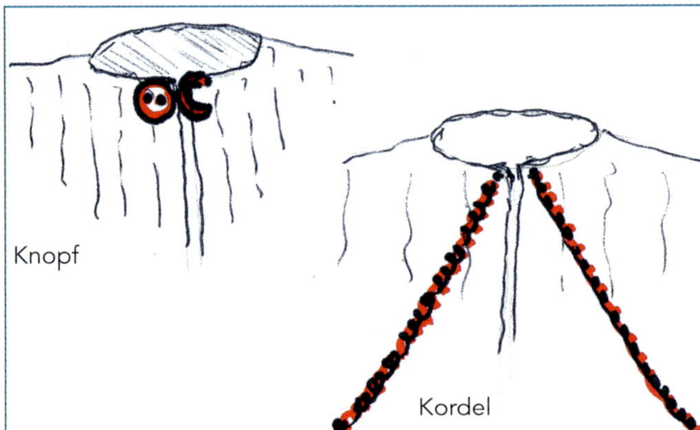

Abb. 85 c

der 22 M sein.) 12. Reihe: Die ersten beiden M zusammen stricken, 8 M normal weiter stricken, wieder zwei zusammen, dann 8 M weitergehen und die beiden letzten wieder zusammen. (Kontrolle: 19 M). 13. Reihe: Alle Maschen abketten.

Für eine **Weste in Größe 1** genügt es, bis hierher zu arbeiten.

Für die **Ärmel:** 12 M anschlagen, 9 Reihen hochstricken und in der 10. Reihe abketten. Nachdem Sie die Ärmel zugenäht haben, werden sie an das gestrickte Teil genäht. Die Fäden werden vernäht. Um die Jacke zumachen zu können, brauchen wir einen Knopf und ein Knopfloch, einen Druckknopf oder einfach – rechts und links – je eine dünne Kordel. ✿✿

Strickjacke in Größe 1 (2. Beispiel)

Die beschriebene Jacke hat gerade Stoffel mit den Skiern an (Foto links); siehe auch S. 46 oben. Mit Stricknadeln der Stärke 2 – 2,5 werden 24 Maschen angeschlagen.

1. Reihe: 1 rechts, 1 links abwechselnd; 2. Reihe: wie 1. Reihe; 3. Reihe: alle nur rechts stricken; 4. Reihe: alle links; 5. Reihe: alle rechts; 6. Reihe: alle links; 7. Reihe: alle rechts; 8. Reihe: alle links. 9. Reihe: 6 r, 3 abketten, 6 r, 3 abketten und 5 r. 10. Reihe: alle links stricken mit angesetzten Fäden für die Ärmelöffnungen. 11. Reihe: alle rechts mit angesetzten Fäden; 12. Reihe: alle links; 13. Reihe: 2 zusammen, 2 r, 2 zusammen, 3 neue Maschen auf die Nadel hinzunehmen (für erste Ärmelöffnung), 2 r, 3 neue Maschen für zweite Ärmelöffnung hinzunehmen, 2 zusammen, 2 r, 2 zusammen, 2 r und 2 zusammen. 14. Reihe: alle 19 M rechts stricken; 15. Reihe: alle abketten und vernähen.

Ärmel: Sie schlagen 12 Maschen an. 1. Reihe: 1 rechts, 1 links …; 2. Reihe: alle rechts; 3. Reihe: alle links; 4. Reihe: alle rechts. Diese Arbeit so fortsetzen bis zur 10. Reihe, danach alle Maschen abketten.

Jacke (Weste) für Kleinkind

Mit Stricknadeln der Stärke 2 – 2,5 schlagen Sie 18 Maschen an.

1. Reihe: 1 rechts,1 links …; 2. Reihe: wie 1. Reihe; 3. Reihe: alle rechts; 4. Reihe: alle links; so fortfahren bis 7. R; 7. Reihe: 4 r, 3 abketten, 3 r, 3 abketten, 3 r. (Kontrolle: 4 Maschen, eine Lücke, 4 M, eine Lücke und 4 M.) 8. Reihe: 4 l, Faden ca. 25 cm lang abschneiden und für die weitere Arbeit ansetzen: 4 l, den Faden wieder genauso lang abschneiden und die letzten 4 Maschen auch links stricken. 9. Reihe: mit drei angesetzten Fäden alle rechts stricken. 10. Reihe: alle links; 11. Reihe: 2 zusammen, 2 r, 3 neue Luftmaschen zum Aufnehmen machen, 4 r, 3 Luftmaschen für den zweiten Ärmel, 2 r und die beiden letzten wieder zusammen stricken; 12. Reihe: alle links; 13. Reihe: abketten.

Ärmel: 10 M anschlagen.

1. Reihe: 1 r, 1 l …; 2. Reihe: alle rechts; 3. Reihe: alle links. So fortfahren bis zur 8. Reihe: alle abketten.

Wenn Sie eine **Weste** striken wollen, lassen Sie einfach die Ärmel weg.

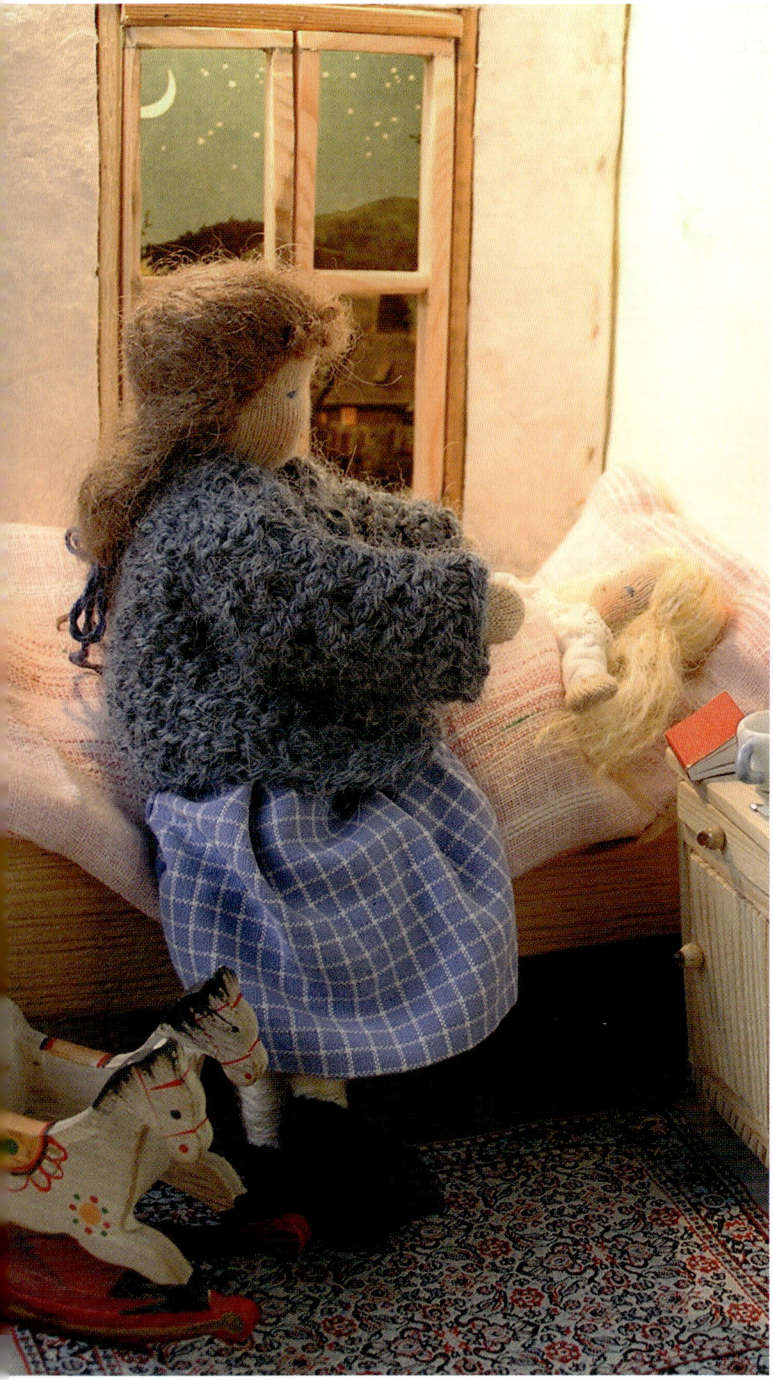

Strickjacke in Größe 2

Stricknadeln in der Stärke 2 – 2,5. Man beginnt mit 26 Maschen. 9 Reihen hochstricken und die Arbeit wie folgt einteilen: 10. Reihe: 5 M stricken, 4 M abketten (für Ärmel), 8 M stricken, 4 M abketten, 5 M zu Ende stricken. 11. Reihe und 12. Reihe: Die Maschen so stricken, wie sie kommen, mit angestückelten Fäden. 13. Reihe: 5 M stricken, 4 M aufnehmen, 8 M stricken, 4 M aufnehmen und die letzten 5 M fertig stricken. 14. Reihe: Die ersten beiden M zusammen stricken, die folgenden 6 M normal, dann wieder 2 M zusammen, 6 M normal, 2 M zusammen, 6 M normal und die letzten beiden auch zusammen stricken. (Kontrolle: Es dürfen jetzt nur noch 22 M sein.) 15. Reihe: Alle abketten und wie oben fertig verarbeiten.

Ärmel: 14 M anschlagen.

13 Reihen hochstricken und in der 14. Reihe alle abketten.

Diese Jacke wird wie gewohnt fertig gemacht.

Pullover in Größe 2

Die Anleitung für diese Größe findet sich auf S. 87.

Strickjacke in Größe 3

Mit Stricknadeln der Stärke 2 – 2,5 schlagen Sie 36 Maschen an und stricken 14 Reihen hoch. Es ist Ihnen und Ihrer Kreativität überlassen, ob Sie Strickmuster oder farbige Experimente machen möchten.

Das Strickschema bleibt wie bei den anderen Jacken gleich.

Die Ärmelöffnungen werden wie folgt gemacht: 15. Reihe: 8 M stricken, 4 abketten,12 M für das Rückenteil stricken, 4 M für die zweite Ärmelöffnung abketten und die restlichen 8 M fertig stricken. Mit neuen angesetzten Fäden die geteilte Arbeit fortsetzen und 6 Reihen so fortfahren. 22. Reihe: Die 2 ersten und die 2 letzten M werden zusammengestrickt. 23. Reihe: Mit einem Faden durchgehend so weiterarbeiten: 2 M zusammen, 5 M normal, 4 neue M aufnehmen, 12 M normal, 4 M aufnehmen, 5 M normal und die 2 letzten auch zusammenstricken. 24. Reihe: alle normal stricken. 25. Reihe: *abketten*: dabei 14 M normal, Masche 15 und 16 zusammen, Masche 17 und 18 zusammen, Masche 19 und 20 zusammen, Masche 21 und 22 zusammen nehmen und die letzten 14 M auch normal nehmen. Durch diese verkürzte Maschenzahl wird der Halsausschnitt der Jacke schmäler gehalten.

Ärmel: 16 M anschlagen.

20 Reihen hochstricken und in der 21. Reihe alle abketten.

Diese Jacke (s. Foto links) wird auch wie gewohnt zusammengenäht und mit einem Knopfverschluss oder einem Bändchen (als Kordel oder gehäkelt) versehen.

Mantel in Größe 1

Die Arbeit ist ähnlich wie bei der kleinen Jacke: Man schlägt 22 M an und strickt den ersten Teil einfach einige Reihen höher. Halten Sie die Strickarbeit an den Rücken der Puppe, so können Sie selbst entscheiden, ob Ihnen diese Höhe reicht oder ob Sie verlängern bzw. verkürzen möchten. Als Vorschlag: Stricken Sie 12 Reihen hoch und folgen der obigen Anleitung (s. Strickjacke 1).

Dieser Mantel in Größe 1 ist auf S. 112 abgebildet.

Mantel in Größe 2

Die Maschenzahl beträgt wie oben 26 M; 15 Reihen hochstricken (Vorschlag) und der Anleitung zur Strickjacke 2 folgen.

Mantel in Größe 3

Einen Mantel der Größe 3 bekommen Sie, wenn Sie die Jacke der Größe 3 20 Reihen hochstricken. Auch hier ist es empfehlenswert, die Strickarbeit ab und zu an die Puppe zu halten und die Maße mit der eigenen Vorstellung der Länge zu vergleichen.

Tipp

Wenn Sie möchten, können Sie in jede Jacke, Weste oder Mantel ein *Strickmuster* nach Belieben «hineinzaubern». Sie dürfen allerdings nicht enttäuscht sein, wenn die Strickarbeiten anders ausfallen als beschrieben. Die Arbeit wird nicht nur von der Nadelstärke beeinflusst, sondern auch von der Stärke der Wolle und der eigenen Art zu stricken. Wenn Sie etwas unsicher sind, probieren Sie einfach aus und machen zu Beginn eine Maschenprobe.

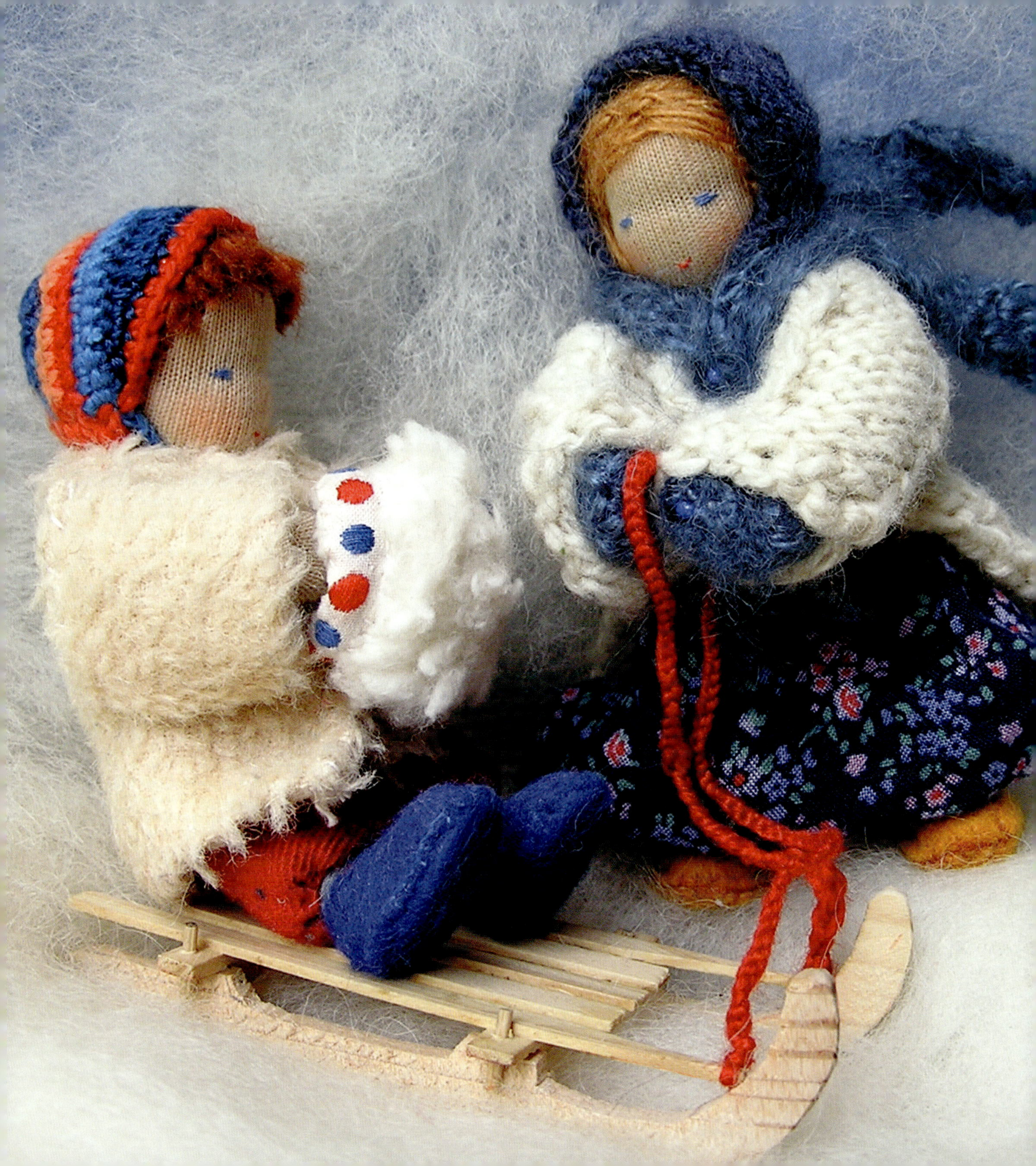

Mützen

Zipfelmützen (s. Foto S. 108 und Vorsatzpapier) werden als Dreieck gearbeitet. Wenn Sie dünnere Wolle (z.B. Alpaka-Strickwolle) benutzen, sind folgende Maschenzahlen richtig: Kleinkindergröße 16 M; Größe 1: 18 M; Größe 2: 22 M; Größe 3: 22 M.

Sie nehmen die vorgeschlagene Maschenzahl auf und arbeiten die erste Reihe wie gewohnt. 1. Reihe: 1 M r, 1 M l …, 2. Reihe: alle rechts; 3. Reihe: alle links. In den folgenden weiteren Reihen stricken Sie die ersten und die letzten beiden Maschen jeder Reihe so lange zusammen, bis keine Masche mehr übrig bleibt und so ein spitzes Dreieck entstanden ist. Dieses wird zusammengenäht und – mit der Naht nach hinten – der Puppe angezogen. Sie können, wenn Sie möchten, die Zipfelmütze mit einer kleinen Bommel schmücken.

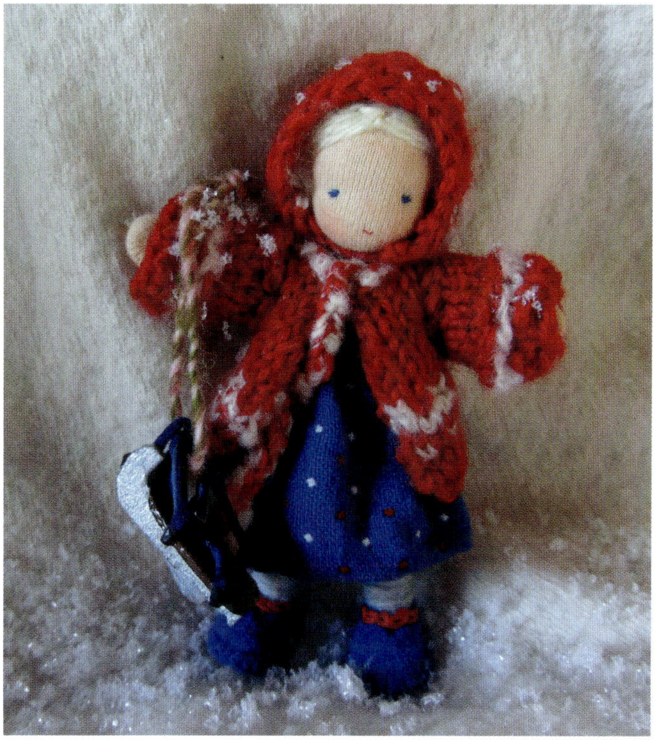

Anliegende Mützen nennen die Kinder **Rundmützen**, weil sie keine Zipfelform haben und keine Bommeln. Sie liegen am Puppenkopf an und haben die gleiche Form wie Babymützen (s. S. 154f.). Sie können gestrickt, gehäkelt oder aus Wollstoffresten, Filz oder Fell genäht werden.

Um einen passenden Papierschnitt zu schneidern, genügen die Maße des Kopfumfangs von Schulter zu Schulter ihrer Puppe und die Tiefe bzw. Breite der Mütze. Die Form der Lücke am Hinterkopf ähnelt einem abgerundeten Rechteck. Diese Rundmützen werden vorne mit je einer dünnen Kordel oder einer Luftmaschenreihe versehen, um sie vorne zubinden zu können.

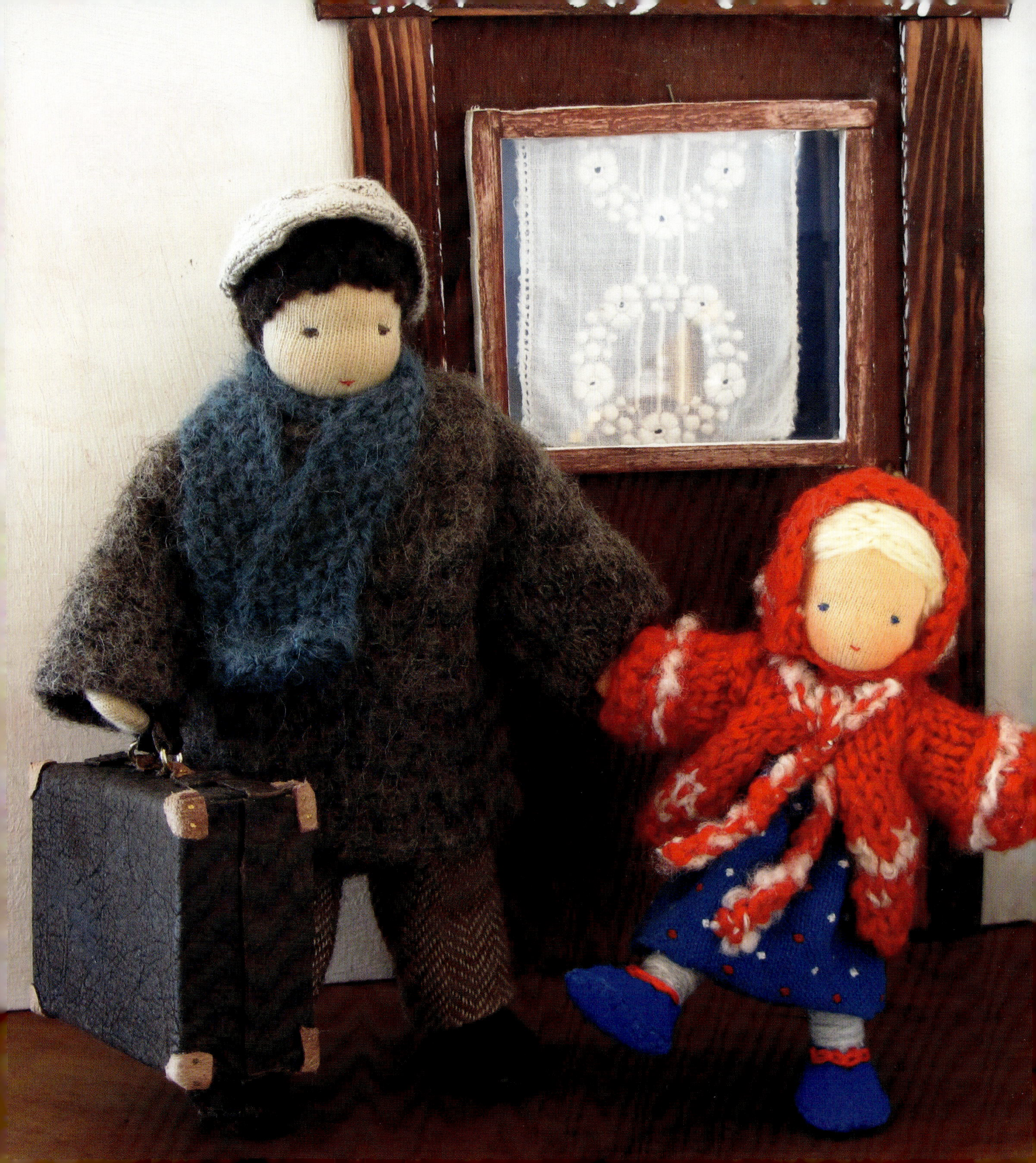

Rucksack für die Reise

Auch Puppen wollen verreisen und sind ebenso aufgeregt wie Ihr Kind, wenn ein Ausflug vor der Tür steht. Als Anregung stellen wir hier einen passenden Rucksack aus Wollfilz vor.

Der angegebene Vorschlag ist einfach auszuführen; Kinder können mit Unterstützung sogar mithelfen.

Geeignet ist ein Stück Wollfilz, 8 x 18 cm für den Rucksackschnitt, die kleine Tasche und die beiden Träger.

✿ Der Schnitt wird übertragen und mit Schlingstichen (siehe Abb. 56, S. 59) geschlossen. Hübsch sieht Sticktwist aus, auch in einer anderen Farbe als der Filzstoff.

Soll die kleine Tasche verziert werden, vielleicht mit einem Herz oder mit einer Blume? Solchen Schmuck können Sie am besten vor dem Annähen vorher sticken. Dann wird er an der gestrichelten Stelle aufgenäht.

Die Rucksackseiten werden geschlossen, indem Sie Punkt A mit Punkt B verbinden und die gerade Seite zunähen (Abb. 85). Ebenso werden die Punkte C mit D an der gegenüberliegenden Seite geschlossen (s. Schnittmuster S. 175). Im nächsten Schritt wird der Boden zugenäht. Wenn Sie den Rucksack aufstellen, können Sie sich besser vorstellen, wo er geschlossen werden muss (Abb. 86). Danach wird noch ein kleiner Druckknopf angenäht.

Mit zwei je 16 cm langen, dünnen Kordeln kann der Rucksack auf jeder Seite zugeschnürt werden. Beginnen Sie dafür am Sternchenpunkt (s. Markierung am Schnitt auf S. 175 und Abb. 87) und kommen Sie vorne mittig heraus.

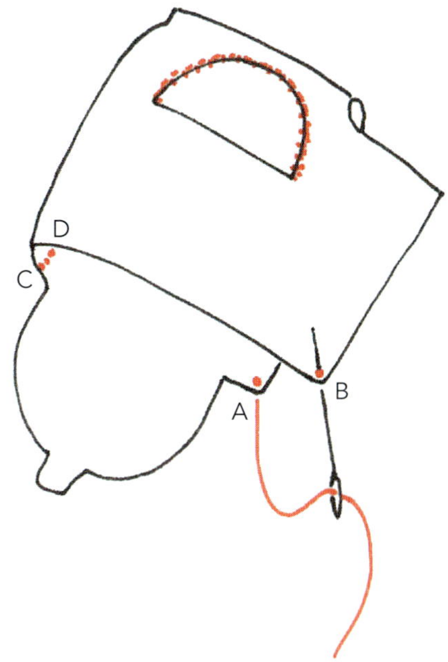

Abb. 85

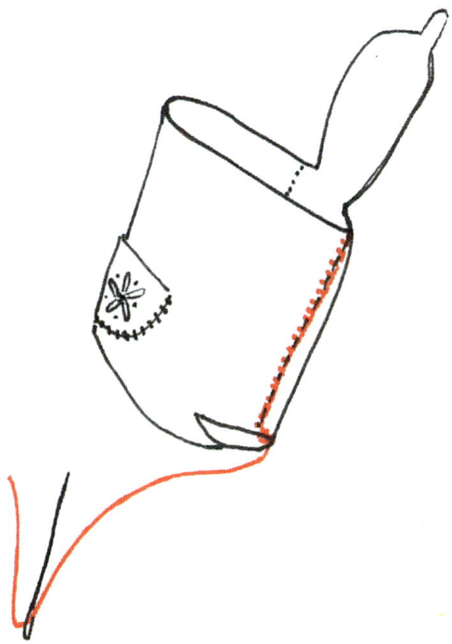
Abb. 86

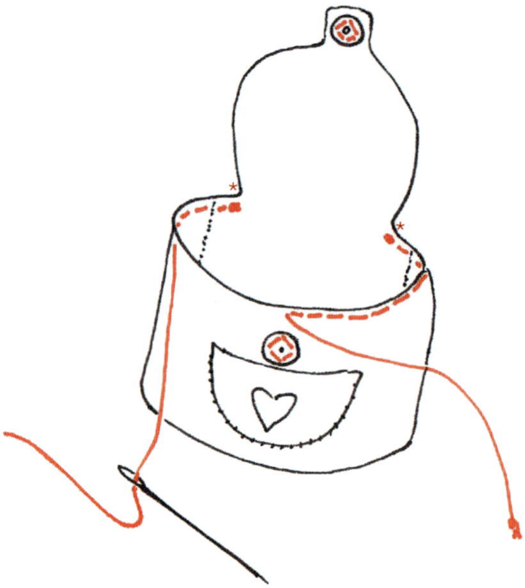

Abb. 87

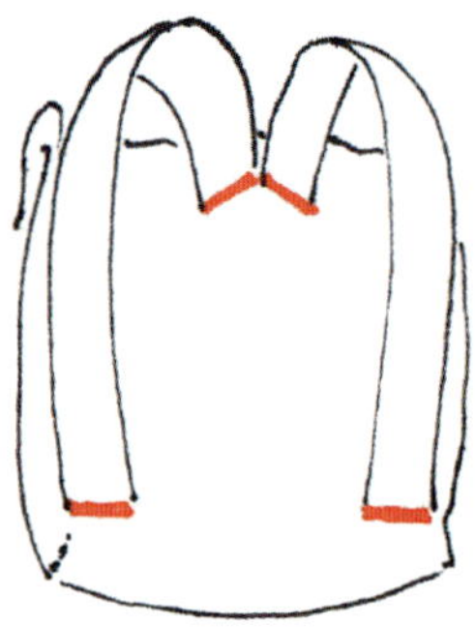

Abb. 88

Für die Träger (Abb. 88) schneidet man zwei Filzstücke von 1,5 cm x 7 cm zu. Diese werden mittig gefaltet und mit Schlingstich ebenfalls zugenäht. Die Träger werden oben an den schräg markierten Linien und unten an der kleinen Schließkante des Bodens gut befestigt. ✿✿

Mit diesem Rucksack können unsere Püppchen nun zu einer spannenden Reise in ferne Länder und zu anderen Kulturen aufbrechen …

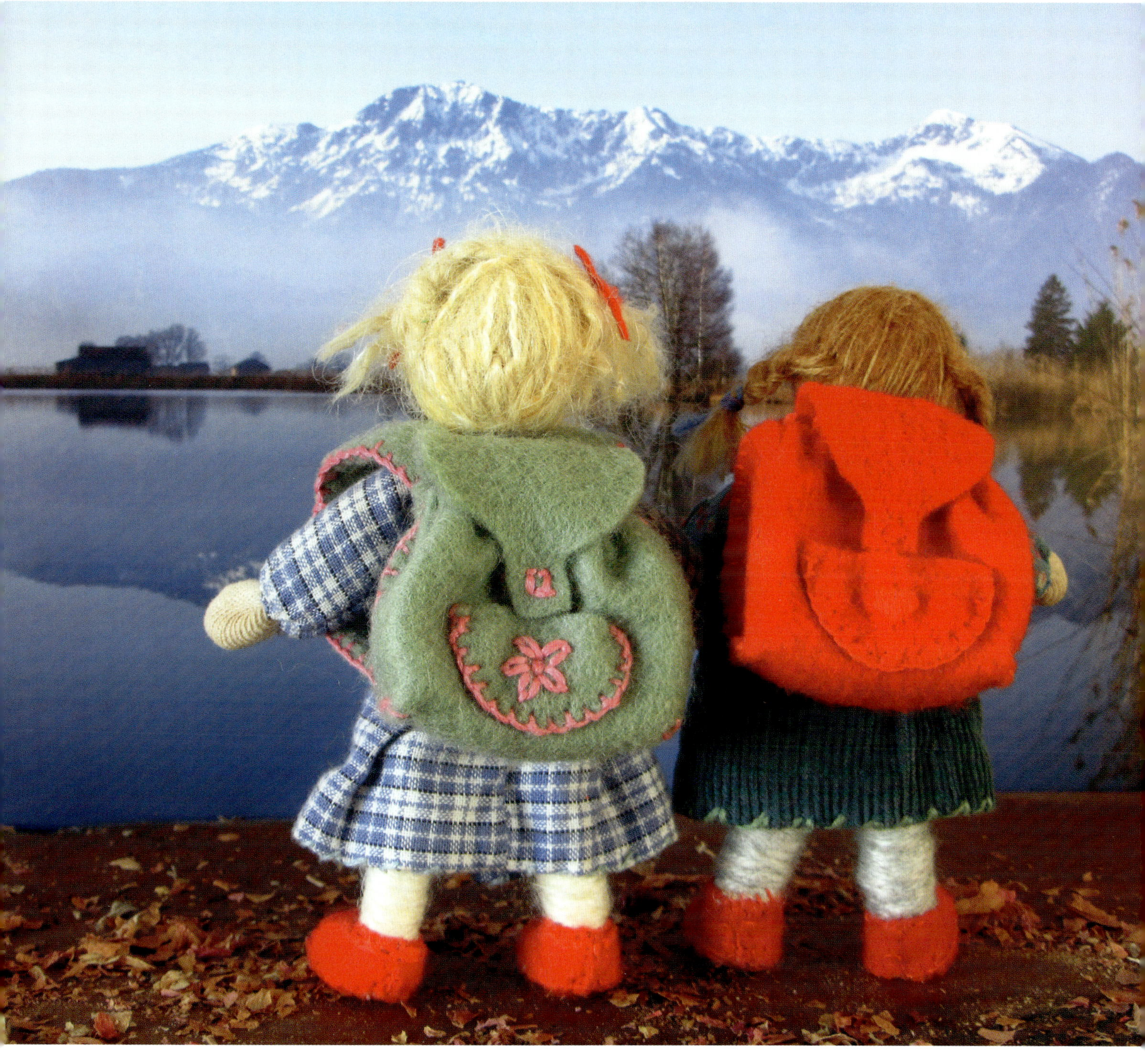

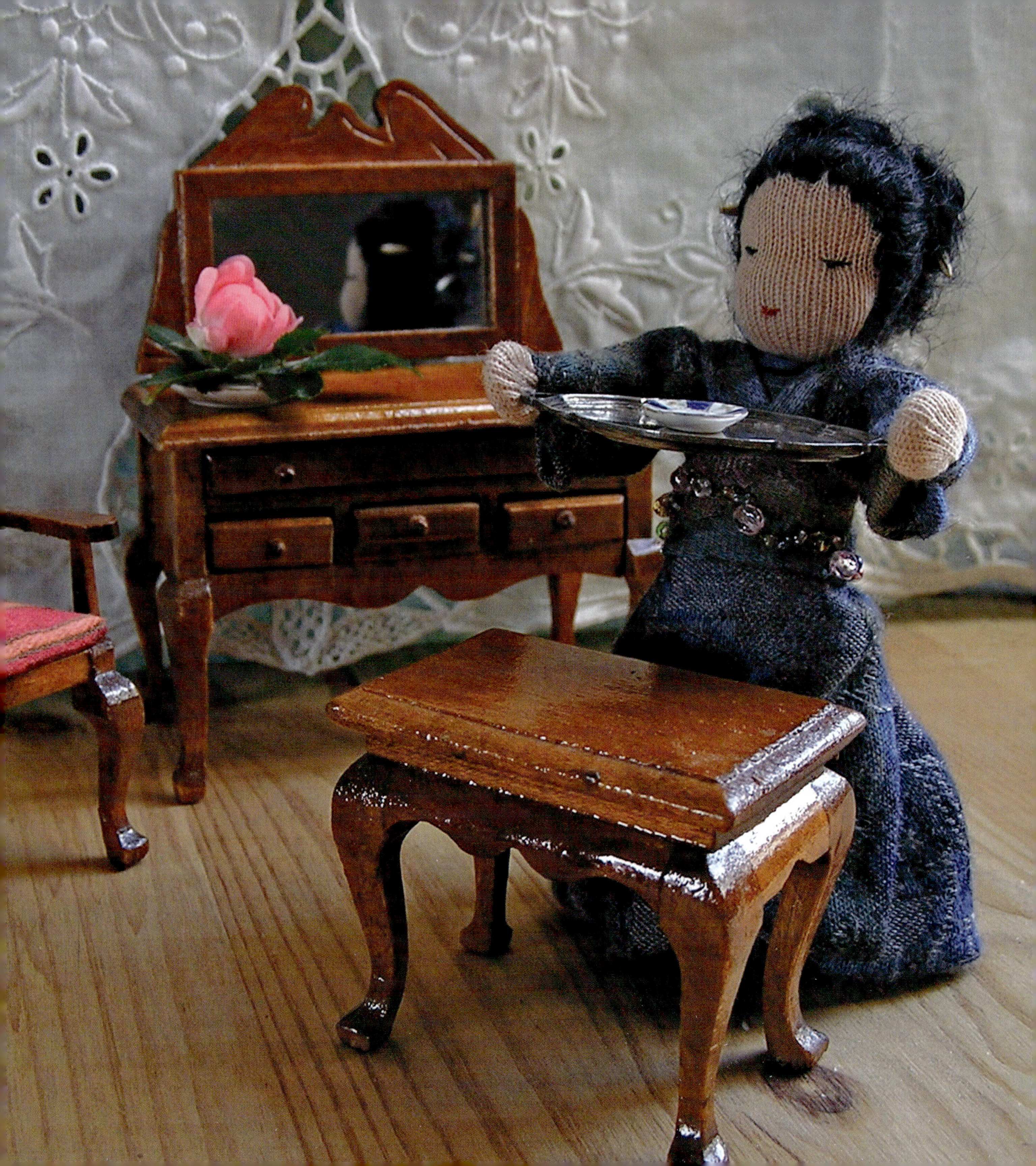

Fremde Kulturen

Als Kinder bekamen wir einmal ein kleines Buch geschenkt, in dem Menschen aus aller Welt in den verschiedenen Landschaften, in denen sie leben, dargestellt waren. Mit liebevollen Details, in kleinster Ausführung waren die Behausungen, Zelte, Häuser gezeichnet. Viele Völker mit ihren typischen Arbeiten und Gewohnheiten konnte man hier entdecken. Wir waren so gefesselt von diesen anderen Kulturen, dass wir dieses Buch immer wieder anschauen wollten. Vor allem fesselten uns die unterschiedlichen Welten, die Vielfalt der Völker auf dieser Erde.

Es ist faszinierend, sich mit den Lebensweisen der Menschen in fernen Ländern zu beschäftigen, prägt doch die Landschaft unsere Überlebensstrategie und unsere Kultur immer mit. Viele Menschen befinden sich im Zeitalter der Globalisierung unfreiwillig in einem schweren Kampf um ihren Lebensraum und ihre Tradition.

Wenn Sie sich mit diesen Unterschieden befassen und die typischen Merkmale berücksichtigen, dann können Sie sie auch an ihren Puppen umsetzen und Kleidung und Lebensweise von Menschen anderer Kontinente nachgestalten. Hier, in diesem Puppenbuch, ist es schwierig, ohne Verallgemeinerung auf die tieferen Unterschiede einzelner Volksgruppen einzugehen. Anhand von Fotos und alten Filmaufnahmen habe ich jedoch typische Merkmale herausgearbeitet, um dem ursprünglichen Charakter einigermaßen gerecht zu werden.

Unsere Puppenkinder besuchen zunächst drei indigene Völker des Nordens, die auch als Vertreter für viele andere Kulturen stehen sollen: die Eskimos bzw. Inuit, die Samen und einen nordamerikanischen Indianerstamm. Im Anschluss daran finden Sie einige Gestaltungsideen für eine ethnische Minderheit in Europa – die Sinti und Roma – sowie für einige asiatische und afrikanische Szenerien.

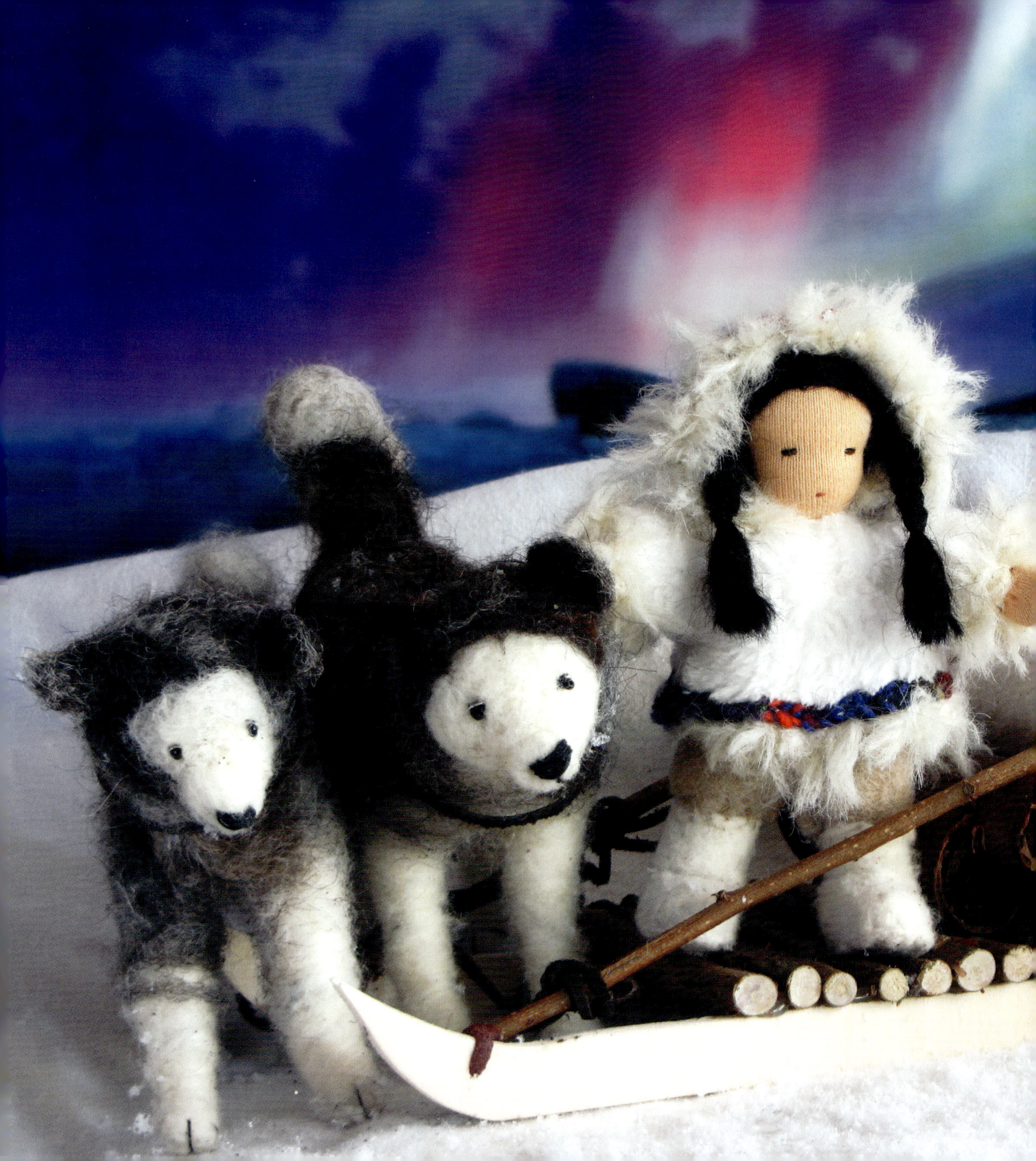

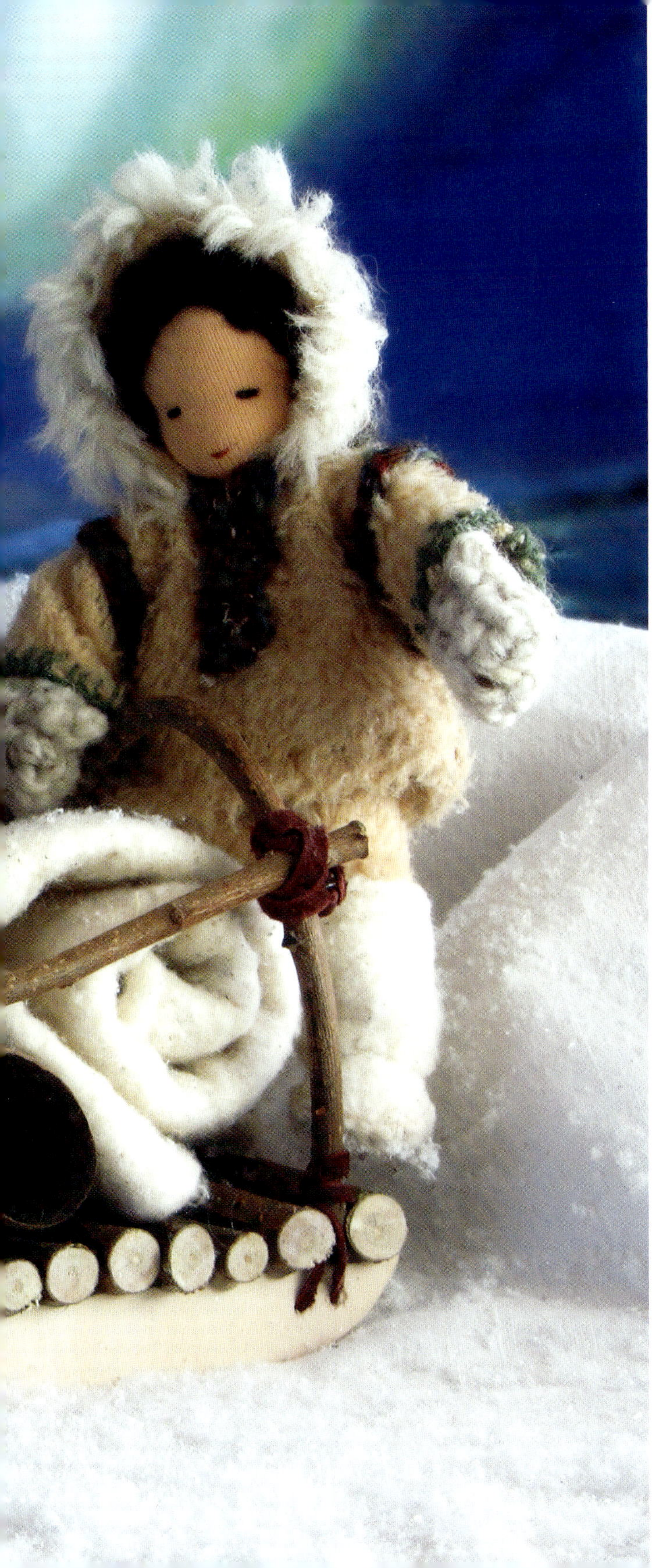

Die Eskimos (Inuit)

Eskimokleider werden aus Pelzen gefertigt. Sie bestehen aus drei Lagen: aus Unterwäsche, einer Fellschicht nach innen und einer äußeren, wetterabweisenden Fellschicht. Die Felle werden nicht gefärbt, passen sich so der Landschaft zur Tarnung gut an und sind in weiß-bräunlichen oder gräulichen Farbtönen. Gerne schmücken die Eskimo die Übergangsränder ihrer Felle mit Borten oder Stickereien. Diese dienen nicht nur dem Schmuck allein, sondern auch zur Stabilisierung der Nähte.

Die Kapuzen oder Ärmelabschlüsse werden oft mit flauschigem Polarfuchsfell versehen, um die Menschen zusätzlich vor dem starken Wind zu schützen.

Für unsere Puppen können wir die Kleidung alternativ aus flauschigen Woll- oder Baumwollstoffen anfertigen sowie aus pelzähnlichen Materialien, wie Teddystoffen oder Wollvliesen.

Puppenkleider bestehen nur aus einer einzigen Schicht. Um das Füllige der Kleidung auszudrücken, werden die Schnitte großzügig gemessen.

Die vorgeschlagene Kleidung unserer Püppchen bekommt aufgenähte Borten, und der Abschluss der Kapuze, der Ärmel oder Hemden, wird mit «Grisly-Wolle» umrandet (s. auch «Bezugsquellen», S. 17).

Die Schnitte (S. 176f.) gelten für Jungen wie für Mädchen, da beide Geschlechter Hosen tragen.

Das Foto stellt den Jungen Tarkik in Größe 2 und das Mädchen Kanut in Größe 1 vor. Dazu benötigen Sie einen Puppenkörper in Größe 2 oder 1, vorbereitet mit umwickelten Beinen (als Strümpfe, s. S. 51ff.), ohne Haare.

Die Gestaltung der Kleidung

Übertragen Sie die Schnitte auf die Stoffe Ihrer Wahl. Eine kleine Nahtzugabe ist schon inbegriffen. Flauschiges Material lässt sich leicht per Hand schließen.

Hose

Beginnen Sie mit der Hose. Nachdem sie an den Beinen zugenäht wurde, wird sie der Puppe angezogen und am Bund direkt an den Puppenkörper befestigt.

Oberteil

Machen Sie vorne, vom Halsausschnitt zur Brust, einen 2 cm tiefen Schnitt, damit der Kopf durch die Kleidung passt.

Schmücken Sie zunächst das Oberteil mit einer dünnen Borte an den gezeichneten Linien. In unserem Fall wurde sie aus bunter Strickwolle geflochten. Dafür können Sie einen schlichten Zopf aus drei bzw. sechs Strängen flechten oder einen «Viererzopf» auftragen. Unterschiedliche Farbnuancen in den Wollfäden sehen besonders hübsch aus.

Da die Länge der Borten variiert, empfiehlt es sich, die Borte mit dem Flechten zu beginnen und sie nebenbei, mit normalem Nähgarn, gleich an der Kleidung festzunähen. So arbeiten Sie sich stückweise vorwärts und können jederzeit die Borte zur gewünschten Länge passend abschneiden. Lassen Sie die Enden der Wollfäden später in den Nähten der Ärmel verschwinden.

Nun wird das Oberteil an den Ärmeln geschlossen und der Puppe über den Kopf angezogen. Schließen Sie den Halsausschnitt mit ein paar Stichen mit passendem Nähgarn. Wenn, wie beim Beispiel des Jungen, eine Borte auf Brusthöhe sein soll, kann sie jetzt dort aufgenäht werden.

Mädchen haben an ihrem Oberteil manchmal denselben flauschigen Abschluss, wie er auch an der Kapuze angebracht wird. Beginnen Sie dafür mit der Grisli-Wolle an einer Stelle und vernähen Sie diesen Anfang. Arbeiten Sie sich stückweise voran, bis der Rand fertig umnäht ist. Dann die Wolle abschneiden.

Kapuze

Die Kapuze wird vorbereitet und – vor dem Anbringen am Oberteil – an der Naht geschlossen. Typisch bei den Eskimovölkern sind der pelzige Abschlussrand und die Borte darauf. Die Borte wird an der gezeichneten Linie aufgenäht. Die Grisli-Wolle, als flauschiger Abschluss, wird per Hand mit eher breiten Stichabständen rundherum festgenäht. Nun kann die fertige Kapuze am Oberteil befestigt werden. Beginnen Sie dafür hinten mittig am Halsausschnitt und arbeiten Sie sich gleichmäßig an beiden Seiten nach vorne.

Haare

Meistens sind die Haare der Eskimo schwarz und glatt. Dafür können Sie normale schwarze Strickwolle benutzen. Die Mädchen bzw. Frauen haben immer Zöpfe mit Mittelscheitel und die Buben und Männer einen normalen bis schulterlangen Haarschnitt.

Gesicht

Die Augen sind dunkelbraun bis schwarz, der Mund kann rötlich aufgestickt werden. Die Backen können wegen der Kälte, in der die Eskimos leben, ruhig rot sein. Manche Eskimos haben mandelförmige Augen, wie man sie auch bei vielen ostasiatischen Menschen findet.

Ich habe die Puppen hier blass gelassen, um den Lichtmangel auszudrücken, mit dem diese Völker im Winter zurechtkommen müssen.

Schuhe

Beide Eskimopuppen haben Stiefel, die sich an dem Beispiel der Reiterin, S. 60f., orientieren. Nur sind sie hier dicker und flauschiger. Sie werden über die dicke Hose angezogen und direkt an der Puppe befestigt (s. den Schnitt S. 176f.).

Handschuhe

Da es wirklich sehr kalt im Norden ist, brauchen unsere Puppen natürlich kleine Fäustlinge: Dafür verwenden Sie eine Häkelnadel Nr. 4 und festere Strickwolle.

Auf drei Luftmaschen werden 7 Reihen feste Maschen hochgehäkelt. Oben angekommen, wird der zunächst viereckige Handschuh mit einem ca. 50 cm langen Faden an beiden Seiten zusammengenäht und an der Klappstelle mit inwendigem Faden etwas enger gezogen, damit er abgerundet erscheint, wie ein echter Fäustling eben.

An einer Seite sticken Sie mit der Nadel ein paar Stiche oder Knötchen übereinander – wie eine Verdickung, als wäre dort ein kleiner Daumen. Der Faden wird vernäht und abgeschnitten. Der zweite Fäustling ist genauso.

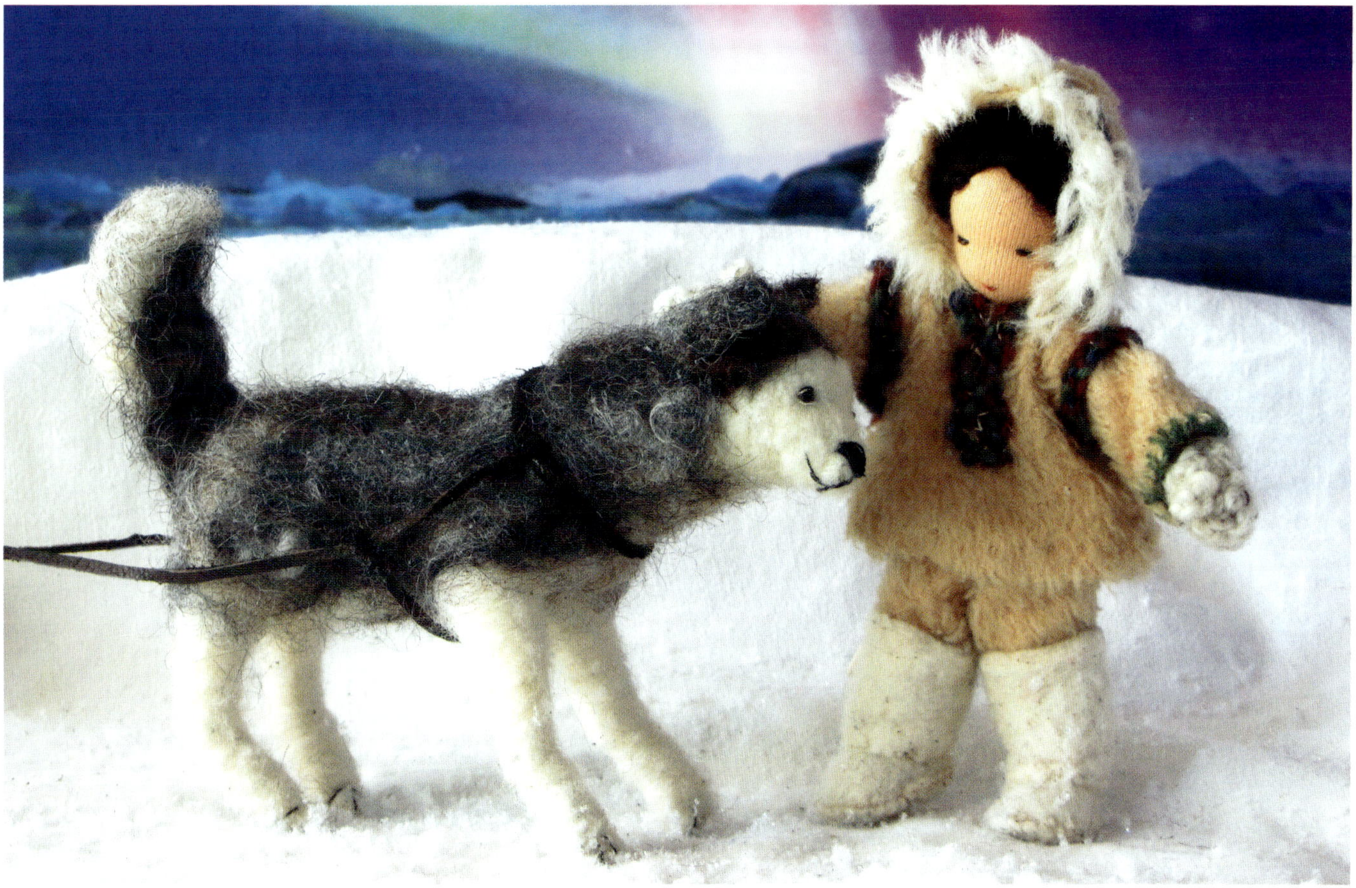

Die Samen (Lappen)

Fröhlich sind die Völker im Norden Skandinaviens gekleidet! Symbolisch finden wir in ihrer Tracht das Blau für Himmel und Wasser, das Grün für die Erde und die Natur, das Gelb für die Sonne und die Langlebigkeit, das Rot für Wärme, Licht und Feuer.

Der blaue schwere Walkstoff, als Untergrund ihrer Kleidung, wird kunstvoll mit gewebten und gestickten Borten am Halsausschnitt, an Ärmel, den Schultern und dem Schößchen in roten, grünen und gelben Farbtönen geschmückt. Die Samen unterscheiden sich untereinander und haben sehr verschiedene Arten der Schmuckanbringung. Welche Farben in den Borten dominieren und an welcher Stelle sie diese anbringen, hängt sehr davon ab, aus welcher Gegend sie kommen. Für unsere Puppen ist hier nur eine Skizze dieser Kultur als Stimmungsbild möglich.

Der Junge Jlmar hat die typische blaue «Vierspitzenkappe» und ein Oberteil mit volantähnlichem Abschluss, dem Schößchen, mit selbst gestickten Borten. Samenmädchen und Frauen tragen gerne wadenlange Röcke. Unsere abgebildeten Mädchen Kajisa und Mari tragen rote Hüte und einen roten Umhang mit Fransen.

Alle Samen haben fest um den Kittel einen Gürtel gebunden. Bei den Mädchen und Frauen werden die Enden des Schals vom Gürtel festgehalten. Die Schuhe bzw. Stiefel haben eine typische Form mit gebogener Spitze nach oben (s. die Beschreibung vom Samenmädchen, S. 129ff.).

Ursprünglich wurde die Kleidung der Samen aus Tierfellen gefertigt: die Hosen aus Rentierleder, die Schuhe oft aus Seehundfell. Wir benutzen für unsere Puppen hier Filz oder Walkstoffe aus Schafwolle.

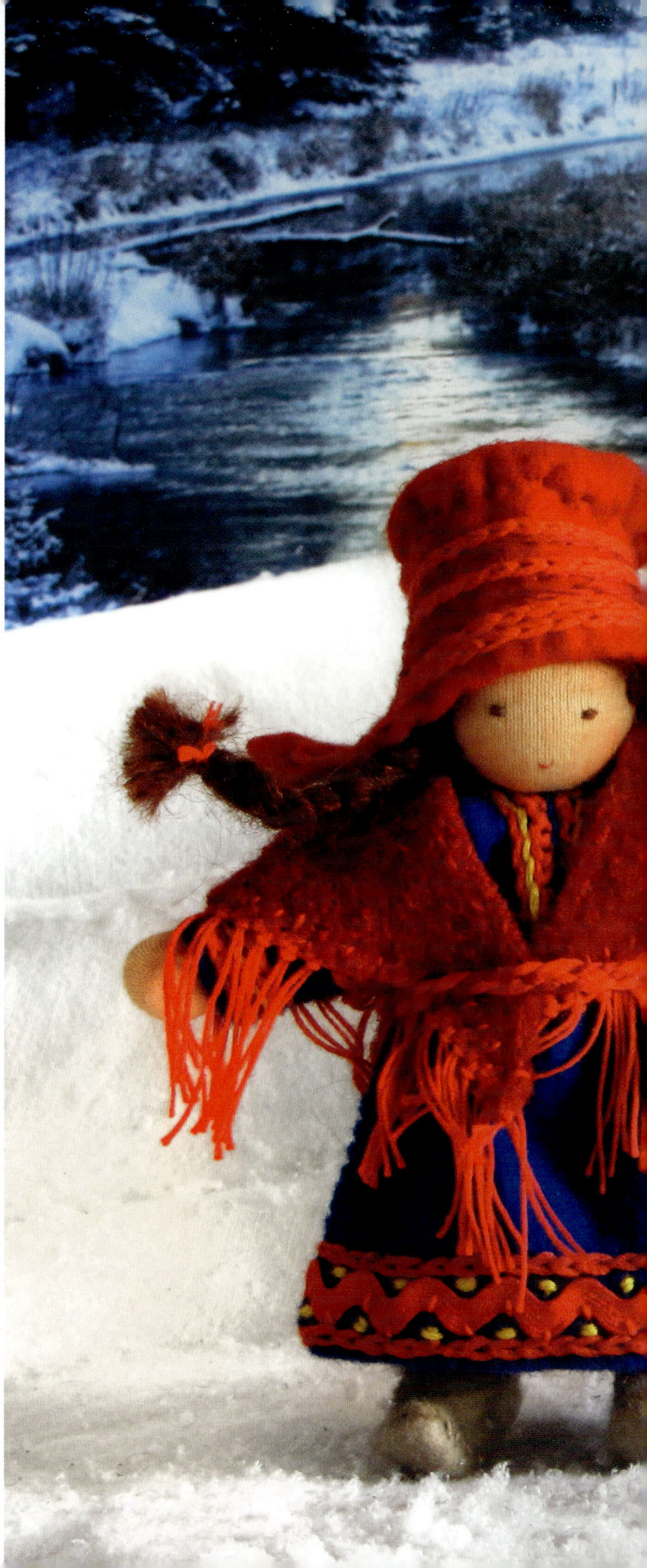

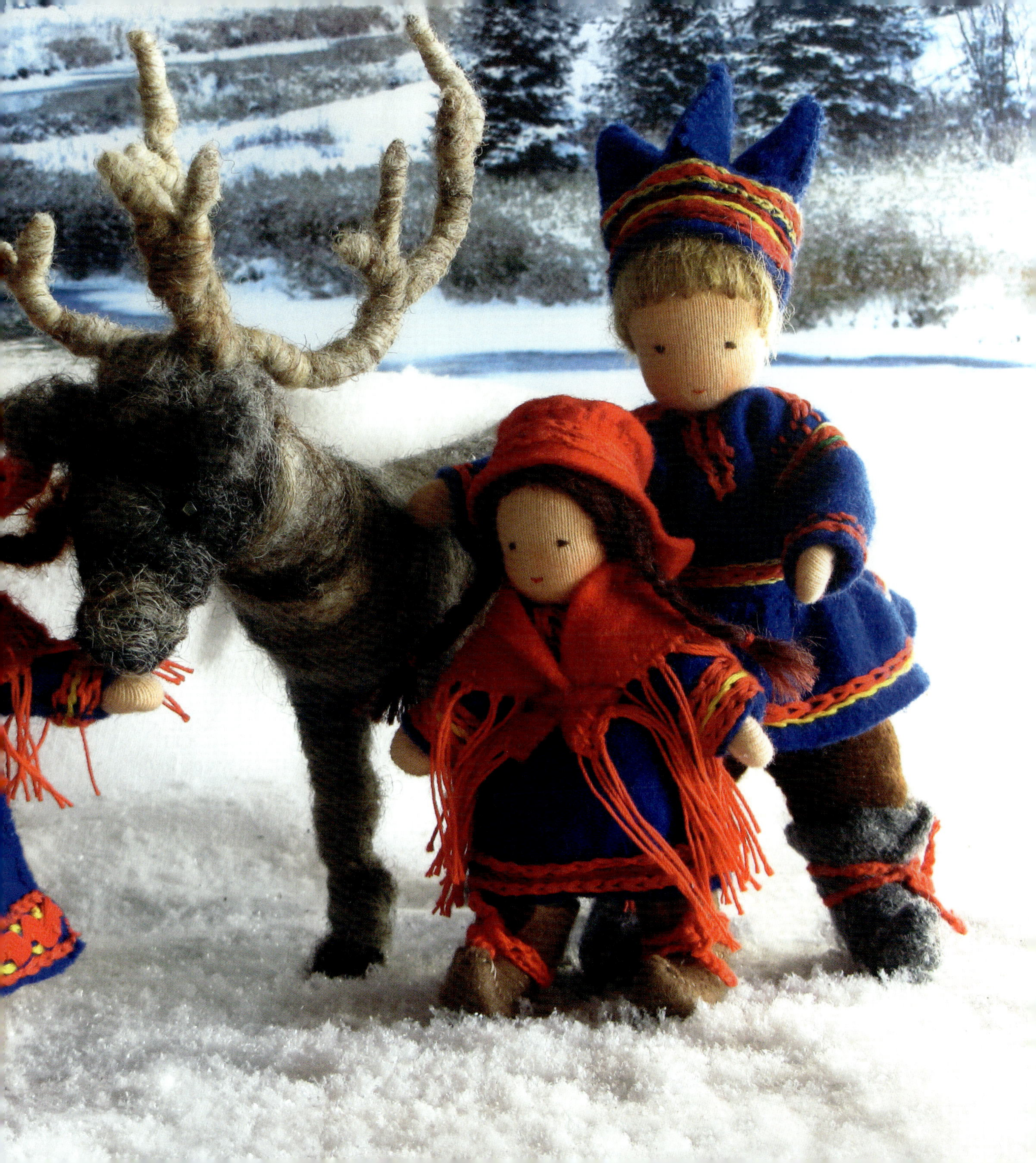

Sami-Junge in Größe 2

Sie brauchen für den Sami-Jungen eine vorbereitete Grundpuppe in Größe 2 mit fertig umwickelten «Strümpfen», aber ohne Haare und Gesicht.

Kleidung, Oberteil

Man benötigt blauen festen Wollfilz, dazu Stickgarne in Rot-, Gelb- und Grüntönen.

Das schöne blaue Oberteil, Gákti genannt, ist einem Kittel ähnlich, mit einem typischen Schößchen. Es wird durch einen Gürtel zusammengehalten, der auch separat bestickt wird.

Schneiden Sie nach dem Schnitt auf S. 178 das Oberteil aus. Vorne wird ein 2 cm tiefer Schnitt eingeschnitten, damit man den Kittel später über den Kopf bekommt (s. gezeichnete Linie).

Die Stickarbeit geht vor dem Anziehen der Puppe leichter, daher schlagen wir das der Einfachheit halber hier vor. Nehmen Sie sich dafür Zeit und lassen Ihrer Fantasie freien Lauf. Kettenstiche können sich mit Stiel- oder Schlingstichen abwechseln (s. Abb. 91). Wechseln Sie bei jeder Reihe die Farbe Ihres Stickgarnes. Was für die kleinen Puppen die Reihe ist, ist bei den Samen eine ganze Borte.

Falls Sie sehr dünne Litzchen haben, können Sie diese auch in Ihre Stickarbeit integrieren (s. die Beschreibung zum Rock des Mädchens).

Das Schößchen wird aus einem Stück Filz, 24 cm x 2,5 cm, ausgeschnitten und separat an einem Rand entlang bestickt. Dann wird es gekräuselt, die Falten werden gleichmäßig verteilt und an das Oberteil geheftet. Mit der Hand geht diese Arbeit leichter als mit der Nähmaschine, da Sie den minimalen Rand besser auflegen können.

Hose

Mit braunem Filz wird die Hose wie gewohnt genäht und der obere Rand am Bauch der Puppe angeheftet.

Gürtel

Der enge Gürtel (s. Abb. 91) bekommt Druckknöpfe und umschließt den Kittel eng und etwas tiefer als die Taille. Da die Maße sich nach Ihrer eigenen Puppe richten, legen Sie ein Stück blauen Filz um den «Bauchumfang» Ihrer Puppe und messen Sie so die passende Größe aus. Rechnen Sie 1 cm zusätzlich für die Überlappung des Druckknopfs bei der Länge mit ein. Die Breite des Gürtels beträgt ebenfalls 1 cm.

Falls Sie etwas fester sticken sollten: Achten Sie darauf, die Arbeit manchmal in der Länge zu dehnen, damit Sie die gemessene Größe nicht verkleinern.

Mütze des Jungen

Die Mütze (Abb. 90) besteht aus zwei Teilen und ist für die Jungen bzw. Männer blau; sie wird mit roten Borten versehen.

Im ersten Schritt werden die Zackenspitzen viermal ausgeschnitten und aneinandergenäht. Wenn Sie zwei Teile übereinanderlegen, können Sie eine ganze Zacke gut miteinander schließen. Arbeiten Sie sich pro Zacke weiter (s. Schnittmuster S. 178 und Abb. 89 a – d). Füllen Sie die Lücken der Spitzen inwendig mit etwas Schafwolle oder Watte aus, damit die Mütze aufgestellt bleibt.

Danach, im zweiten Schritt, wird das breite Band um die Stirn aus einem Stück blauem Filz ausgeschnitten: 2 cm x 10,5 cm. Halten Sie dieses Band an

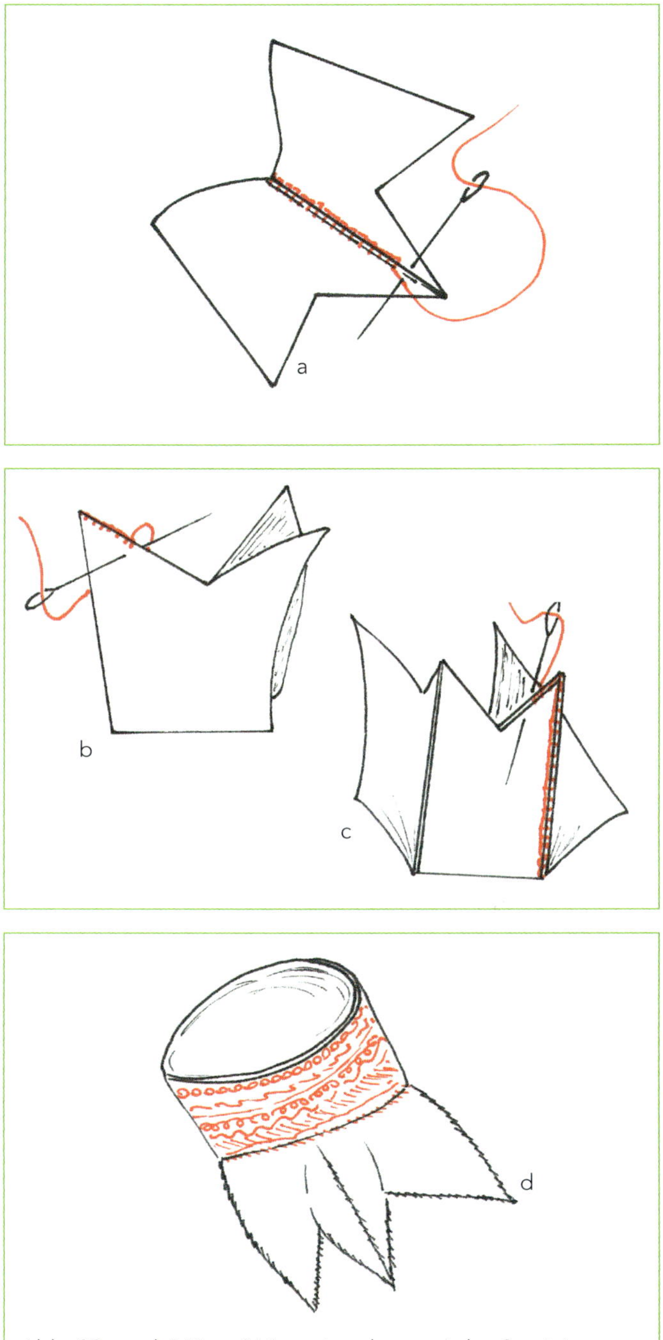

Abb. 89 a – d: Mütze («Vierspitzenkappe») des Sami-Jungen

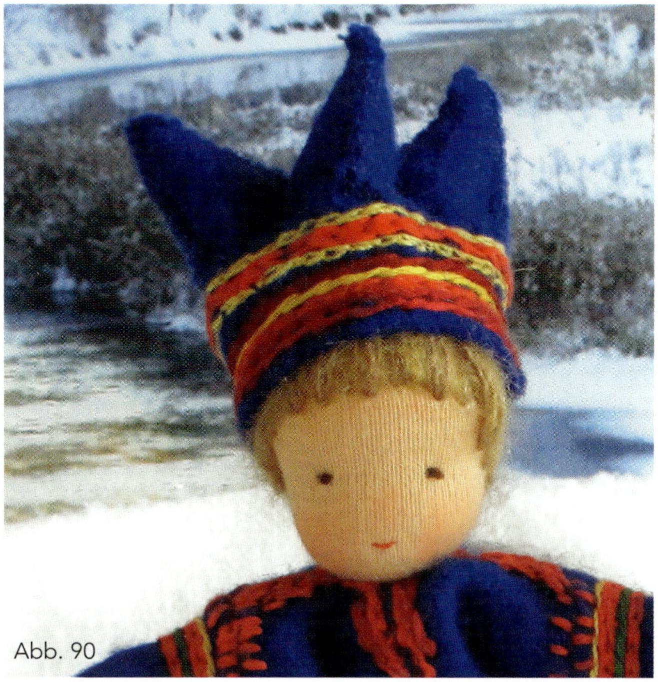

Abb. 90

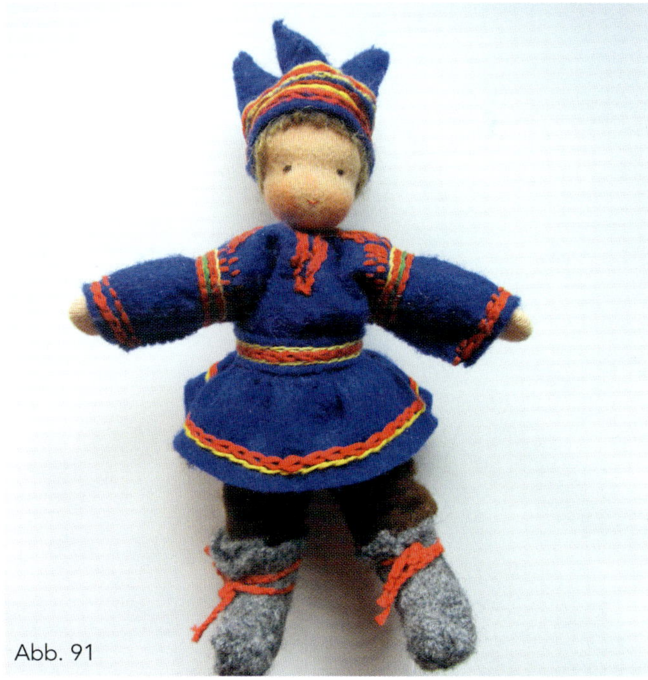

Abb. 91

den Kopf der Puppe, um zu kontrollieren, ob es ihr auch passt. Dann wird es als Ring geschlossen und mit dem vorbereiteten Vierspitzenteil verbunden.

Nun kann das «Stirnband» nach eigener Kreation bestickt werden. Achten Sie auch hier darauf, nicht enger zu werden, indem Sie die Mütze immer mal zwischendurch wieder dehnen.

Mit einer Zacke nach vorne wird die Mütze dem Sami-Jungen angezogen.

Haare

Samen haben unterschiedliche Haarfarben, je nach Gebiet, aus dem sie stammen. Die Farbe variiert zwischen Blond und Dunkelblond bis Braun. Die weiblichen Samen haben Zöpfe.

Gesicht

Sticken Sie ein fröhliches Gesicht mit braunen Augen und einem roten Mund und malen Sie rote Backen.

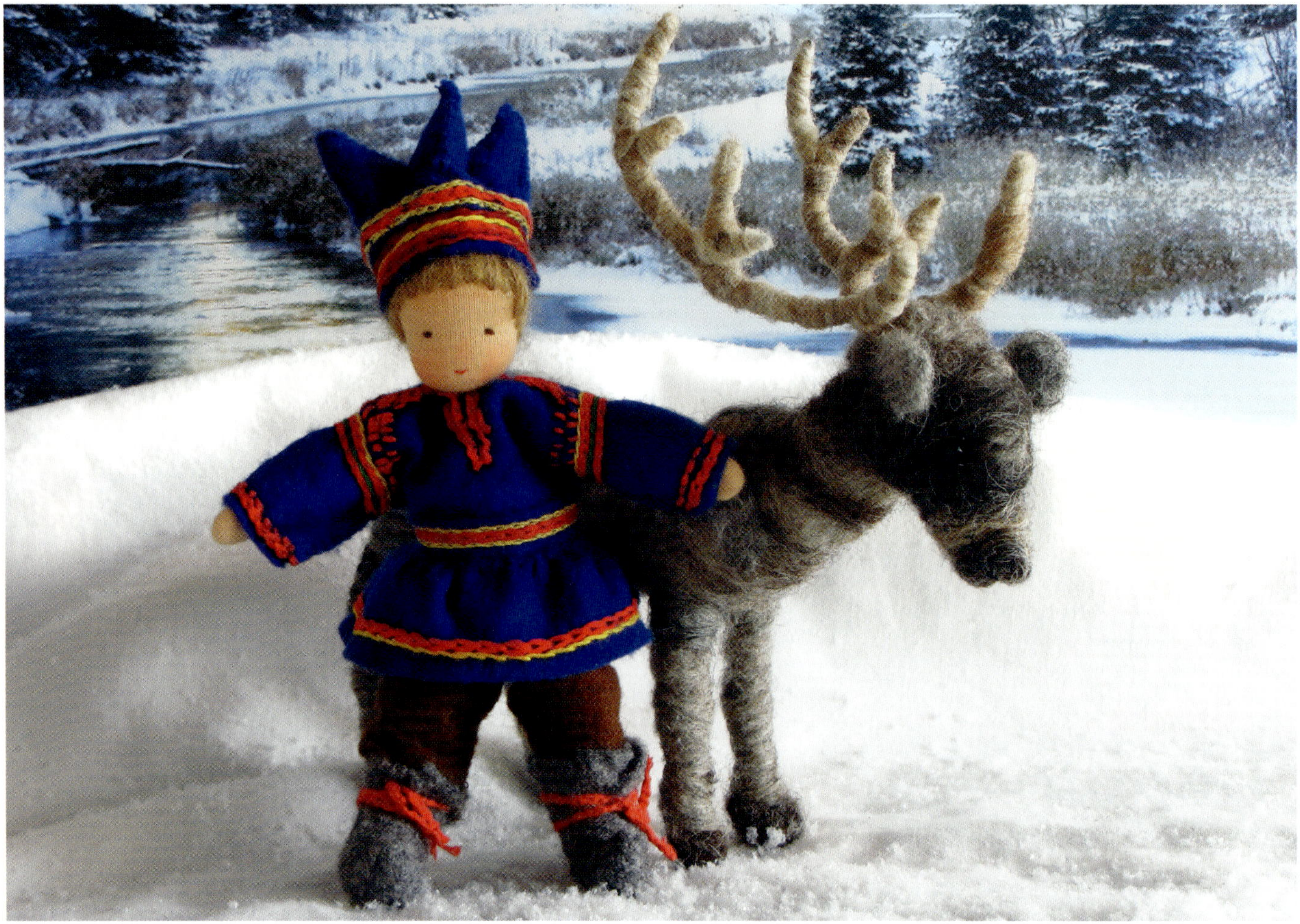

Sami-Mädchen in Größe 1 oder Kleinkindgröße

Sie brauchen für diese Ausführung eine vorbereitete Grundpuppe in Größe 1 oder Kleinkindgröße (s. S. 156), mit fertig umwickelten «Strümpfen», aber ohne Haare und Gesicht.

Bei der Kleidung der Sami-Mädchen oder -Frauen spielt das Rot eine größere Rolle, daher benötigen Sie roten, festeren Wollfilz und Stickgarne in Rot- und Gelbtönen.

Kleidung, Oberteil

Das kittelähnliche Oberteil wird passend zur Puppengröße zugeschnitten (s. Schnitt S. 179). Auch hier wird am Hals, wie beim Jungen, 2 cm eingeschnitten. Danach wird das Oberteil hübsch bestickt (Abb. 92) und zuletzt an den Seitennähten geschlossen. Nun kann es der Puppe angezogen werden (Abb. 93).

Rock

Der Rock (Schnittmuster S. 179) besteht aus zwei Teilen, die erst nur an einer Seite verbunden werden (s. Abb. 92). So kann der Bortenrand leichter angebracht oder bestickt werden. Danach schließen Sie die zweite Seitennaht und kräuseln den Rock am Bündchen (Abb. 93). Er wird über den Kittel angezogen und festgenäht.

Mütze

Die zwei passenden Teile – ein Stirnteil mit Ohrenklappen und ein Kreis – in der passenden Größe aus rotem Filz ausschneiden (s. Schnittmuster S. 180). Die hintere Naht des länglichen Teils schließen (s. Abb. 94). Besticken Sie das längliche Stirnteil

Abb. 92

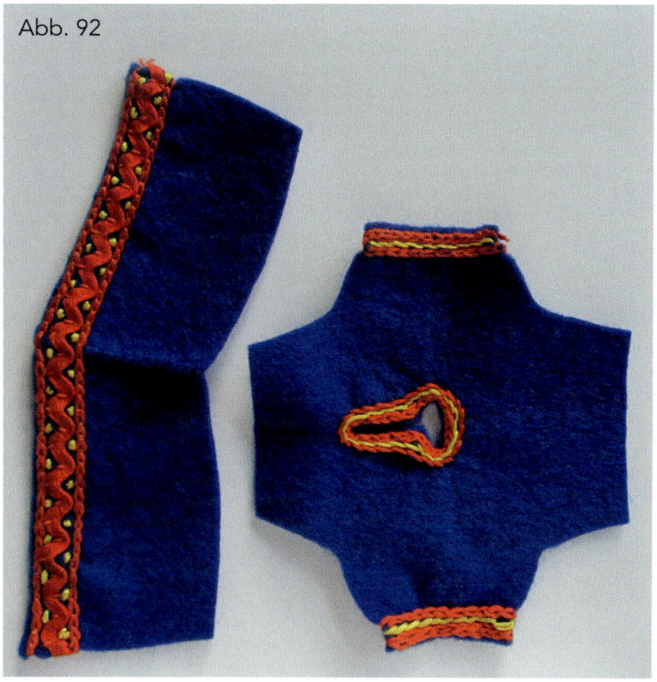

Abb. 93

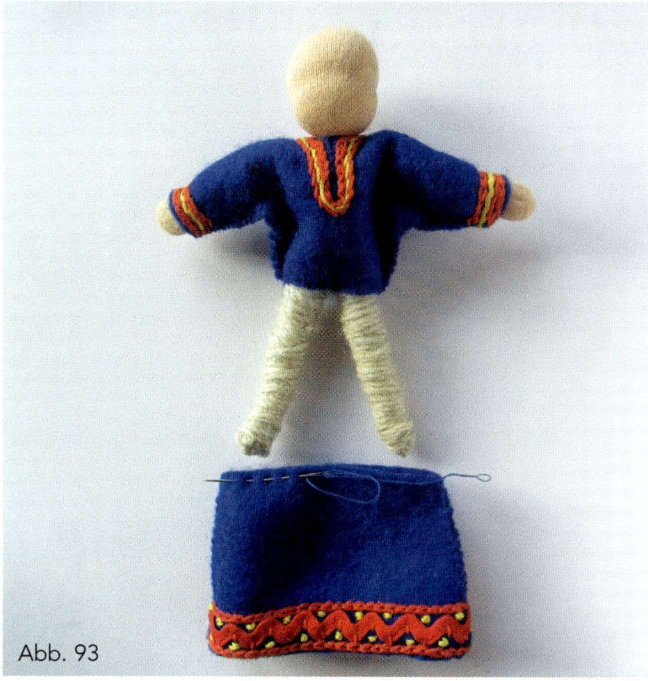

hübsch nach Ihrem Geschmack rundherum mit roten Farben. Den Kreis knapp am Rand entlang kräuseln und am Stirnteil befestigen.

Schultertuch

Die weiblichen Samen tragen ein wollenes Dreieckstuch über die Schulter. Es kann aus gewebtem Stoff oder «schottisch kariert» in Rottönen sein. Wir haben für die Puppen aus einem Rest rotem Walkstoff ein Dreieckstuch vorbereitet und daran Fransen geknüpft. Man kann aber auch roten Filz für das Schultertuch verwenden.

Halbieren Sie diagonal ein Viereck mit 11 cm Seitenlänge für die Puppengröße 1 – oder ein Viereck mit 7 cm Seitenlänge für die Kleinkindgröße (das Kleinkind wird auf S. 156 beschrieben).

Die **Fransen** werden in drei Arbeitsschritten mit 1 mm dünnem Baumwollgarn angebracht; die Arbeitsschritte für die Fransen des Dreieckstuchs sind in Abb. 95 zu sehen.

1. Da man mit einer Häkelnadel nur schwer durch Filz- und Walkstoffe kommt, werden zuerst mit einer Sticknadel an beiden geraden Teilen des Dreieckstuchs Schlingstiche am Rand entlang gestickt (s. Abb. 56, S. 58).

2. Mit einer dünnen Häkelnadel, z.B. in Größe 2, stechen Sie in die Zwischenräume der Schlingstiche hinein und häkeln eine Reihe «feste Maschen» darauf und vernähen das Ende.

3. Aus dem Baumwollgarn ca. 10 cm lange Stücke vorbereiten. Es können etwa 50-60 Stücke sein, je nach der Menge Ihrer Schlingstiche.

Halbieren Sie eine «Franse». Mit der Häkelnadel in eine feste, fertige Masche stechen und diese vorbereitete Franse mittig herausziehen. Durch die entstandene Öse werden die zwei Fadenenden der Franse durchgezogen. Ziehen Sie diese fertige Franse etwas stramm und setzen die Arbeit weiter fort, bis alle festen Maschen mit Fransen gefüllt sind. Das hübsche Tuch wird der Puppe über die Schulter gelegt, an der Brust leicht über Kreuz, und mit einem Gürtel über die Enden vorne festgehalten.

Gürtel

Als Gürtel kann man ein längeres Bändchen von ca. 20–24 cm Länge (je nach Puppengröße) flechten oder kordeln. Gut passt rotes Stickgarn oder mehrere Fäden von rotem Baumwollgarn, das hinten am Rücken zugebunden wird.

Haare

Die Samenmädchen bekommen hübsche Zöpfchen mit roten Schleifen oder Knoten.

Gesicht

Sticken Sie wie gewohnt ein fröhliches Gesichtchen und malen rote Bäckchen auf.

Stiefel

Der Schnitt für den Stiefel findet sich auf S. 178f. Das Besondere an den Samenschuhen ist die gebogene Spitze. Die Stiefel der Mädchen auf dem Foto sind aus Filz, die des Jungen aus grauem Walkstoff. Schneiden Sie, passend zur Puppengröße, die Pappsohle und die drei Teile (Sohle, Lasche, Schaft) für die Stiefel aus dem gewünschtem Material aus.

1. Zunächst die Füßchen umknicken. Darauf achten, dass beide Beine gleich lang stehen.

2. Die Pappsohle mit etwas Holzleim aufkleben (s. Schnitt für die Samenschuhe, S. 178f.) und mit einer Wäscheklammer stabilisieren (Abb. 96). Alles gut trocknen lassen.

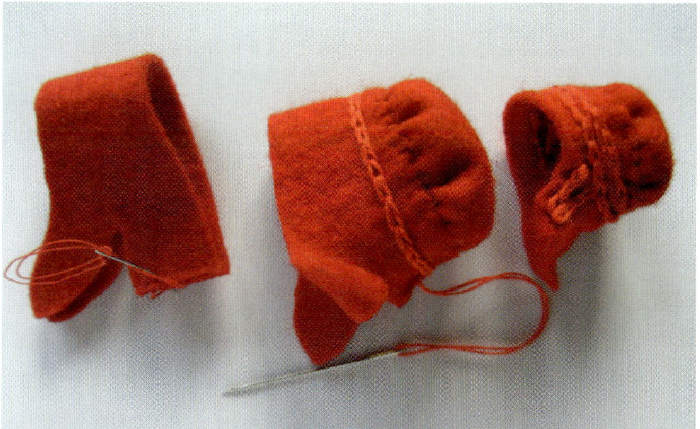
Abb. 94

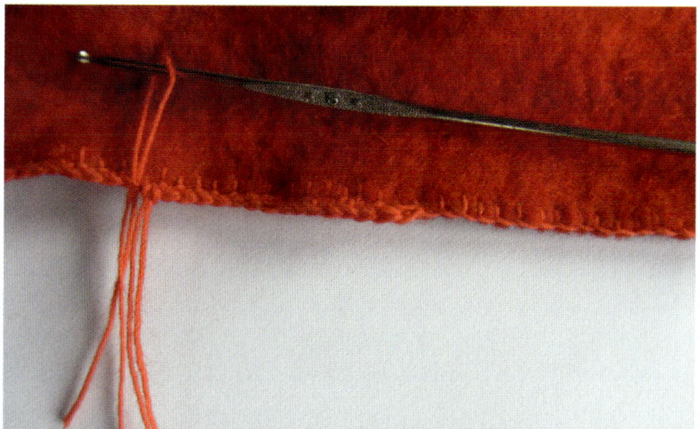
Abb. 95

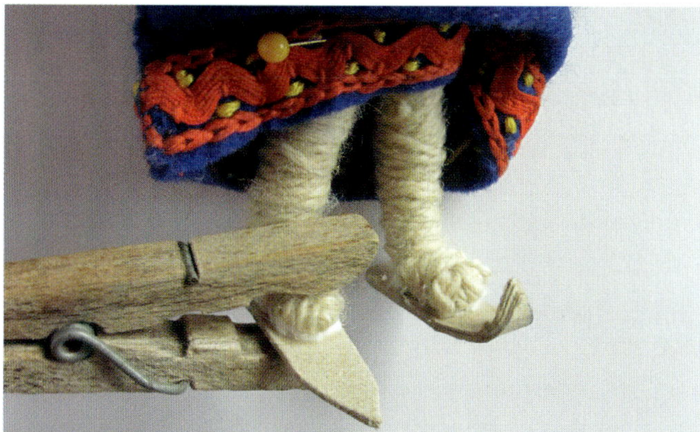
Abb. 96

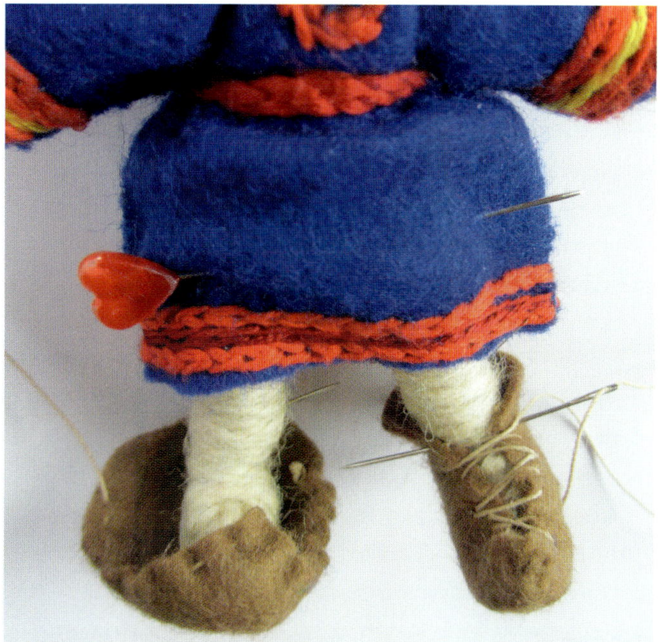
Abb. 97

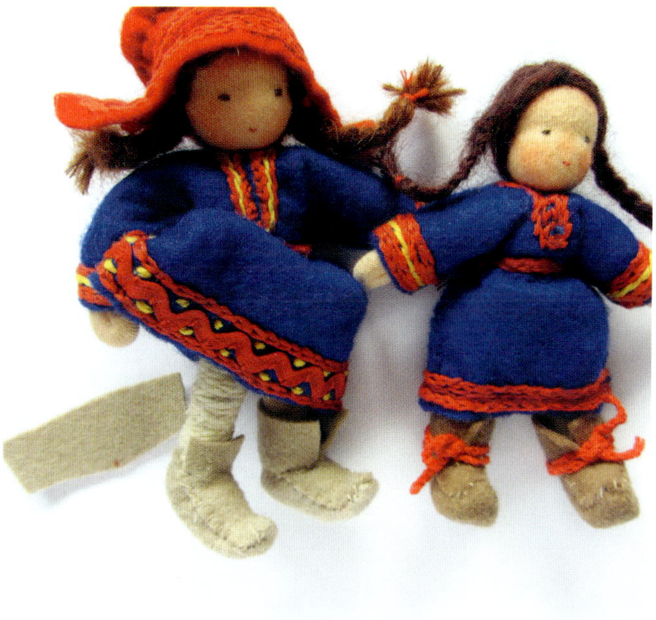
Abb. 98

3. Die Spitze der Pappsohle nach oben biegen. Dabei werden sich die einzelnen Pappschichten etwas voneinander trennen. Streichen Sie zwischen die offenen Schichten etwas Holzleim, ebenso an den Rand der Spitze. Wenn man die Pappschichten zusammendrückt, wird die Sohle stabiler. Lehnen Sie die Pappsohle an etwas an, damit sie in dieser gebogenen Form trocknen kann.

4. Hinten an der Ferse wird die Filz- oder Walksohle 1 cm hoch mit einer Stecknadel an der Puppenferse festgesteckt. Mit Leim die Sohle aus dem Walkstoff an die Pappsohle kleben. Den Rand der Sohle so kräuseln, dass sie eng am Fuß bleibt. Dann die Seiten gegenüber mit einem festen Faden zusammenspannen, als wären es Schnürsenkel. So bleibt der Schuh stramm und fest (s. Abb. 97).

5. Die Lasche auf den Schuh legen und festnähen, an der Spitze beginnend.

6. Der Schaft wird um das Bein gelegt; die Öffnung ist vorne. Mit kleinen Stichen wird er mit dem Schuh verbunden, leicht überlappend. Eine 15 cm lange rote Kordel aus Luftmaschen oder gedrehtem Stickgarn hält den Schaft am Bein fest. Sie wird zweimal um das Bein herumgewickelt und vorne verknotet (s. Abb. 98).

Indianer

Viele Jungen spielen auch gerne mit Indianerpüppchen. Man kann sie mit Pfeil und Bogen ausrüsten, ihnen Zelte und Boote bauen und dann ganz in die Welt der Indianer eintauchen. Auch hier ist es gut, sich durch entsprechende Bücher anregen zu lassen und sich über ihre Kunst der Bemalung, die Muster ihrer Kleidung und die Art des Zeltbaus zu orientieren.

Im Folgenden werden einige Anregungen gegeben, die sich an die Welt der nordamerikanischen Indianerstämme anlehnen.

Indianerjunge (Größe 1)

✿ Weil das **Trikot** für den Indianer dunkler ist als die normale Trikot-Hautfarbe, haben wir ein Stück Trikotstoff mit *Schwarztee* gefärbt. Es genügt, wenn Sie den Stoff in einer Tasse mit starkem Tee einige Minuten ziehen lassen. Dabei muss man den Stoff gut umrühren, damit keine ungleichmäßigen Verfärbungen entstehen. Wenn Sie mit der Farbintensität zufrieden sind, drücken Sie den Trikotstoff gut aus und bügeln ihn trocken. Mit diesem gefärbtem Stoff werden *Gesicht* und *Hände* des Indianerjungen überzogen.

Die **Kleider** für diesen Indianerjungen sind aus Wildleder. Da dieses Material schwerer zu verarbeiten ist als Stoff, brauchen Sie manchmal einen Fingerhut und eine kleine Zange. Das Ergebnis ist aber umso schöner. Natürlich können Sie dieses Kostüm auch aus Filz oder vielleicht aus selbst bemaltem Stoff herstellen. Da die Puppen manchmal doch unterschiedlich «dick»

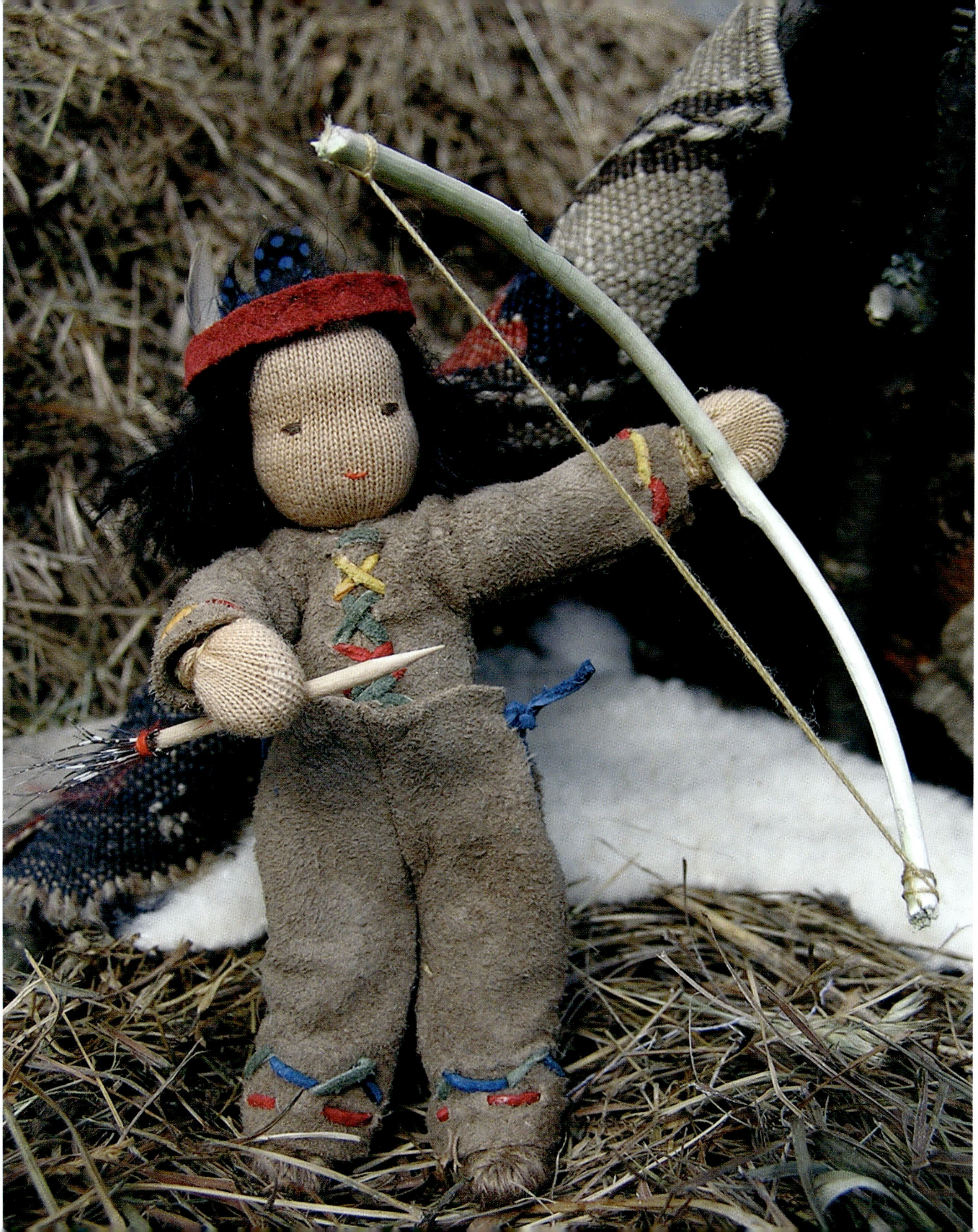

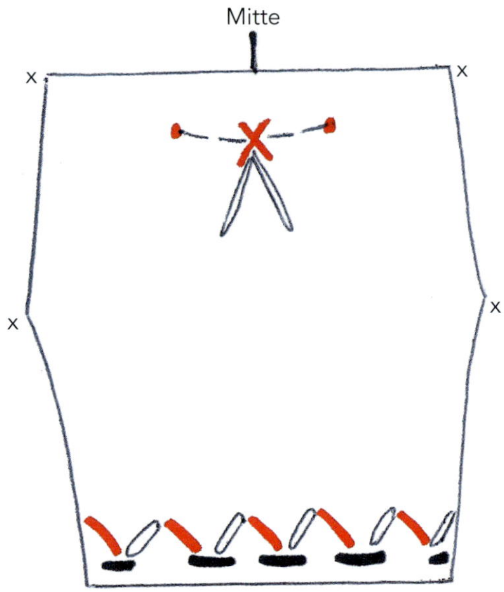

Abb. 99 a: Hose des Indianerjungen (s. Schnittmuster S. 181)

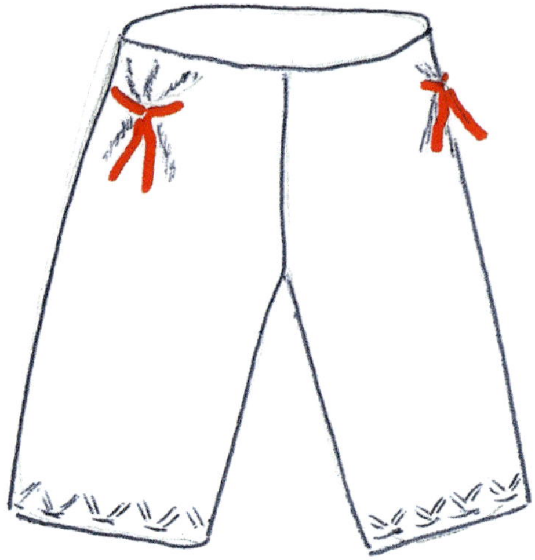

Abb. 99 b: Hose des Indianerjungen

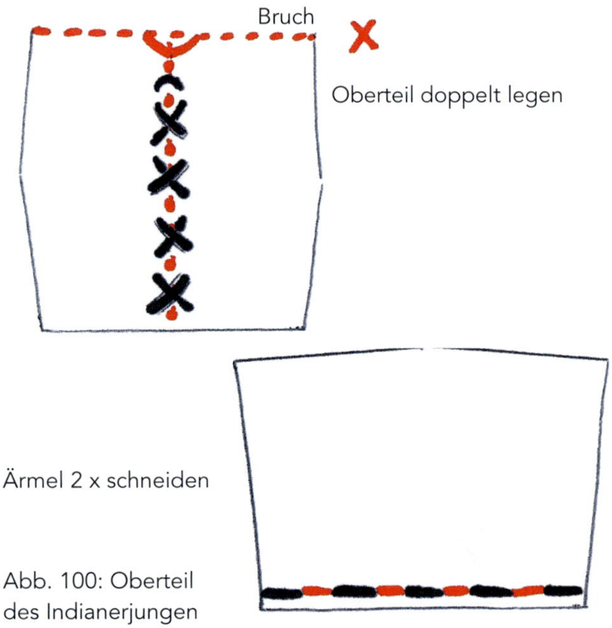

Abb. 100: Oberteil des Indianerjungen (s. Schnittmuster S. 181)

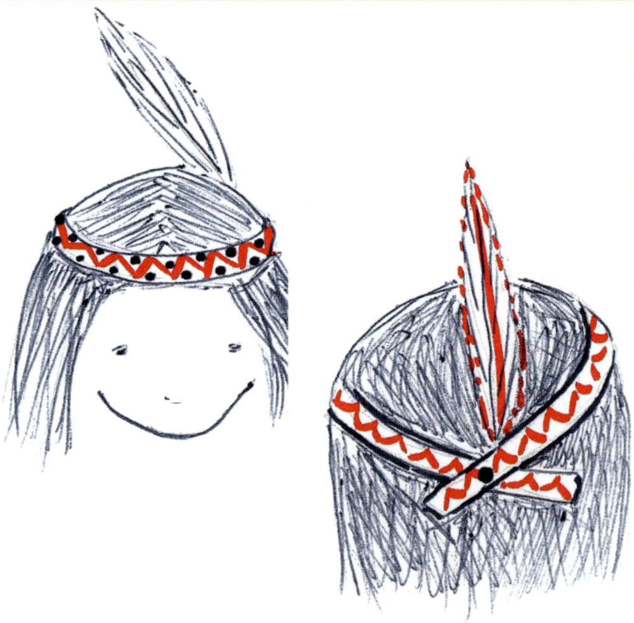

Abb. 101: Stirnband

werden können, schlage ich vor, einen kleinen Test mit einfachem Papier oder Stoff zu machen, bevor Sie eventuell das schöne Leder zerschneiden. Wenn Sie ein gutes Gefühl haben, können Sie beginnen.

An Abbildung 100 werden Sie erkennen, dass die Ärmel am Mittelteil angenäht werden. So liegt das **Oberteil** enger an, und der Lederstoff kann keine unnötige Falten bilden. Wenn Sie nun die Ärmel angenäht haben, werden die Bündchen mit bunten Lederstreifen verziert (s. Foto S. 133). Die dünnen und bunten Lederbänder werden einfach aus Lederresten geschnitten. Man kann aber genauso gut das Leder mit buntem Garn oder mit kleinen Glasperlen besticken (s. Indianermädchen, S. 136f.). Nachdem Sie sich ein Muster ausgesucht haben, stechen Sie mit der Nadel einfach durchs Leder und ziehen vorsichtig die Bänder durch. Die Enden des Lederbands können nicht gut vernäht werden; daher schlage ich vor, sie an der Rückseite zu verknoten oder vorsichtig festzukleben. Wenn die Verzierungen fertig sind, können Sie die Ärmel unten zunähen, das Oberteil umdrehen und der Puppe anziehen.

Die **Hose** wird zunächst nur von x bis x zusammengenäht (Abb. 99 a). Dann werden die Hosenbeine mit einem bunten Muster verziert. Erst dann können die Beine zusammengenäht werden. Bitte beachten Sie bei dieser «Wendearbeit», dass man nicht aus Versehen das Muster nach innen näht oder die Naht nach außen macht. Der Hosenschnitt ist so berechnet, dass die Hosenbeine keinen Saum brauchen und das Bündchen der Hose ebenfalls an der Taille beginnt. Mit einem bunten Lederbändchen wird nun die Hose an jeder Seite eng und fest zugeknotet (Abb. 99 b).

Die **Haare** wurden mit schwarzer Wolle gestickt. Auf einer Grundform mit Mittelscheitel werden

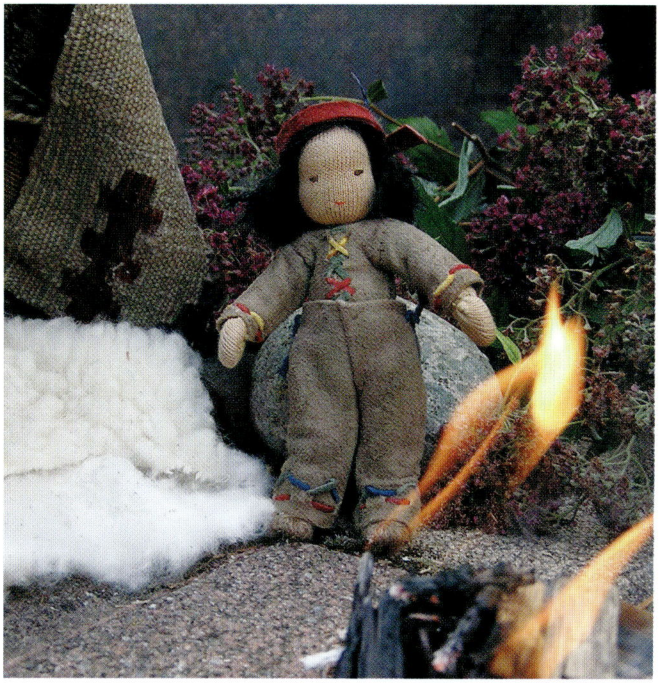

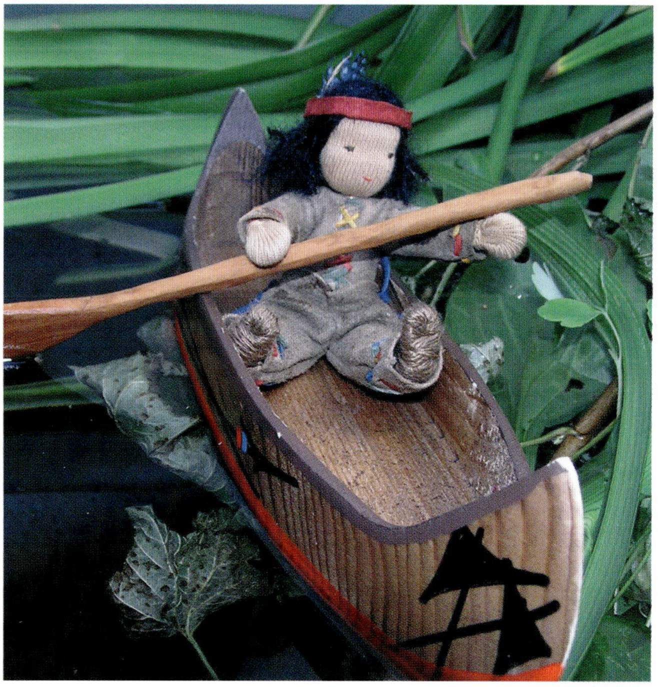

seitlich Schlaufen eingenäht. Diese werden dann unten am Ende einfach aufgeschnitten.

Zum Abschluss bekommt unser Indianer ein **Stirnband**: ein Lederband, 8 cm lang und 0,5 cm breit. Sie können es schlicht lassen oder verzieren: Beispielsweise können Sie Vertiefungen mit einem Nagel hineinklopfen, es bunt anmalen oder besticken. Eine echte kleine Vogelfeder oder eine ausgeschnittene Feder aus Filz oder Papier kann hinten festgeklebt werden (Abb. 101).

Falls das Indianerpüppchen **Pfeil und Bogen** haben soll, können Sie den Bogen mit einem biegsamen Weidenast oder einem Stück Peddigrohr und die Pfeile mit Zahnstochern oder selbst geschnitzten Ästchen machen. ✿✿

Die Anleitung für Mokassins finden Sie in der folgenden Beschreibung (rechte Spalte und Abb. 106).

Indianermädchen (Größe 1)

✿ Das Indianermädchen unterscheidet sich nicht wesentlich von dem Indianerjungen, nur wurde bei ihr das Lederoberteil *hinten* zugemacht und ihre Kleidung mit *Fransen* verziert. Außerdem wird bei ihr die Hose zuerst angezogen, weil das Oberteil *darüber* kommt.

Die **Lederhose** wird an den Seiten verziert und wie gewohnt verarbeitet (Abb. 102). Nun wird sie der Indianerpuppe angezogen und oben (unter den Armen) am Bauch fest angenäht.

Beim **Oberteil** (Abb. 103) werden zuerst die Ärmel (Abb. 105 a) am Mittelteil – von x bis x – angenäht (Abb. 105 b). Jetzt können Sie das Hemd nach Belieben besticken und verzieren. An der Zeichnung sehen Sie Vorschläge für einige Muster (Abb. 104), die anders verteilt werden als bei der Kleidung des Indianerjungen. Sie können die Lederstickerei entweder an der Rückseite festkleben oder – wenn Sie längere Enden lassen – miteinander verknoten. Die Ärmel werden mit einfachen Steppstichen so zugemacht, dass ein Rand für die Fransen übrigbleiben kann (Abb. 105 c). Nachdem Sie der Puppe dieses Hemd angezogen haben, wird es hinten mit einem farbigen Lederband zugestickt (s. Foto S. 139).

Mit einer guten kleinen Schere können Sie nun die Fransen an den Ärmelenden sowie an den Hemd- und den Hosenrändern einschneiden (s. Foto rechts und S. 139 sowie Abb. 105 a und c).

Das Indianermädchen hat seitlich schöne dicke **Zöpfe**.

Die **Mokassins** (Abb. 106) werden linksherum *zuerst* an der Hinterseite genäht, umgedreht und der Puppe angezogen. Dann wird jeder Schuh mit kleinen, sichtbaren Stichen vorne zugestickt und von x bis x gekräuselt. ✿✿

Die Anleitung für das kleine Indianerbaby befindet sich auf S. 149ff. Die Maße für einen Strampelsack werden an dem Indianerbaby großzügig bemessen. Die Form erinnert ein wenig an eine Tüte. Hier wurde ein Fellstück verarbeitet und die weiche Wollseite nach innen gelegt.

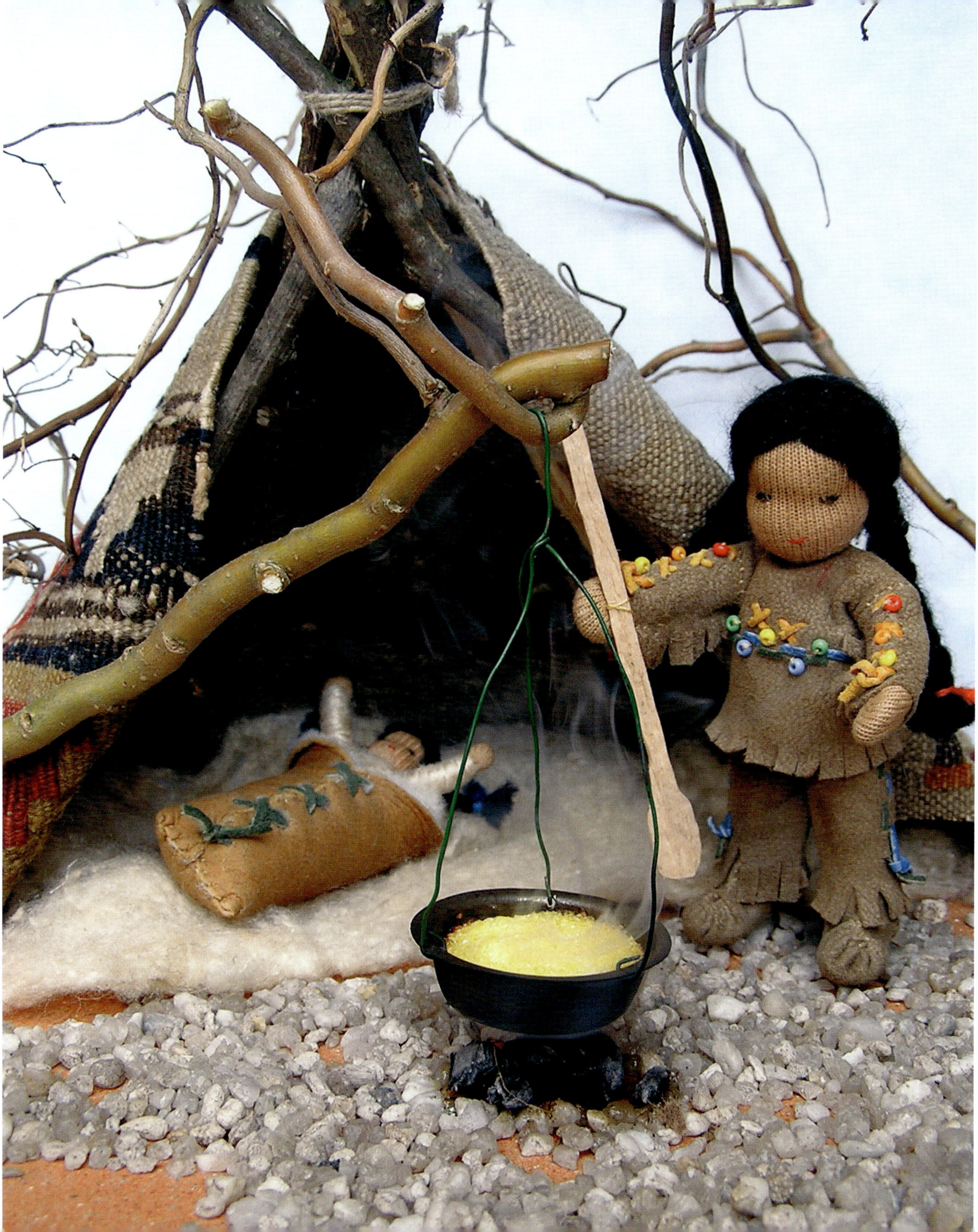

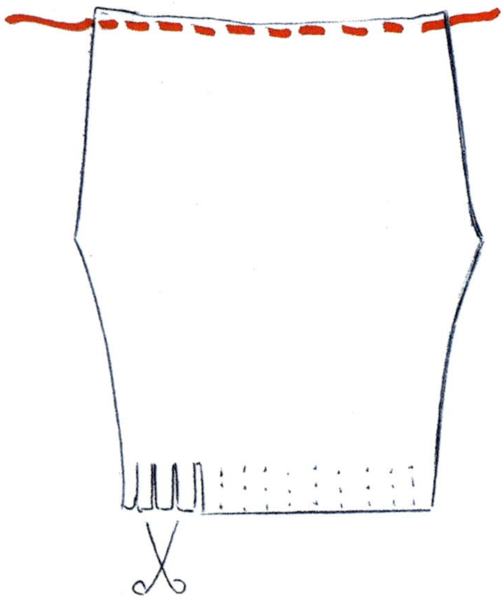

Abb. 102: Hose des Indianermädchens (s. Schnittmuster S. 181)

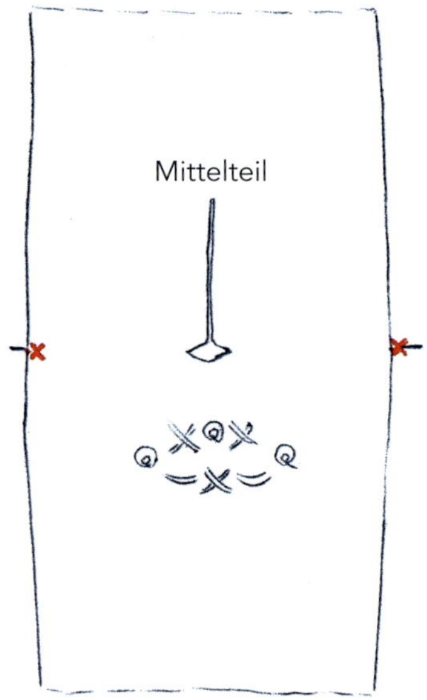

Abb. 103: Oberteil mit Verzierung (s. Schnittmuster S. 181)

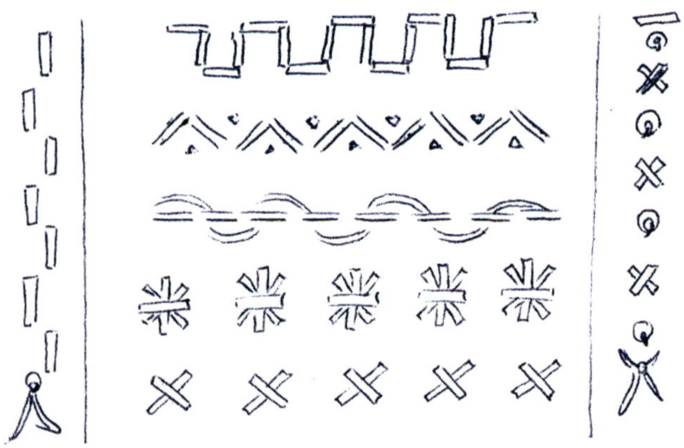

Abb. 104: Vorschläge für Verzierungen

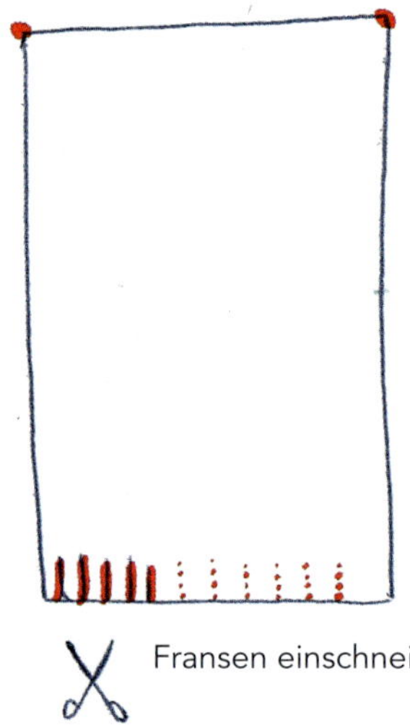

Abb. 105 a: Ärmel (s. Schnittmuster S. 181)

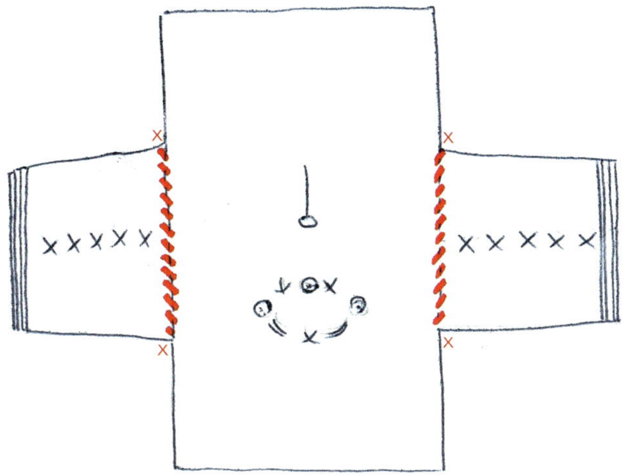

Abb. 105 b: Nähen der Ärmel an das Oberteil

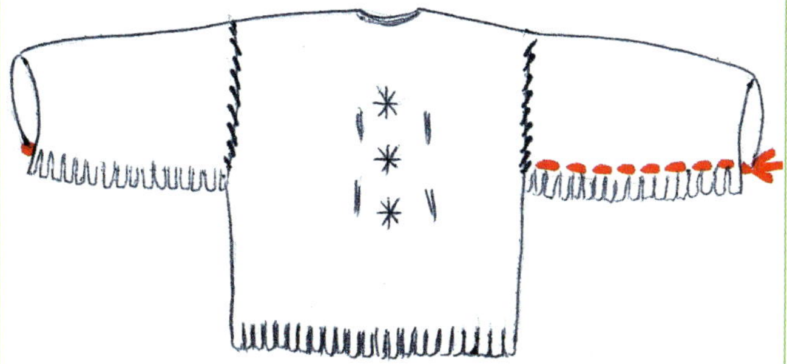

Abb. 105 c: Zunähen der Ärmel mit den Fransen nach vorne

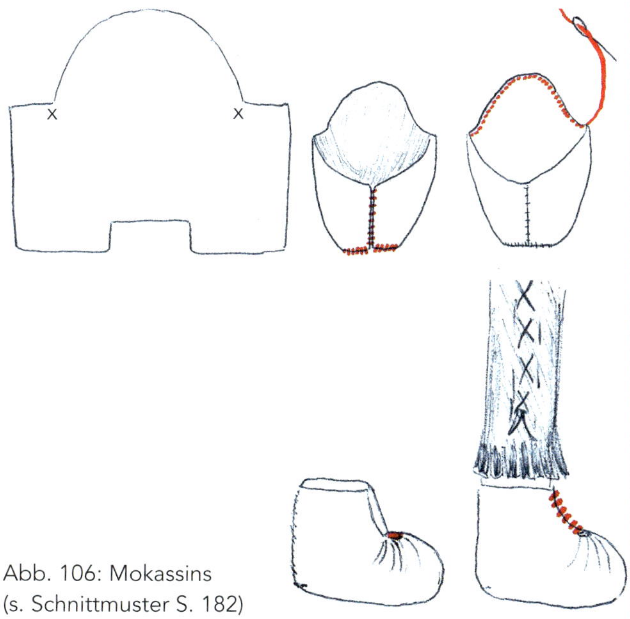

Abb. 106: Mokassins
(s. Schnittmuster S. 182)

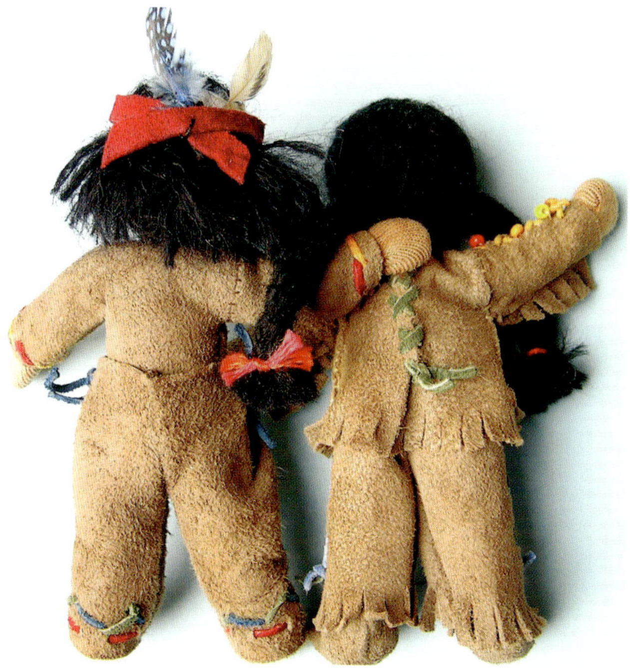

Sinti und Roma

Eine lange Tradition hat die größte ethnische Minderheit Europas. Die Sinti und Roma kommen ursprünglich aus Indien und haben bis heute ihre traditionellen Familienstrukturen und eine ausgeprägte kulturelle Identität bewahrt. Ein wichtiges Motiv ihrer Kultur ist die Sehnsucht nach Freiheit und Unabhängigkeit. Diese Sehnsucht spiegelt sich in ihrer Musik – die sie hauptsächlich mit Akkordeon und Streichinstrumenten spielen – sowie in ihren Tänzen wider.

Kleidung

Die Farben der Kleidung sind meistens mutig, kontrastreich und bunt. Die Röcke der Frauen gehen fast immer bis auf den Boden, denn es ist Sitte, die Beine zu verdecken.

Frauen sind reich geschmückt – mit Ringen, Ketten und Armbändern aller Art –, da sie ihren Reichtum immer mit sich führen und am Körper tragen.

Für die Kleidung Ihres Püppchens eignen sich am besten kleine farbige Stoffreste, die Sie mutig zusammenstellen können. Rechnen Sie für den Rock großzügig eine gewisse Fülle an Stoff, damit er schön gekräuselt werden und beim Tanzen weit auslaufen kann.

Haare

Die Haare werden mit schwarzer Strick- bzw. Mohairwolle oder mit Lockenwolle gefertigt. Bei den Frauen sind sie meistens sehr lang gehalten. Die Männer haben oft schulterlange Haare oder einen Pferdeschwanz.

Gesicht

Sticken Sie den Puppen größere, dunkle Augen auf. Auf dem Foto rechts sehen Sie zwei Möglichkeiten: einmal mit Augenbrauen, dann ohne. So kann man entscheiden, wie ausdrucksstark die Augen sein sollen und wie sehr sie betont sein sollen.

Schmuck

Es gibt günstigen Schmuck (z. B. in Drogeriemärkten) aus Silber- oder Goldimitaten, den Sie zerschneiden und Ihrem Püppchen mehrmals um die Handgelenke oder als Kette anbringen können. Mit Zwirn werden die Enden der Ösen verbunden und verknotet.

Für die Ohrringe fädeln Sie mit Zwirn am Ohrläppchen bunte Perlen, schillernd oder golden bzw. silbrig, ein; die Länge des Schmuckes können Sie ganz frei bestimmen.

Schuhe

Die Schuhe werden wie gewohnt, passend zur Puppengröße, aus Filz in bunten Farben gefertigt (s. den Abschnitt «Schuhe», S. 57ff.).

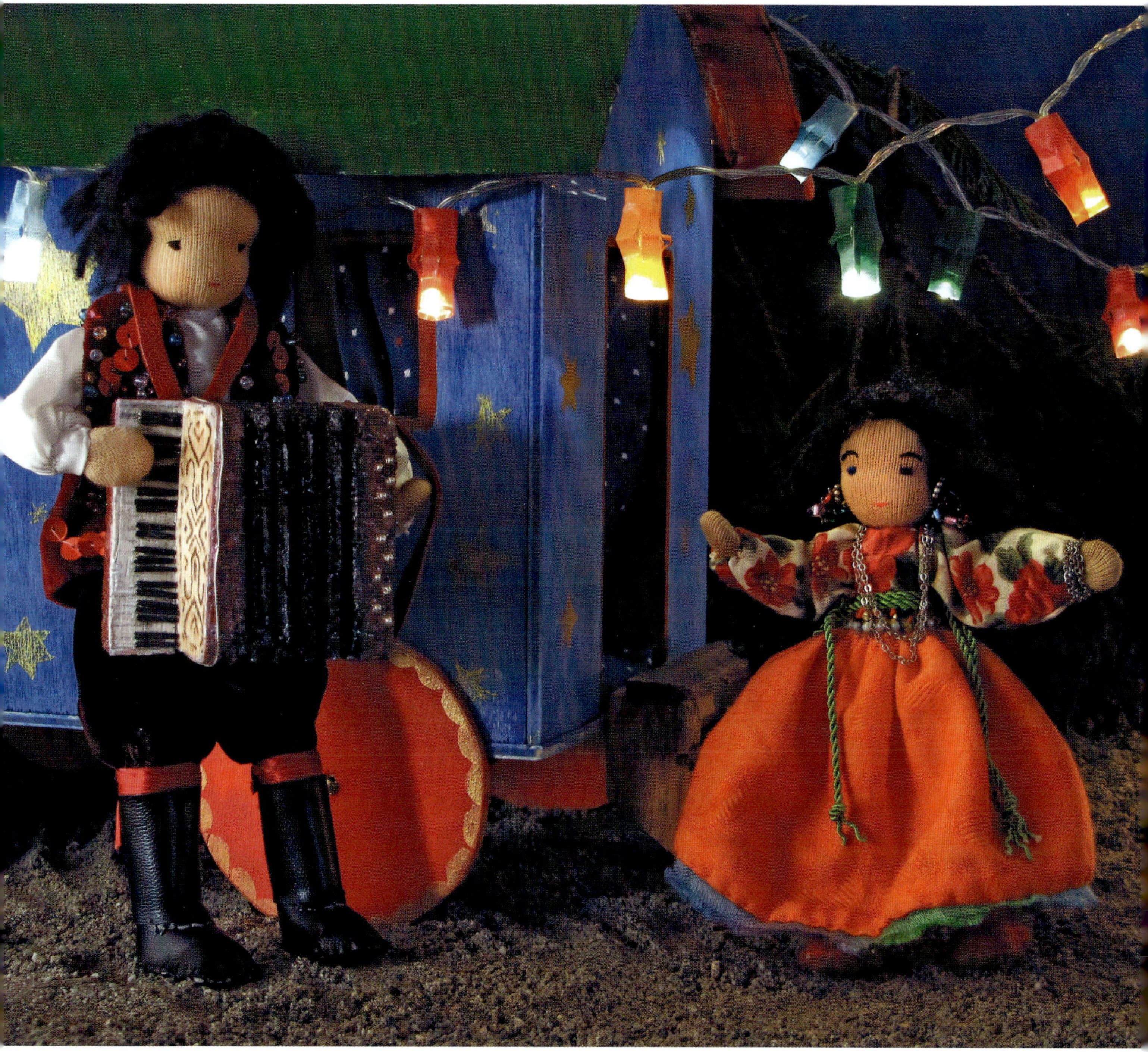

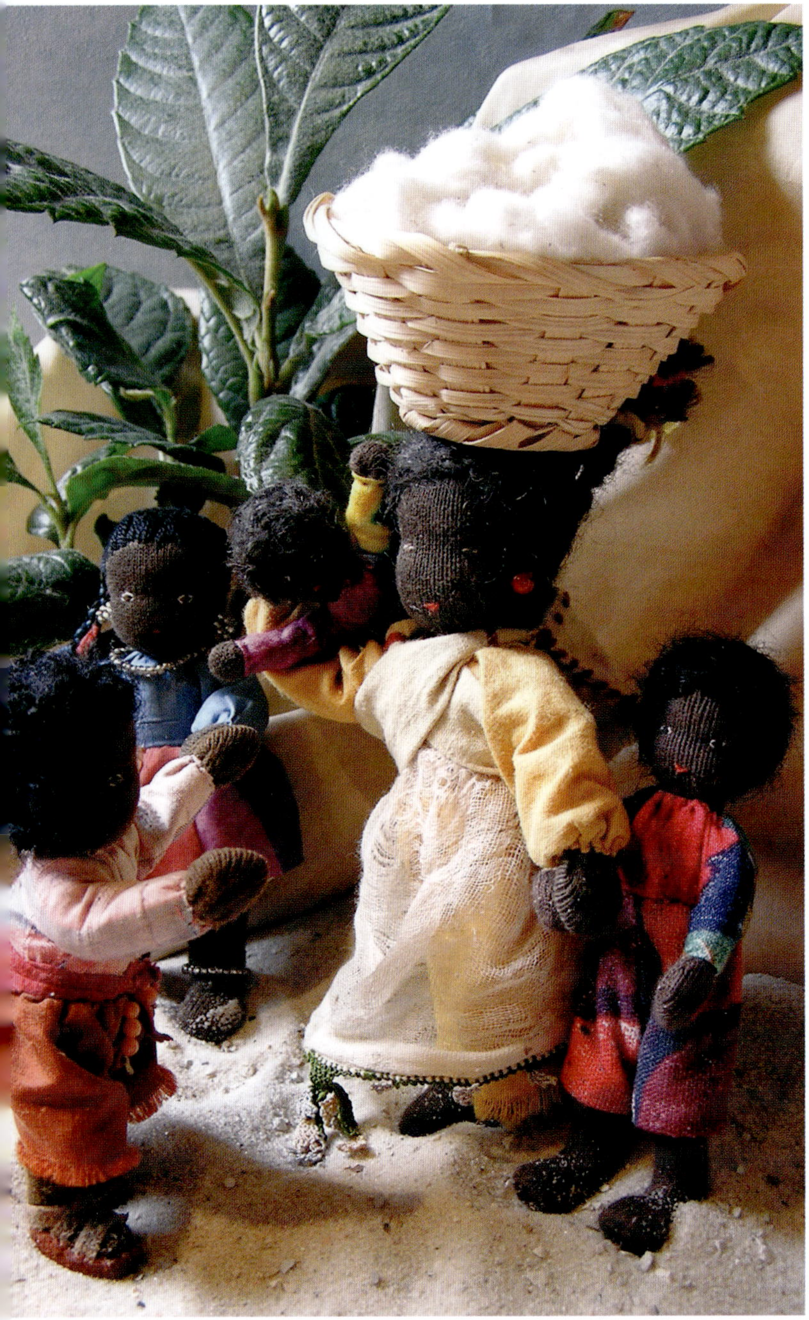

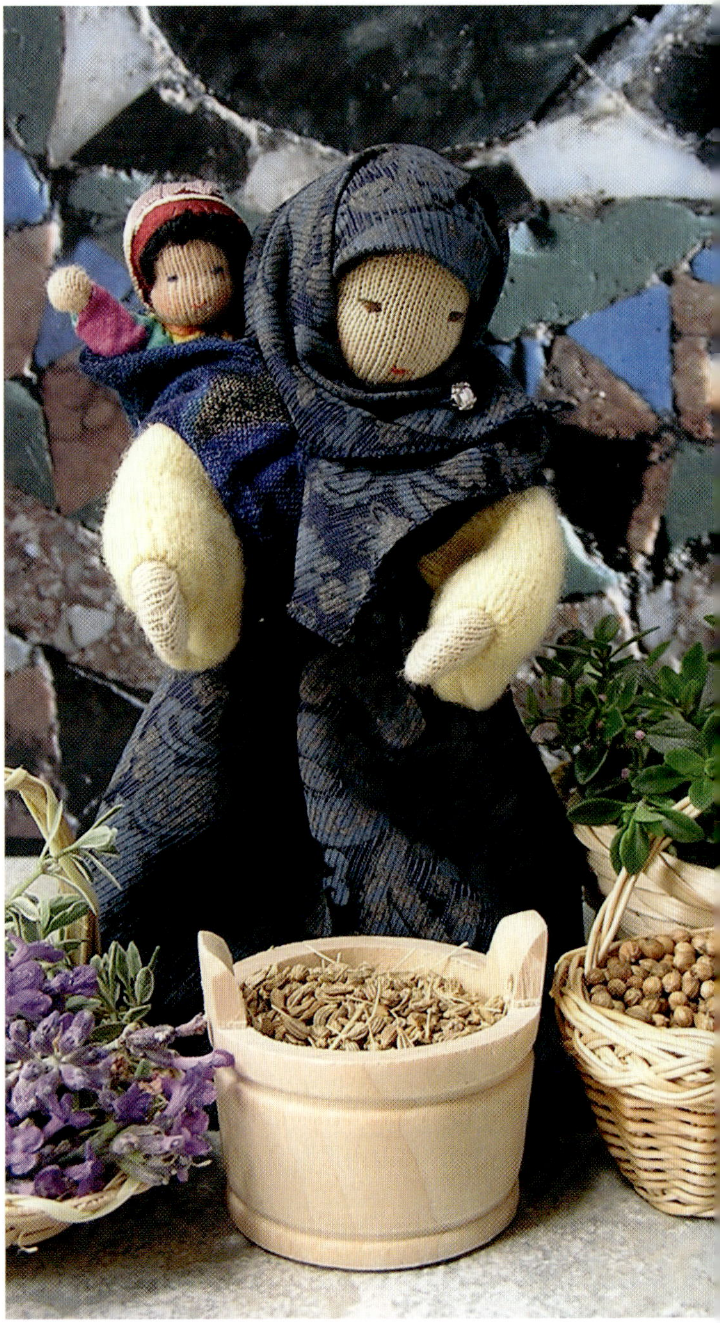

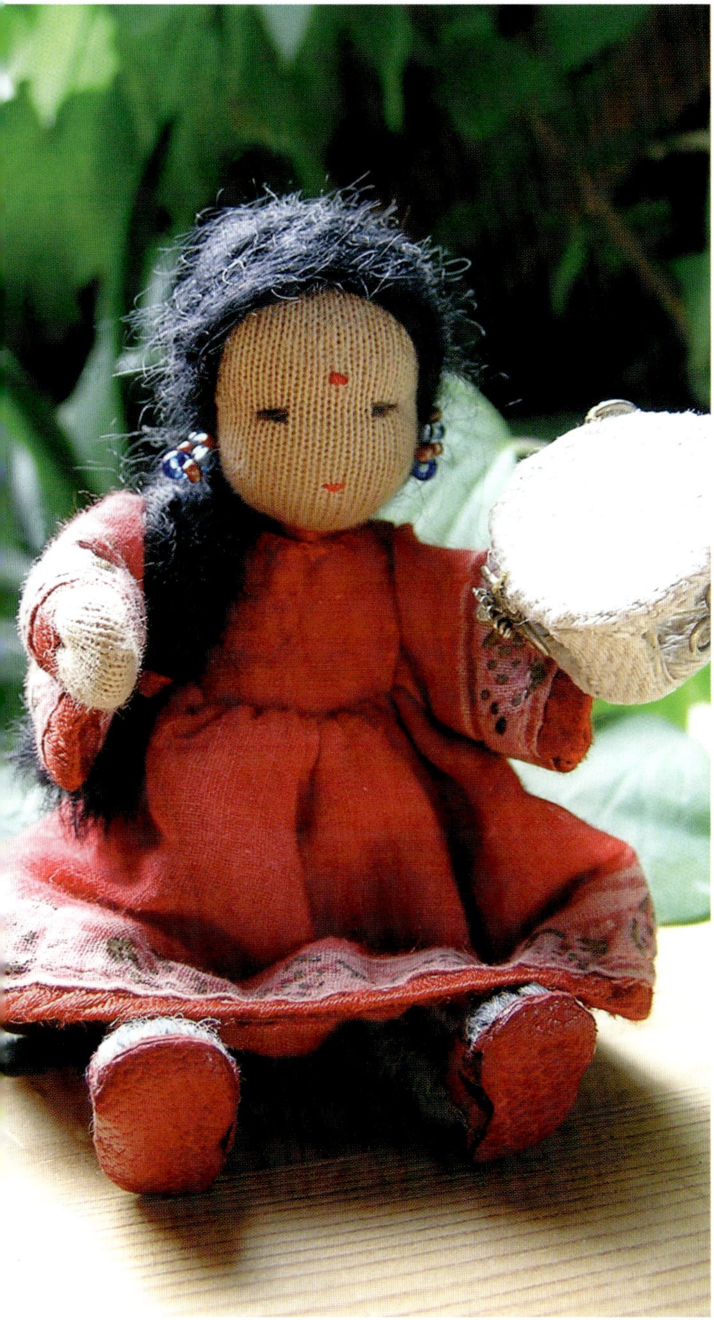

Asiatische und afrikanische Kulturen

Die vielen Völker Asiens und Afrikas bieten ebenfalls zahlreiche Anregungen und Gestaltungsideen. Stellvertretend für die Kultur **Ostasiens** bringen wir im Folgenden (S. 144ff.) etwas ausführlichere Anleitungen für eine Chinesin und einen Chinesenbub. Beide Figuren sind so gestaltet, dass sie auch im Zirkus (S. 91ff.) mitwirken können. Auch eine Teeszene, wie wir sie auf S. 118 nachempfunden haben, ist charakteristisch für das Leben in Japan oder China.

Ein **indisches Mädchen** mit dem typischen Bindi auf der Stirn, dem hinduistischen, religiösen Mal (s. links), können Sie leicht selbst gestalten, indem Sie mit rotem Garn mittig oberhalb der beiden Augen drei kurze Stiche übereinander aufnähen.

Der Kultur im **Vorderen Orient** nachempfunden ist die Mutter mit ihrem kleinen Kind auf dem Rücken (Foto S. 142). Die Szene könnte auf einem orientalischen Basar spielen. Typisch sind das lange Gewand der Frau und das Kopftuch, das ihre Haare ganz bedeckt.

Auch das Leben auf dem **afrikanischen Kontinent** soll in diesem Zusammenhang nicht fehlen. Das Foto auf S. 142 zeigt eine afrikanische Frau inmitten ihrer Kinderschar. Die Last trägt sie, wie dort üblich, in aufrechter Haltung auf dem Kopf. Auffallend sind die bunten, farbenfrohen Gewänder, mit denen sich viele Menschen in Afrika gerne kleiden.

Chinesin mit Schirmchen (Größe 1)

✿ Wir zeigen hier ein asiatisches Püppchen mit einem Kimono und einer hochgesteckten Haarfrisur.

Der Puppenkörper dieser Chinesin mit Schimchen ist einfach gewickelt, ohne Trikotüberzug. Der **Kimono** besteht aus einem Oberteil, an den ein Wickelrock genäht wird.

Für das **Oberteil** orientieren Sie sich an Abbildung 107. Nach der Vorlage schneiden Sie diesen Schnitt zweimal aus und nähen ihn an der gestrichelten Linie zusammen; diese ist die Rückennaht. Das Oberteil wird an den Ärmeln und an den Seitenteilen zugenäht, und Sie können es der Puppe anziehen. Die Vorderteile werden in der gewünschten Richtung übereinandergeklappt.

Damit Sie keine Säume machen müssen, wurde beim Stoffzuschnitt genug Spielraum berechnet, sodass Sie den Kimono einfach von vorne nach innen umschlagen können. Mit einigen kleinen Stichen wird der Stoff um den Hals befestigt und knapp auf der Taille am Bauch festgesteppt.

Für den **Wickelrock** schneiden Sie ein Stoffrechteck 8,5 x 23 cm zu und nähen keine seitliche Naht, wie Sie es gewohnt sind, sondern umsäumen den sichtbaren Rand, wickeln den Rock fest um den Bauch und über das Kimono-Oberteil.

Um den Halsausschnitt gut abdecken zu können und um bei diesem Kostüm den «asiatischen Charakter» zu unterstreichen, können Sie als X vorne (am Bauch überkreuz) zwei schmale Träger aufnähen. Dafür schneiden Sie einfach zwei gleiche Stoffstreifen, 7 x 2,5 cm zu, falten die seitlichen (fransigen) Ränder nach innen und befestigen diese am Kimono-Oberteil.

Die **Ärmel** können mit einem kleinen Stich unterhalb des Handgelenks zugenäht werden. So bleiben sie glatt, und man kann trotzdem nicht in den Ärmel gucken.

Zuletzt kommt ein breiter **Gürtel** als Schmuck darüber. Er wird hinten am Rücken zugenäht. Nach Wunsch kann er mit Perlen geschmückt oder bunt bestickt werden.

Für die hochgesteckte **Frisur** nähen Sie zehn bis zwölf lange Schlaufen am Hinterkopf, als wollten Sie einen Pferdeschwanz machen. Jetzt zwirbeln Sie alle diese Schlaufen locker in eine Richtung und legen sie als breiten Kranz oder Knoten zurecht. Mit einigen Wollstichen befestigen Sie nun die Haare am Hinterkopf. Die Frisur können Sie mit zwei Zahnstochern verzieren; sie werden verkürzt und mit einem Messer an einem Ende etwas abgerundet.

Die **Augen** sind schwarz und schmal und werden etwas schräg nach oben gestickt. Es genügt, wenn Sie mit einem Stich drei Trikotrippen umfassen und einen kleinen Stich daruntersetzen. ✿✿

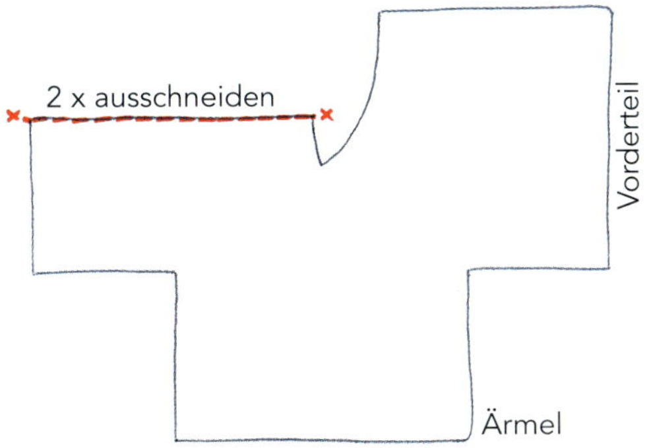

Abb. 107: Kimono (s. Schnittmuster S. 174)

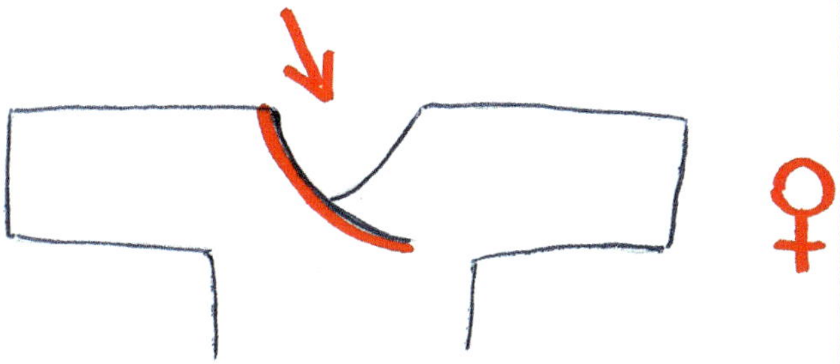

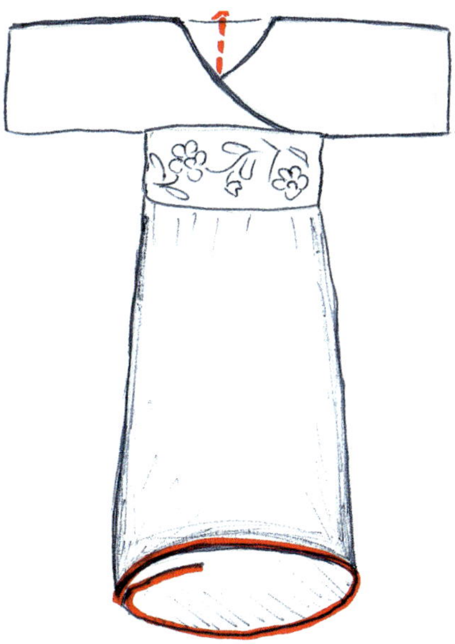

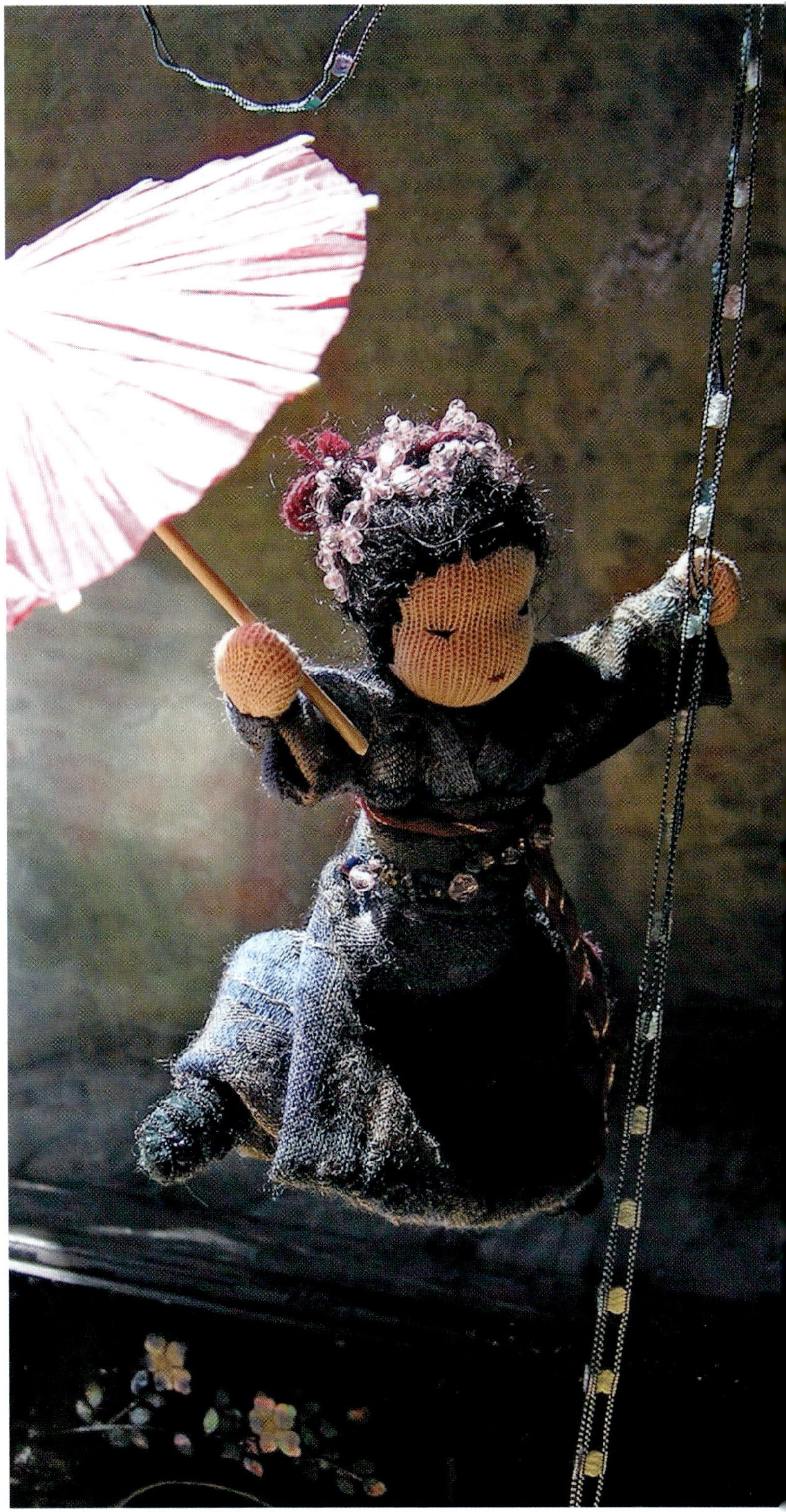

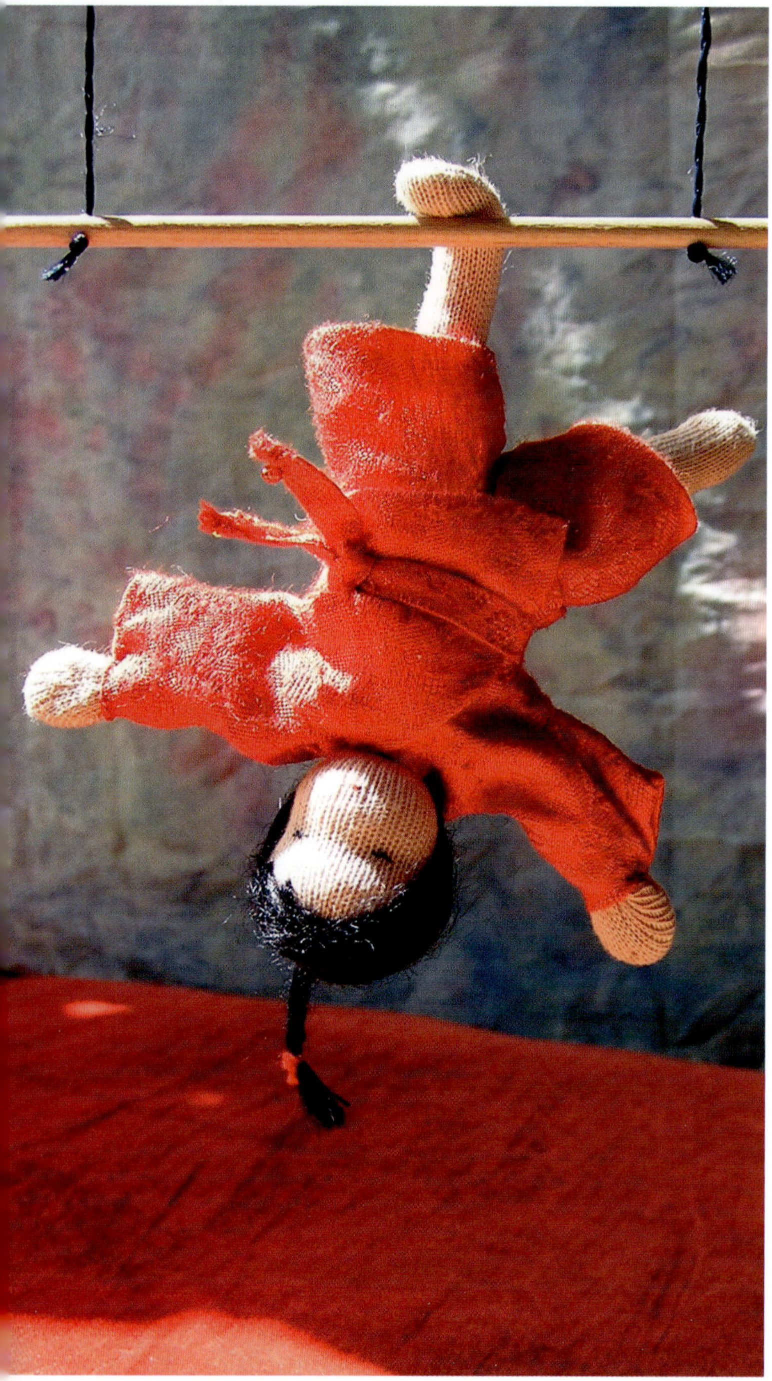

Chinesenbub (Größe 1)

✿ Für diesen Chinesenbub brauchen Sie einen Puppenkörper, der mit einer Trikotstrumpfhose überzogen wurde. So kann er ein typisches **Kimonokostüm** bekommen: ein Hemd und eine kurze Hose (s. Abbildung 108 für das Hemd und Abbildung 109 für die Hose).

Die Ausarbeitung des Kimono-Oberteils ähnelt dem Beispiel auf S. 144. Allerdings wird der Kimono leicht umsäumt oder umsteppt, wenn Sie das Oberteil sichtbar über der Hose falten möchten. Damit keiner den Puppenunterkörper sehen kann, müssen Sie auch bei diesem Kostüm Halsöffnung und Ärmel gut zunähen.

Die Hose wird unter dem Oberteil am Bauch festgenäht. Dann kommt ein schmaler Gürtel mit einem Knoten darüber.

Die Haare werden glatt gestickt und bekommen zum Abschluss einen *dünnen Zopf*. Drei Wollfäden können genügen. ✿ ✿

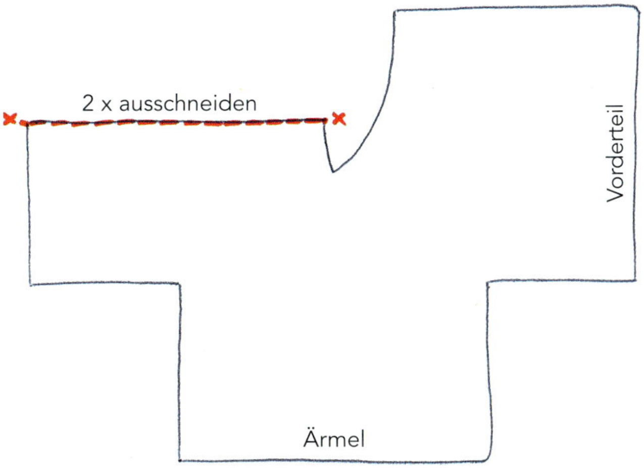

Abb. 108: Kimono

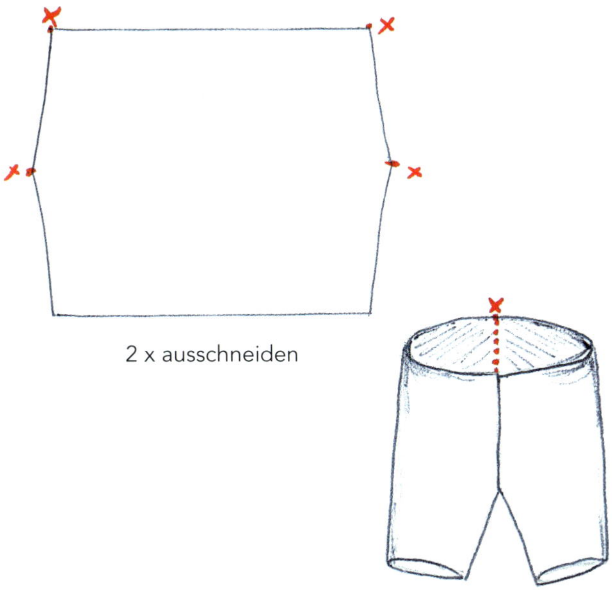

Abb. 109: Hose (s. Schnittmuster S. 180)

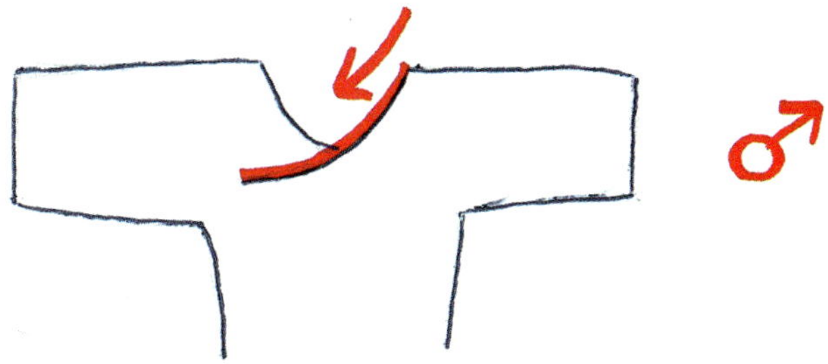

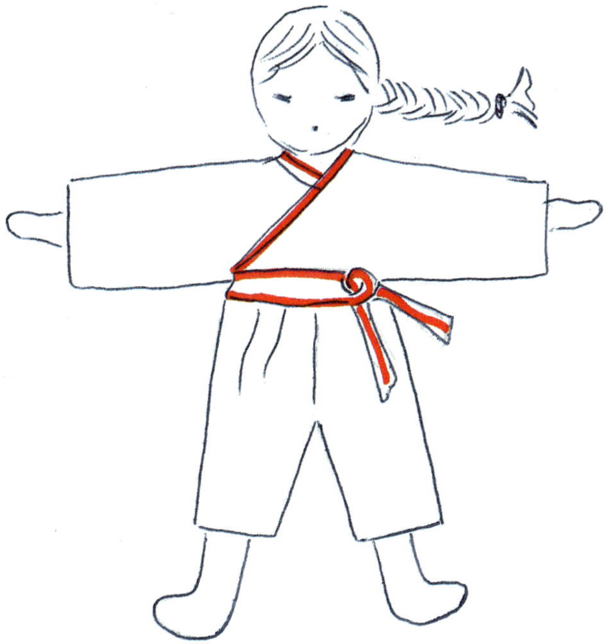

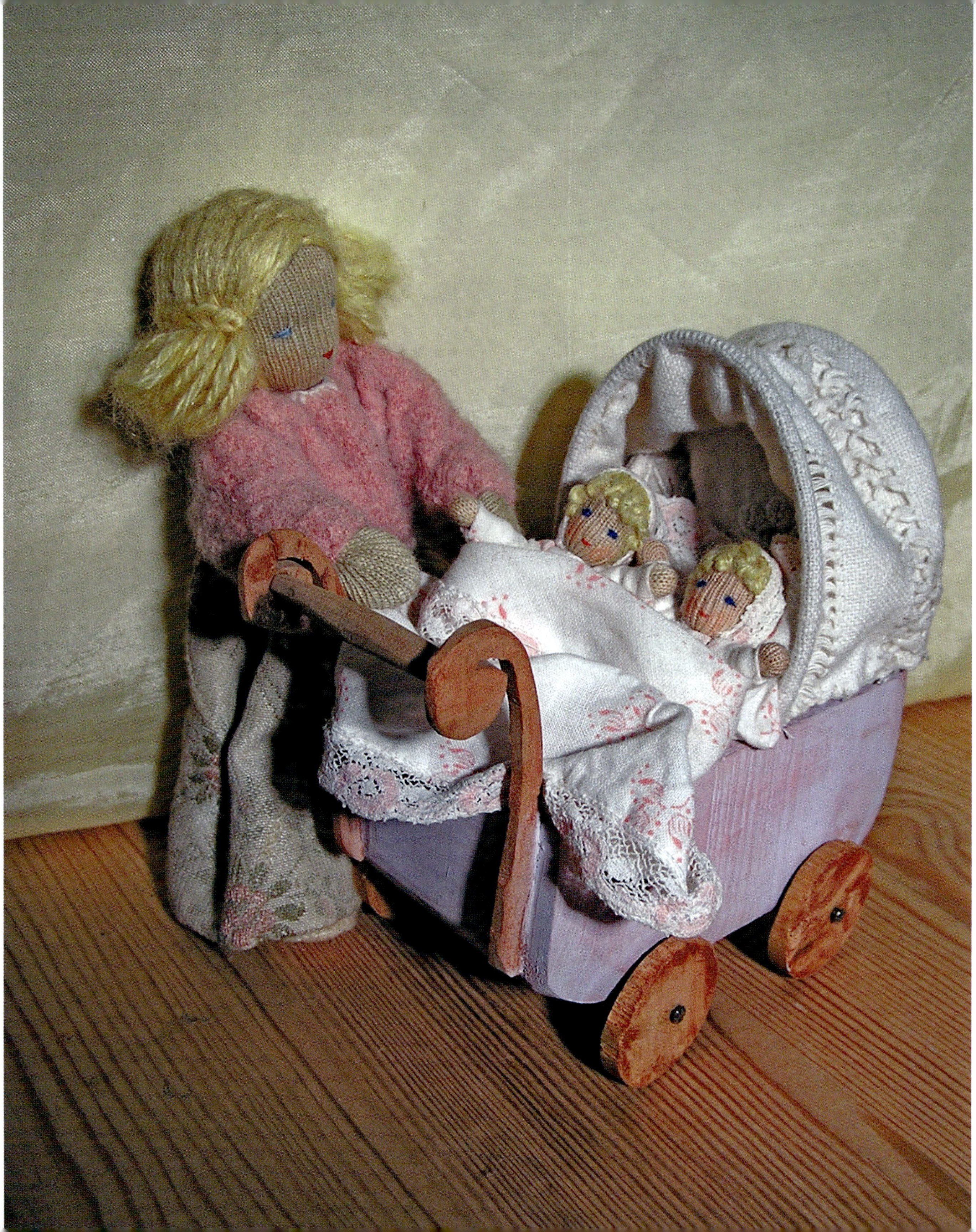

Baby und Kleinkind

Dieses Kapitel steht absichtlich ziemlich am Ende des Buches, da die Arbeit einige Bastelerfahrungen voraussetzt – nicht weil sie besonders schwierig ist, sondern weil sie für solche kleinen Puppen einfach fitzelig und fummelig ist. Aber Sie werden mit Ihrem Ergebnis so glücklich sein, wie Lina auf S. 150 mit ihrem Püppchen ist! Wer einige Puppen gemacht hat, der hat inzwischen so viel Erfahrung, dass er einfach ausprobieren kann; wenn man die Grundregeln der Proportionen beachtet, gelingt auch jedes Baby und jedes Kleinkind.

Alle Babys haben *kein* Drahtgestell, sondern werden nur aus Trikotstoff gewickelt, da sie sehr viel benutzt werden und der Draht schnell brechen würde. Hinzu kommt, dass diese kleinen Puppen steif wirken und es den Kindern überhaupt nicht wichtig ist, ob sie «beweglich» sind oder nicht. In ihrer Fantasie sind die Püppchen so lebendig, dass sie den Draht nicht vermissen.

Kopf und Proportionen des Babykörpers

Zuerst formen Sie eine kleine Wollkugel und umspannen sie mit weißem, dünnem Unterhemdenstoff. Bevor Sie den Zwirn unten am Hals festknoten, sollten sie ihn zunächst nur ein paar Mal um den Hals wickeln und sich den **Kopf** genauer anschauen; so können Sie sich ein Bild der Größe Ihres Babypüppchens machen. Durch das spätere Abbinden wird der Kopf nur etwas kleiner werden. Ist Ihnen diese Größe recht? Passt die Proportion des Babykopfes zu Ihrer Puppe? Soll es ein Geschwisterchen werden oder ein kleines Püppchen? Wenn Sie mit der Größe zufrieden sind, können Sie den Zwirn am Hals fest zuknoten und abschneiden. Jetzt wird der Kopf genauso abgebunden, und mit Trikotstoff überzogen, als wäre es eine große Puppe. Die Arbeit unterscheidet sich nur durch die Größe.

Danach werden die **Körperproportionen** ausge-

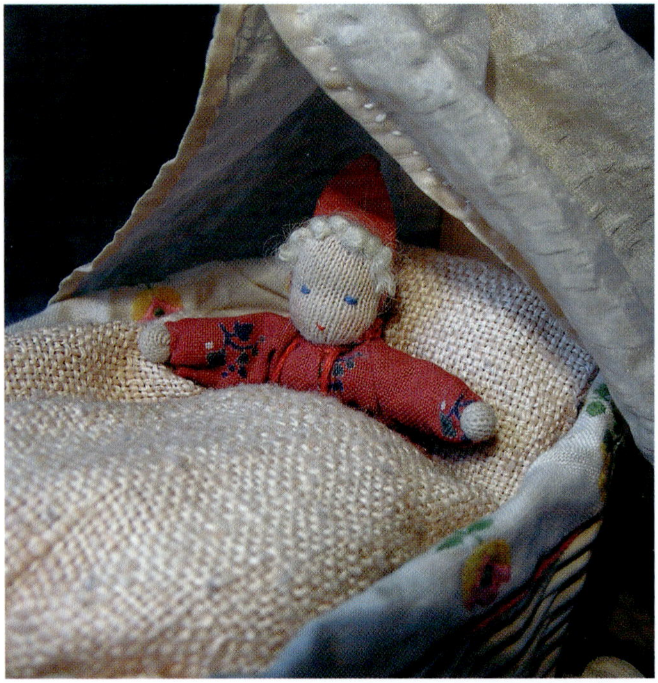

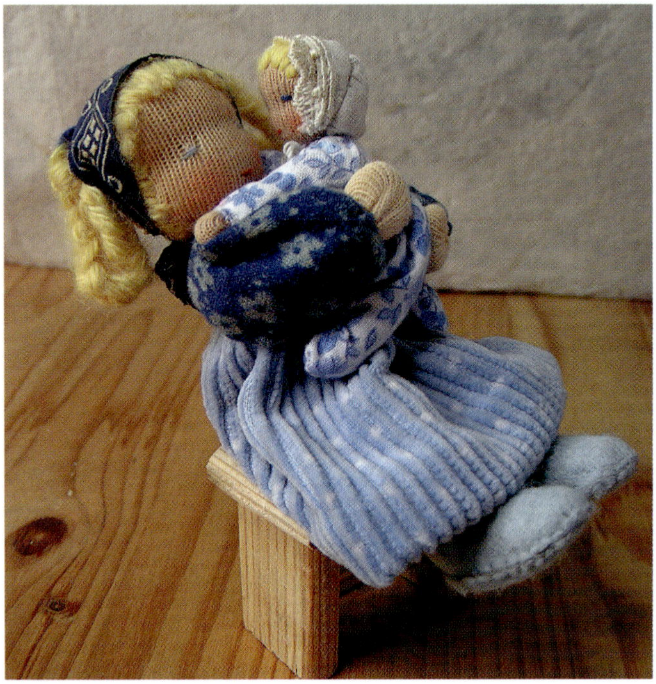

rechnet. Damit sie auch stimmen, schlage ich vor, sich eine Skizze des zukünftigen Puppenbabys zu machen. Abbildung 110 illustriert das System.

Wichtig

Der Kopf passt dreimal in den Babykörper hinein; er passt einmal in den Arm hinein, ohne Hand (s. Abb. 110 a); die Puppenhand ist so groß wie ein Viertel des Kopfkreises (Gesicht; Abb. 110 b).

Sie richten sich nach der Kopfgröße. Diese Größe malen Sie auf ein Papier und übertragen sie dreimal nach unten und je einmal seitlich für die Armlänge. Die Hände müssen Sie noch dazumalen. Wenn Sie die Außenmaße zeichnen, haben Sie die Gesamtlänge (Abb. 110 c). Nach ihr richten Sie sich nun, wenn Sie den Unterhemdenstoff abschneiden!

Babyhände

Für die Hände formt man zwei gleiche Wollkugeln und überzieht sie mit Trikotstoff (kein Unterstoff!). Dabei vergleicht man die Hände, damit sie auch gleich groß werden. Beim Abbinden der Hände schneidet man den Zwirn nicht ab, sondern benutzt ihn, um den Trikotstoff, der an der eben geformten Hand daranhängt, damit zu umwickeln. So formt man die Arme des Baby-Püppchens. Dieser gewickelte Arm wird auf die Länge von zwei (zu ihrem Babykopf passenden) Kopflängen proportional abgeschnitten (s. Abb. 111 a). Der Zwirn wird ebenfalls hier vernäht und abgeschnitten. Dieser Arbeitsgang wird für den anderen Arm wiederholt.

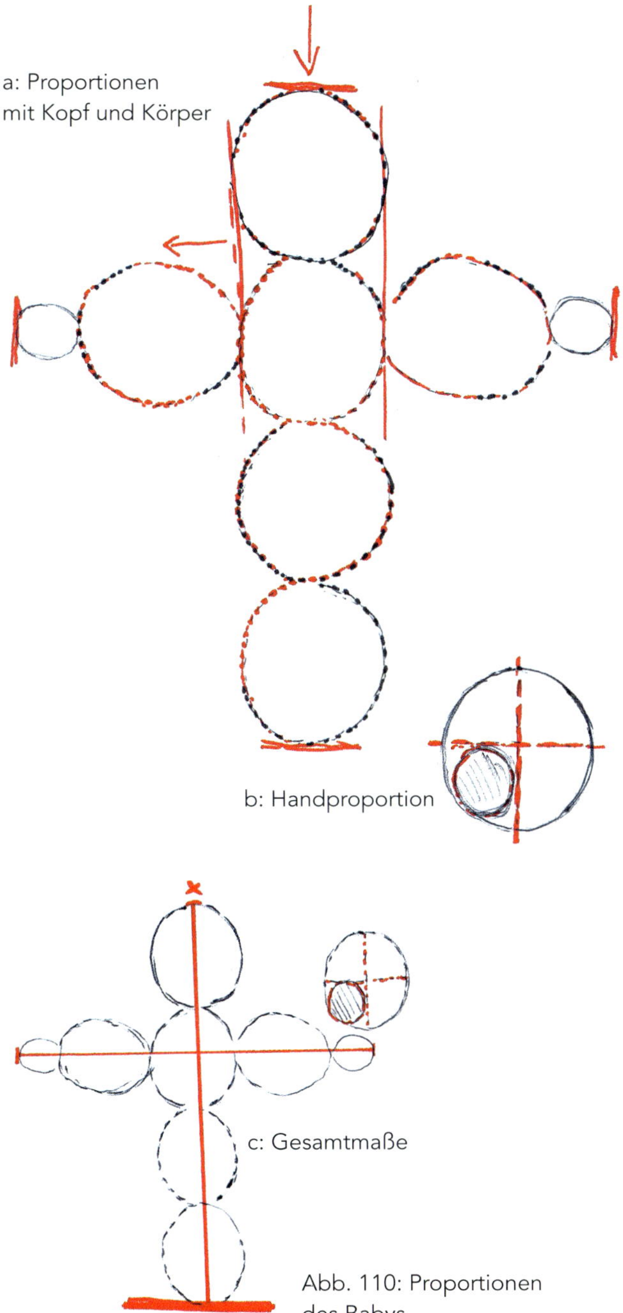

Abb. 110: Proportionen des Babys

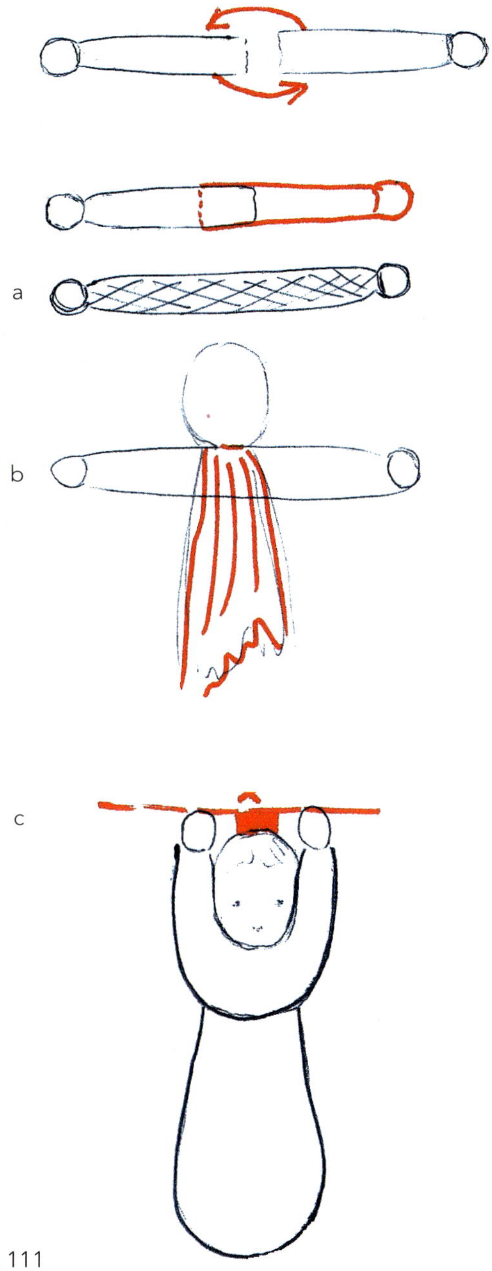

Abb. 111

Arme des Babys

Der Unterhemdenstoff, der am fertiggestellten Kopf hängt (Abb. 111 b), wird in zwei Hälften eingeteilt: eine vordere und eine hintere.

Beide einzelne Arme werden so übereinandergelegt, dass die ausgerechnete Proportion Ihrer Zeichnung mit der Gesamtlänge übereinstimmt. Dann wickeln Sie mit dem Zwirn die beiden Arme zusammen (Abb. 111 a).

Nach dieser Arbeit legen Sie die Arme zwischen die zwei eingeteilten Stoffhälften (s. Abb. 111 b). Mit einer Hand spannen Sie den weißen Stoff, und mit der anderen Hand ziehen Sie die Babyarme so hoch an den Kopf wie möglich. Achten Sie darauf, dass die Arme mittig liegen und gleich lang werden. Das Zwirngarn wird nun fest unter den Armen gewickelt, dann überkreuz hoch zum Hals und hinten wieder herunter. Dieser Vorgang wird spiegelbildlich wiederholt (Abb. 111 c). Der Trikotstoff vom Kopf wird zum Abschluss ebenfalls über die beiden Arme gespannt und umwickelt.

Beine des Babys

Der «baumelnde» Unterhemdenstoff wird jetzt so eingeteilt, dass sich vorne und hinten die gleiche Stoffmenge befindet, oder er wird in zwei Hälften geschnitten. Nun können Sie jede Stoffhälfte – für je ein Bein – mit Zwirn fest umwickeln. Dadurch formen Sie die Beine. Die Fadenenden werden verknotet und abgeschnitten. Sollte die Dicke der Beine (oder der Arme) unterschiedlich ausfallen, können Sie diese Ungleichmäßigkeiten mit Unterhemdenstreifen ausgleichen, indem Sie die dünnen Stellen flach umwickeln.

Bauch

Wenn das Baby noch einen zu kleinen oder zu flachen Bauch hat, umwickelt man wieder mit einem Unterhemdstreifen die Stelle, an der man das Bäuchlein formen möchte, bis es die gewünschte Rundung erreicht hat. Jetzt ist das Babypüppchen fertig!

Was möchten Sie ihm anziehen? Einen Strampelsack oder eine Strampelhose? Möchten Sie etwas stricken, häkeln oder nähen? Die Abbildungen 112 und 113 geben dafür einige Anregungen.

Oberteil und Strampelsack

Auch wenn das Baby nur einen Strampelsack angezogen bekommt, ist es mir sehr wichtig, dass die Kinder immer die Beinchen darin fühlen können. Jeder kennt die Enttäuschung, wenn man etwas vermutet, aber beim näheren Betrachten oder Fühlen nichts darunter findet … Es mag sicher etwas mehr Arbeit machen, aber dann stimmt auch alles, bis ins Detail.

Wir nähen dem Baby zunächst ein **Oberteil**. Es wird wie alle einfachen Oberteile gemacht:

Sie legen das Babypüppchen auf den ausgesuchten Stoff und schneiden die Stofflänge ab. Erinnern Sie sich? Den Stoff immer eine Hand breiter messen, als die gesamte Armlänge der Puppe beträgt. Wenn Sie nun den Stoff doppelt legen, können Sie die Breite der Ärmel ausmessen (s. Abb. 112 a). Danach können Sie beide Ärmel zunähen und den Stoff umdrehen. Das Oberteil wird hinten eingeschnitten und bekommt eine sehr kleine Halsöffnung. Jetzt können Sie dem Baby das

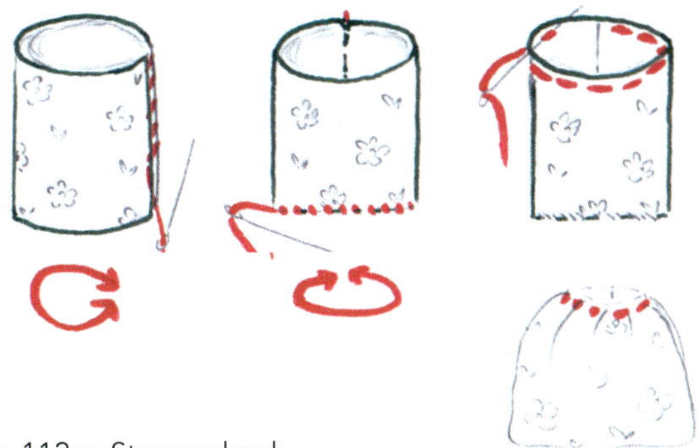

Abb. 112 a: Strampelsack

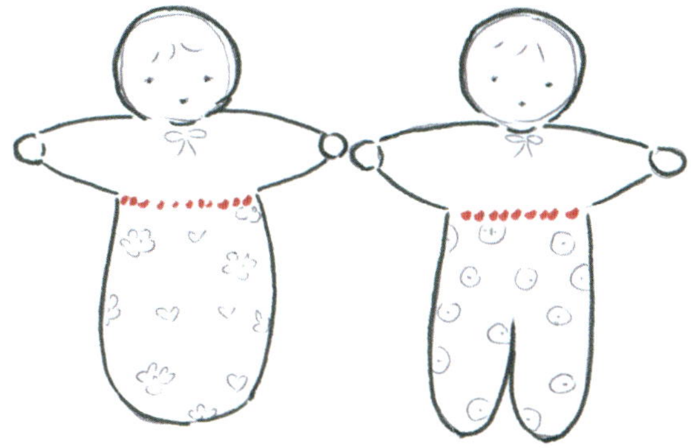

Abb. 113 b: Strampelsack und Strampelhose

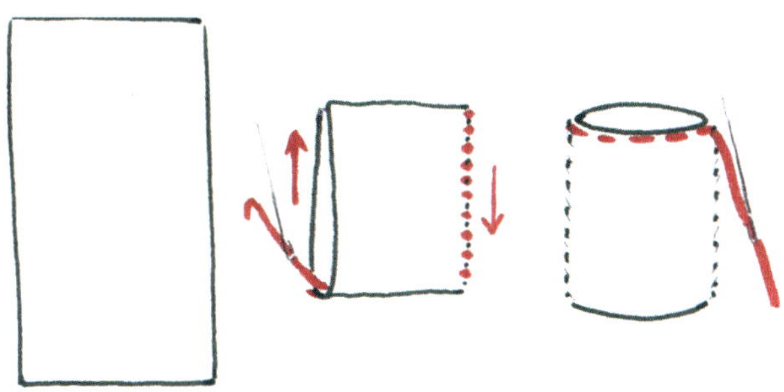

Abb. 112 b

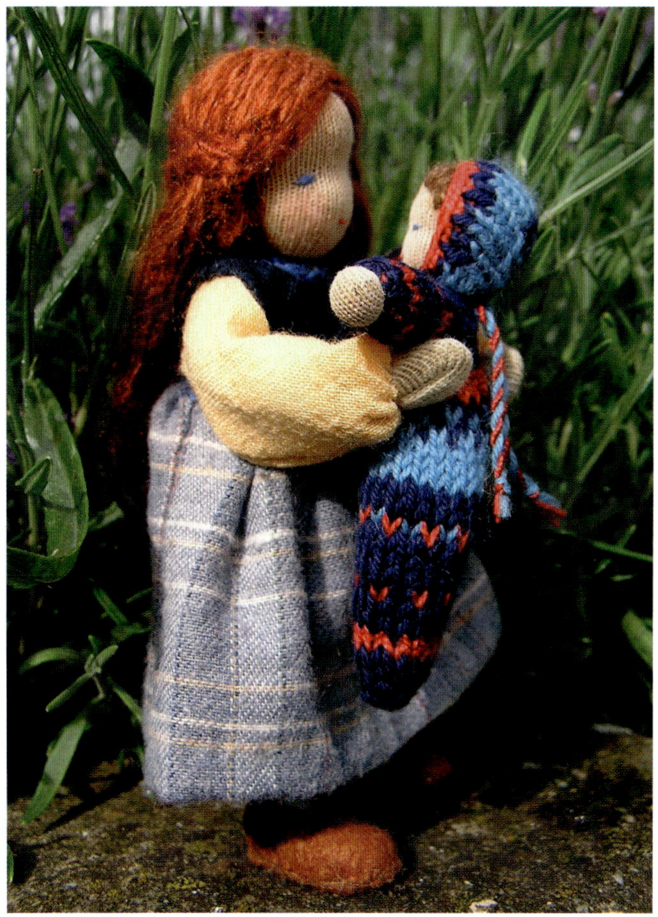

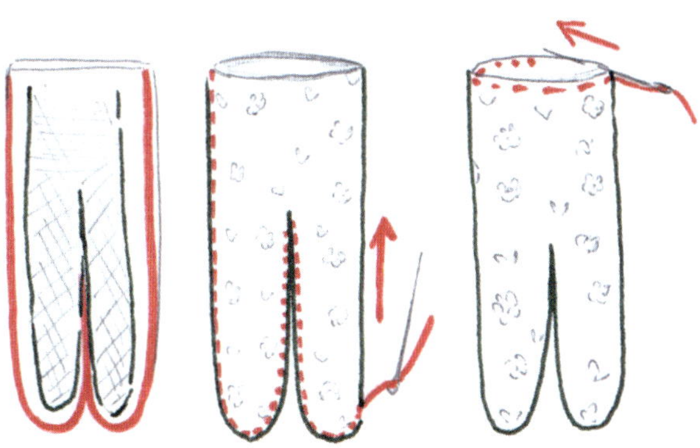

Abb. 113 a: Strampelhose

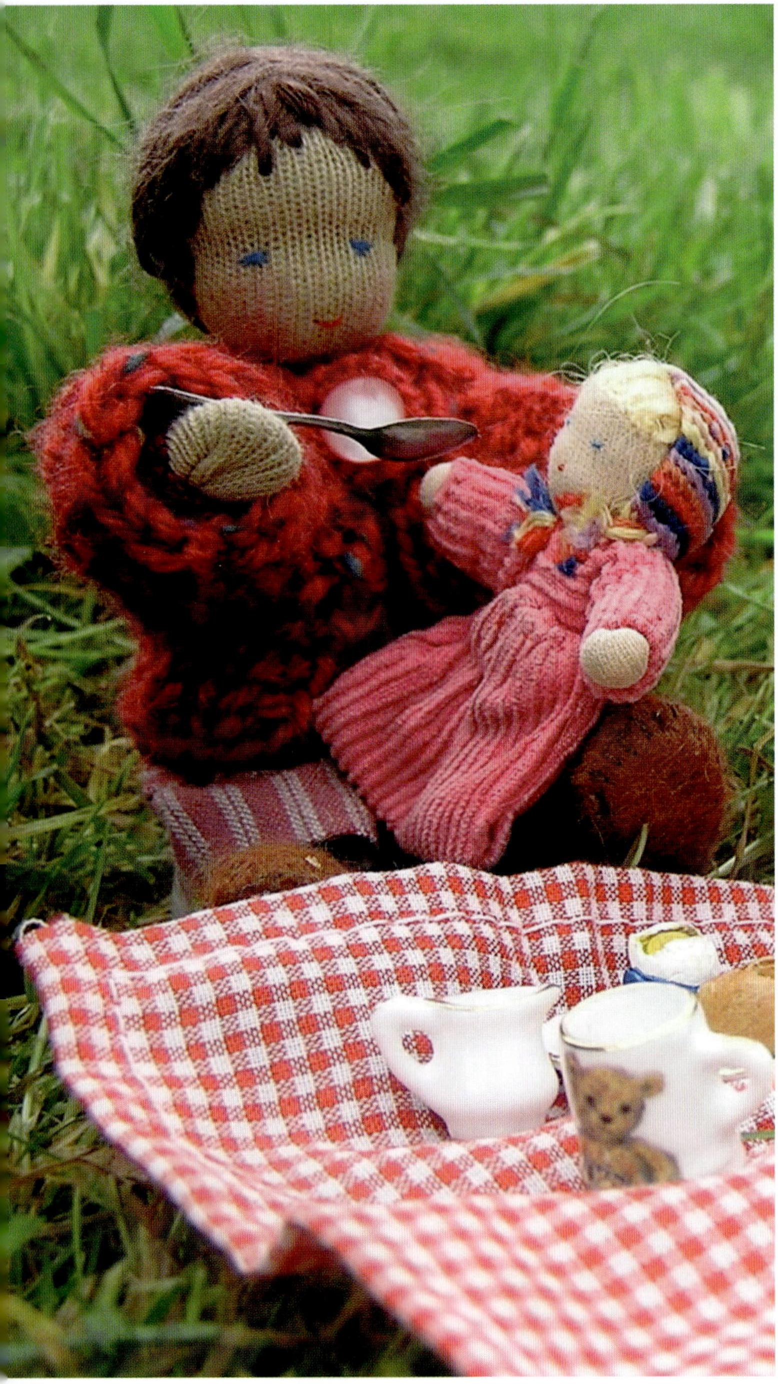

Hemd anziehen und hinten am Rücken zunähen. Der Halsausschnitt wird knapp gekräuselt und an den Puppenhals genäht. Den Stoff am Händchen mit der Scherenspitze nach innen stülpen und am Handgelenk zunähen.

Der **Strampelsack** wird aus einem Rechteck genäht (Abb. 112 b). Dafür werden zwei Nähte seitlich gemacht, wenn er längs genommen wird. Wird der Stoff quer genommen, bekommt er nur eine Naht. Der Stoff wird zusammengenäht, die Naht nach hinten gelegt und der Sack unten zugenäht. Zum Schluss wird der Strampelsack oben gekräuselt und an das Oberteil genäht. ✿✿

Strampelhose

✿ Zunächst machen wir ein Oberteil, wie oben beschrieben; dann folgt die Strampelhose (Abb. 113 a). Sie wird wie eine Strumpfhose fertig genäht, umgedreht, dem Baby angezogen und oben am Oberteil festgenäht (s. Foto S. 155). ✿✿

Mütze

Für eine Babymütze (Abb. 114 a – d) nehmen wir eine Borte, ein Stück Spitze oder einen schönen Stoff und legen es um das Puppenköpfchen. Wir planen noch eine kleine Nahtzugabe ein und schneiden dann den Stoff ab.

Wie das hintere Mützenteil genäht wird, zeigt Abbildung 114 b – d. Es wird an den Stoffstreifen angenäht; falls nötig, wird es unten etwas angekräuselt. Zum Schluss können wir die Babymütze mit einer Schleife zubinden.

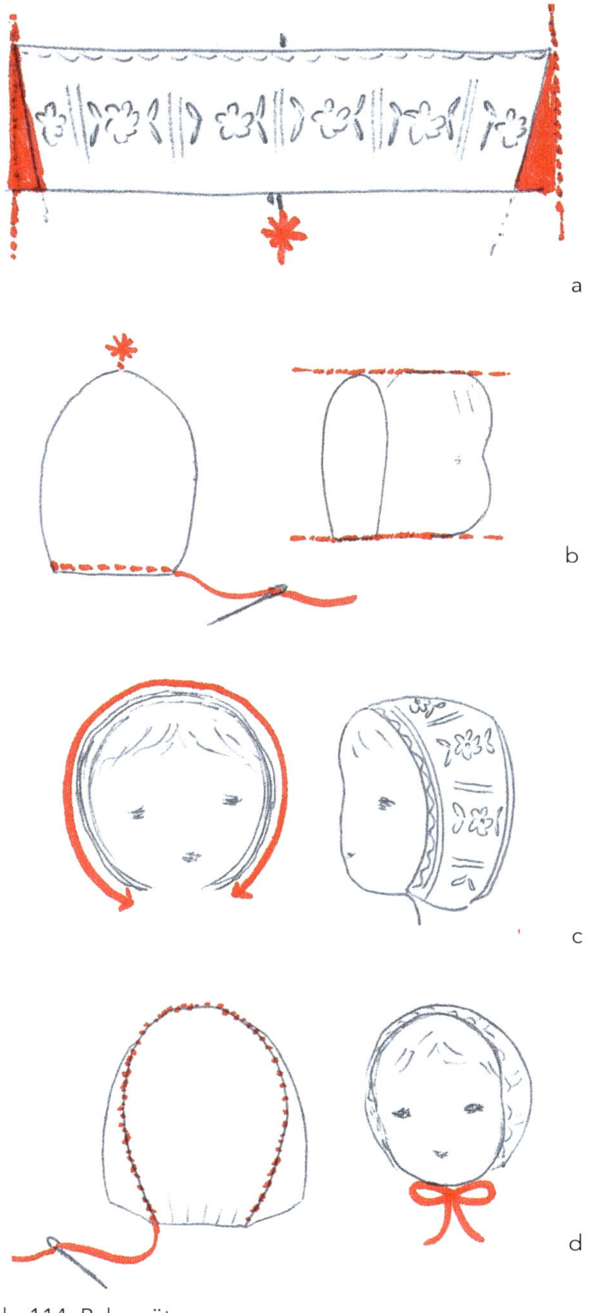

Abb. 114: Babymütze

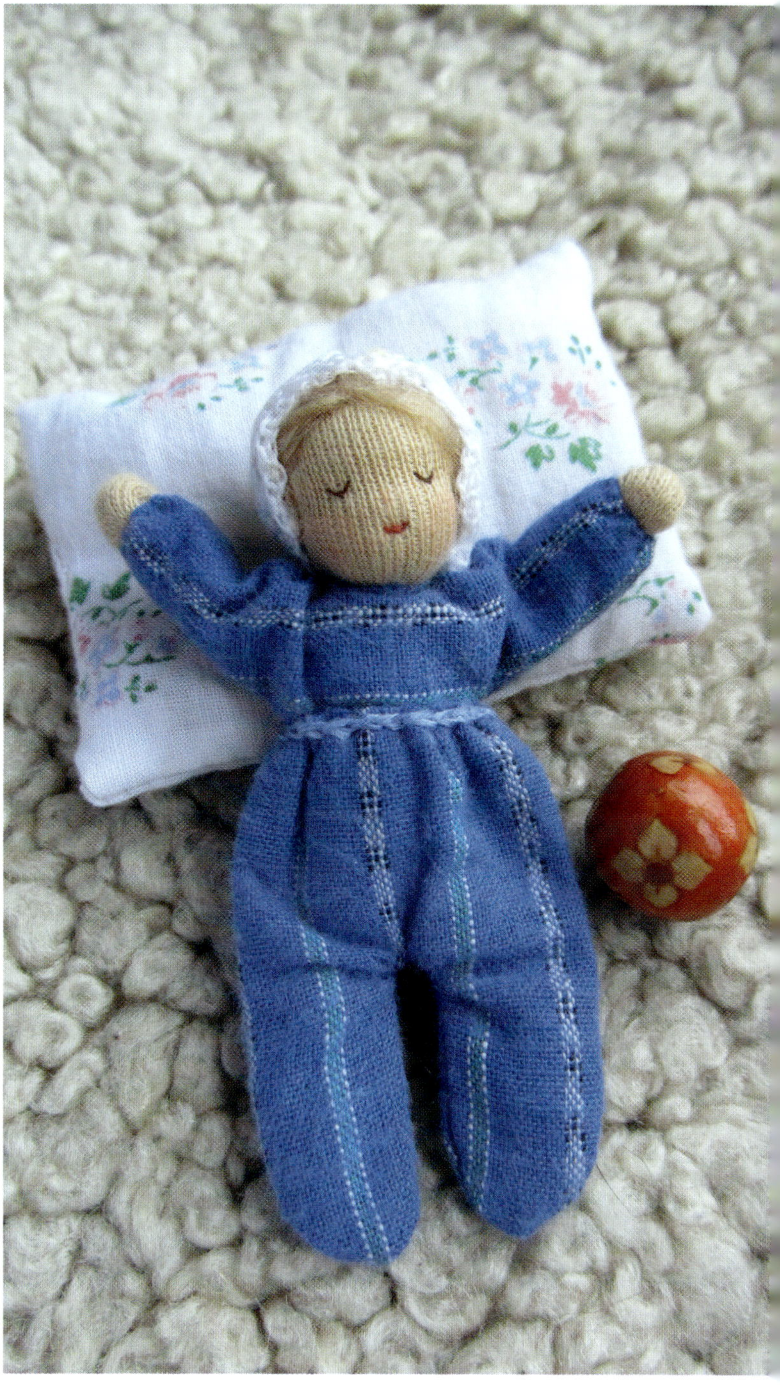

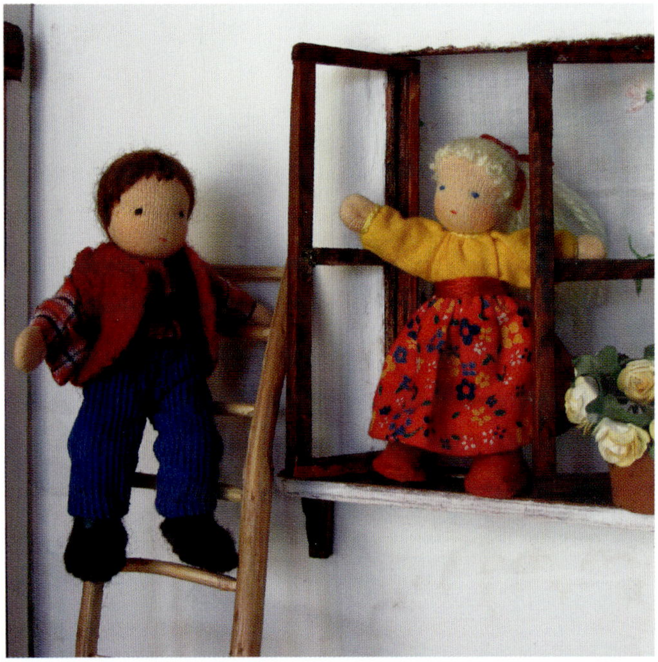

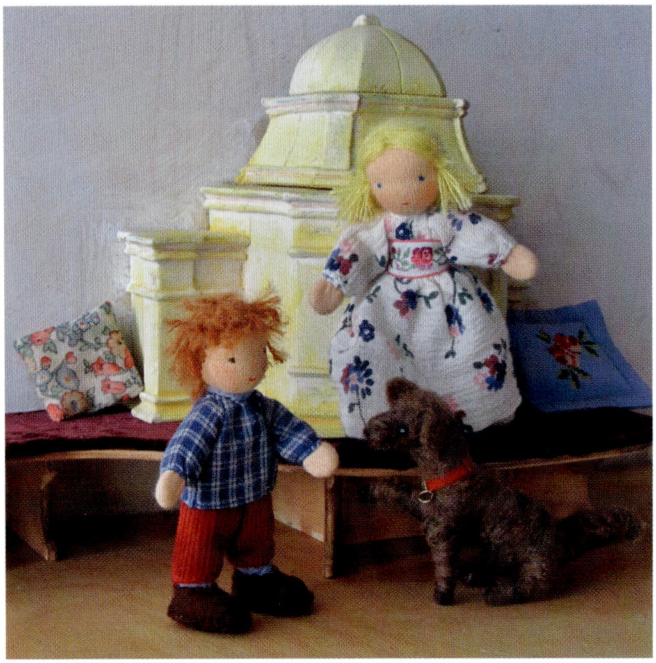

Kleinkind und Mini-Kleinkind

Die «Kleinen» in den Puppenfamilien werden von den Kindern besonders geliebt.

Sie können diese Puppengröße, die wir hier mit «Kleinkind» bezeichnen, sogar als «große Puppengröße» nehmen – es sind in diesem Fall gewissermaßen die Eltern – und als dazugehörende Kinder noch eine kleinere Größe basteln; wir nennen sie hier «Mini-Kleinkinder». Beispiele für diese Mini-Kleinkinder sehen Sie auf den zwei Fotos links.

Die Ausführung der Gerüste, der Wickeltechnik und der Kleidung ist immer die gleiche, nur dass eben alles verkleinert gearbeitet wird (für die Maße s. Schnittmuster S. 165ff.).

Auf dem Foto rechts sehen Sie die Kleinkinder Peterle und Emma. Die Drahtproportionen und die Schuhgröße können Sie den Schnittmustern entnehmen. Für die Kleidung richten Sie sich nach den gewohnten Arbeitsmethoden und messen das Oberteil an Ihrem Püppchen ab. Die Maße für ein Röckchen betragen – je nach Stoffbeschaffenheit – ca. 16 bis 18 cm Breite und 7 cm Länge.

Einen Hosenschnitt für eine kleine Hose ist als Schnittmuster auf S. 172 beigefügt.

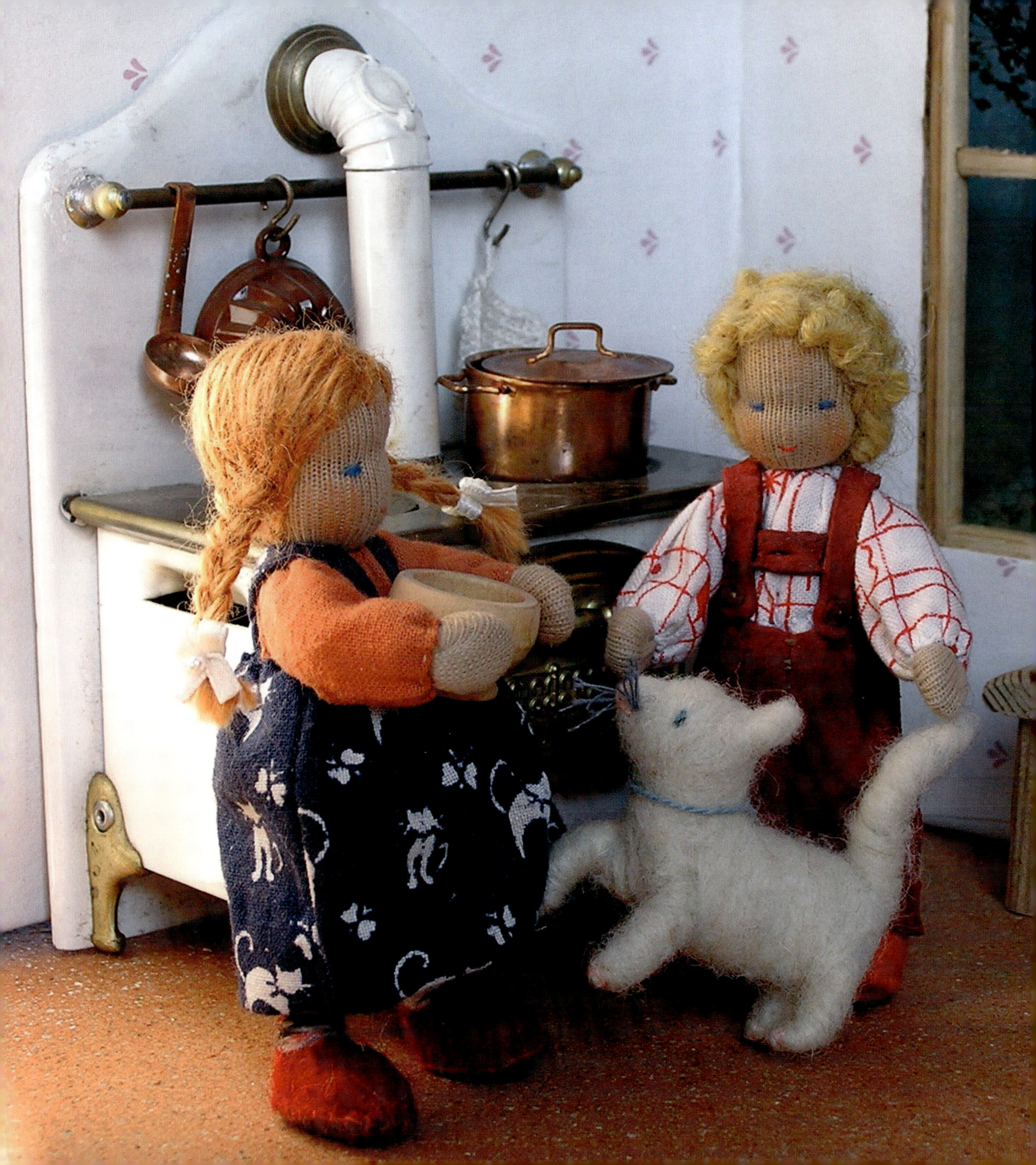

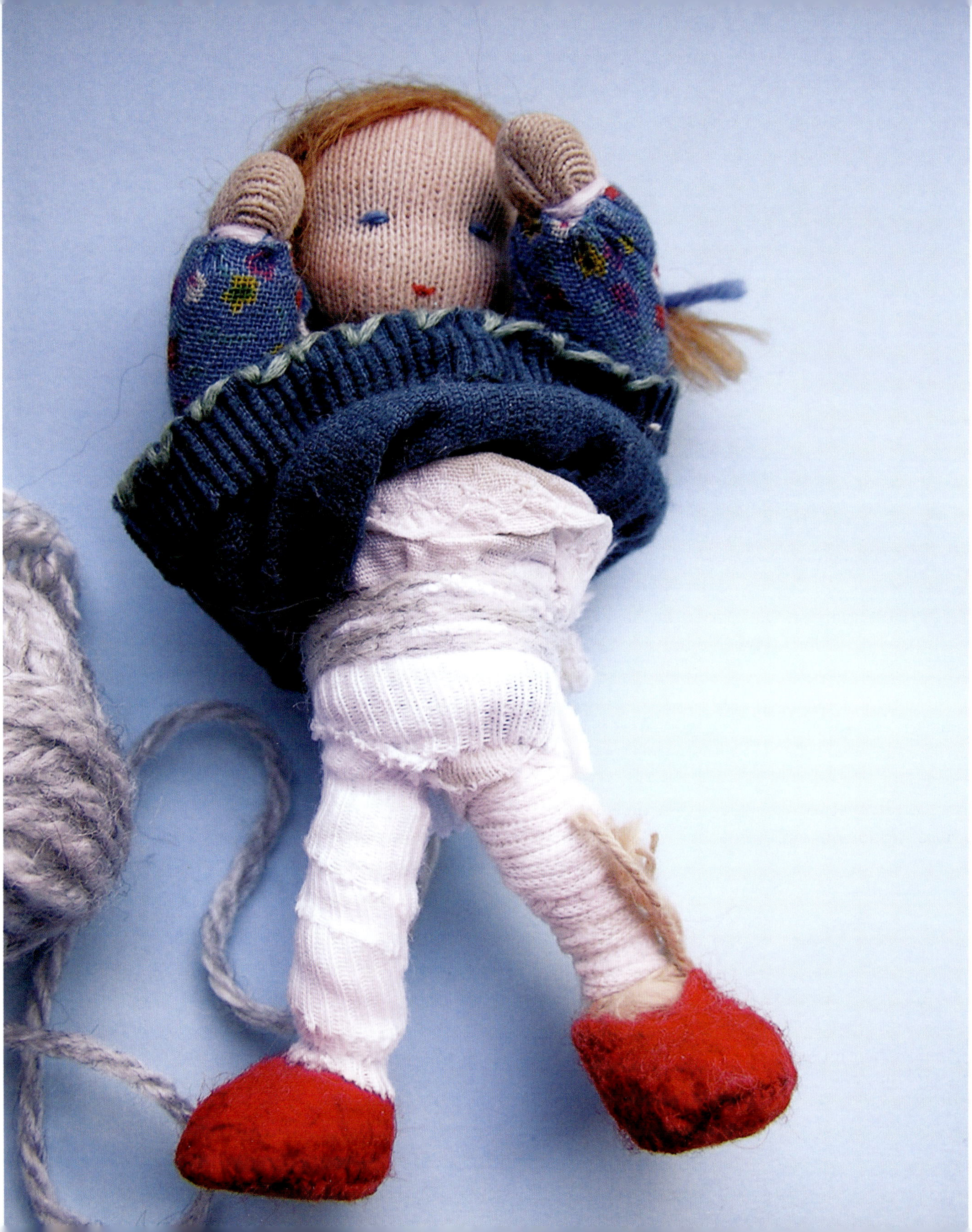

Reparatur

Da die Arbeit an den Biegepuppen von uns selbst ausgeführt wurde, wissen wir, was «hinter den Kulissen» zu finden ist. Das bedeutet, dass wir die Reparaturen ganz leicht bewältigen können, weil wir den Aufbau der Puppe kennen. Es ist sehr wichtig, dass Sie diese «Doktorarbeit» nicht vor den Kindern machen. Ein kleiner Verband genügt, um das kranke Püppchen zu versorgen. Der Rest ist eine Überraschung. Die hier abgebildete kleine Anna (s. links und S. 160f.) ist sechzehn Jahre alt. Sie wurde schrittweise wieder wie neu gemacht.

Reparatur der Beine

Geht z. B. ein Bein kaputt, so liegt das nur an den Drähten. Wir müssen also das Bein wieder neu aufbauen (die Fotos auf S. 160f. zeigen die einzelnen Arbeitsschritte). Um an das Drahtgestell zu kommen, müssen wir das ganze Bein aufschneiden: die Strumpfwolle und das Wickelmaterial. Falls Ihr kaputtes Püppchen überzogene Beine aus Trikotstoff hat, muss dieser Stoff oben am Bauch aufgetrennt und als ganze «Hose» ausgezogen werden.

Weil die Beine der Puppe nur durch häufiges Knicken brechen, spüren wir am Puppenbein eine lockere Stelle. Äußerlich kann man nichts sehen, die gebrochenen Drähte werden vom Wickelmaterial zusammengehalten. Wenn Sie die Bruchstelle lokalisiert haben, schneiden Sie vorsichtig mit einer Nagelschere die erste Wollschicht und die darunterliegende weiße Wickelschicht auf. Man macht dabei einen geraden, senkrechten Schnitt etwa 2 cm *über* der Bruchstelle. Versuchen Sie hier die Wickelmaterialien zu entfernen, sodass Sie den blanken Draht freibekommen. Das restliche Wickelmaterial lassen wir ganz und wickeln es nur auf, um besser an den Draht zu kommen.

An das obere *ganze* Drahtstück wickeln wir jetzt einen neuen Draht. Wir stückeln sozusagen den Draht an und machen das Bein wieder neu. Indem wir oberhalb und unterhalb der Bruchstelle Draht umwickeln, verbinden wir die beiden Drahtteile miteinander. Wir setzen diese Drahtarbeit so lange fort, bis wir ein gutes Gefühl haben und das Bein wieder aus mindestens sechs Drähten besteht. Unbedingt darauf achten, dass das «neue» Bein genauso lang ist wie das «alte». Keine Sorge, dass das neue Bein durch diese Drahtarbeit dicker werden könnte; die Unterschiede können wir durch die Wickelarbeit darüber ausgleichen.

Benutzen Sie ruhig etwas vom «baumelnden» Wickelmaterial. Natürlich müssen wir neue Unterhemdenstreifen dazu nehmen … Zuletzt wird die gerichtete Stelle wieder mit Strumpfwolle gewickelt, und das Püppchen kann wieder stehen!

Falls die Puppe eine Trikotschicht (Strumpfhose oder Haut) hatte, wird sie wieder angezogen und erneut oben am Bauch befestigt.

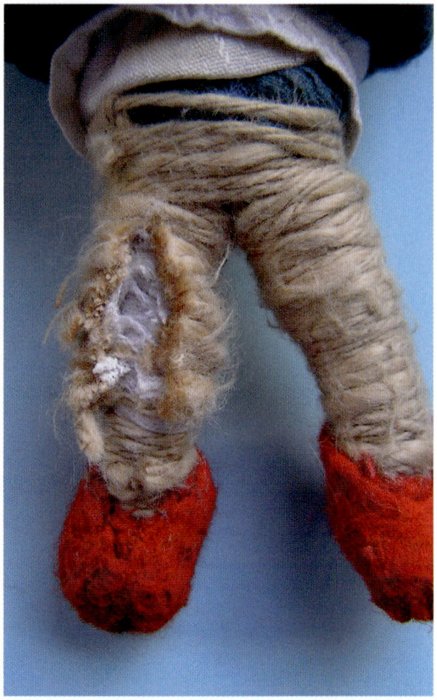

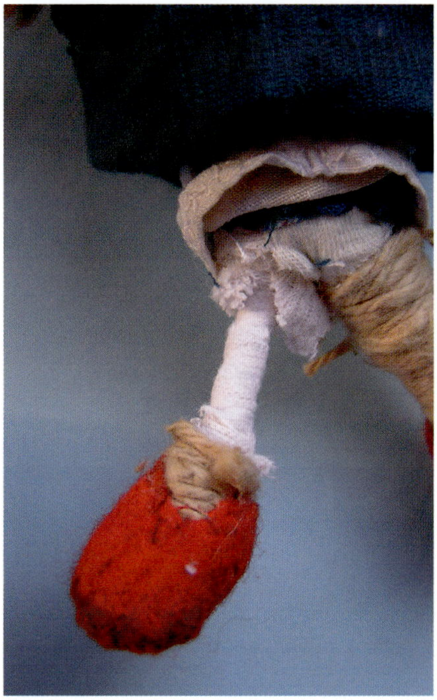

Reparatur der Schuhe

Wenn die Schuhe aus zu dünnem Filzmaterial genäht werden, können die Fußspitzen manchmal durchscheinen. Diese Schuhe zu reparieren ist sehr leicht: Sie schneiden ein neues Filzoberteil aus – einige Millimeter breiter als das Darunter – und kleben es mit einer dünnen Holzleimschicht wieder über den kaputten Schuh.

Es empfiehlt sich, gleich beide Schuhe zu überkleben, damit beide die gleiche Stärke bekommen. Sie brauchen noch nicht einmal den Filz darunter zu entfernen. Der «neue» Schuh wird zwar etwas dicker, als er ursprünglich war, aber er ist wenigstens wieder ganz. Und das ist für die Kinder das Wichtigste.

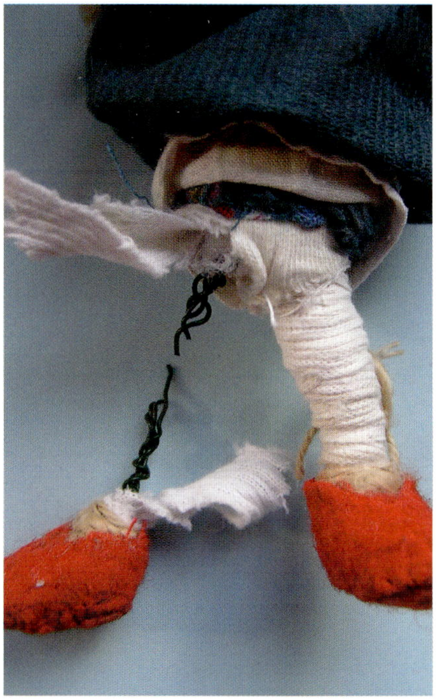

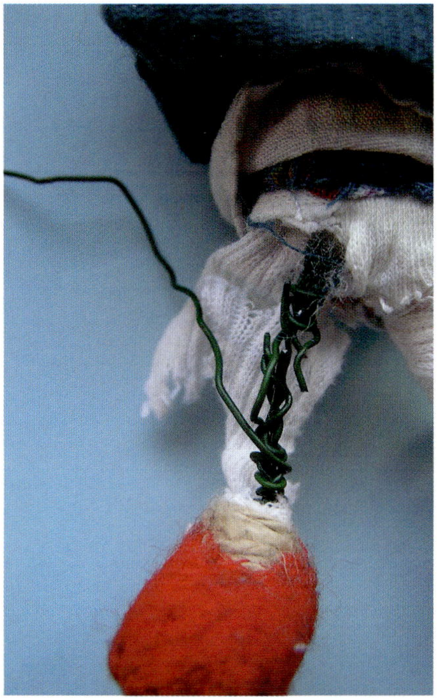

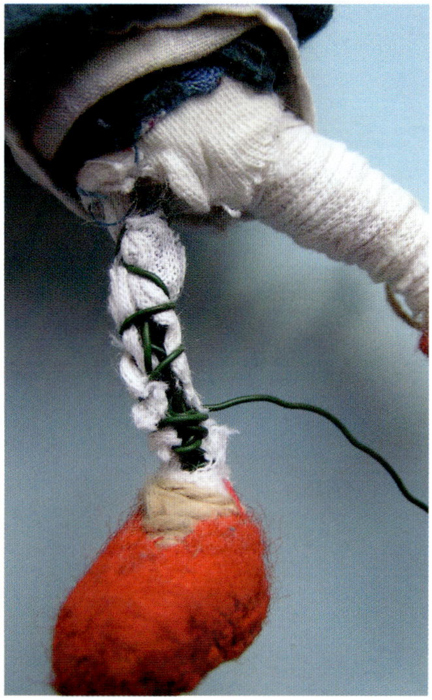

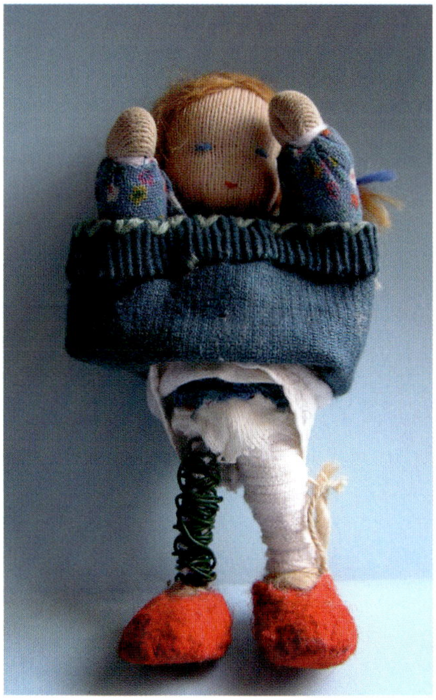

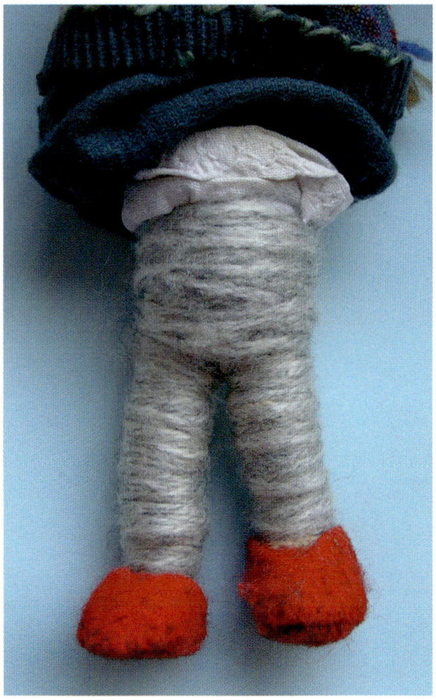

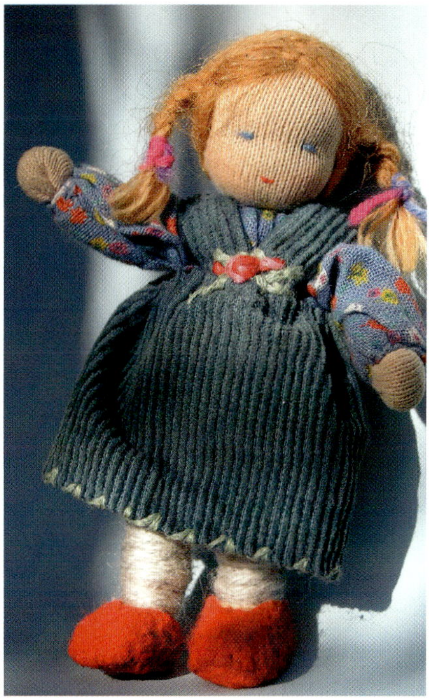

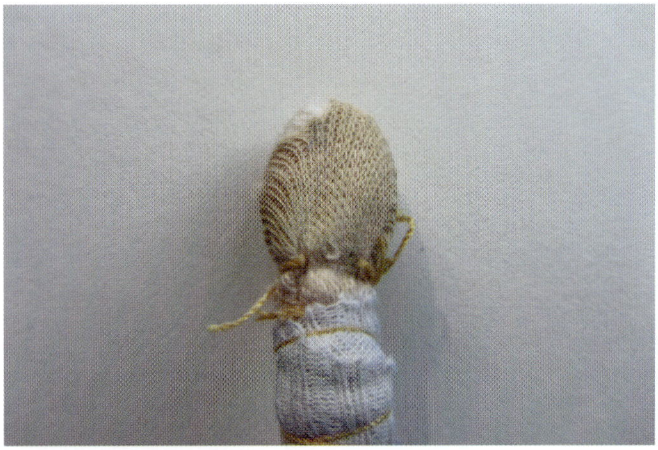

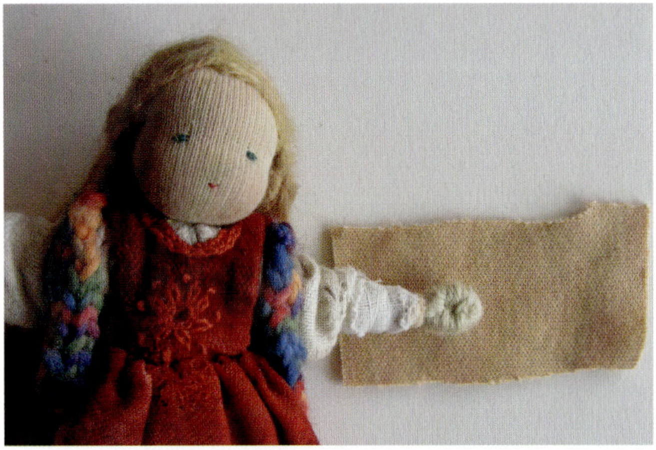

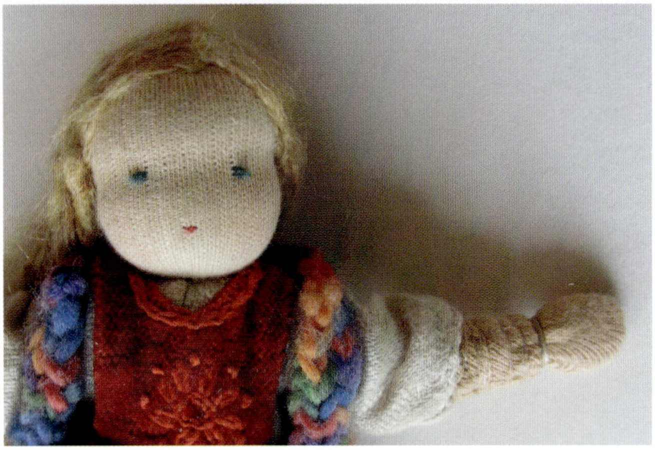

Reparatur der Hände

Nach vielen Jahren nutzt sich der Trikotstoff an den Händen gelegentlich ab. Wenn Sie die Naht am Handgelenk auftrennen und den Ärmelstoff hochschieben, können Sie den beschädigten Stoff entfernen, indem Sie den Zwirn aufschneiden und etwas Wickelmaterial abschneiden. Dann die Hand mit neuem Trikot überziehen (s. dazu S. 26 im Kapitel «Hände») und mit Wickelmaterial ergänzen. Durch einige Wickelumdrehungen mit Zwirn wird diese Arbeit stabilisiert.

Den Stoff der Ärmel am Handgelenk wieder schließen – und schon ist das Püppchen heil!

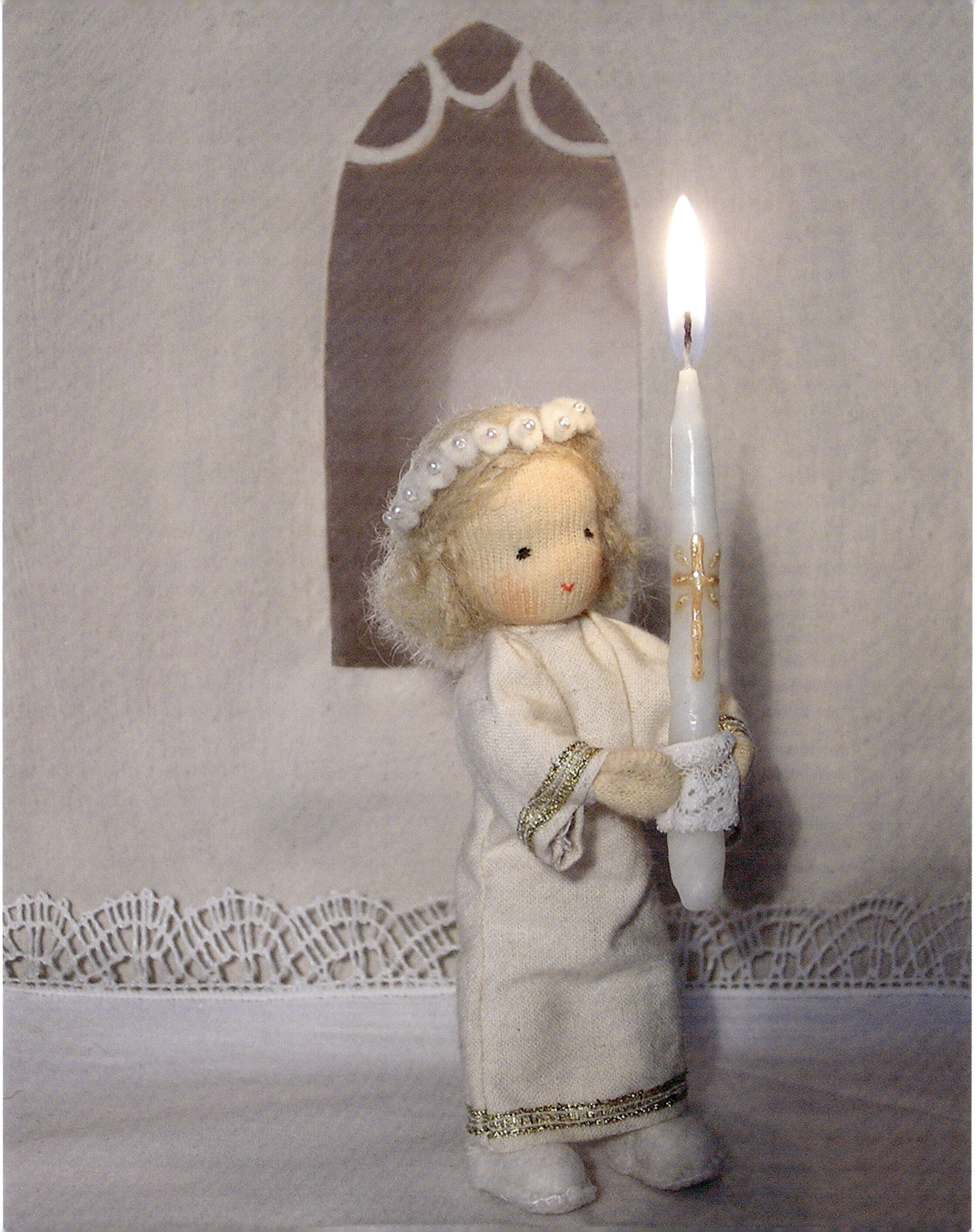

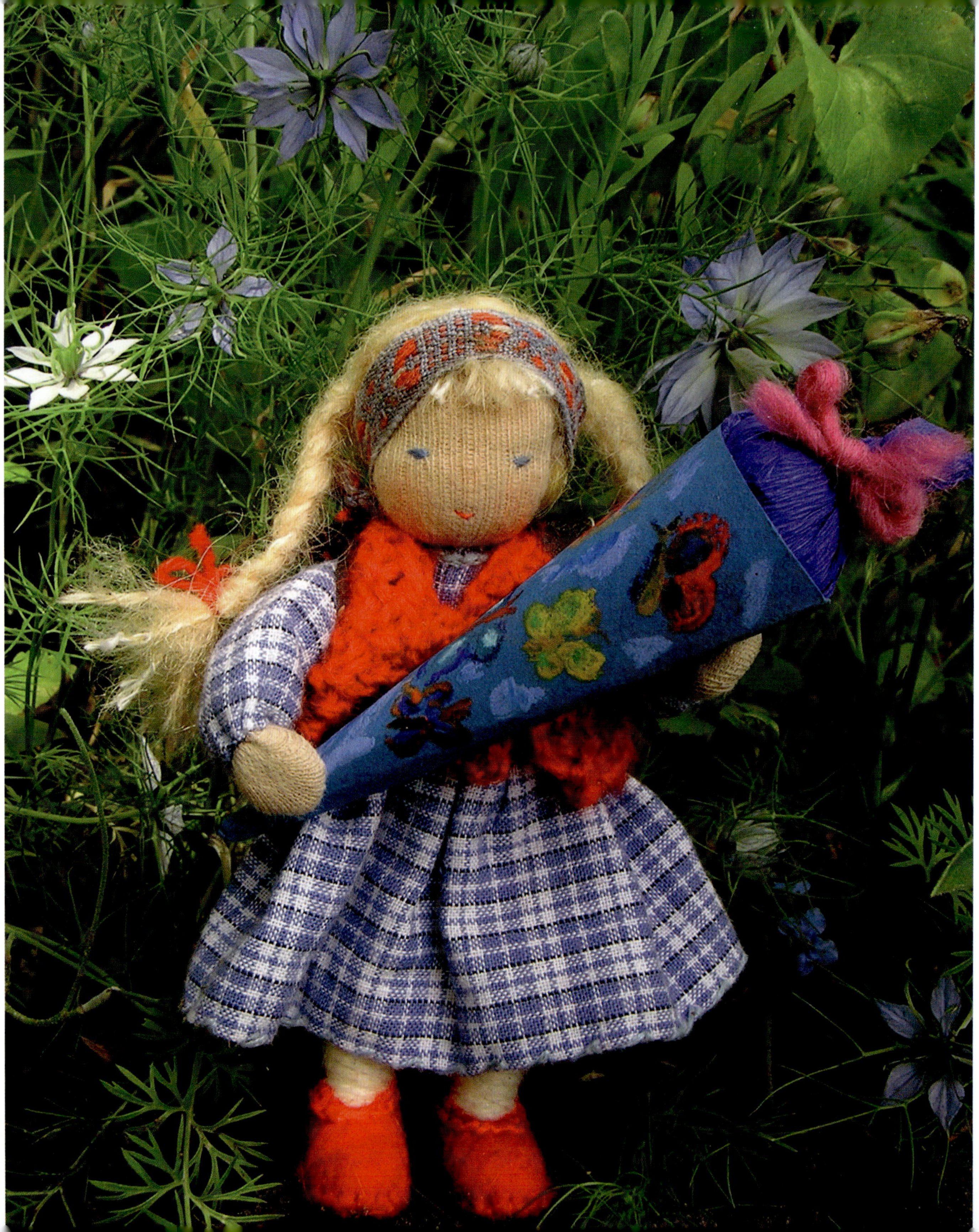

Alle Schnittmuster im Maßstab 1:1 inklusive Nahtzugabe

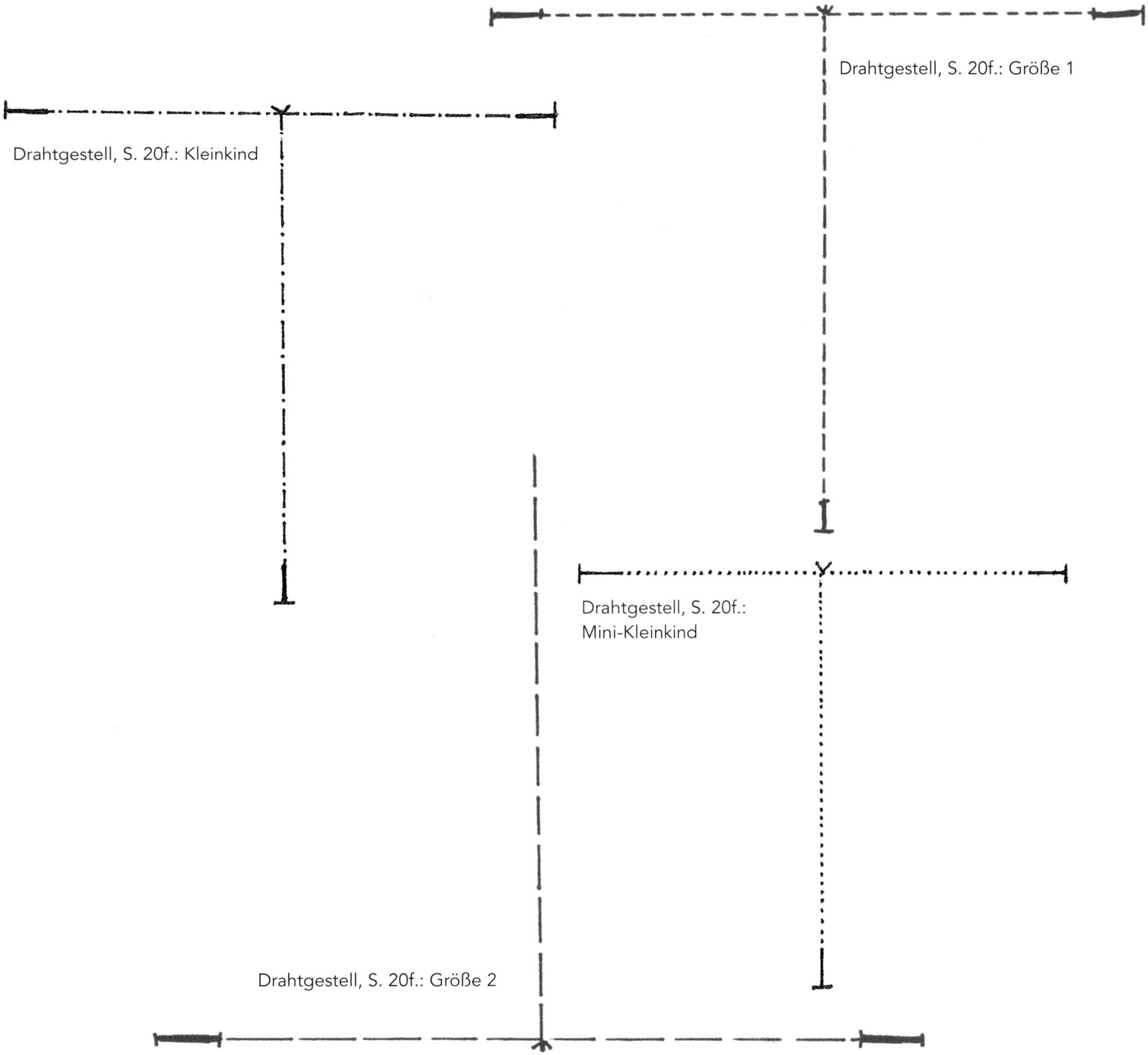

Drahtgestell, S. 20f.: Größe 3

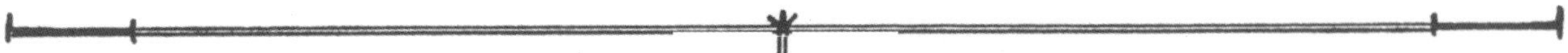

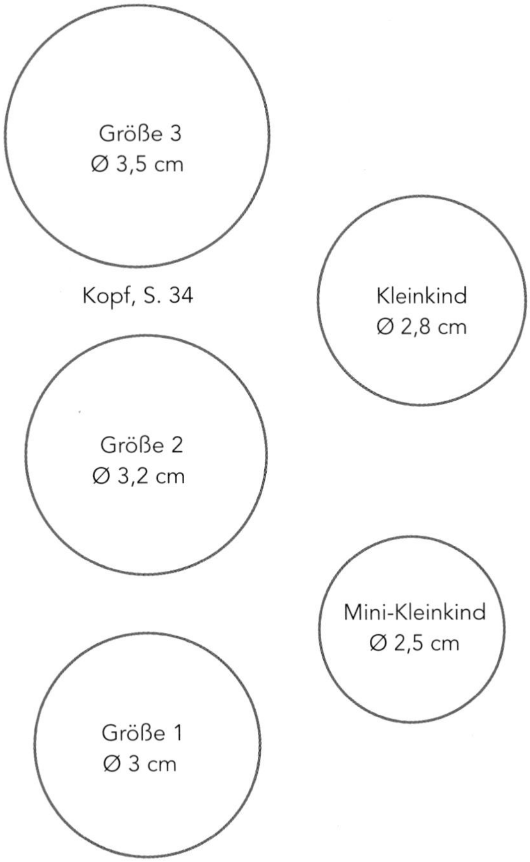

Kopf, S. 34

Schuhe 2-mal, S. 57ff.

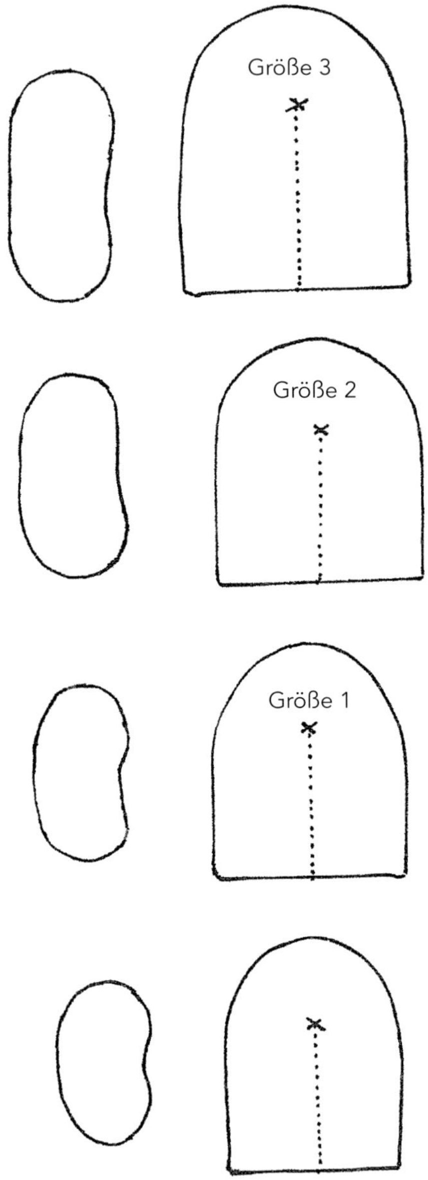

Kleinkind und
Mini-Kleinkind

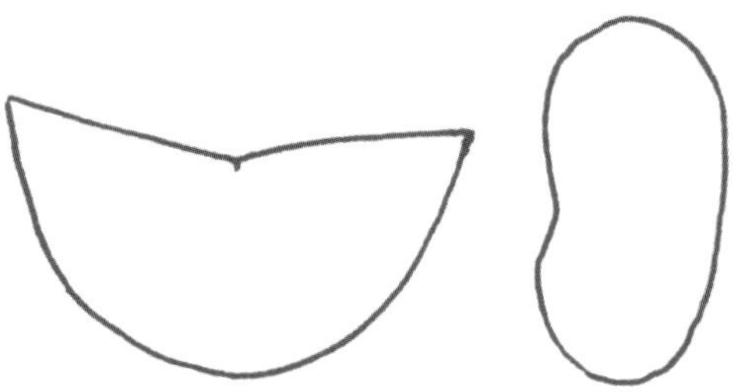

Pantoffeln 2-mal, S. 85. Größe 2 – 3

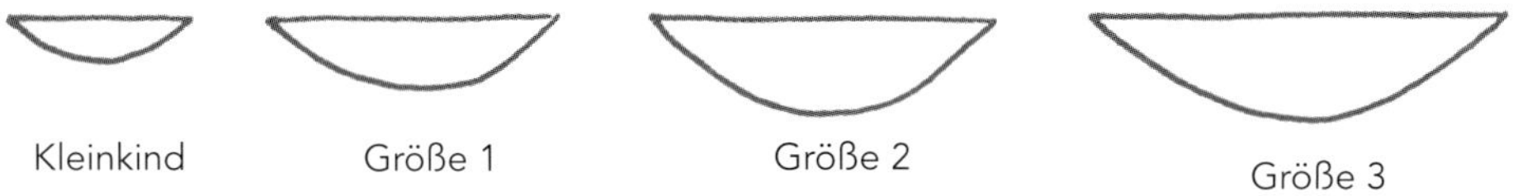

Mondschnitt, S. 37

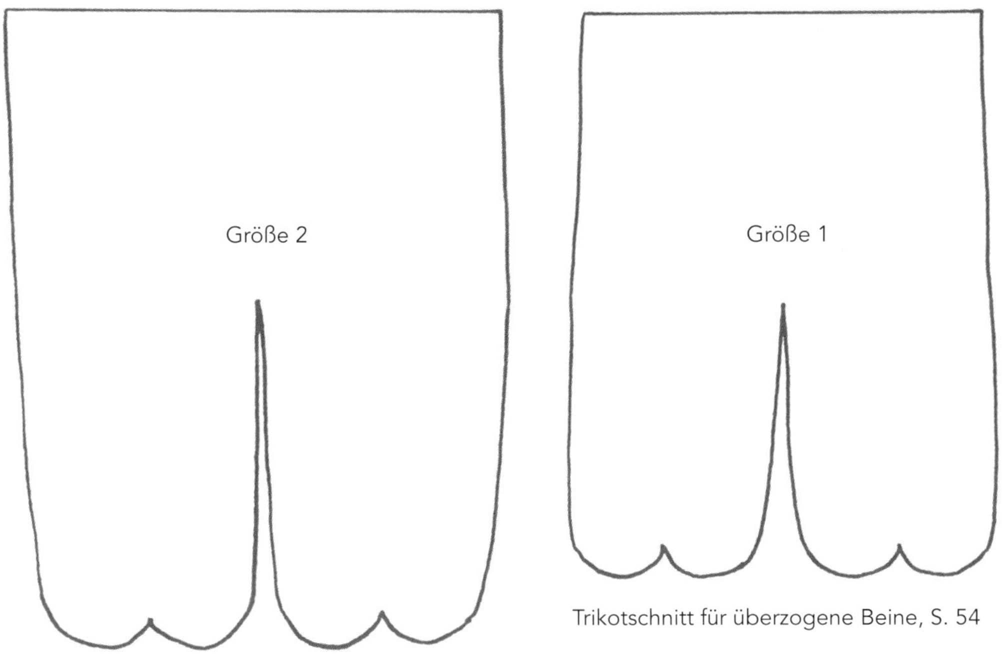

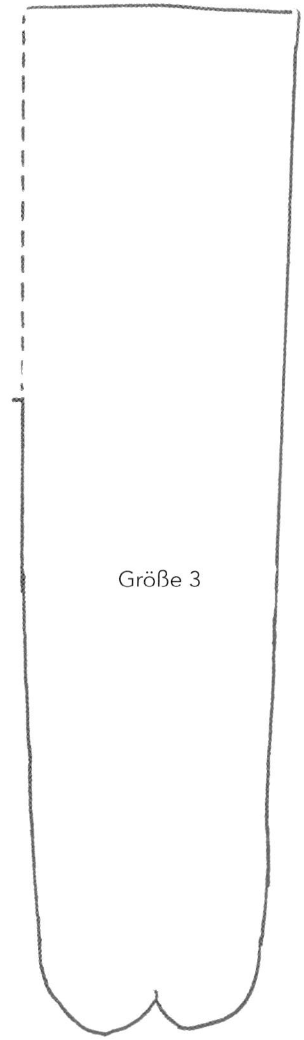

Trikotschnitt für überzogene Beine, S. 54

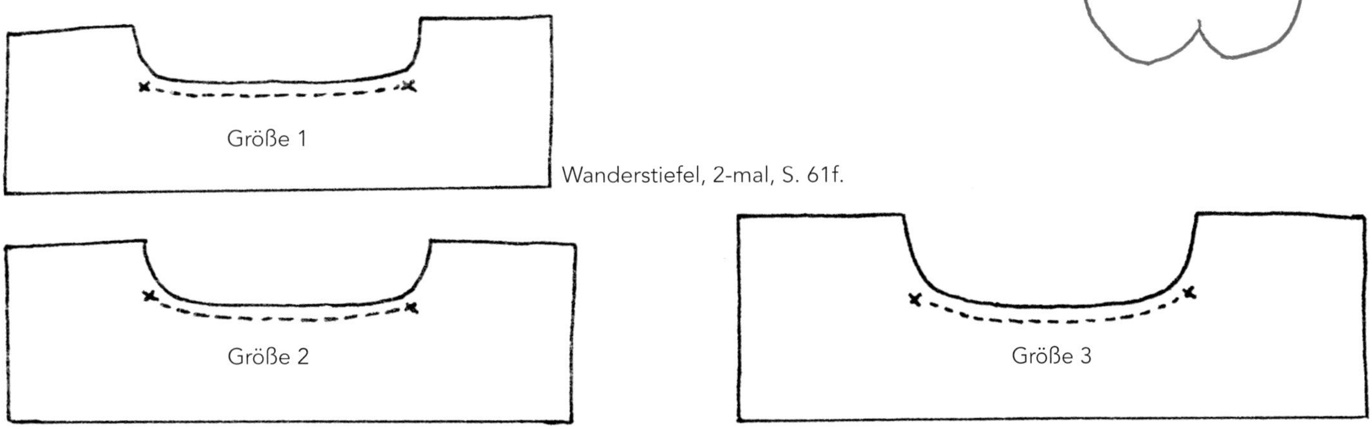

Wanderstiefel, 2-mal, S. 61f.

Oberteil / Bluse / Pullover, S. 83f.

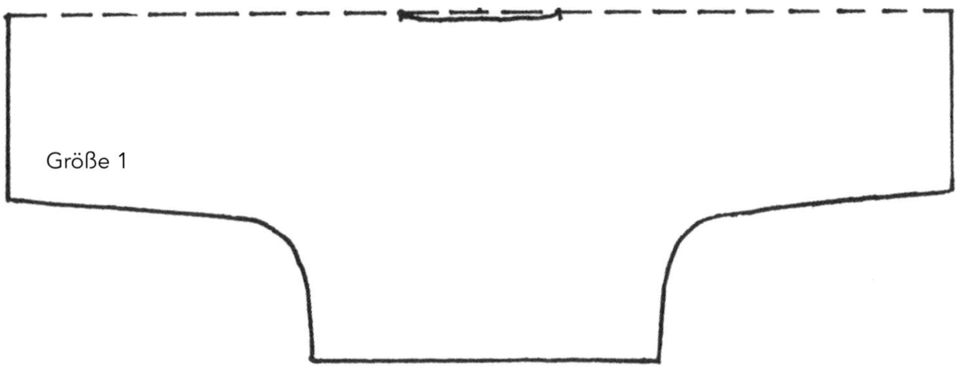

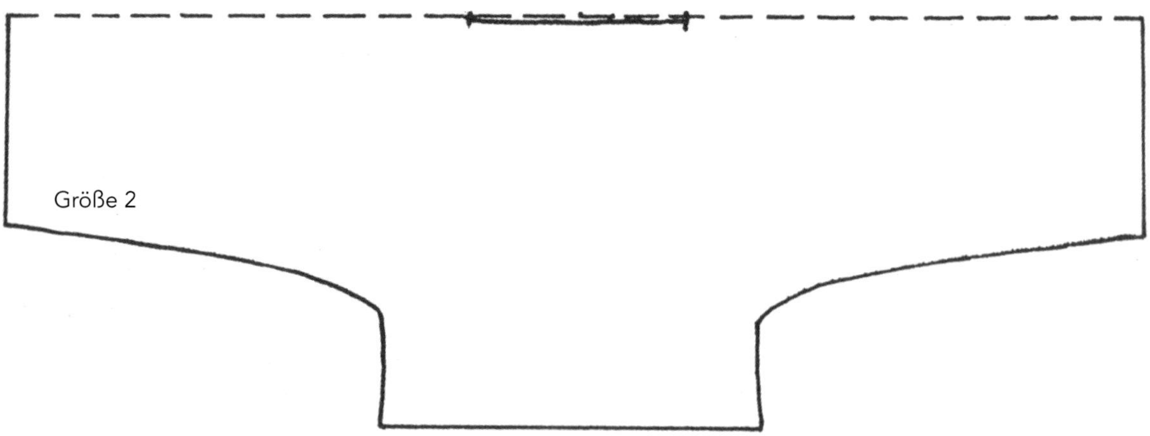

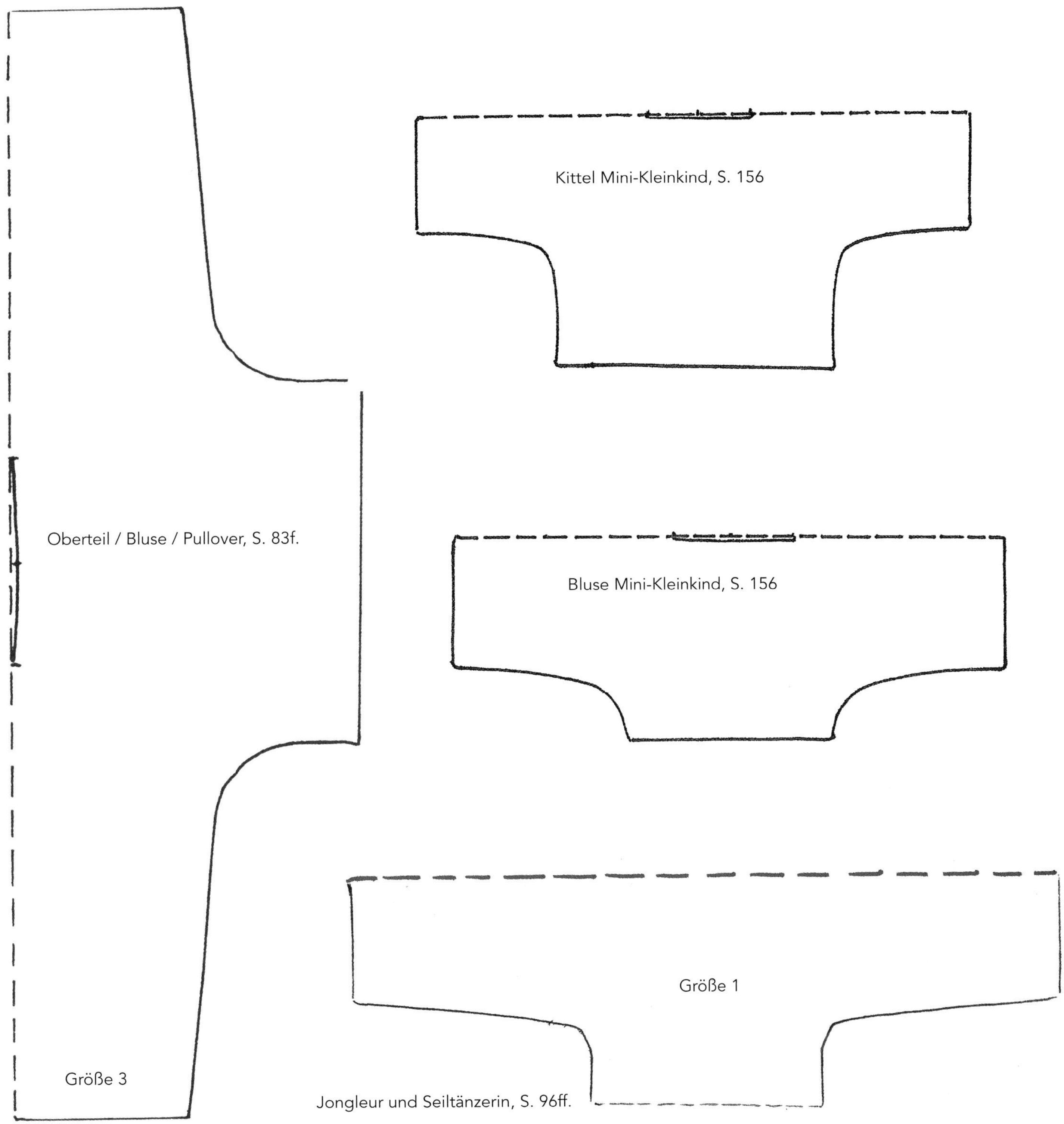
Kittel Mini-Kleinkind, S. 156
Oberteil / Bluse / Pullover, S. 83f.
Bluse Mini-Kleinkind, S. 156
Größe 1
Größe 3
Jongleur und Seiltänzerin, S. 96ff.

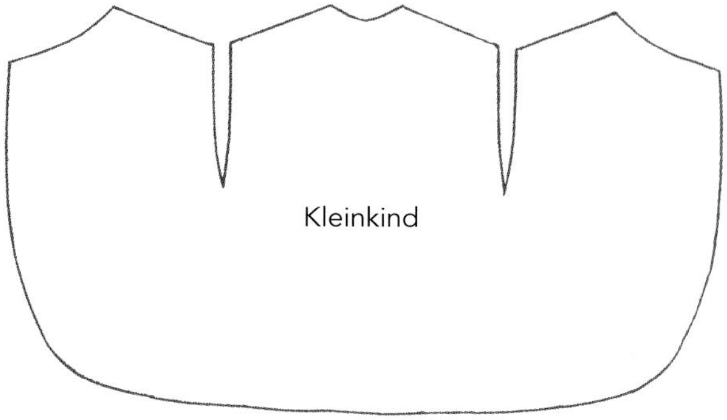

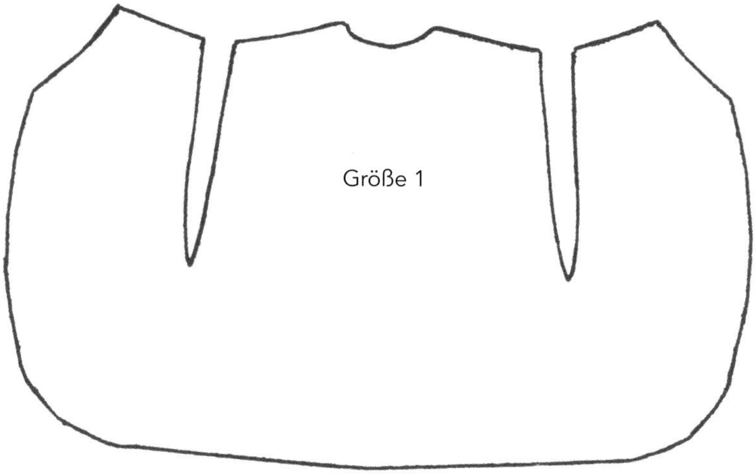

Weste, S. 83f.

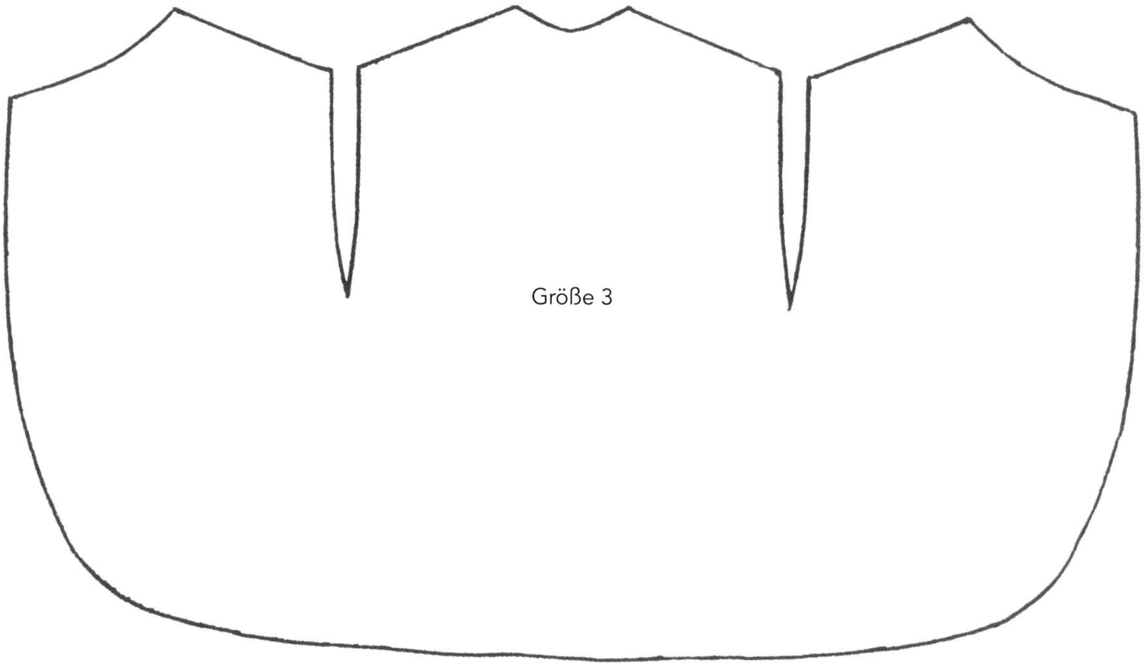

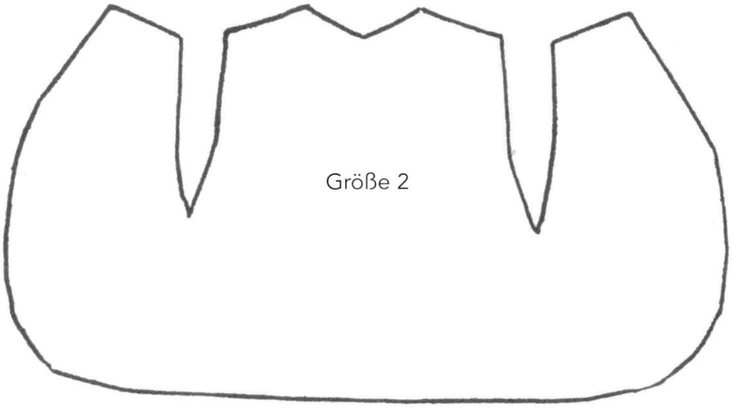

Weste, S. 83f.

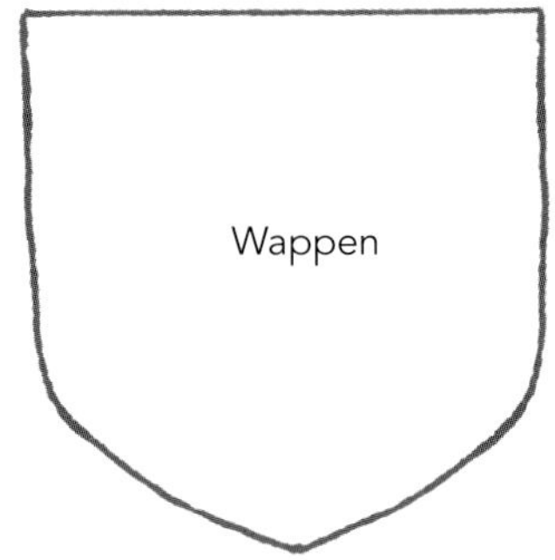

Ritter, S. 103ff.

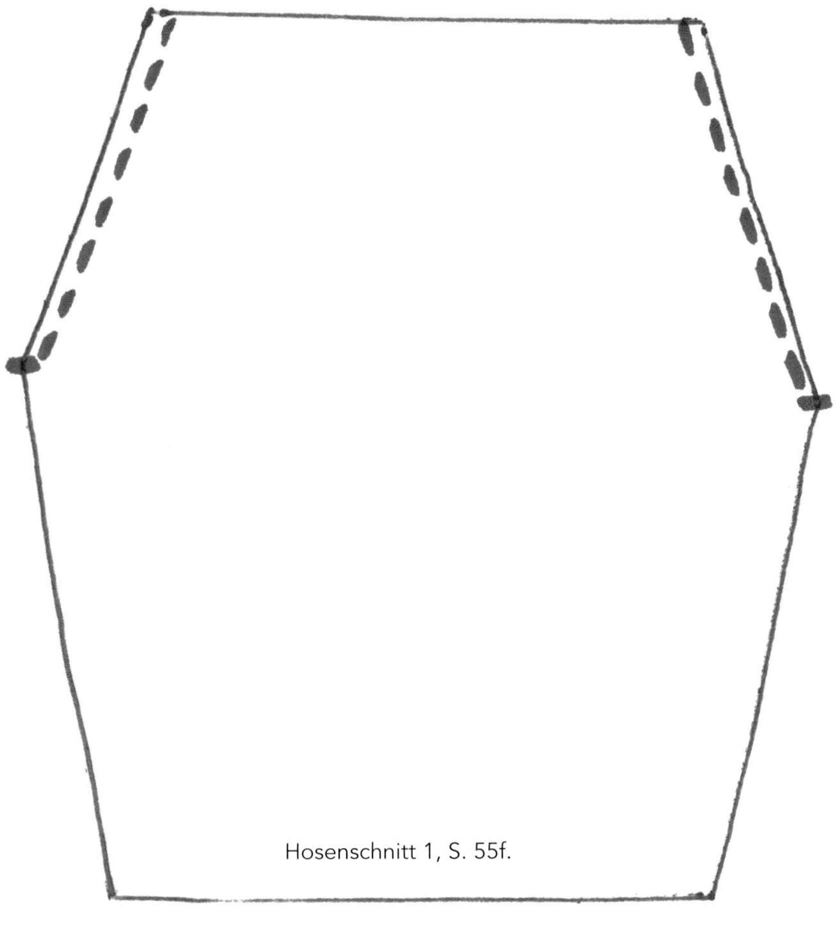

Hosenschnitt 1, S. 55f.

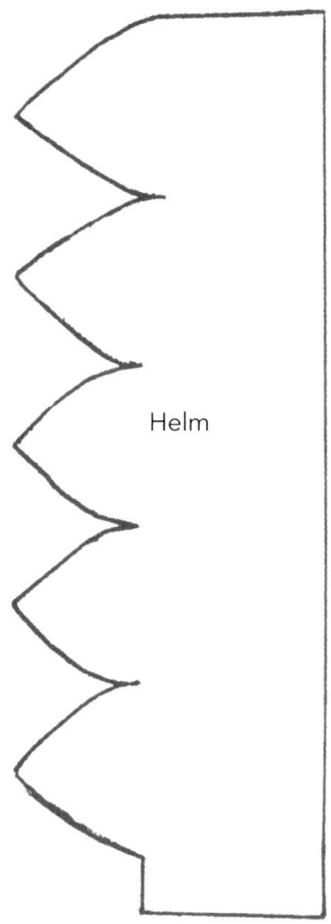

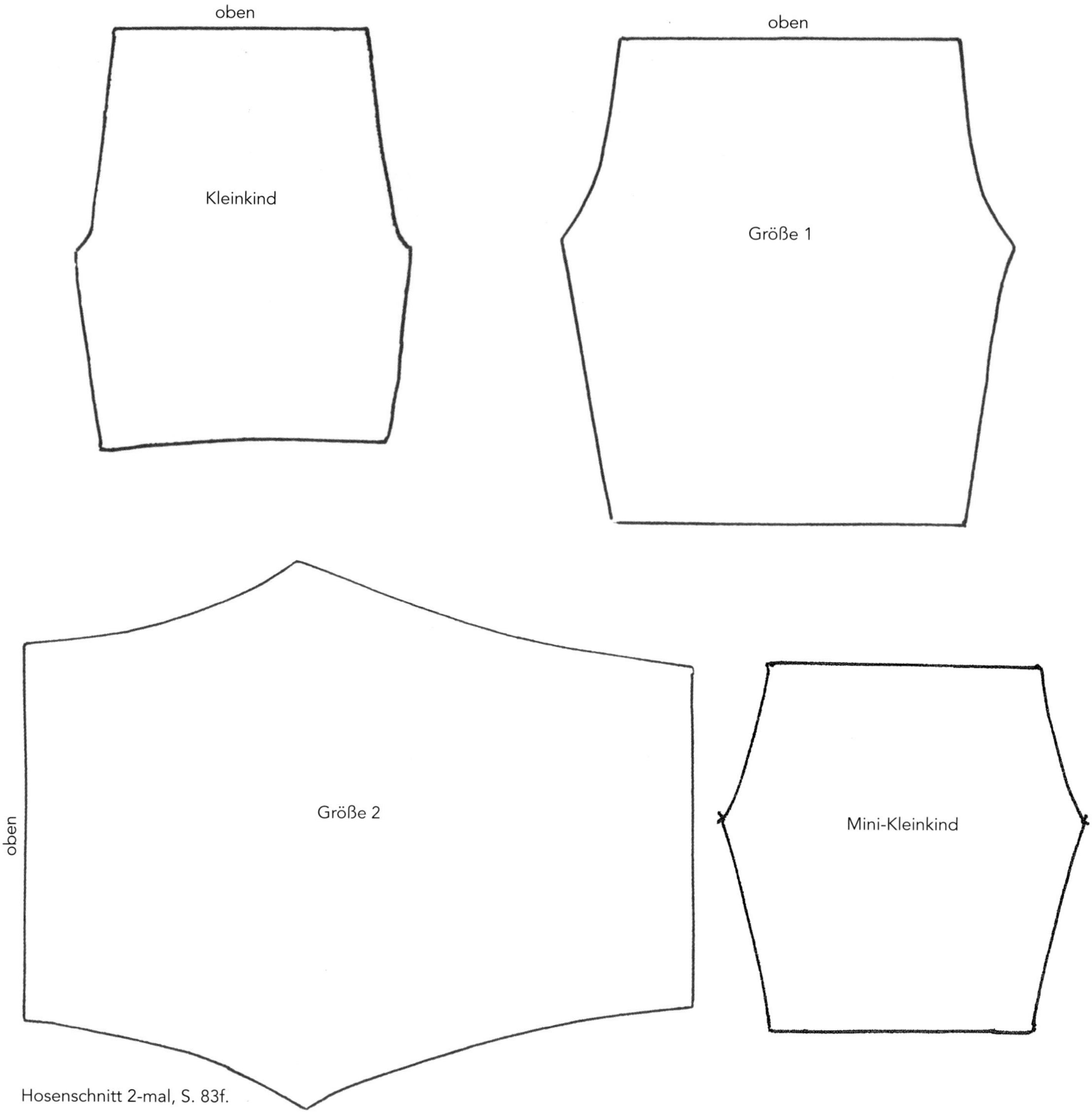

Hosenschnitt 2-mal, S. 83f.

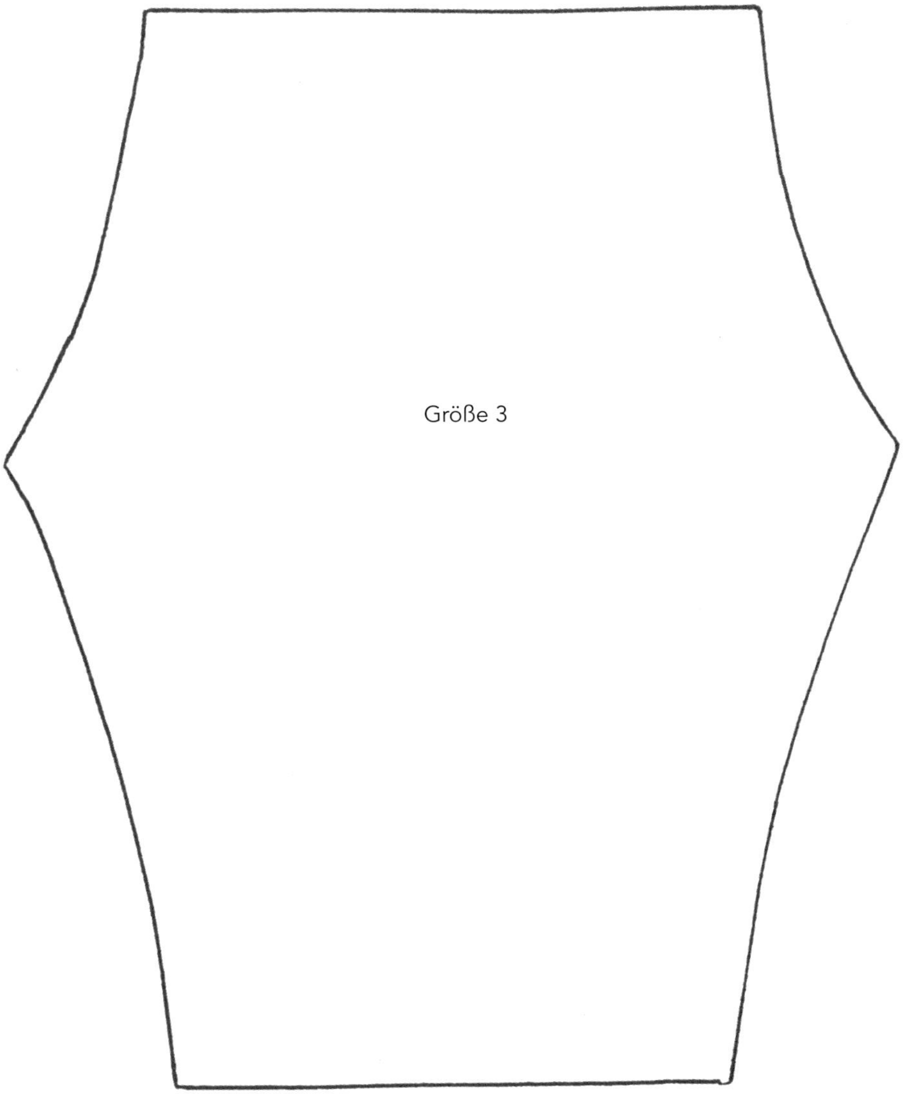

Hosenschnitt 2-mal, S. 83f.

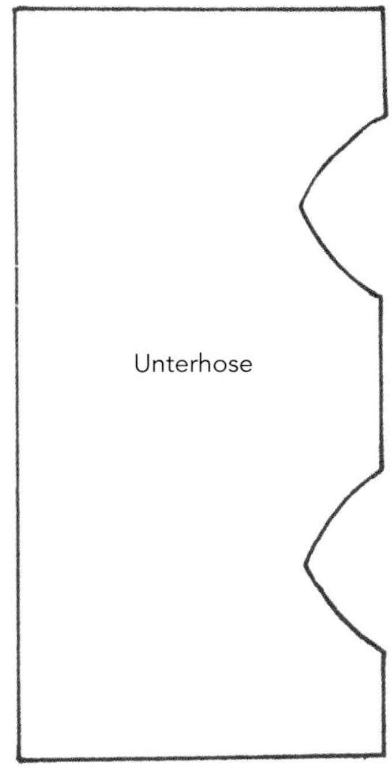

Kunstreiterin, S. 94f.

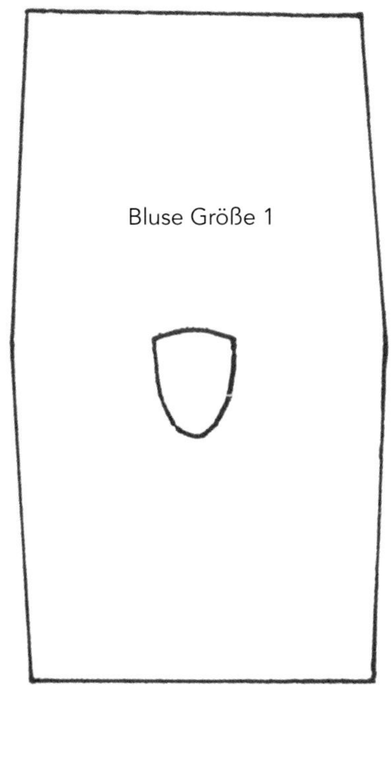

Kimonoschnitt, S. 144f. und 146f.

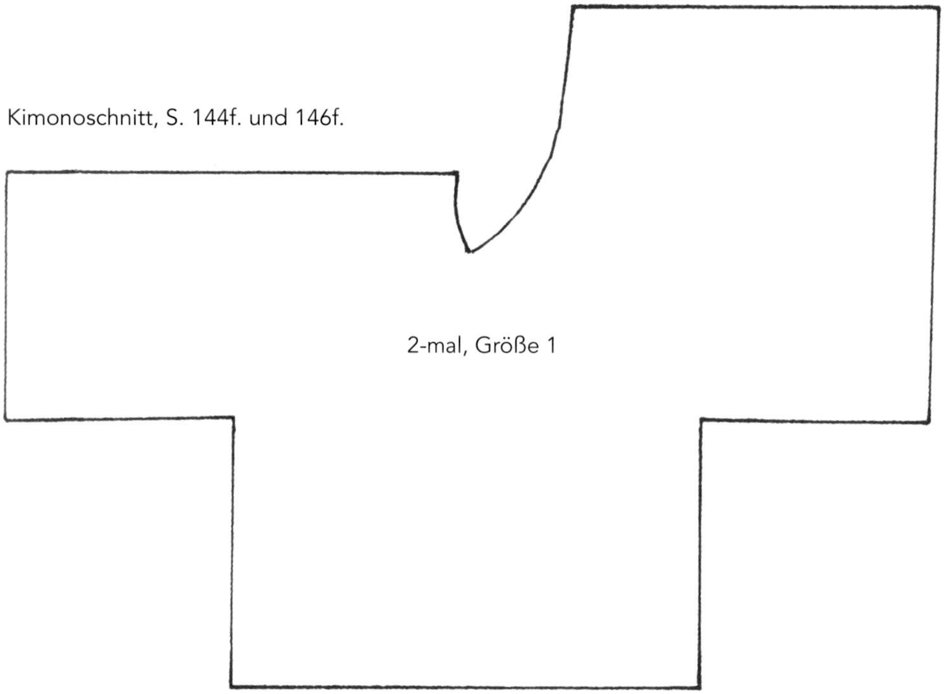

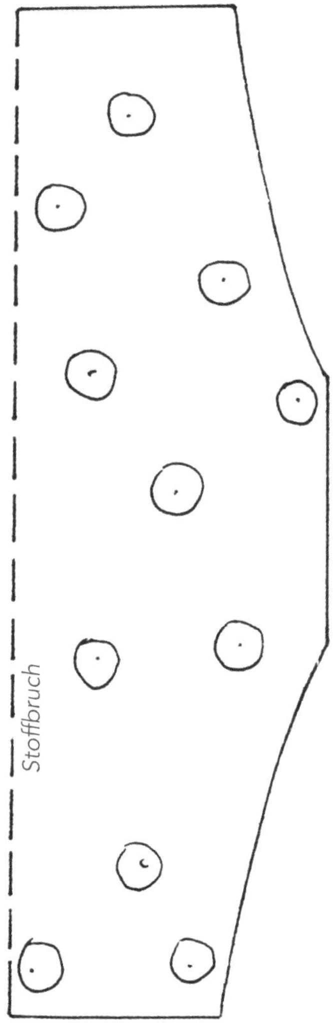

Clown, Oberteil, S. 92f.

Clown, Schuhe 2-mal, S. 92f.

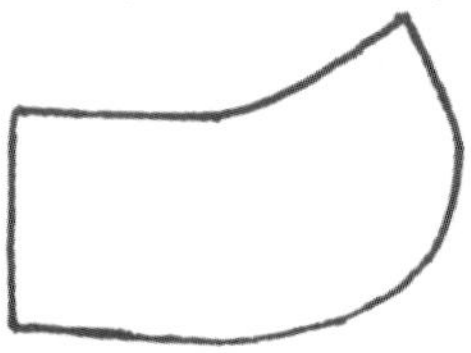

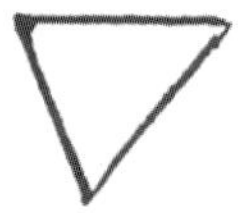

Dreieck für Schuhe

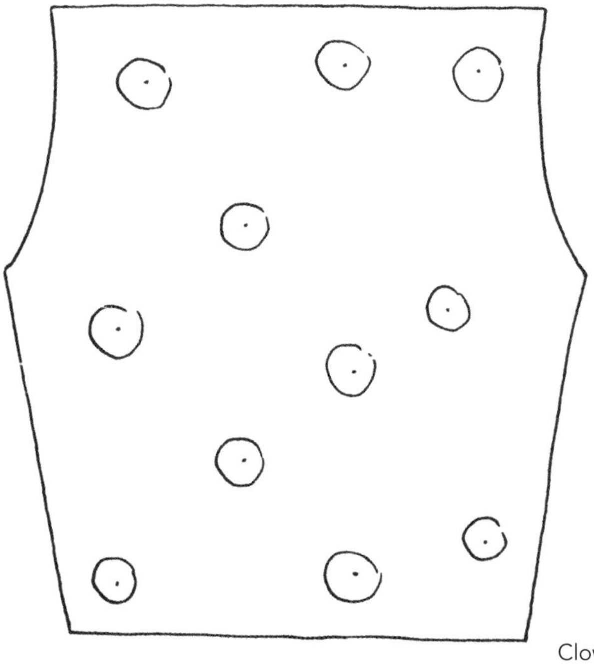

Clown, Hose 2-mal, S. 92f.

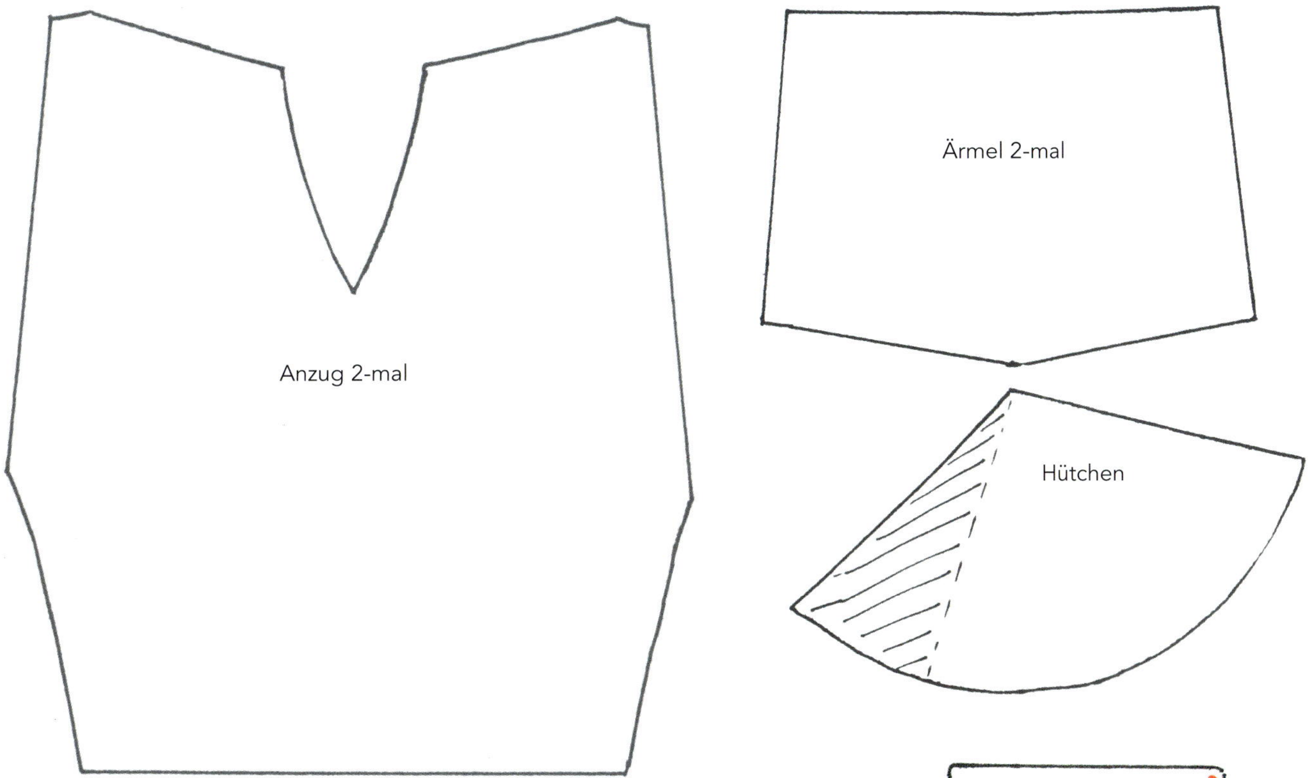

Clown-Variante, S. 92f.

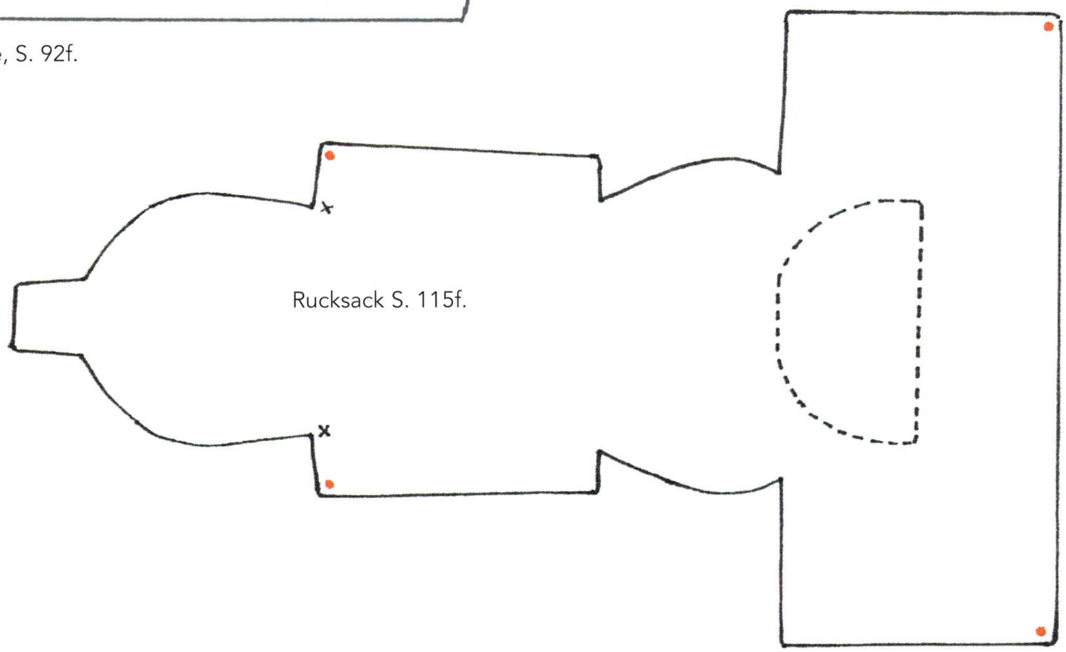

Eskimo Größe 1, S. 121ff.

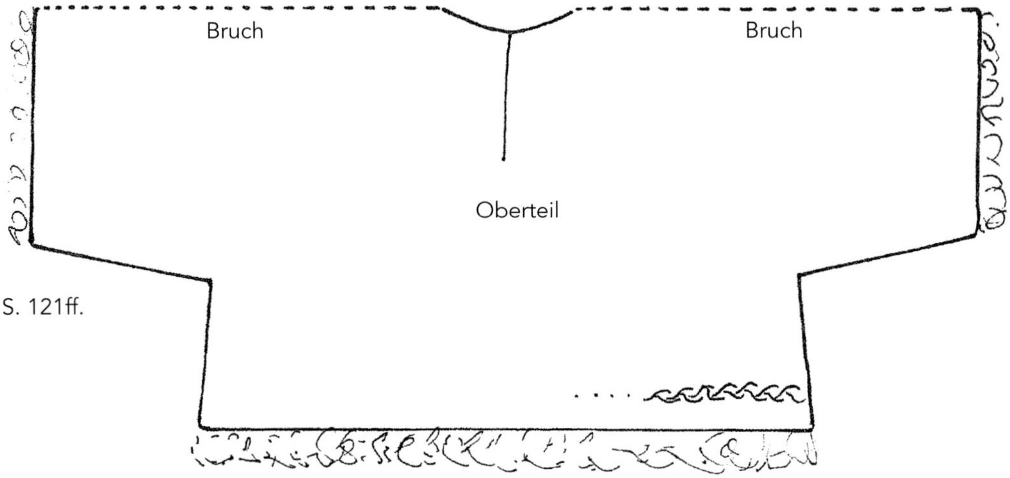

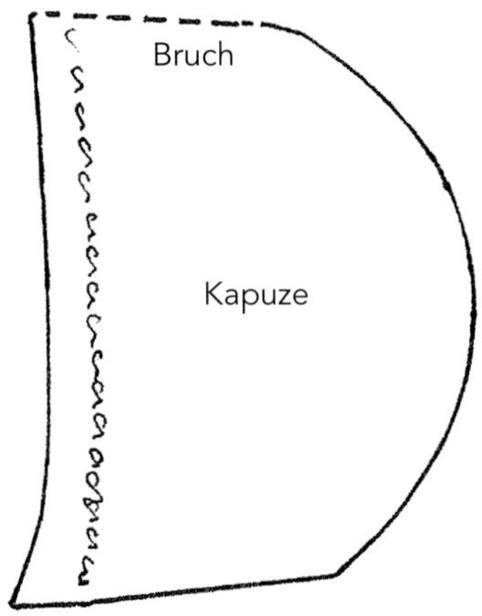

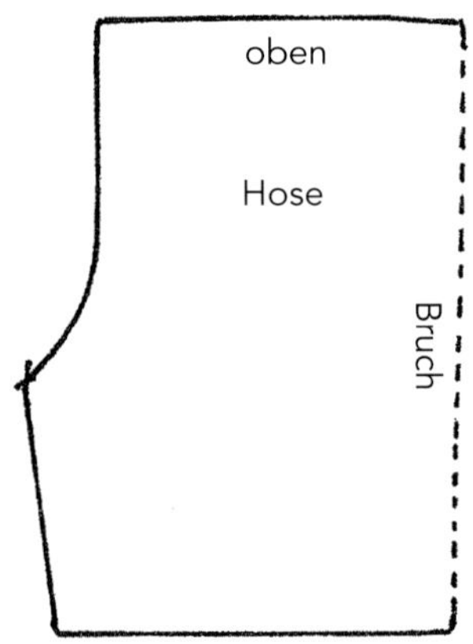

Für Stiefel

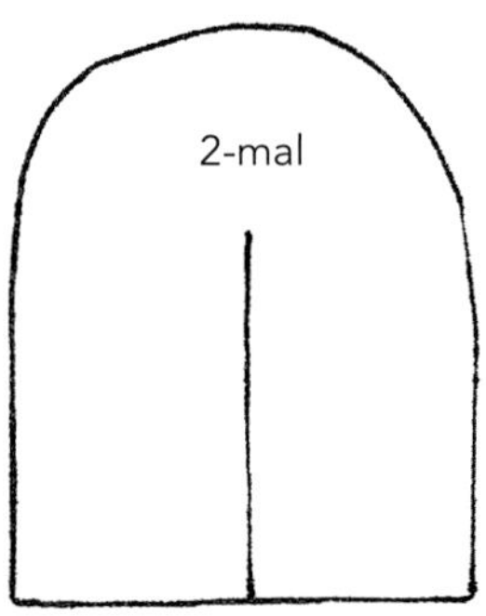

Fußteil Schuhe

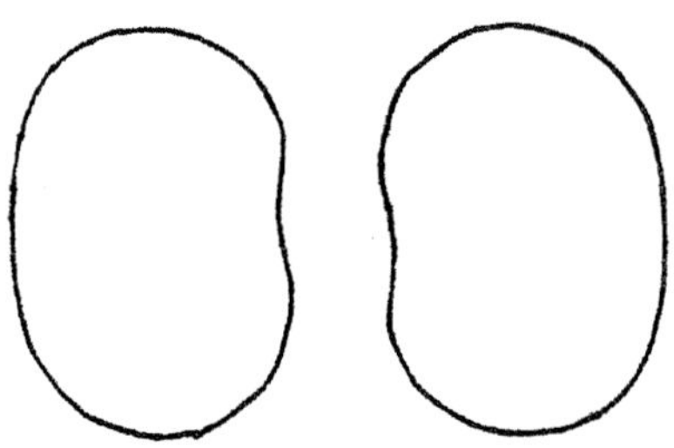

Sohle spiegelbildlich

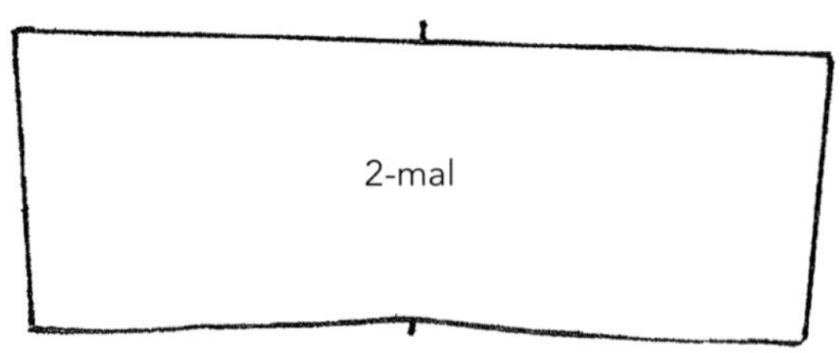

Schaft

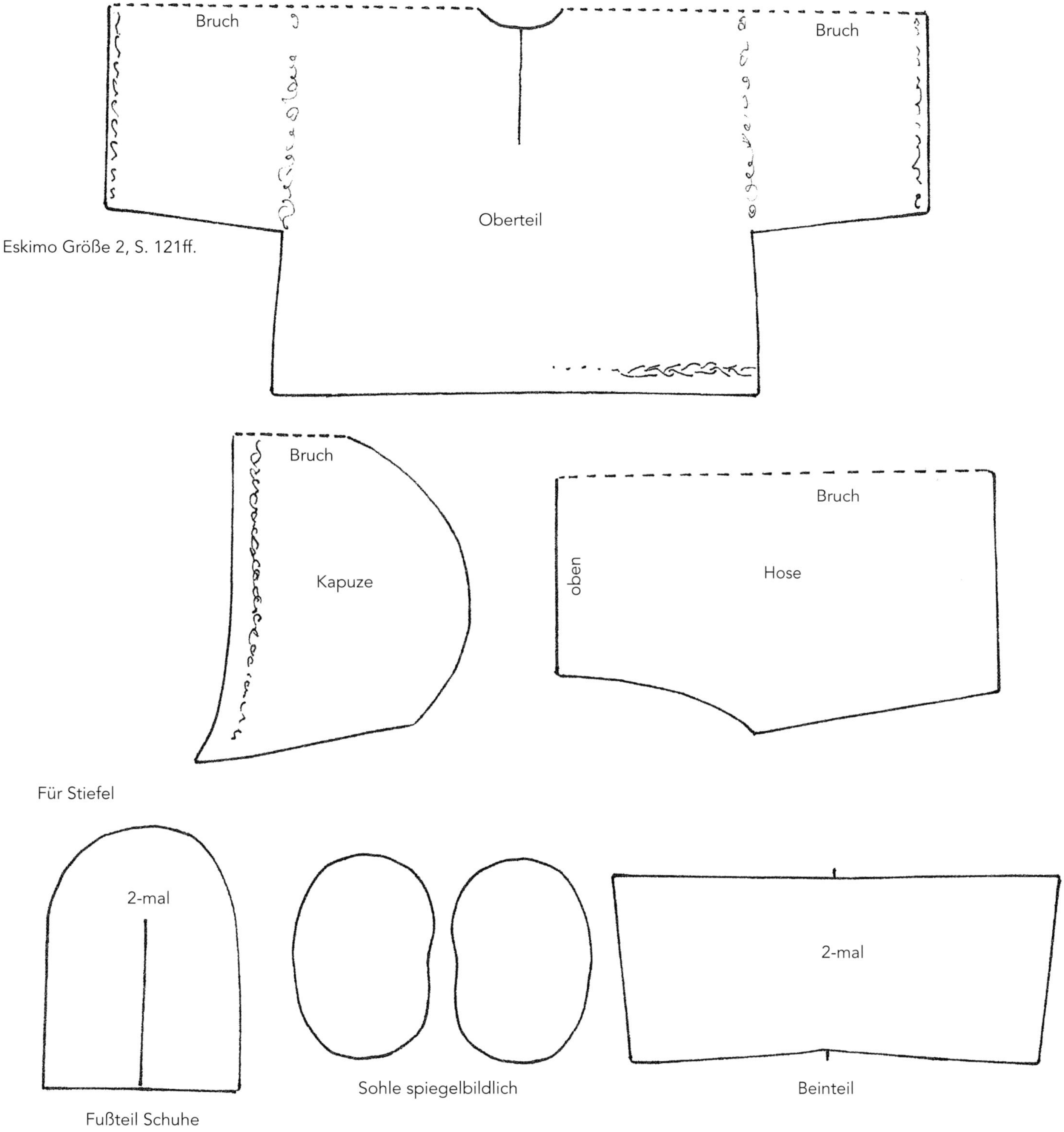
Bruch
Bruch
Oberteil
Eskimo Größe 2, S. 121ff.
Bruch
Kapuze
Bruch
oben
Hose
Für Stiefel
2-mal
Fußteil Schuhe
Sohle spiegelbildlich
2-mal
Beinteil

Sami-Junge Größe 2, S. 126ff.

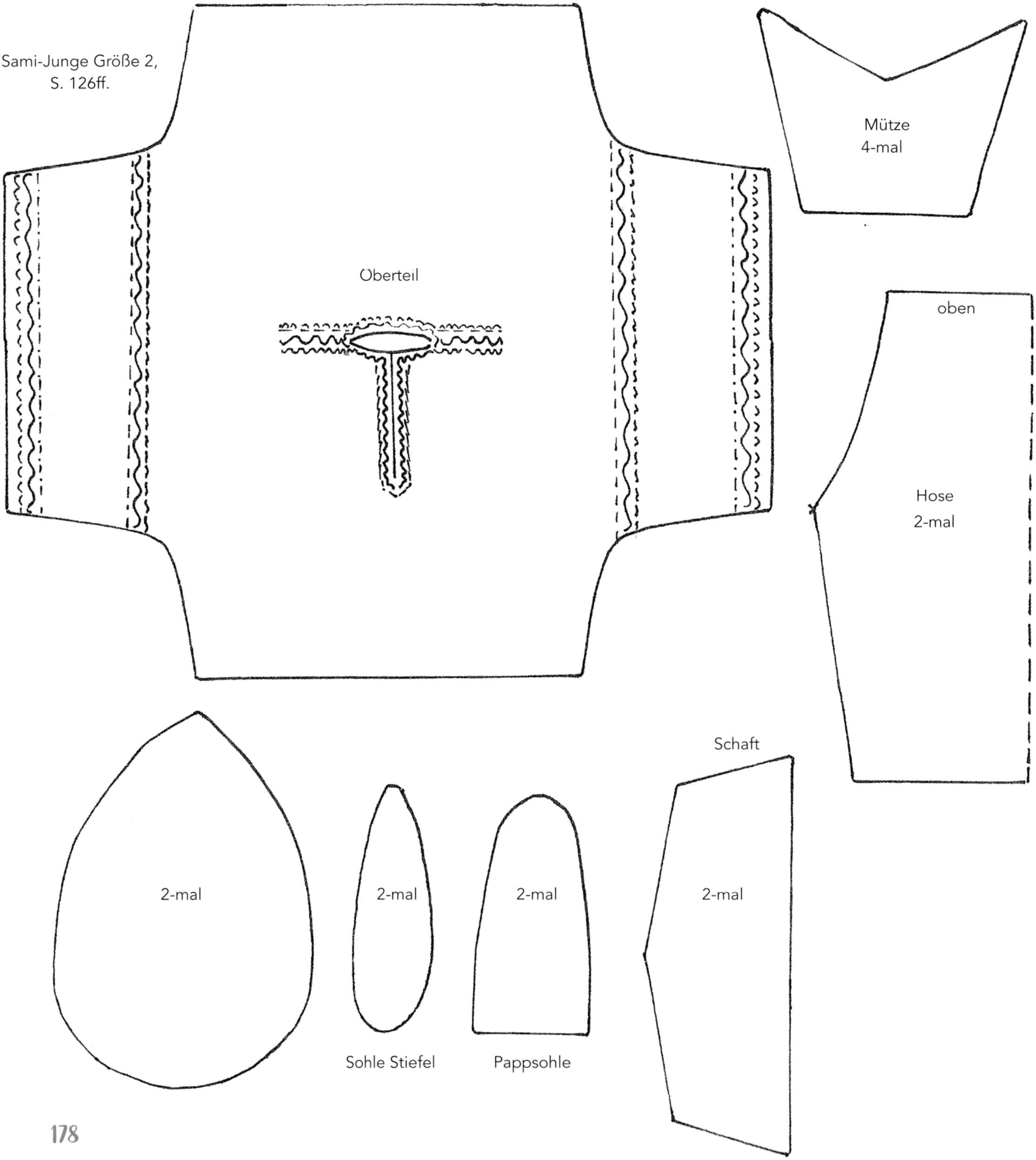

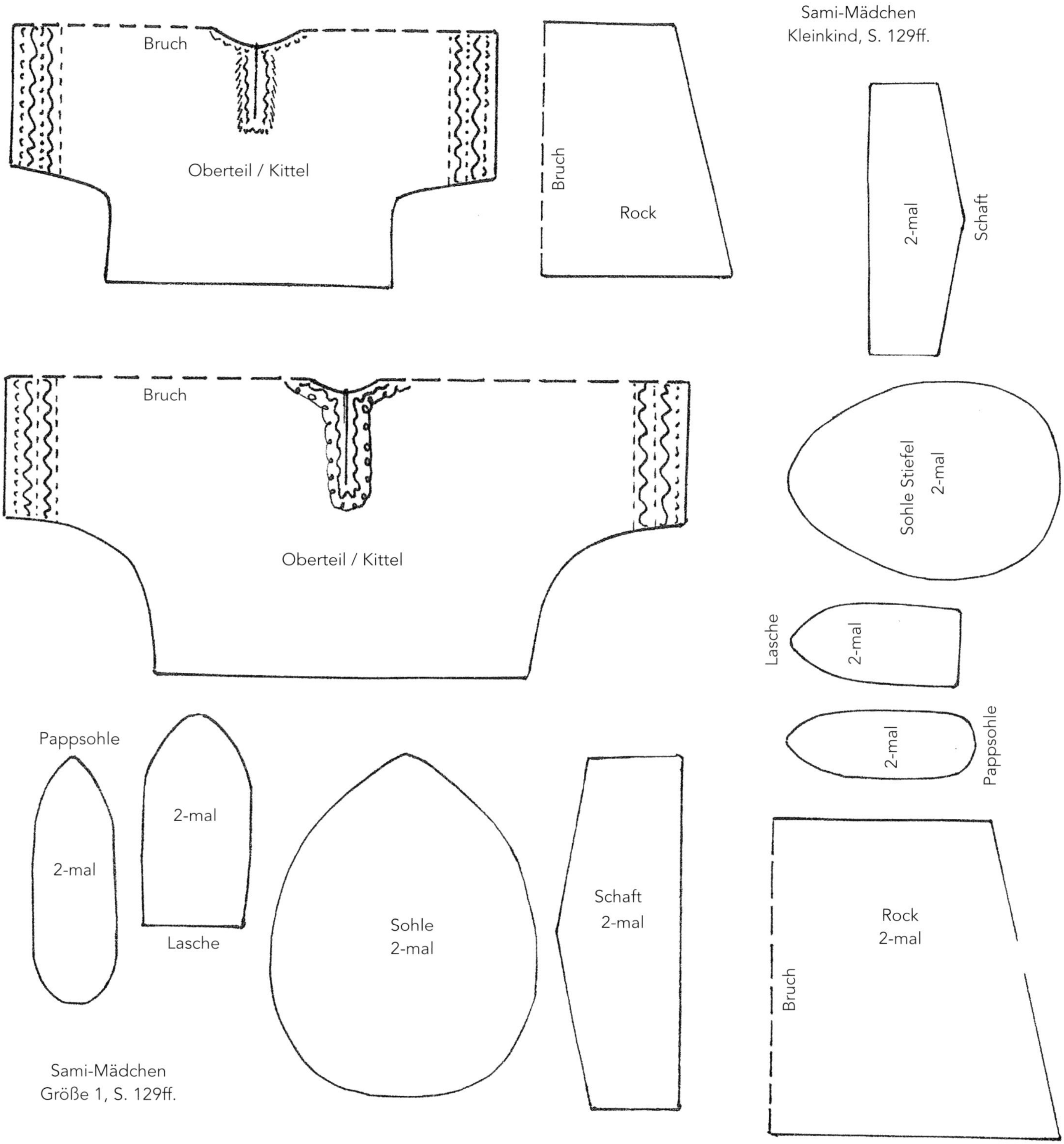
Sami-Mädchen
Kleinkind, S. 129ff.
Bruch
Oberteil / Kittel
Bruch
Rock
2-mal
Schaft
Bruch
Oberteil / Kittel
Sohle Stiefel
2-mal
Lasche
2-mal
2-mal
Pappsohle
Pappsohle
2-mal
2-mal
Lasche
Sohle
2-mal
Schaft
2-mal
Rock
2-mal
Bruch
Sami-Mädchen
Größe 1, S. 129ff.

Sami-Mädchen
Mützen Größe 1 und Kleinkind

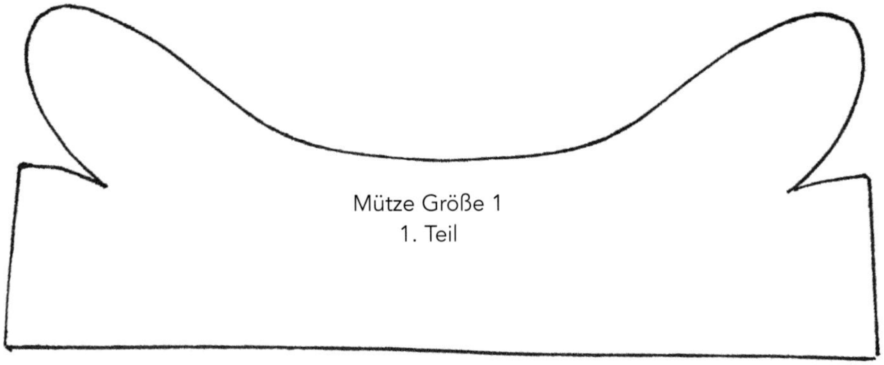

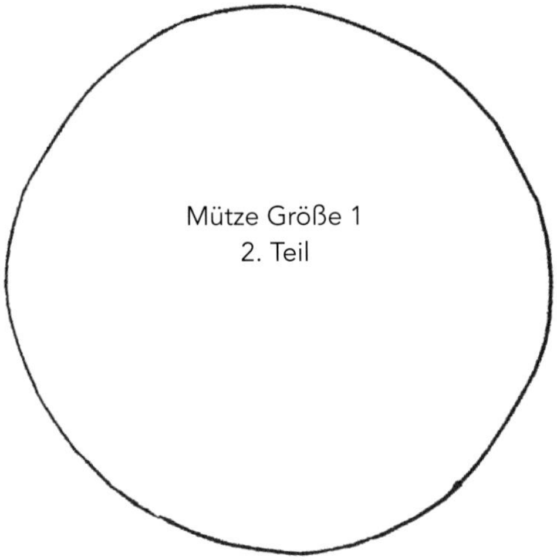

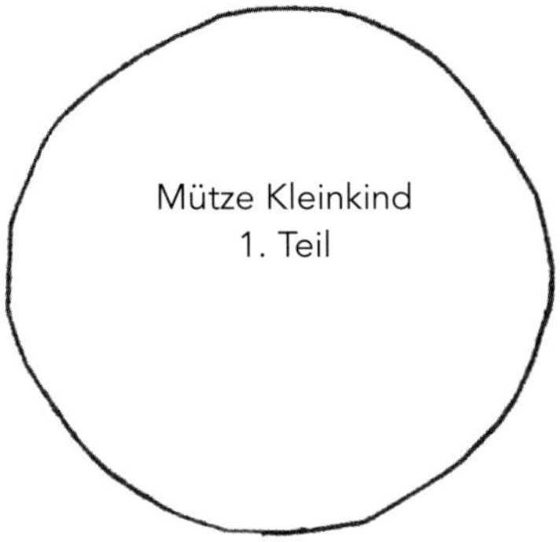

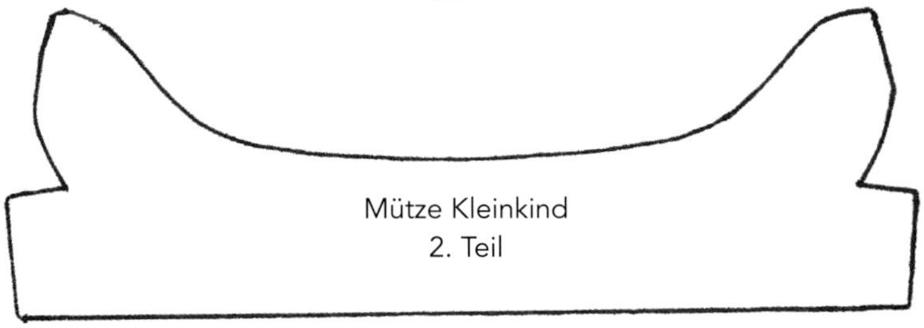

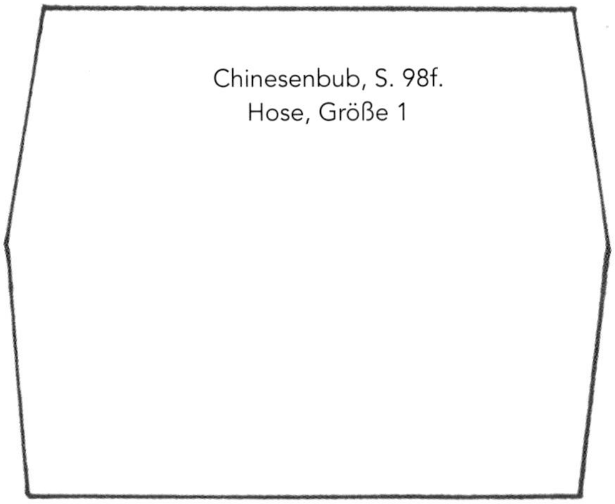

Indianermädchen, S. 136ff.

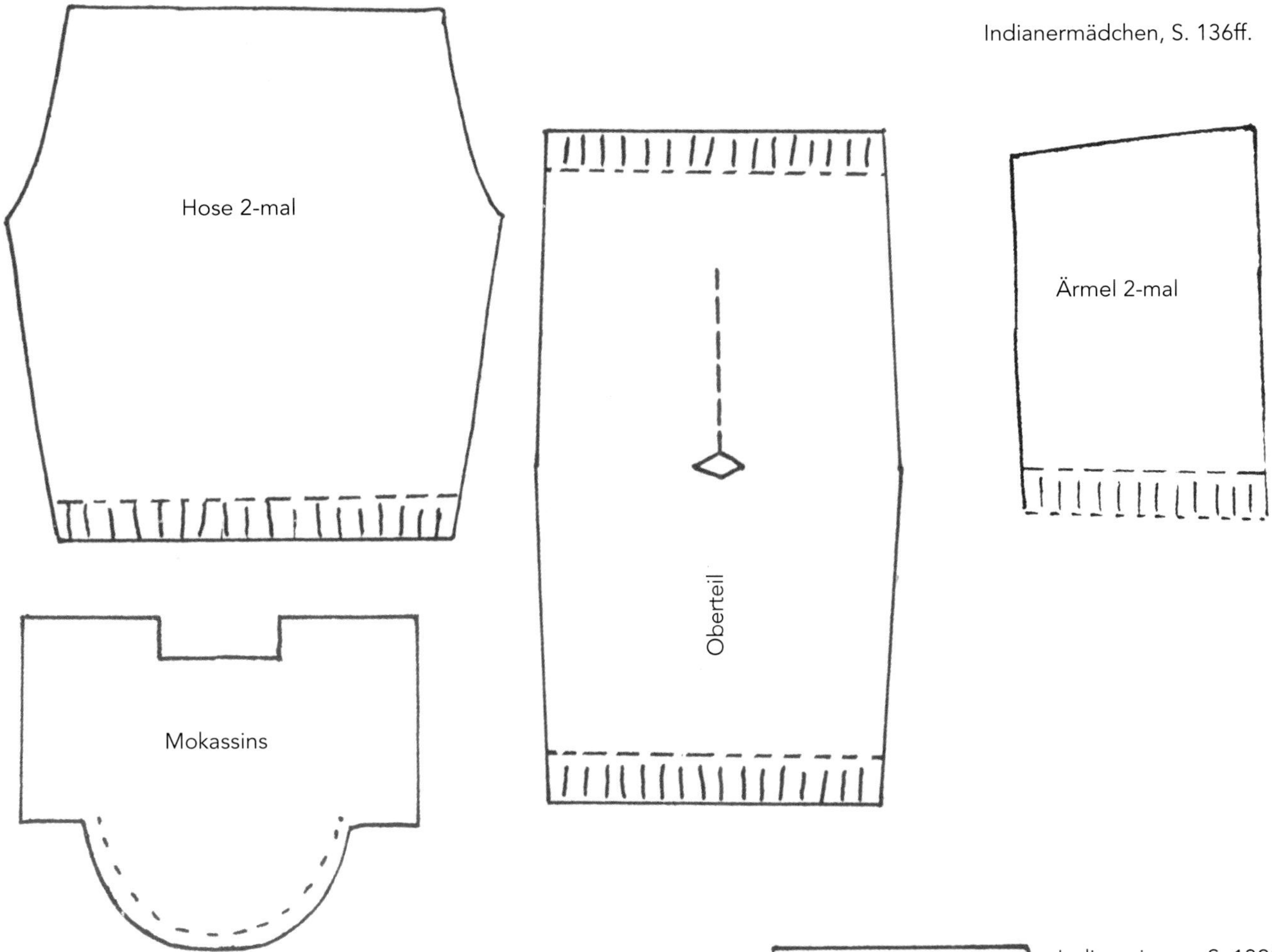

Indianerjunge, S. 132ff.

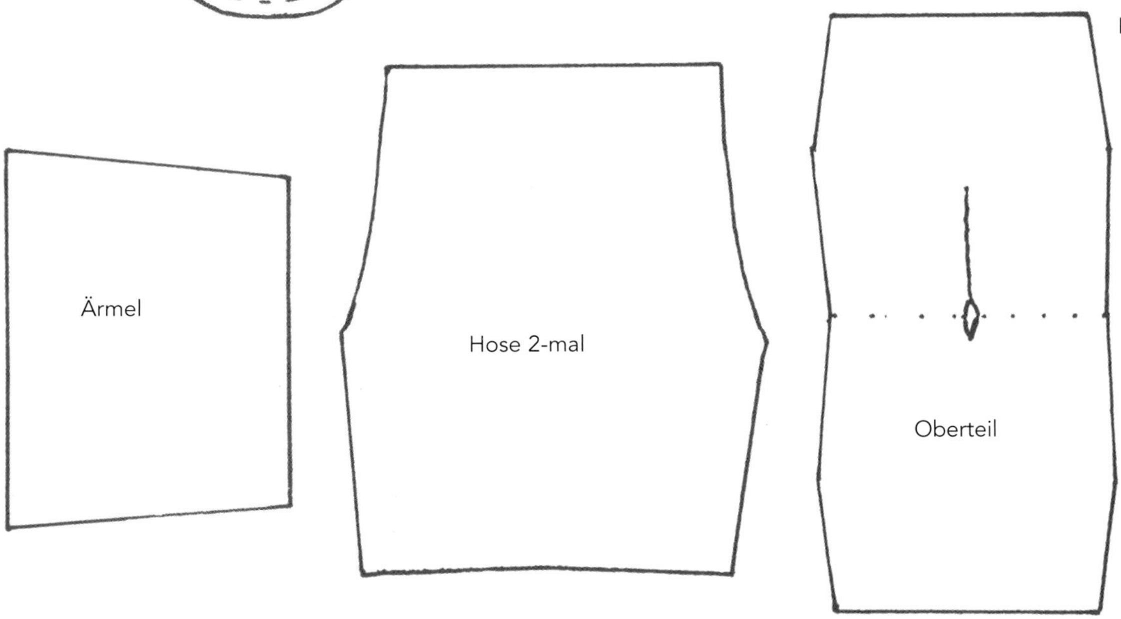

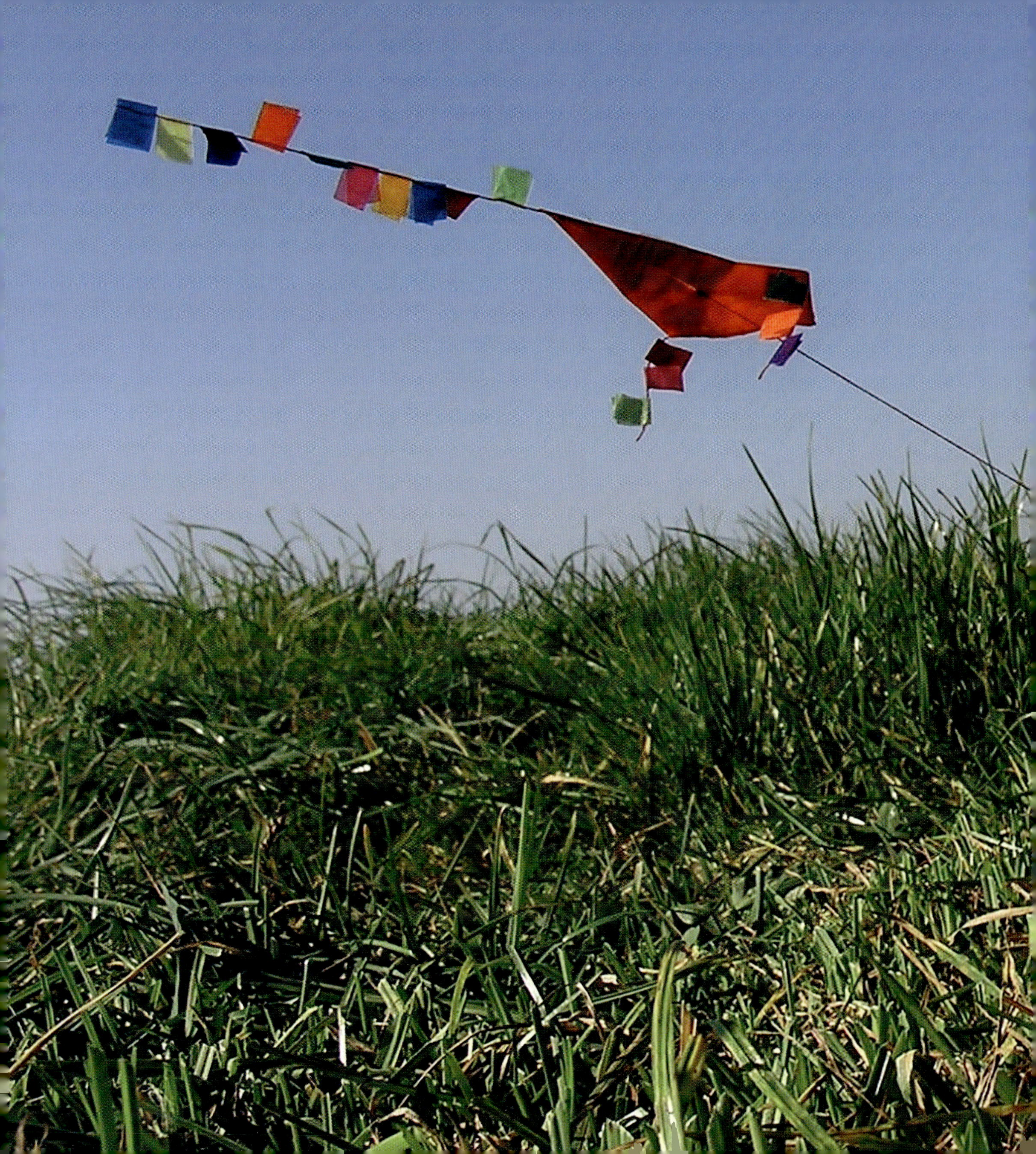

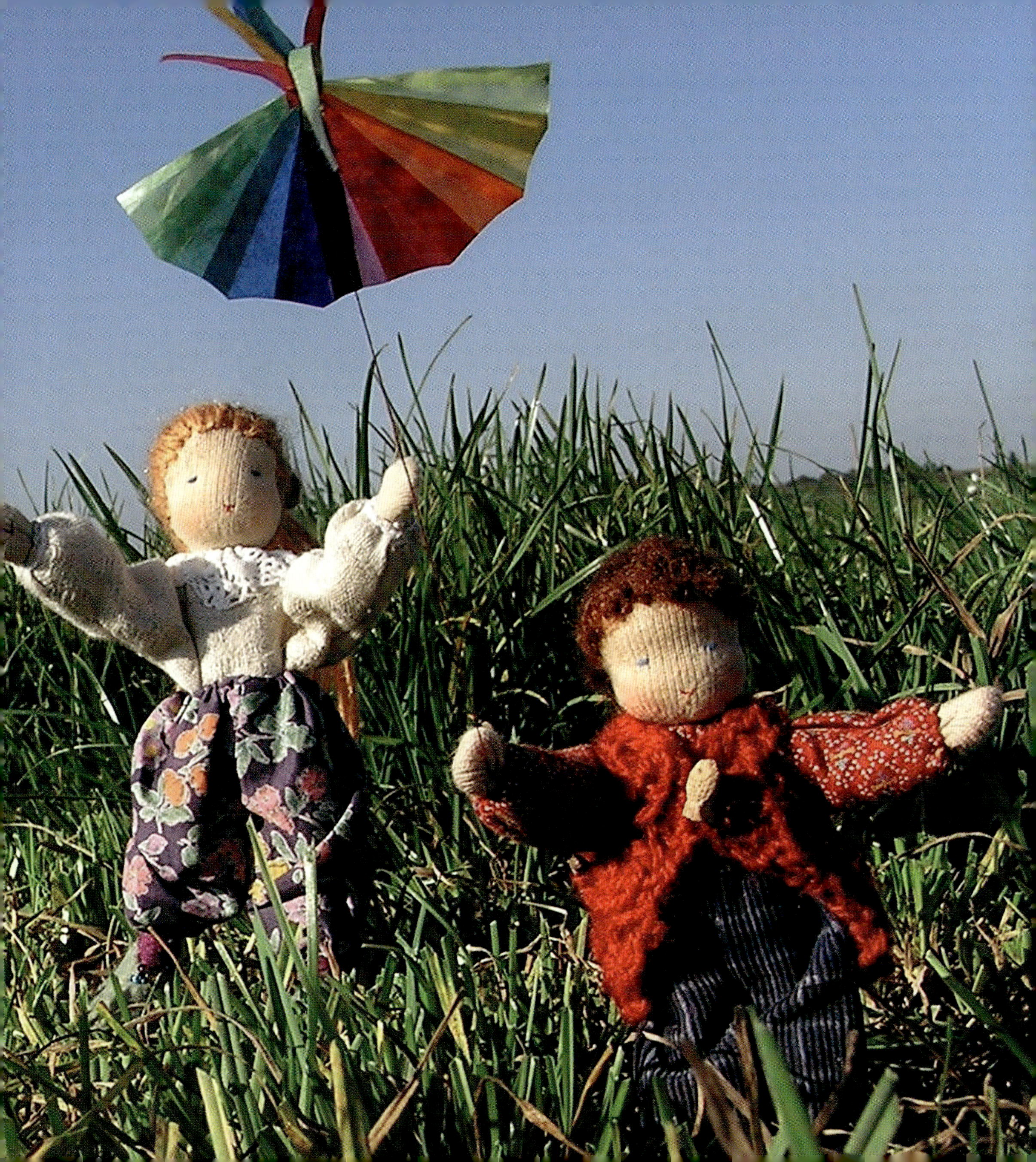

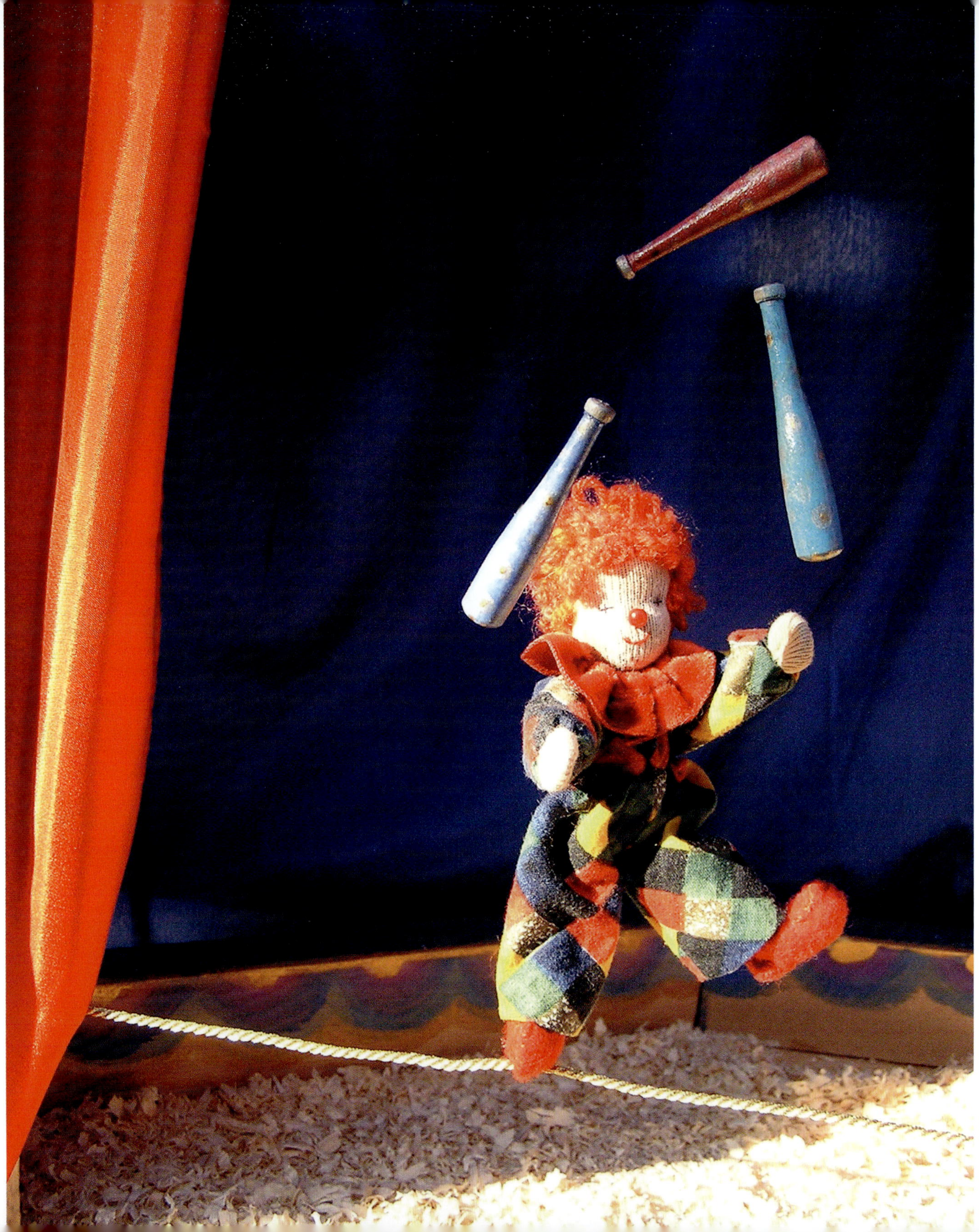

Cristina Cevales-Labonde, Jg. 1956, ist in Italien geboren und in Venedig aufgewachsen. Sie ist seit vielen Jahren als Erzieherin in einem Waldorfkindergarten tätig und lebt in einem kleinen Dorf am Bodensee. Vor mehr als dreißig Jahren begann sie sich mit Biegepuppen und Kinderspielzeug zu beschäftigen und organisierte viele Bastelkurse und Arbeitskreise.

Im Verlag Freies Geistesleben erschienen von ihr auch die Bücher *Jahreszeitentische, Zuhause bei den Puppen. Puppenhäuser und Zubehör selbst gemacht* und *Blumenkränze. 60 Inspirationen für das ganze Jahr.*

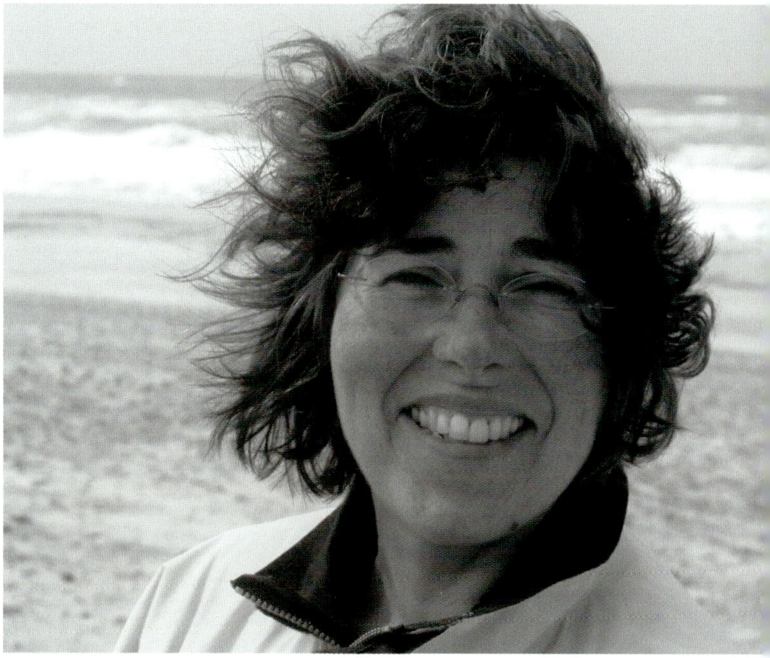

Neuausgabe 2019
(3., erweiterte und verbesserte Auflage)

Verlag Freies Geistesleben
Landhausstraße 82, 70190 Stuttgart
Internet: www.geistesleben.com
ISBN 978-3-7725-2935-1

Fotos & Zeichnungen: Cristina Cevales-Labonde
Layout & Satz: Bianca Bonfert
Druck: DZS Grafik, Ljubljana
Printed in Slovenia

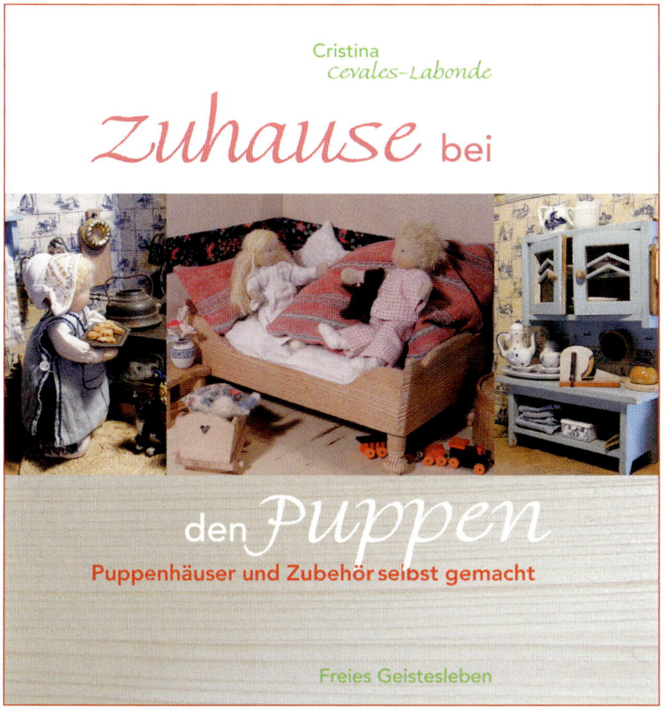

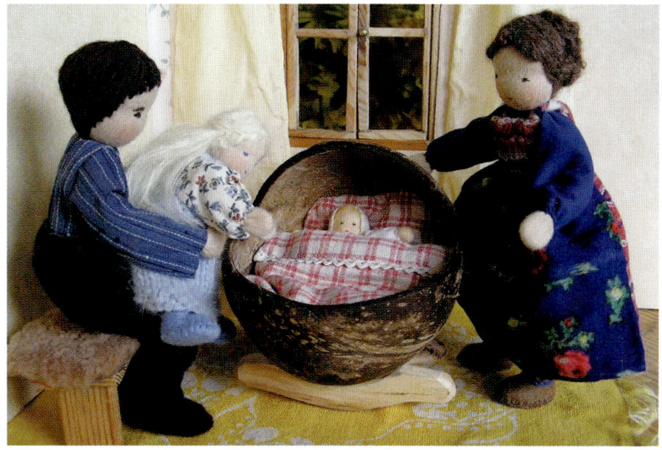

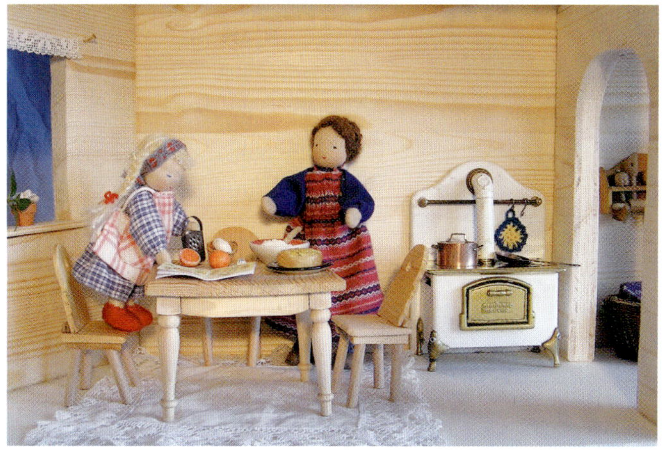

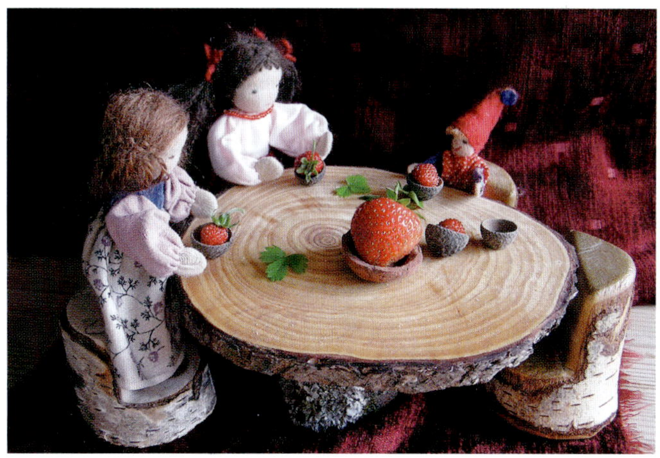

172 Seiten, durchgehend farbig
ISBN 978-3-7725-2287-1

Cristina Cevales-Labonde zeigt, wie Sie schöne, fantasievolle und zum Spielen einladende Puppenhäuser bauen können – samt Möbeln und Zubehör. Die Autorin macht viele Vorschläge, abgestimmt auf das Alter des Kindes. Dabei werden die Arbeitsschritte genau erläutert und illustriert, und es wird immer gekennzeichnet, wo auch Kinder beim Basteln mithelfen können.

Verlag Freies Geistesleben

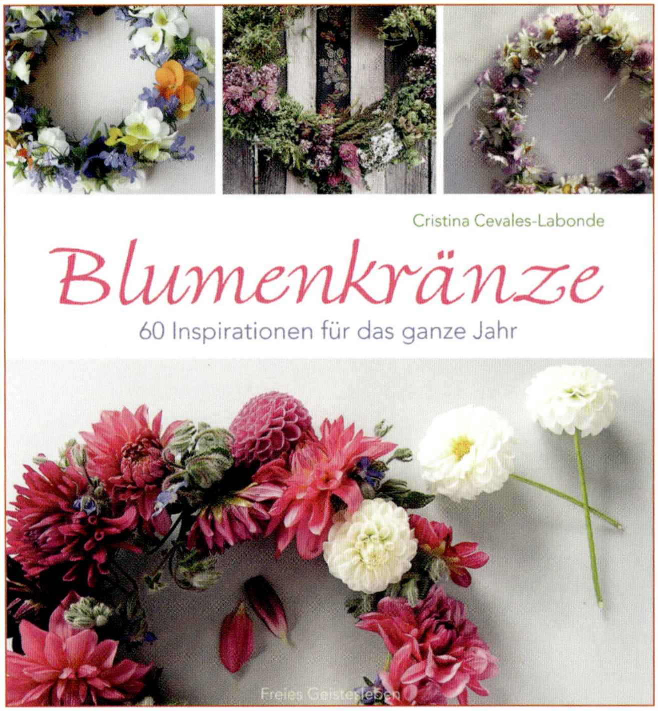

192 Seiten, durchgehend farbig
ISBN 978-3-7725-2539-1

Lavendel, Mohn, Vergissmeinnicht – holen Sie sich Ihre Lieblingsblumen ins Haus, sammeln Sie hübsche Gräser oder Beeren und zaubern Sie daraus einen wunderschönen Kranz!
Cristina Cevales-Labonde gibt eine Fülle von Anregungen und alle notwendigen Anleitungen und Tipps, wie die Kränze auch wirklich gelingen. Ob als Haustür- oder als Tischschmuck, zur Festgestaltung oder als schönes, individuelles Geschenk: Kränze sind das ganze Jahr über ein besonderes Schmuckelement.

Verlag Freies Geistesleben

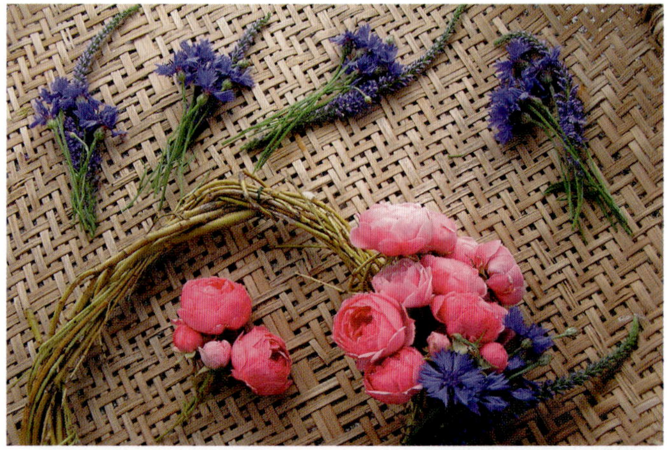

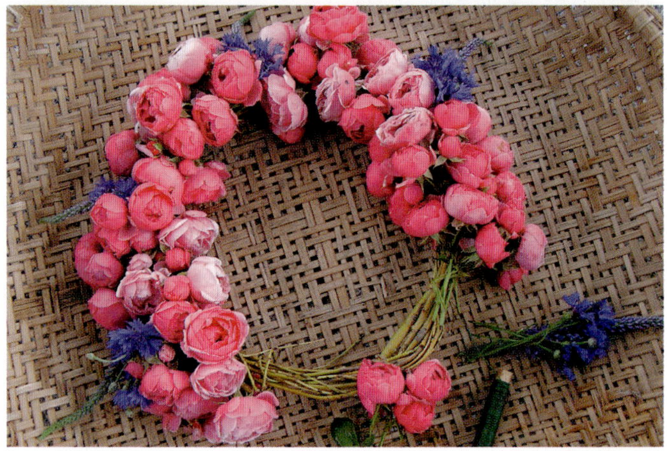

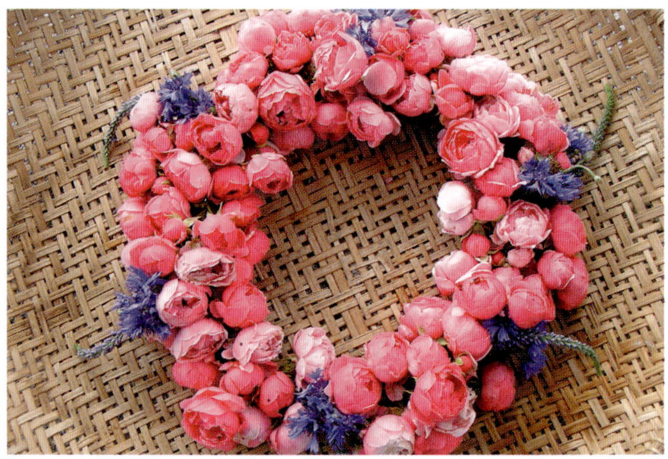

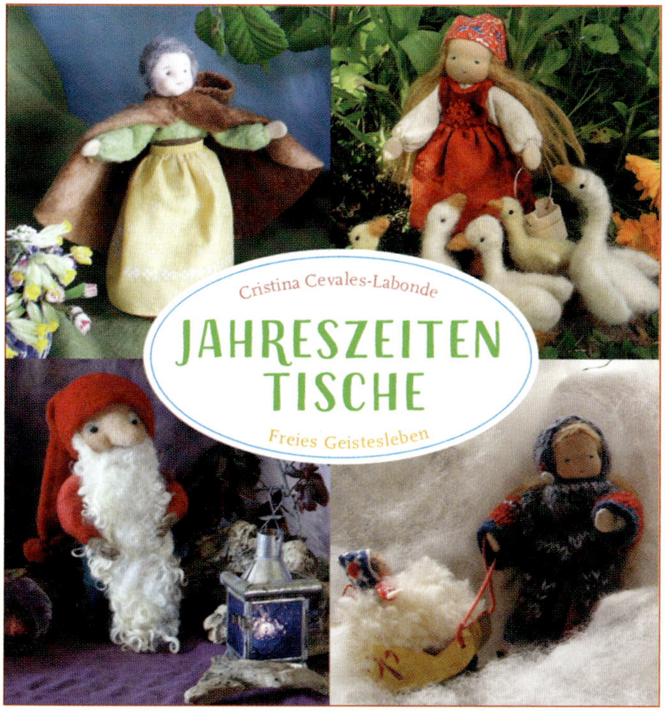

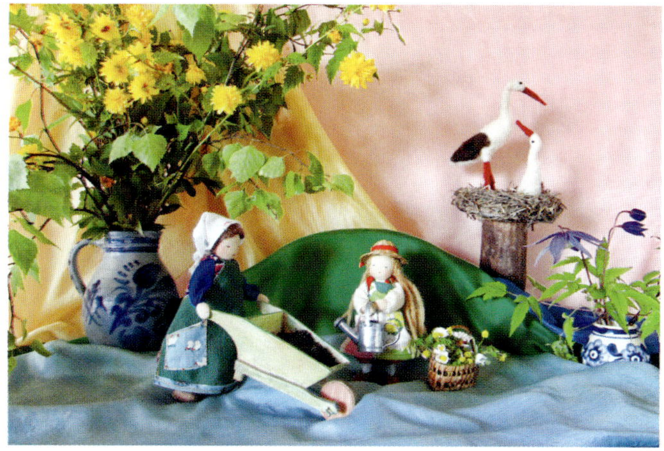

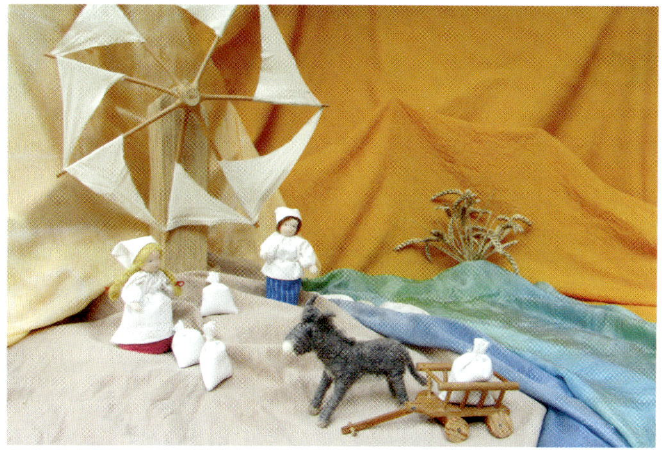

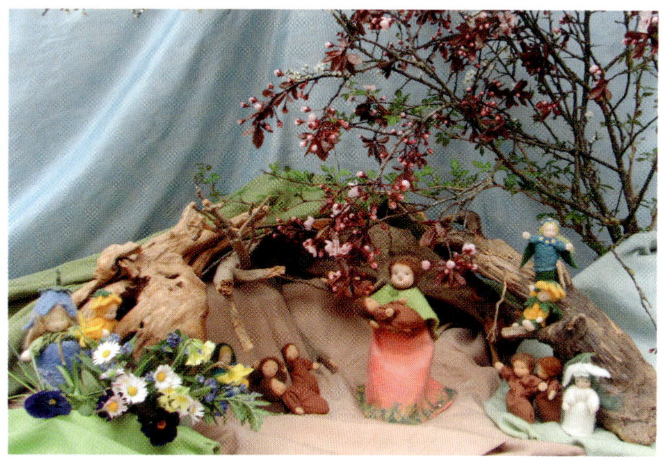

320 Seiten, durchgehend farbig
ISBN 978-3-7725-2829-3

Cristina Cevales-Labonde erläutert ausführlich die Gestaltungsmöglichkeiten eines Jahreszeitentisches, geeignete Naturmaterialien, die verschiedenen Stimmungen, Farben und Hintergründe. Ob zu Hause, im Kindergarten oder in der Schule: die Kinder lieben einen solchen Ort, an dem sie Naturschätze, Blumenkinder-, Jahreszeitenfiguren und vieles mehr bestaunen können. Das Buch bietet eine Fülle von Bastel- und Dekorationsvorschlägen für das ganze Jahr.

Verlag Freies Geistesleben

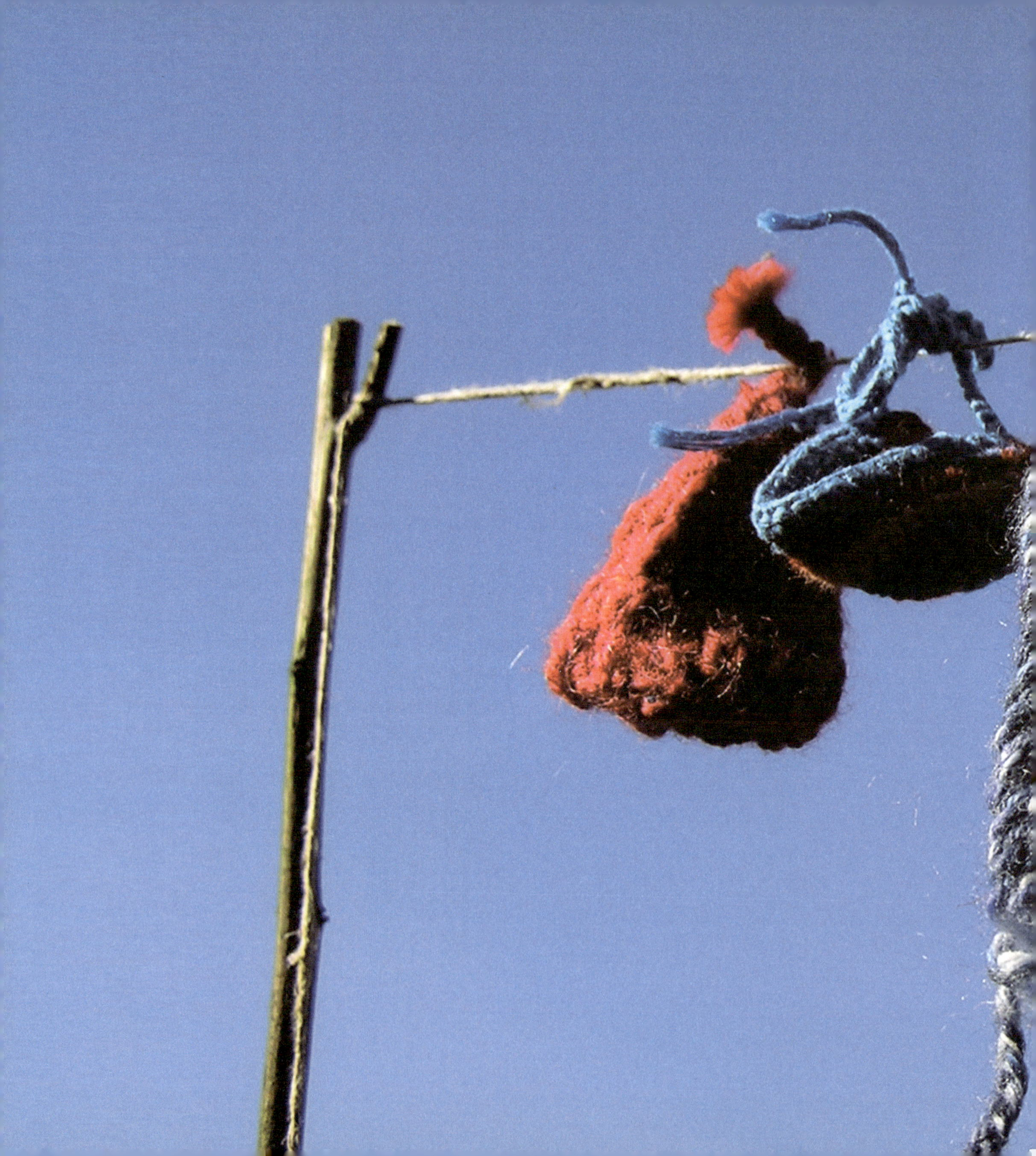